ACCESO GRATIS ***a la Lectura en la Nube***

Para visualizar el libro electrónico en la nube de lectura envíe junto a su nombre y apellidos una fotografía del código de barras situado en la contraportada del libro y otra del ticket de compra a la dirección:

ebooktirant@tirant.com

En un máximo de 72 horas laborales le enviaremos el código de acceso con sus instrucciones.

La visualización del libro en **NUBE DE LECTURA** excluye los usos bibliotecarios y públicos que puedan poner el archivo electrónico a disposición de una comunidad de lectores. Se permite tan solo un uso individual y privado

DESAFÍOS REGULATORIOS DE LA INTELIGENCIA ARTIFICIAL

DESAFÍOS REGULATORIOS DE LA INTELIGENCIA ARTIFICIAL

Directores
Ángel Pelayo González-Torre
Decano de la Facultad de Derecho de la Universidad de Cantabria
Salvador Tarodo Soria
Decano de la Facultad de Derecho de la Universidad de León

Coordinadores
Lidia García Martín
Coordinadora de Internacionalización y Programas de Movilidad de la Facultad de Derecho de la Universidad de León
Nieves Alonso García
Vicedecana de Actividad Académica de la Facultad de Derecho de la Universidad de León
Julio Álvarez Rubio
Secretario General de la Universidad de Cantabria

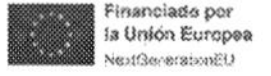

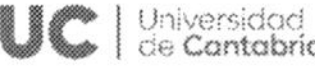

tirant lo blanch
Valencia, 2025

En caso de erratas y actualizaciones, la Editorial Tirant lo Blanch publicará la pertinente corrección en la página web www.tirant.com.

"Publicación cofinanciada por la Unión Europea-Next Generation EU, a cargo del Convenio de colaboración entre la ULE e INCIBE para la promoción de la cultura de la ciberseguridad mediante la organización de eventos CYBERCAMP en España en el marco del plan de recuperación, transformación y resiliencia". "Obra realizada en el marco del Grupo de Investigación Consolidado ULE «Derecho Europeo, Historia Jurídica y Organizaciones sociales: -EUROHIST.org-»".

EDITA: TIRANT LO BLANCH
C/ Artes Gráficas, 14 - 46010 - Valencia
TELFS.: 96/361 00 48 - 50
FAX: 96/369 41 51
Email: tlb@tirant.com
www.tirant.com
Librería virtual: www.tirant.es
DEPÓSITO LEGAL: V-3349-2025
ISBN: 978-84-1095-912-5

Índice

Prólogo

LOS DESAFÍOS REGULATORIOS DE LA INTELIGENCIA ARTIFICIAL

La Red Iberoamericana de Facultades y Escuelas de Derecho nació en 2012 en Santiago de Chile, durante una reunión auspiciada por la Universidad Bernardo O'Higgins, con el impulso de 8 Universidades fundadoras. Hoy en día está compuesta por 38 Facultades y Escuelas de Derecho, con representación de Universidades de la mayor parte de los países Iberoamericanos. La Red tiene como finalidad crear conciencia Iberoamericana y propiciar una reflexión global ante las cuestiones regulatorias que, desde la experiencia de la diversidad, encuentren las soluciones jurídicas que garanticen la mayor eficacia de los derechos humanos. Entre sus objetivos se encuentran fomentar el debate sobre temas jurídicos de actualidad, facilitar el intercambio de miembros de la comunidad universitaria y compartir experiencias de gestión universitaria detectando carencias, reforzando buenas prácticas y proponiendo aspectos de mejora.

Las Facultades de Derecho de las Universidades de Cantabria y de León, las dos universidades españolas pertenecientes a la Red, presentaron en 2022 una candidatura conjunta que fue seleccionada en la X Reunión de la Red celebrada en Santiago de Chile. Por primera vez, desde que fue fundada, la Reunión de la Red en su XII edición en 2024 se ha desarrollado en suelo europeo, los días 6 y 7 de mayo, en León; y los días 9 y 10 de mayo en Santander. La reunión acogió a una centena de representantes, entre ellos: Dña. Catarina Sarmento y Castro, Ministra de Justicia de Portugal (2022-2024); D. Pedro Sánchez Gamarra, Ministro de Energía de Perú (2008-2011); Dña. Delia

Muñoz Muñoz, Ministra de Justicia de Perú (2020); un Rector; siete Vicerrectores; veinte Decanos y Decanas; Coordinadores de Internacionalización y Coordinadores de Títulos, representantes, todos ellos, de las 23 Universidades Iberoamericanas que asistieron al evento.

Los debates académicos sobre cuestiones de actualidad jurídica se centraron en dos líneas temáticas distribuidas en sendas Jornadas que trataron sobre: *El Derecho ante el cambio climático y la transición energética, proyectando una mirada desde los Objetivos de Desarrollo Sostenible*; y, *Los desafíos regulatorios de la Inteligencia Artificial*. Cada una de las sesiones contó con una conferencia inaugural: "Desafíos jurídicos y regulatorios de la transición energética" a cargo del Dr. D. Marino Bacigalupo Saggese; e "Inteligencia artificial en el tribunal: asistentes judiciales algorítmicos y jueces robóticos", que fue pronunciada por el Dr. D. José Ignacio Solar Cayón. Los debates contaron con la intervención de una veintena de ponentes especialistas sobre cada una de las materias de las Universidades participantes, 16 comunicantes y 12 representantes estudiantiles, que abordaron cuestiones de tanto interés y actualidad como: justicia digital, asistentes judiciales algorítmicos y jueces robóticos, justicia inmersiva en el metaverso, evidencia digital, algoritmos de evaluación de riesgos, algoritmos jurídico-predictivos, inteligencia artificial generativa, informe pericial informático, la protección constitucional frente a sesgos neurotecnológicos, *deepfakes*, responsabilidad extracontractual por productos y servicios que incorporan inteligencia artificial, autoría de la obra digital, protección de infraestructuras críticas, inteligencia artificial en medicina, inteligencia artificial en el derecho de la competencia, inteligencia artificial y su impacto en el mundo del trabajo, violencia de género digital, participación de la mujer en ciberseguridad, inteligencia artificial y Justicia en Portugal o inteligencia artificial y derechos humanos en México.

La presente obra sobre *Desafíos regulatorios de la Inteligencia Artificial*, forma, por tanto, junto a: *El Derecho ante el cambio cli-*

mático y la transición energética. Una reflexión en el marco de los Objetivos de Desarrollo Sostenible (Tirant Lo Blanch, 2025), una dilogía, cuya lectura conjunta proporciona una visión completa y profunda de la calidad científica de las investigaciones jurídicas que fueron presentadas en la XII Reunión Anual de la Red Iberoamericana de Facultades y Escuelas de Derecho.

El encuentro organizado por la Red Iberoamericana de Facultades y Escuelas de Derecho, la Universidad de Cantabria y la Universidad de León, contó con la inestimable colaboración del Ministerio para la Transición Ecológica y el Reto Demográfico, el Instituto Nacional de Ciberseguridad de España (INCIBE), el Excmo. Ayuntamiento de la Ciudad de León, el Excmo. Ayuntamiento de la Ciudad de Santander; la Excma. Diputación de León, el Gobierno de Cantabria, la Fundación Sierra Pambley, la Facultad de Derecho de la Universidad de León, la Facultad de Derecho de la Universidad de Cantabria y los Vicerrectorados de Internacionalización de las dos Universidades organizadoras. La próxima edición, organizada por la Universidad Domingo Savio, se celebrará en la Ciudad de Santa Cruz de la Sierra, del 16 al 19 de junio de 2025, coincidiendo con la conmemoración del Bicentenario de la independencia de Bolivia y con el 25 aniversario de la fundación de la Universidad anfitriona.

ÁNGEL PELAYO GONZÁLEZ-TORRE
Decano de la Facultad de Derecho de la Universidad de Cantabria.

SALVADOR TARODO SORIA
Decano de la Facultad de Derecho de la Universidad de León.

Inteligencia artificial en el tribunal: asistentes judiciales algorítmicos y jueces robóticos[1]

JOSÉ IGNACIO SOLAR CAYÓN
Universidad de Cantabria, España

SUMARIO: I. EL *REAL DECRETO-LEY 6/2023*: UN CAMBIO DE PARADIGMA EN EL SISTEMA JUDICIAL ESPAÑOL. II. REFLEXIONES SOBRE LAS ACTUACIONES JUDICIALES ASISTIDAS POR SISTEMAS DE INTELIGENCIA ARTIFICIAL. 1. Algunas precisiones preliminares sobre la denominada "justicia predictiva". 2. ¿En qué tipo de decisiones judiciales pueden resultar más útiles estos sistemas? 3. ¿Qué características técnicas deben tener? 4. ¿Cómo han de ser utilizados estos sistemas y sus resultados? III. BIBLIOGRAFÍA.

I. EL *REAL DECRETO-LEY 6/2023*: UN CAMBIO DE PARADIGMA EN EL SISTEMA JUDICIAL ESPAÑOL

La inteligencia artificial se halla cada vez más presente en todos los ámbitos profesionales. Y el Derecho no es una excepción. En la última década estamos asistiendo al progresivo desarrollo de la inteligencia artificial jurídica. Es decir, de sistemas basados en inteligencia artificial diseñados específicamente para automatizar tareas jurídicas o para asistir a los profesionales jurídicos en su realización. El sector pionero y en

1 Este trabajo es parte del proyecto de I+D+i "Inteligencia artificial jurídica y Estado de Derecho" [PID2022-139773OB-I00], financiado por MICIU/AEI/10.13039/501100011033 y por FEDER, UE.

la vanguardia de esta innovación tecnológica ha sido el de la abogacía, donde la creciente presencia de la inteligencia artificial está provocando disrupciones importantes en la práctica profesional del Derecho, en el empleo jurídico y en el mercado de servicios legales (Solar Cayón, 2019). Posteriormente, el interés por la introducción de herramientas de inteligencia artificial se ha ido extendiendo a otras áreas de la actividad jurídica, como la actuación administrativa y, más recientemente, el sistema judicial, donde en la actualidad parece focalizarse gran parte de la atención.

La propia Unión Europea ha situado la innovación tecnológica en el centro de su programa de reforma de la Administración de Justicia. Ya en su *2019-2023 Estrategy on e-Justice* el Consejo de la Unión consideraba que, particularmente, la inteligencia artificial y el *blockchain* han de constituir materias de interés prioritario en este campo, en tanto su adecuada utilización podría incrementar la eficiencia y la fiabilidad del sistema judicial, llamando a explorar el papel que estas tecnologías pueden jugar en el diseño de la justicia digital europea.

De hecho, hoy, a nivel global, disponemos ya de un amplio abanico de sistemas de inteligencia artificial que son utilizados en diferentes jurisdicciones para automatizar diversas tareas procesales y judiciales a lo largo de prácticamente todas las etapas del proceso judicial. Por mencionar solo algunos casos de uso relevantes, nos encontramos con el sistema *PretorIA*, empleado por la Corte Constitucional de Colombia para seleccionar las sentencias de tutela de los derechos fundamentales que serán objeto de revisión; la codificación predictiva utilizada en muchas jurisdicciones del *Common Law* para seleccionar el material electrónico relevante en el proceso judicial; los polémicos sistemas de evaluación de riesgos de reincidencia criminal que asisten a los tribunales penales estadounidenses en la adopción de medidas cautelares; los sistemas de negociación automatizada de disputas en línea que están incorporando algunos tribunales en Canadá y Reino Unido; e incluso sistemas que generan automáticamente borradores o propuestas de sentencia, como el sistema PROMETEA, empleado por la Fiscalía de la sala de lo Contencioso-Administrativo del Tribunal Superior de Justicia de Buenos Aires, o la aplicación *Juez Sabio*, un poderoso sistema basado en *deep learning* desarrollado por el Tribunal Supremo de Beijing y que es utilizado por los tribunales de diversas provincias chinas (Solar Cayón, 2022).

La aplicación de la inteligencia artificial al sistema judicial es también una realidad próxima en la Unión Europea. Como es sabido, el 13 de junio de 2024 fue aprobado el Reglamento de Inteligencia Artificial -la denominada *Ley de Inteligencia Artificial*-, una regulación pionera que somete a los sistemas empleados en distintos ámbitos a exigencias normativas más o menos estrictas, incluyendo en algunos casos su prohibición, en función del nivel de riesgo que comporten para la salud, seguridad y derechos fundamentales de las personas[2]. Pues bien, este Reglamento, en su Anexo III, establece entre los sistemas de "alto riesgo" -y, por tanto, los permite, siempre que cumplan los requisitos exigidos a esta categoría- aquellos destinados a "ayudar a una autoridad judicial en la investigación e interpretación de los hechos y del Derecho, así como en la aplicación del Derecho a un conjunto concreto de hechos". Es decir, aquellos que son capaces de realizar tareas ligadas a las operaciones características o constitutivas de la adjudicación judicial: construcción de la premisa menor o fáctica, construcción de la premisa mayor o normativa y conclusión del silogismo. Eso sí, estos sistemas no podrán suplantar a la autoridad judicial en la toma de decisiones. Como señala el considerando 61, "la utili-

---

2 Regulation (EU) 2024/1689 of the European Parliament and of the Council, of 13 June 2024, laying down harmonised rules on artificial intelligence and amending Regulations (EC) No 300/2008, (EU) No 167/2013, (EU) No 168/2013, (EU) 2018/858, (EU) 2018/1139 and (EU) 2019/2144 and Directives 2014/90/EU, (EU) 2016/797 y (EU) 2020/1828 (Artificial Intelligence Act).

zación de herramientas de inteligencia artificial puede apoyar o asistir la toma de decisiones o la independencia judicial, pero no debe sustituirlas: la toma de decisiones finales debe seguir siendo una actividad humana". Queda establecido así un último reducto o reserva de "humanidad" en la adopción de las decisiones judiciales.

En este contexto de impulso a la digitalización de la justicia por parte de la Unión Europea, y adelantándose incluso a la aprobación de dicho Reglamento, se enmarcan las medidas contempladas en este campo en nuestro país por el *Real Decreto-ley 6/2023, de 19 de diciembre, por el que se aprueban medidas urgentes para la ejecución del Plan de Recuperación, Transformación y Resiliencia en materia de servicio público de justicia, función pública, régimen local y mecenazgo*, la mayoría de las cuales ya habían sido avanzadas en un *Anteproyecto de Ley de Medidas de Eficiencia Digital del Servicio Público de Justicia* aprobado por el Consejo de Ministros en noviembre de 2020. Medidas cuya implementación viene ahora respaldada por los 410 millones de euros de fondos europeos asignados a nuestro país para digitalizar la Administración de Justicia.

El objetivo fundamental de esta norma es promover un cambio sustancial en la cultura del sistema judicial, así como en las relaciones entre la Administración de Justicia y los profesionales participantes en la misma y los ciudadanos, integrando las nuevas tecnologías y la inteligencia artificial en su funcionamiento. Como se afirma en el Preámbulo, se trata fundamentalmente de impulsar la tramitación electrónica de los procedimientos judiciales y de hacer que la relación digital se convierta en la forma de "relación ordinaria y habitual" del ciudadano con la Administración de Justicia[3]. A tal efecto se esta-

---

3 En este sentido, por ejemplo, se establece la preferencia de la práctica de las comunicaciones judiciales por vía telemática (art. 49.1). Asimismo, se introduce un artículo 258 bis en la Ley de Enjuicia-

blece la obligación de las administraciones con competencias en la Administración de Justicia de garantizar la prestación por medios digitales de una serie de servicios mínimos, entre los que se encuentran la itineración de expedientes electrónicos y transmisión de documentos electrónicos entre órganos judiciales y fiscales, la interoperabilidad de datos entre tales órganos[4], el derecho del ciudadano a un servicio personalizado de acceso a los procedimientos, informaciones y servicios accesibles de la Administración de Justicia en los que sea parte o interesado legítimo[5], la presentación de escritos y comunicaciones dirigi-

---

miento Criminal que dispone que todas las actuaciones procesales se realizarán preferentemente, salvo que el juez disponga otra cosa en atención a las circunstancias, mediante presencia telemática a través de un punto de acceso seguro, aunque se establecen un gran número de excepciones a esta regla.

4 A tal fin, el artículo 48.2 dispone que todas las administraciones públicas con competencias en Administración de Justicia asegurarán que sus sistemas de gestión procesal sean interoperables con un Sistema Común de Intercambio de documentos y expedientes judiciales. La preocupación por la interoperabilidad resulta patente a lo largo de todo el texto normativo y se halla plenamente justificada a la vista de las experiencias previas de digitalización de nuestro sistema judicial (Bueno de Mata, 2020). Además de la interoperabilidad "interna" entre los distintos sistemas de gestión procesal de la Administración de Justicia, se exige la interoperabilidad "externa" con los sistemas de los Institutos de Medicina Legal, el Instituto Nacional de Toxicología y Ciencias Forenses, las oficinas de atención a las víctimas del delito y cualesquiera otras que, por razón de sus funciones o competencias, se relacionen directamente con aquella (art. 4.2). También con los de Notarías y Registros de la Propiedad, Bienes Muebles y Mercantiles y cualesquiera otros registros públicos con los que se relaciona la Administración de Justicia (art. 91). Y, por supuesto, con las aplicaciones y servicios que los Consejos Generales de la Abogacía, de la Procura y de Graduados Sociales pongan a disposición de sus profesionales (art. 90).

5 A tal objeto se establece la implantación del servicio denominado «Carpeta Justicia», que permitirá a los ciudadanos que sean parte o

dos a órganos judiciales y fiscales, o la identificación y firma de los intervinientes en actuaciones y servicios no presenciales.

Pero, sobre todo, esta norma representa un cambio de paradigma, en tanto supone el tránsito de un sistema de gestión procesal orientado al documento a otro orientado al dato. Esto significa que todos los sistemas de información y comunicación utilizados en la Administración de Justicia asegurarán la entrada, incorporación y tratamiento de la información en forma de metadatos, conforme a esquemas comunes, y en modelos de datos comunes e interoperables (art. 35.1). Y este cambio de modelo es sumamente importante de cara a la introducción de sistemas de inteligencia artificial en la Administración de Justicia con diferentes finalidades. Así, la aplicación de sistemas basados en inteligencia artificial para el análisis de aquellos datos permitirá, a nivel general, una mejor planificación y la elaboración de estrategias que coadyuven al diseño de mejores y más eficaces políticas públicas en la Administración de Justicia. Por otra parte, a nivel de gestión interna, la orientación al dato facilitará la interoperabilidad de los sistemas y posibilitará la aplicación de inteligencia artificial en la tramitación electrónica de los procedimientos judiciales, la anonimización y seudonimización de la información, la elaboración de cuadros de mando, la gestión de documentos y su transformación o la publicación de información en portales de datos abiertos, entre otras funcionalidades. Y, especialmente, en lo que se refiere a las actuaciones judiciales, la orientación al dato permitirá la utilización de la información para la producción de actuaciones judiciales y procesales automatizadas, proactivas y asistidas.

---

justifiquen un interés legítimo y directo en un procedimiento o actuación judicial acceder al expediente judicial, acceder y firmar los actos de comunicación, acceder a la información personalizada que conste en el Tablón Edictal Judicial Único, obtener y gestionar cita previa o acceder a una agenda personalizada de actuaciones ante la Administración de Justicia, entre otras funcionalidades (art. 15).

Por actuación automatizada se entiende la "actuación procesal producida por un sistema de información adecuadamente programado sin necesidad de intervención humana en cada caso singular" (artículo 56.1). Y se establece que solo será posible "la automatización de las actuaciones de trámite o resolutorias simples, que no requieren interpretación jurídica" (art. 56.2). Como ejemplos de este tipo de actuaciones se señalan el paginado de expedientes, la comprobación de representaciones, el cálculo de plazos para la declaración de firmeza u otros efectos procesales con base en fechas que aparecen como datos o la comprobación automática de la situación concursal de una empresa en base a su NIF y tipo de proceso judicial. Actuaciones, como se ve, de carácter mecánico y que no inciden en el fondo del asunto a decidir. Es claro que, en tanto se trata de actuaciones plenamente automatizadas, en las que no hay intervención humana alguna, y dado que tanto el Reglamento europeo como el propio Real Decreto-ley establecen que el empleo de sistemas de inteligencia artificial únicamente podrá tener un carácter de apoyo a la función jurisdiccional, este tipo de actuaciones en ningún caso podrán referirse a las tareas de búsqueda e interpretación de los hechos y el Derecho y a la aplicación del Derecho a un conjunto particular de hechos[6].

Dentro de estas actuaciones automatizadas se encuentran, como un subtipo de las mismas, las actuaciones proactivas, que son aquellas que aprovechan la información incorporada en un expediente o procedimiento de una Administración Pública con un fin determinado para generar efectos o avisos a otros

---

6 Estas actuaciones automatizadas se inscriben, por tanto, dentro de lo que el Anexo III del Reglamento europeo de Inteligencia Artificial considera actividades administrativas meramente accesorias que no afectan a la administración de justicia en casos concretos, de modo que los sistemas de inteligencia artificial que vayan a ser utilizados para llevarlas a cabo quedan excluidos de la categoría de "sistemas de alto riesgo".

fines distintos, en el mismo o en otros expedientes, de la misma o de otras administraciones públicas (art. 56.3). Su régimen es, por tanto, el mismo que el de las actuaciones automatizadas.

Finalmente, con un carácter radicalmente distinto a las anteriores por su diferente naturaleza y su transcendencia en relación al ejercicio de la función jurisdiccional, nos encontramos con las actuaciones asistidas. Sin duda, en relación al tema que nos ocupa, esta es la novedad más importante y potencialmente disruptiva contenida en Real Decreto-ley. Se considera actuación asistida aquella para la que el sistema de información "genera un borrador total o parcial de documento complejo basado en datos, que puede ser producido por algoritmos, y puede constituir fundamento o apoyo de una resolución judicial o procesal" (art. 57.1). De manera que dicha actuación bien podría referirse a la generación automática de un borrador o propuesta de sentencia, que es el tipo de resolución judicial al que me referiré específicamente en este trabajo[7].

A la vista de tales disposiciones, la primera consideración a tener en cuenta es que los sistemas que se empleen para llevar a cabo este tipo de actuaciones habrán de ser considerados de alto riesgo conforme a las previsiones del Reglamento de Inteligencia Artificial, en tanto han de ser incluidos entre aquellos destinados a asistir a las autoridades judiciales en las tareas de búsqueda e interpretación de los hechos y del Derecho y en la aplicación del Derecho a unos hechos concretos. En con-

---

7 Como indica Ariza Colmenarejo (2022), a efectos de análisis es preciso tener en cuenta el tipo de resolución concreto que se adopte, puesto que "no será lo mismo que [el sistema] intervenga en decisiones de carácter interlocutorio, como puede suceder con incidentes de recusación, cuestiones de competencia o conflictos jurisdiccionales, o decisiones de admisión de demandas o recursos (por poner algunos ejemplos), y, sobre todo, la adopción de medidas cautelares, como puede ser una sentencia que pone fin al proceso, con todo tipo de expresiones, valoraciones y pretensiones" (p. 31).

sonancia con esa función exclusivamente de apoyo a la tarea jurisdiccional que según el Reglamento pueden tener estas herramientas, el Real Decreto-ley dispone que en ningún caso el borrador generado automáticamente "constituirá por sí una resolución judicial o procesal, sin validación de la autoridad competente", que será quien asuma en todo caso la responsabilidad de la resolución. Además, establece que los sistemas empleados para la producción de actuaciones asistidas deberán asegurar que el borrador "solo se genere a voluntad del usuario y pueda ser libre y enteramente modificado por este" (art. 57.2). Es decir, que la autoridad judicial podrá, en primer término, decidir si emplea o no el sistema de inteligencia artificial, y, aun en caso de que decida utilizarlo, podrá no tomar en consideración y rechazar la propuesta de solución generada por el sistema o modificarla libremente. Aunque no se especifica, a la vista de la redacción del precepto parece que el juez en ningún caso debería justificar por qué su decisión se aparta de la propuesta por el sistema. Premisa que, a nuestro juicio, resulta obligada al objeto de asegurar la independencia judicial, puesto que lo contrario convertiría a dicha propuesta en cuasi-obligatoria o, si se quiere decir de otro modo, en obligatoria por defecto. Con todo, tal vez no hubiera estado de más dejar clara esta importante cuestión de una manera expresa.

Por último, el Real Decreto-ley dispone que en todos estos tipos de actuaciones -automatizadas, proactivas y asistidas- "los criterios de decisión serán públicos y objetivos" (art. 58.2). Y, al objeto de asegurar el funcionamiento regular de los sistemas y su sujeción a tales criterios, se establece que "podrá realizarse por el Comité técnico estatal de la Administración judicial electrónica la definición de las especificaciones, programación, mantenimiento, supervisión y control de calidad y, en su caso, la auditoría del sistema de información y de su código fuente" (art. 58.1)[8]. Fórmula que, a nuestro juicio, resulta sumamente desafortunada y deficiente por dos razones fundamentales. La primera, porque la utilización del término "podrá" parecería indicar que el citado Comité técnico estatal de la Administración judicial electrónica no tiene la obligación de definir todas aquellas condiciones. Y la segunda, porque, incluso aunque pudiera salvarse el carácter imperativo de dicha cláusula, parece que la obligatoriedad no alcanzaría necesariamente a la realización de la auditoría del sistema y de su código fuente, dado el elemento condicional que introduce la expresión en "su caso" (¿cuándo se daría tal caso?). Aspectos ambos que son esenciales para garantizar el correcto funcionamiento del sistema y la sujeción de sus resultados al ordenamiento jurídico. Algo que resulta especialmente relevante en relación a los sistemas empleados para la producción de las actuaciones asistidas. Aunque cabe recordar que en la medida en que este tipo de sistemas asistan al juez en la búsqueda e interpretación de los hechos y del Derecho y en la aplicación del Derecho a unos hechos concretos les serán exigibles los requisitos que el Reglamento de Inteligencia Artificial establece para los sistemas de alto riesgo.

II. REFLEXIONES SOBRE LAS ACTUACIONES JUDICIALES ASISTIDAS POR SISTEMAS DE INTELIGENCIA ARTIFICIAL

Este es, pues, el parco marco normativo -a todas luces insuficiente- que el Real Decreto-ley establece en relación al em-

---

8 Sin embargo, en la *Política de uso de la inteligencia artificial en la Administración de Justicia*, publicada por el propio Comité técnico estatal de la Administración judicial electrónica en junio de 2024, se atribuye la responsabilidad del control de calidad y auditoría de los sistemas que afecten al ejercicio de la función jurisdiccional al Consejo General del Poder Judicial (p. 7).

pleo de sistemas de inteligencia artificial para la producción de actuaciones judiciales asistidas. Seguramente, claro, porque el legislador nacional tenía en mente la inminente aprobación del Reglamento europeo, a cuya detallada y exigente regulación quedarán sujetos como sistemas de alto riesgo, como ya se ha señalado. Sin embargo, aun contando con ello, hay algunos aspectos muy importantes en relación al empleo de este tipo de sistemas que precisarían una regulación específica.

En este sentido es pertinente recordar que la norma europea contiene una regulación general aplicable a todos los sistemas considerados de alto riesgo que vayan a ser utilizados en una serie de ámbitos muy heterogéneos: identificación biométrica, gestión de infraestructuras esenciales, educación y formación profesional, empleo, acceso a servicios públicos y privados esenciales, gestión de la migración, asilo y control fronterizo, aplicación de la ley y la propia Administración de Justicia. Lo que no obsta que en algunos de dichos ámbitos puedan ser requeridas adicionalmente ciertas exigencias específicas en función de la propia naturaleza de las actividades que se pretende automatizar. Como es fácil de entender, un sistema -aun de alto riesgo- empleado para la gestión del tráfico no tiene la misma relevancia constitucional que un sistema empleado para asistir a los tribunales en la toma de decisiones judiciales, y los derechos y valores en juego en ambos casos tampoco son equiparables. De modo que este último debería satisfacer una serie de exigencias jurídicas que no tiene sentido demandar a aquel, por ejemplo, en relación a la comprensibilidad y motivación de sus propuestas de decisión judicial o a la necesidad de salvaguardar las garantías procesales y los derechos de las partes. Así pues, sería deseable que, a pesar de la reciente aprobación del Reglamento europeo, y antes de la puesta en funcionamiento de estos asistentes judiciales algorítmicos en nuestra Administración de Justicia, se estableciera una regulación específica en la que se aborden algunas cuestiones básicas relativas tanto a su diseño, desarrollo, utilización y monitorización como al valor que la autoridad judicial ha de otorgar a sus borradores o propuestas de resolución.

1. Algunas precisiones preliminares sobre la denominada "justicia predictiva"

Antes, no obstante, de avanzar algunas reflexiones y consideraciones sobre las principales cuestiones a considerar en esa regulación, me detendré en la realización de unas breves precisiones de carácter conceptual y metodológico acerca de la denominada "justicia predictiva". Un término que parece haberse impuesto en la literatura académica para aludir a la creciente inclusión de sistemas de inteligencia artificial basados en datos en la Administración de Justicia y que, a mi juicio, puede dificultar la adecuada comprensión de ciertos aspectos de este fenómeno. Es obvio que existe una gran diferencia entre "predecir" la decisión de un caso y "decidir" un caso. Una predicción, entendida en el sentido de vaticinio o juicio anticipado acerca de un evento futuro -tal como se refleja en la famosa definición holmesiana del Derecho como profecías acerca de las decisiones de los tribunales-, no es evidentemente una decisión. Por otra parte, la inteligencia artificial no puede "decidir" un caso. Ni en un sentido psicológico, puesto que decidir es un acto de voluntad y esta es una capacidad intrínsecamente humana, de manera que no tiene sentido aplicar dicha categoría mental a una actividad mecánica. Ni -al menos de momento- tampoco en un sentido jurídico, puesto que afortunadamente la competencia constitucional para adoptar decisiones judiciales solo la tienen los jueces -humanos-, y precisamente por ello estos sistemas no pueden servir más que como herramientas de apoyo o asistencia a la función jurisdiccional[9].

---

9 Así lo subrayaba el Consejo General del Poder Judicial en su *Informe al Anteproyecto de Ley de eficiencia digital del servicio público de justicia,*

Una vez sentado esto, es preciso, sin embargo, aclarar el significado del término “predicción” utilizado en *machine learning* -especialmente cuando se habla de los “modelos predictivos” en los que se basa- al objeto de evitar ciertas distorsiones comunicativas, puesto que aquel significado no es coincidente con el que asociamos al término “predicción” cuando lo utilizamos en el lenguaje común. Efectivamente, todos los *outputs* arrojados por los sistemas de *machine learning* -ya se trate de la búsqueda y selección de una información, su clasificación, la elaboración de un documento, la toma de decisiones, la realización de determinadas acciones, la formulación de recomendaciones, la creación de nuevos contenidos, la previsión de riesgos y también, desde luego, la formulación de predicciones, entre otros resultados posibles- se basan en modelos predictivos (*predictive*). Pero, como se habrá advertido de la propia diversidad de los productos susceptibles de ser generados, ello no quiere decir que aquellos *outputs* consistan o se refieran necesariamente a predicciones (*forecasts*) sobre hechos futuros.

Técnicamente, el término “predicción” en *machine learning* se refiere a la realización de cualquier inferencia dirigida a expandir o aplicar la información disponible a un determinado problema[10]. Y estas inferencias, como indican Galli y Sartor (2023), pueden pertenecer tanto al futuro como al pasado o el presente (p. 179). Si se proyecta hacia el futuro, la *prediction*

---

adoptado por el Pleno del Consejo el 24 de febrero de 2022: el artículo 24 de la Constitución, en conexión con el principio de exclusividad jurisdiccional (art. 117.3 CE) garantiza a los ciudadanos el derecho a obtener una resolución fundada en Derecho dictada por un juez o tribunal (Conclusión Sexagesimoctava).

10 Adviértase que, desde este punto de vista, no hay una diferencia sustancial entre la operación que lleva a cabo el sistema y la que realiza un juez al decidir un caso, que también consiste en realizar inferencias dirigidas a aplicar la información jurídica de la que dispone a un problema determinado.

puede entonces convertirse en una *forecast*, como sucede cuando se usa la inteligencia artificial para hacer prognosis clínica, intentando anticiparse al desarrollo de una enfermedad futura. Pero las inferencias "predictivas" también pueden referirse a un tiempo pasado o al presente, como ocurre cuando se utilizan estas herramientas para el diagnóstico clínico. Aquí el resultado del sistema, siendo técnicamente una predicción -en cuanto resulta de la aplicación de un modelo que utiliza determinados factores como predictores-, no puede interpretarse como una profecía de un hecho por acontecer: en este caso el *output* del sistema no significa que la persona desarrollará en el futuro determinada enfermedad, sino que ya la padece. Y el médico actuará en consecuencia. Del mismo modo, en el ámbito jurídico, cuando utilizamos los sofisticados sistemas de *machine learning* y procesamiento del lenguaje natural para la búsqueda y selección de las normas y la jurisprudencia relevante en relación a determinado problema legal, las normas y sentencias que aparecen como resultados de nuestra búsqueda son, técnicamente, el resultado de la aplicación de una serie de modelos predictivos generados por el propio sistema, pero no cabe ninguna duda de que tales normas son reales, y relevantes aquí y ahora. De hecho, hoy prácticamente todo nuestro conocimiento del Derecho, en tanto está mediado por este tipo de sistemas, se basa en sus predicciones (*predictions*), y se trata de un conocimiento firme y fiable. Y lo mismo sucede con los sistemas de inteligencia artificial jurídica utilizados para elaborar contratos, para realizar tareas de *compliance* o para asesorar legalmente en determinadas materias: todos se basan en predictores, pero de ningún modo sus resultados pueden entenderse como lo que en el lenguaje común denominamos "predicciones". Recurriendo a la terminología utilizada en el Reglamento europeo de Inteligencia Artificial, la información de salida de los sistemas puede realizar distintas funciones, e incluye predicciones, contenidos, recomendaciones y decisiones (considerando 12).

Por eso, la etiqueta de justicia "predictiva" que se ha popularizado para aludir, con carácter general, a la introducción de la inteligencia artificial en el sistema judicial no resulta en mi opinión muy adecuada. Si hacemos un repaso de los sistemas que actualmente ya se emplean en los sistemas judiciales de distintos países, la mayoría no realizan predicciones sobre hechos futuribles sino diversos tipos de tareas cognitivas con una precisión y una eficiencia incomparablemente mayor que cualquier humano: clasificación y selección de la información jurídica, revisión de documentación electrónica y determinación de su relevancia en el caso, prueba de los hechos pretéritos que se juzgan, evaluación de la fiabilidad de los medios de prueba, formulación de propuestas de solución susceptibles de satisfacer a las partes en conflicto...

En lo que se refiere específicamente a los sistemas dirigidos a realizar inferencias (*predictions*) relativas a la posible resolución de un caso, ciertamente, sus resultados pueden constituir o interpretarse como una *forecast*, tal como ocurre cuando son empleados por un abogado para intentar predecir (y orientar en el sentido más favorable a sus intereses) la decisión judicial. Y, precisamente por ello, en aras de dicho objetivo se diseñará y utilizará un sistema basado en una serie de predictores muy diferentes a los que, sin duda, contendrá un sistema destinado a ser empleado por la autoridad judicial como apoyo en la toma de decisiones. Así, los sistemas de este tipo utilizados en la abogacía tienen habitualmente en cuenta predictores tales como la identidad del juez o de los magistrados que componen el tribunal, la orientación y contenido de sus sentencias pretéritas, su *background* profesional, su ideología y posibles sesgos, la identidad del litigante adversario y de su abogado, etc. Sin embargo, lógicamente, los sistemas dirigidos a asistir al juez en la toma de decisiones deberán basarse en otro tipo de predictores orientados a conseguir que el *output* generado automáticamente sea la respuesta más probable resultante de aplicar la información jurídica relevante al caso particular, de manera que pueda ofrecer una guía u orientación al decisor, en tanto expresiva del punto de vista predominante entre los jueces que previamente han decidido casos similares. El hecho de que la respuesta del sistema asuma el significado de una *forecast* o de una guía depende, por tanto, básicamente del punto de vista y de los intereses del usuario, y ello deberá reflejarse ineludiblemente tanto en la elección de los enfoques metodológicos de diseño y desarrollo del sistema como en los datos utilizados para su entrenamiento. Y, ya sea interpretado el resultado como una *forecast* o como una guía, aquel puede, desde luego, influir en la conducta del usuario (orientando, en un caso, la estrategia del abogado y, en el otro, la decisión del juez).

Una vez hechas estas precisiones conceptuales y metodológicas, realizaré una serie de consideraciones acerca de algunas condiciones y exigencias básicas a tener en cuenta para la regulación de los sistemas que, conforme a lo dispuesto en el Real Decreto-ley 6/2023, vayan a ser empleados para asistir al tribunal en la toma de decisiones judiciales, al objeto de garantizar el respeto de los valores inherentes al ideal del imperio de la ley y de los principios y garantías que han de regir la actuación de la Administración de Justicia.

2. *¿En qué tipo de decisiones judiciales pueden resultar más útiles estos sistemas?*

Una primera cuestión a considerar sería la determinación de en qué áreas jurídicas y tipos de problemas legales sería más factible introducir, al menos inicialmente, este tipo de sistemas. Y es que, desde mi punto de vista, la utilidad que pueden reportar pasa en todo caso por el empleo de aplicaciones diseñadas y entrenadas específicamente para operar en áreas jurídicas bien delimitadas. Hallándonos aún lejos de alcanzar una inteligencia artificial fuerte o general, los actuales sistemas pueden ser sumamente eficientes y precisos solo en la realización de tareas cognitivas específicas, y dadas las enormes complejidades y diferencias que presenta la aplicación del Derecho en los distintos sectores del ordenamiento jurídico no es una opción realista intentar diseñar un sistema que ofrezca respuestas ajustadas a cualquier problema legal. Si echamos un vistazo a lo que sucede en la abogacía, siempre un paso por delante en la aplicación de la inteligencia artificial a la resolución de problemas legales, incluso los más sofisticados sistemas de búsqueda de respuestas jurídicas y los recientes modelos de lenguaje de gran tamaño que algunos despachos están comenzando ya a utilizar para elaborar borradores de informes jurídicos solo son capaces de operar eficientemente y de manera fiable en áreas legales específicas después de un intensivo proceso de entrenamiento por parte de expertos.

En este sentido, un aspecto importante a tener en cuenta para seleccionar aquellas áreas jurídicas más adecuadas para la introducción de estos asistentes judiciales algorítmicos es la existencia de criterios normativos y jurisprudenciales claros y relativamente estables. Como afirma Pérez Daudí (2021), una premisa importante para la implementación eficaz de la inteligencia artificial es la previsibilidad de las decisiones. Un factor que, además, resulta esencial para lograr una justicia efectiva, pero que en nuestro sistema judicial se ve, en su opinión, sumamente dificultado, no ya solo por el carácter no vinculante de los precedentes judiciales sino por la incidencia negativa de una serie de factores, tales como la existencia de un ordenamiento jurídico multinivel, el frenesí legislativo, la sumarización del proceso, la no recurribilidad de muchas resoluciones judiciales ante los tribunales superiores o los intentos de excluir del conocimiento judicial determinados litigios[11].

---

11 En relación con este tema, en de febrero de 2024, la *Fundación Aranzadi La Ley* presentó el *Observatorio de la actividad de la Justicia. Informe 2023*, en el que, a partir del análisis de 10 indicadores de nuestro sis-

Esta situación general no impide, sin embargo, que existan determinadas áreas legales y tipos de problemas jurídicos específicos respecto de los cuales cabe un grado notable de previsibilidad de las decisiones debido a la existencia de criterios claros y susceptibles de ser objetivados. Problemas, incluso, en los que las cuestiones centrales a decidir versan sobre aspectos cuantificables. En este sentido, la profesora Nuria Belloso (2022) aboga por introducir estos sistemas en procesos judiciales relativos a materias como multas y liquidaciones en procesos administrativos, revisión de rentas y fijación de cantidades en el ámbito contractual, aplicación de penalizaciones, faltas leves de tráfico o indemnizaciones que estén sujetas a fórmulas o baremos complejos (p. 360). Podemos incluir aquí también disputas en materias fiscales, cláusulas suelo y otras reclamaciones sobre cláusulas generales bancarias, o reclamaciones frente a compañías aéreas y otras de carácter similar en materia de protección de consumidores y usuarios, respecto de las que puede ser interesante la ya amplia experiencia proporcionada por algunas plataformas privadas de negociación automatizada y de adjudicación de disputas en línea. Se trata de problemas de una limitada relevancia jurídica y cuantía económica, por lo que constituyen también áreas apropiadas para la implementación de estos sistemas desde la óptica de un principio de precaución. Y, además, su solución es fácil de estandarizar mediante inteligencia artificial, dándoles así una solución rápida[12].

---

tema judicial, J. Mora-Sanguinetti y M. Pasqual del Riquelme corroboran la escasa predictibilidad de las decisiones de nuestros tribunales. Un factor que, además, genera mayor litigiosidad.

12 Cabe recordar en este punto cómo, en nuestro país, el colapso de los juzgados mercantiles provocado por las miles de demandas de viajeros frente a las compañías aéreas llevó al Gobierno en noviembre de 2022 a modificar la *Ley Orgánica 7/2022, de 27 de julio, de modificación de la Ley Orgánica 6/1985, de 1 de julio, del Poder Judicial, en materia de Juzgados de lo Mercantil*, para traspasar la competencia

También determinadas áreas del Derecho de familia pueden ser particularmente idóneas para la introducción de este tipo de aplicaciones. Un buen ejemplo nos lo proporciona el sistema *Split-Up*, que asiste a los tribunales de familia australianos en casos de divorcio y otras disputas familiares relativas al reparto de bienes comunes. Se trata de un sistema basado en *machine learning* que combina razonamiento basado en reglas y redes neuronales, tomando en consideración hasta 94 posibles factores relevantes como predictores. En los casos de divorcio, que es donde se aplica mayoritariamente, *Split-Up* identifica los bienes que han de ser incluidos en el reparto y determina el porcentaje que cada parte debe recibir basándose en factores relativos a aspectos como la aportación de cada una de ellas a los bienes comunes, la cuantía de sus recursos o sus futuras necesidades. Además, proporciona una explicación de su propuesta de decisión, utilizando estructuras del «argumento de Toulmin» para representar cómo alcanzó ese resultado (Wu, 2019).

Nieva Fenoll (2022a) apunta también la utilidad de este tipo de sistemas en procedimientos civiles prácticamente idénticos, como desahucios y otros procedimientos posesorios, y hasta con reclamaciones de cantidad, como la práctica totalidad de los procedimientos monitorios. Supuestos en los que, además, en muchos casos no existe siquiera oposición, por lo que podrían ser tramitados de principio a fin de manera automática. Sin descartar tampoco su empleo en relación a determinadas áreas del Derecho penal. En este sentido, se refiere al enjuiciamiento de determinadas conductas delictivas en aquellos supuestos en los que los hechos no estén en discusión, como pueden ser la conducción bajo los efectos del alcohol, hurtos y daños, delitos de tráfico de estupefacientes, y no pocos casos de violencia de géne-

---

objetiva de los juzgados de lo mercantil a los juzgados civiles de primera instancia, mucho más numerosos, al objeto de que se pudiera repartir la sobrecarga de trabajo entre todos ellos.

ro y de lesiones sin móvil machista. Casos, afirma irónicamente, que de hecho "ya están automatizados, aunque empleando a seres humanos que rellenan siempre los mismos formularios muy burocratizados" (Nieva Fenoll, 2022b).

Esto no quiere decir que los sistemas de asistencia a la toma de decisiones judiciales no puedan ser empleados, e incluso puedan resultar sumamente útiles, también en otras áreas jurídicas. De hecho, el Real Decreto-ley 6/2023 no establece ningún límite a su empleo, ni respecto de órdenes jurisdiccionales, ni de grado jerárquico de los tribunales, ni de ningún otro tipo, por lo que potencialmente pueden ser aplicados por cualquier tribunal en relación a cualquier clase de materia y problema jurídico. Sin embargo, creemos que, en razón de un principio de precaución y del carácter más fácilmente objetivable y estandarizable de las respuestas a las cuestiones en disputa, la implementación de este tipo de sistemas habría de llevarse a cabo primero en áreas como las señaladas y otras similares. Y que no debería extenderse su aplicación a otros dominios jurídicos más complejos hasta que, existiendo ya una experiencia suficientemente probada en su empleo por parte de los tribunales, se pudiera analizar su impacto sobre la calidad de las decisiones judiciales.

3. ¿Qué características técnicas deben tener?

A los efectos que aquí nos interesan, podemos distinguir entre dos opciones básicas de diseño de este tipo de sistemas, aunque, como veremos, cada opción presenta a su vez diversos enfoques metodológicos posibles. Y cada una de estas elecciones puede comportar efectos importantes sobre el ejercicio de la función jurisdiccional.

Una de las opciones es el diseño de sistemas basados en la representación formal de la base de conocimiento jurídico relevante para la toma de las decisiones judiciales en el área correspondiente. Esta representación se lleva a cabo mediante la formalización de un conjunto de reglas y conceptos. Y, a partir de ese conocimiento formalizado, el algoritmo puede realizar inferencias para aplicar esas reglas y conceptos a las situaciones particulares. Este es el enfoque propio de la inteligencia artificial simbólica tradicional, que en la actualidad puede llevarse a cabo a través de dos métodos. El primero consiste en la formalización directa de las más o menos complejas redes de reglas (normalmente mediante el diseño de árboles de decisión) necesarias para dar una respuesta jurídica a las distintas situaciones posibles, al estilo de los sistemas expertos de finales del siglo XX. En este caso, obviamente, dichas reglas deberían ser definidas por la propia autoridad judicial, de manera que reflejasen su interpretación autoritativa del Derecho aplicable[13]. El segundo método se basa en el etiquetado manual de la información contenida en los precedentes judiciales. Es decir, en lugar de basarse en la ejecución de una serie de reglas predefinidas, estos sistemas extraen el conocimiento jurídico relevante y las reglas para la toma de decisiones de un repositorio de decisiones judiciales previamente anotadas. La operación de etiquetado consiste en que un experto (en este caso, para preservar la independencia judicial, habría de ser la propia autoridad judicial) «anota» en cada una de las sentencias del repositorio la información contenida en ella sobre los distintos factores relevantes para la resolución de cada caso, así como sobre su incidencia para la resolución del mismo en un sentido u otro, de manera que pueda ser reconocida y posteriormente utilizada por el sistema. Entonces, ante un nuevo caso a decidir, el sistema compara la información sobre aquellos factores

---

[13] Cabe recordar, a efectos de su régimen jurídico, que este tipo de sistemas basados en la ejecución automática de reglas definidas únicamente por personas físicas se hallan excluidos del concepto de inteligencia artificial asumido por el Reglamento europeo (Considerando 12), por lo que quedan fuera de su ámbito de aplicación.

relevantes en los casos previos con los factores presentes en el nuevo caso, al objeto de determinar el sentido que habría de tener la resolución conforme a aquellos precedentes. Con arreglo a esta segunda metodología, la representación del conocimiento se lleva a cabo, por tanto, no a través de la formalización de reglas y conceptos sino de factores relevantes en los casos. Pero en ambos enfoques es necesaria la intervención de un experto (en este caso, la propia autoridad judicial) que identifique el conocimiento y las reglas jurídicas relevantes. Aunque hoy el desarrollo de las técnicas de procesamiento del lenguaje natural está facilitando mucho esta tarea de asignación o identificación de los factores relevantes en la resolución de los casos.

Este tipo de sistemas basados en la representación formal de una base de conocimiento jurídico tienen dos limitaciones principales: exigen invertir bastante tiempo y esfuerzo en la tarea de formalización de la información (el problema tradicional del «cuello de botella de la representación del conocimiento») y no son aptos para el tratamiento de problemas en los que sea preciso tomar en consideración la interacción recíproca de una gran cantidad de factores. Pero sí pueden ser una opción sencilla y practicable para la resolución de los tipos de cuestiones mencionadas en el apartado anterior. Además, su empleo como herramientas de apoyo a la función jurisdiccional no plantea especiales problemas desde un punto de vista jurídico, particularmente los basados en la ejecución de reglas predeterminadas: si los conocimientos jurídicos y las reglas de inferencia del sistema han sido establecidos por la propia autoridad judicial, conforme a lo que constituye su interpretación autoritativa del Derecho aplicable en la materia, la independencia judicial parece salvaguardada. Y verdaderamente bien puede atribuirse la resolución del caso de manera directa al propio juez. El cual, por supuesto, siempre es libre para descartar o modificar la resolución generada automáticamente si considera que no es una respuesta jurídicamente satisfactoria para el caso presente. Situación que podría deberse a diversas circunstancias: que no hubiera previsto una regla para ese tipo de casos, que la regla prevista no proporcionara una solución adecuada o coherente, o, sencillamente, que el juez decida cambiar su criterio interpretativo. Circunstancias que, en cualquier caso, conducirían a introducir cambios en la base de conocimiento del sistema, ya sea para introducir una nueva regla o para reformular alguna o algunas de las reglas del sistema[14].

Sin embargo, curiosamente, el Real Decreto-ley no se refiere a este tipo de sistemas sino únicamente a los basados en el análisis de datos. Frente a aquellos enfoques tradicionales basados en la representación formal del conocimiento jurídico, en los actuales sistemas de aprendizaje automático basados en datos, el conocimiento que utiliza el algoritmo para generar una respuesta jurídica no es proporcionado por un experto en la materia sino que es inferido por el propio sistema a partir de la información que se le suministra o a la que tiene acceso. Este aprendizaje autónomo del sistema puede llevarse a cabo, fundamentalmente, mediante dos métodos distintos. El más habitual es el aprendizaje automático supervisado. Aquí es necesaria también la intervención de un experto en la tarea que se pretende automatizar para entrenar los algoritmos. El experto -en este caso habría de ser la propia autoridad judicial por la razón ya comentada- selecciona y proporciona al sistema la información relativa a un conjunto suficientemente representativo de casos con sus correspondientes soluciones jurídicas y, a partir de tales ejemplos, el algoritmo genera un modelo predictivo que relaciona diferentes factores presentes en la información de entrada (la información sobre el caso) con el resultado (la

---

14 Tiene razón en este sentido Crego (2023) cuando afirma que las operaciones de formalización del Derecho se dirigen a la reformulación del sistema jurídico para lograr un mayor grado de plenitud, coherencia y precisión (p. 313).

resolución correcta del caso), aplicándolo posteriormente a los nuevos casos. El ajuste del algoritmo es un proceso iterativo en el que se suceden diferentes rondas de entrenamiento y de revisión de los resultados, en cada una de las cuales el experto va proporcionando nuevos ejemplos al sistema para corregir sus errores, hasta que se considera que el rendimiento del algoritmo es suficientemente preciso. El otro método posible es el aprendizaje automático no supervisado. Aquí el sistema no recibe ningún tipo de «instrucción» mediante ejemplos sino que genera de manera completamente autónoma su modelo predictivo a partir de la detección de correlaciones y patrones en la información a la que tiene acceso (por ejemplo, todos los precedentes), modificando incluso dicho modelo a medida que tiene acceso a nueva información y adquiere experiencia en la realización de su tarea.

Con independencia del enfoque utilizado, supervisado o no supervisado, los sistemas de *machine learning* basados en el análisis de datos generan su propuesta de resolución del caso actual basándose en un modelo predictivo generado automáticamente a partir de la identificación de similitudes con casos previos. Sin embargo, como hemos visto, el grado de influencia o de control del usuario del sistema sobre el funcionamiento del sistema, y, por tanto, sobre sus resultados, así como su capacidad para corregir los errores de aquel, no es, evidentemente, la misma en los sistemas supervisados y en los no supervisados. En los primeros, a través de su entrenamiento, el experto puede orientar en cierta medida la "atención" del sistema hacia aquellos factores o predictores estimados más relevantes para la resolución de los problemas jurídicos. Esta es la razón por la que la mayor parte de los sistemas de inteligencia artificial jurídica son de carácter supervisado.

Pero también hay otros aspectos a considerar en el diseño y desarrollo de estos sistemas basados en datos, en tanto la elección de determinadas técnicas y enfoques metodológicos puede afectar a dimensiones muy importantes en el ejercicio de la función jurisdiccional. Simplificando mucho la cuestión, en todo sistema de aprendizaje automático basado en el análisis de datos existen dos componentes fundamentales: el algoritmo utilizado para su aprendizaje o entrenamiento (*learning algorithm* o *training algorithm*), que es el que generará el modelo predictivo a partir de la información proporcionada, y el algoritmo "aprendido" (*learned algorithm*), que es, en definitiva, ese modelo predictivo que se aplicará a los nuevos casos. En función del diseño del sistema, este algoritmo predictivo puede estar basado en diversas técnicas: árboles de decisión, técnicas estadísticas de análisis de regresión, máquinas de vectores de soporte, algoritmos evolutivos, redes neuronales de aprendizaje profundo... Y la elección de una u otra de estas técnicas posibles incide directamente en un parámetro tan importante en el ámbito jurisdiccional como la transparencia y la explicabilidad de los resultados del sistema.

Como se ha dicho, todos los sistemas de aprendizaje automático identifican, de un modo u otro, patrones o correlaciones en los datos, pero sus diferencias en cuanto al grado de inteligibilidad o interpretación de sus resultados, e incluso en relación a la posibilidad misma de ofrecer o no una explicación suficiente de estos, dependerán en buena medida del enfoque metodológico y del tipo de algoritmos utilizados. Si el modelo predictivo consiste en árboles de decisiones -al estilo de PROMETEA- aquel puede ser fácilmente visto "como una representación de un proceso de toma de decisiones, donde el algoritmo va progresivamente dividiendo los datos en subconjuntos basándose en los rasgos o atributos más relevantes, conduciendo finalmente a una decisión o predicción" (Galli y Sartor, 2023, pp. 176-177). De manera que el funcionamiento del árbol puede ser comprendido como una secuencia de pasos o de decisiones perfectamente trazables que conducen a una determinada conclusión. Sin embargo, si -como sucede en el caso del sistema *Juez Sabio* chino- el modelo predictivo se basa en redes neuronales de aprendizaje profundo, las cuales constituyen hoy, sin duda, las técnicas predictivas más afinadas por su capacidad para ponderar complejas relaciones estadísticas entre miles de factores, el *iter* de la decisión será completamente inescrutable, resultando imposible obtener una explicación comprensible de la misma. Entendiendo por explicación comprensible aquella que es capaz de ofrecer las razones por las que el sistema atribuyó determinada solución a un caso particular de una manera que sea comprensible o significativa para la mente humana[15].

Si bien en otros contextos de toma de decisiones, como puede ser, por ejemplo, el campo del diagnóstico médico, resulta completamente razonable la utilización de estos sistemas por su alta precisión y eficiencia, a pesar de la inexplicabilidad de sus conclusiones, no puede decirse lo mismo respecto de su aplicación en el ámbito judicial. A nuestro juicio no puede admitirse que una propuesta generada automáticamente por un sistema de *machine learning* basado en datos pueda ser considerada una base o un fundamento adecuado para adoptar una decisión judicial si no va acompañada de una explicación de las razones que han conducido a la misma y que pueda funcionar o dar lugar a una justificación de carácter normativo. Como mínimo, indicando qué elementos fácticos y jurídicos han sido tomados en consideración por el sistema y qué precedentes judiciales han sido estimados relevantes.

---

15 En este caso, la única trazabilidad o explicación de cómo se ha llegado a un resultado consiste en desandar el *iter* lógico y seguir el rastro de cómo la activación de una neurona ubicada en una capa subsiguiente es el resultado de complejos cálculos matemáticos provocados por otras neuronas de la capa previa, y así sucesivamente a través de las decenas o cientos de capas de neuronas del sistema. En definitiva, una explicación técnica que no equivale a una explicación de las razones del resultado. Y mucho menos, obviamente, a una explicación jurídicamente relevante.

En este sentido, no serían admisibles sistemas "predictivos" como los que suelen ser utilizados por la abogacía, orientados a pronosticar (*forecast*) la conducta futura del juez o tribunal, que toman en cuenta como predictores no solo factores jurídicos, como las normas o los precedentes judiciales, sino también otros de carácter extrajurídico, ajenos al contenido de las decisiones, tales como, por ejemplo, la identidad del otro litigante y de sus abogados, o la del juez o los magistrados que componen el tribunal, así como su orientación ideológica y su *background* profesional, entre otros elementos posibles. Tales sistemas pueden, efectivamente, ser útiles a los abogados para realizar las profecías holmesianas, pero no podrían ser utilizados como guía u orientación para la toma de decisiones judiciales. Para servir de apoyo a la función jurisdiccional el diseño del sistema debe responder a un modelo de predictores basados únicamente en conocimiento jurídicamente relevante, esto es, basado en la identificación de modelos de razonamiento jurídico. Un aspecto para el que resultan fundamentales las técnicas de procesamiento del lenguaje natural, al objeto de identificar correlaciones léxicas, sintácticas y semánticas en el contenido de las decisiones judiciales pretéritas y de compararlas con la información del caso a decidir. Un dominio en el que, con toda seguridad, en un futuro muy inmediato tendrán un impacto muy importante los modelos de lenguaje de gran tamaño[16].

---

16 En esta dirección, con la financiación de los fondos europeos *Next Generation*, el gobierno italiano ha impulsado el proyecto PRO. DI.GI.T. para el desarrollo de aplicaciones de inteligencia artificial que asistan a los jueces y abogados en el ámbito del Derecho tributario. El proyecto, que se está desarrollando con la participación de diversas universidades, se ha centrado inicialmente en las resoluciones en materia de impuestos registrales, lo que comprende un *corpus* de casi un millón de decisiones judiciales. Hasta este momento, uno de los aspectos más prominentes del proyecto es la aplicación de modelos de lenguaje de gran tamaño, particularmente GPT-4, para la generación automática de sumarios de las decisiones y la

Este es un aspecto fundamental que, a nuestro juicio, ha de determinar la exclusión de la utilización de aquellos sistemas que no sean capaces de ofrecer esta clase de explicación, aunque el Real Decreto-ley no establezca ninguna limitación al respecto. Entendemos, además, que un sistema destinado a ser utilizado como asistente judicial que no satisfaga esta condición vulneraría el artículo 13 del Reglamento europeo de Inteligencia Artificial, que exige que los sistemas de alto riesgo se diseñen y desarrollen de un modo que garantice que funcionan con un nivel de transparencia suficiente para que los usuarios, en este caso los jueces, interpreten y usen correctamente su información de salida.

Resulta realmente difícil de justificar, desde un punto de vista jurídico, que una propuesta generada automáticamente pueda ser considerada una base o un fundamento adecuado de una sentencia judicial si no va acompañada de una explicación en términos jurídicamente significativos. Entre otras cosas, porque puede suceder que casos que el algoritmo trata como similares (debido, por ejemplo, a la identificación de correlaciones estadísticas entre ciertos términos o combinaciones de palabras presentes en la información del caso a resolver y en el contenido de las decisiones pretéritas) fueran considerados por el juez como diferentes por alguna razón que considera relevante[17]. O viceversa, al identificar el algoritmo diferencias

---

extracción de información relacionada, como la identificación de las cuestiones jurídicas y de los criterios de toma de decisión. Los resultados, según una evaluación realizada por abogados y jueces expertos en la materia, han sido satisfactorios. Y, sobre dicha base, se está desarrollando un prototipo para la automatización de estas tareas. Una exposición de los detalles técnicos del proyecto, su desarrollo, la evaluación de sus resultados y las conclusiones obtenidas se encuentra en Dal Pont (2023).

17 Es significativo a este respecto cómo el proyecto piloto iniciado en Francia en 2017 para utilizar el sistema *Predictice* en la toma de de-

textuales que no son jurídicamente relevantes (Bex y Prakken, 2021, pp. 209-210). Y estas situaciones quedarían ocultas si el sistema no es capaz de proporcionar una explicación -no una mera racionalización *ex post*- de su propuesta[18]. De manera que estos sistemas podrán asistir a los jueces en la toma de decisiones únicamente si sus resultados van acompañados de una explicación que posibilite que el juez entienda los factores o las razones que condujeron a los jueces previos -en cuyas decisiones se basa el sistema- a decidir los casos pretéritos en un deter-

---

cisiones de los Tribunales de Apelación de Rennes y de Douai tuvo que ser zanjado debido a los errores de razonamiento del algoritmo, que llevaron a resultados anómalos o inadecuados, motivados por la confusión entre las simples frecuencias lexicales de las motivaciones judiciales de casos pretéritos y las causalidades que habían sido decisivas en el razonamiento de los jueces. Véase Ronsin y Lampos (2018, p. 34).

18 Utilizo aquí el término "racionalización" en el sentido empleado por el realismo jurídico americano para denunciar la forma en la que la argumentación jurídica es, a su juicio, utilizada por los jueces para ofrecer *ex post* razones justificativas de una decisión que ha sido tomada previamente sobre la base de otro tipo de consideraciones, generalmente de carácter extra-jurídico (véase Frank, 1949, pp. 28-31). Y es que, con los actuales desarrollos de las técnicas de procesamiento del lenguaje natural, estos sofisticados sistemas de *deep learning* pueden ser capaces, una vez generada su propuesta de resolución, de identificar, extraer y utilizar la información contenida en el *corpus* jurisprudencial para replicar las argumentaciones jurídicas en las que se fundaron las decisiones en idéntico sentido de casos pretéritos. De este modo, independientemente de la inescrutabilidad de las razones que han conducido a un determinado *output*, el sistema podría ofrecer una "racionalización" de su respuesta proporcionando argumentos que la apoyen. Más allá de que, como denunciaran los realistas, no es descartable que en ocasiones los jueces puedan tomar decisiones en base a consideraciones extrajurídicas, procediendo después a revestirlas formalmente mediante argumentos jurídicos, ello no puede ser aceptado como una forma válida de justificación de las decisiones judiciales.

minado sentido. Solo así podrá el juez actual evaluar adecuadamente la similitud de los casos y, consecuentemente, valorar si la decisión propuesta por el sistema es una buena decisión o, al menos, puede proporcionarle una buena guía u orientación para la resolución del caso presente. Sin una explicación de este tipo, aquella propuesta no pasaría de ser un mero oráculo que el juez habría de seguir ciegamente.

En definitiva, compartiendo la opinión de Galli y Sartor (2023), consideramos que para que un sistema de inteligencia artificial pueda ser empleado como un asistente en la toma de decisiones judiciales es absolutamente imprescindible que cumpla estas dos condiciones por diseño: primero, que los predictores del sistema sean jurídicamente relevantes, y, segundo, que sus resultados sean técnicamente explicables (pp. 185 y 209-210). Unas exigencias que, de momento, limitarían severamente la posibilidad de emplear algunos tipos de sistemas de aprendizaje automático basados en datos, y muy particularmente todos aquellos basados en redes neuronales de aprendizaje profundo, puesto que este tipo de explicabilidad es aún un escollo prácticamente insalvable para la mayoría de ellos.

Y, en todo caso, al objeto de garantizar el cumplimiento de estas condiciones, se hace imprescindible la participación de la autoridad judicial en los procesos de diseño, desarrollo, despliegue, entrenamiento y testeo de la fiabilidad de estos sistemas y de la calidad de sus explicaciones, antes de su puesta en funcionamiento. Como muestra la experiencia del desarrollo de *PretorIA*, la implicación de la propia autoridad judicial en las decisiones de diseño, en la definición o identificación de los criterios relevantes a tener en cuenta para la tarea a realizar y en la determinación de las funcionalidades e interfaz del sistema de acuerdo a sus necesidades e intereses, constituyen factores importantes para asegurar la utilidad del sistema y que su funcionamiento se ajuste a las exigencias jurídicas. Dicha participación, ha de extenderse también, lógicamente, a los procedimientos de monitorización, revisión periódica y actualización de los sistemas que han de seguirse una vez puestos en funcionamiento, como demanda el Reglamento europeo de inteligencia artificial. Todo ello resulta obligado, además, desde la perspectiva de la salvaguarda de la independencia judicial, consagrada en nuestra Constitución como garantía de imparcialidad y de sujeción de los tribunales exclusivamente al imperio de la ley[19]. Esto, por supuesto, excluye no solo la utilización de sistemas adquiridos a compañías privadas cuyos algoritmos y códigos fuente sean inaccesibles por hallarse protegidos como propiedad intelectual, sino también de aquellos que, siendo de código abierto, han sido, no obstante, diseñados y desarrollados sin tener en cuenta las necesidades de sus usuarios (los jueces) y las exigencias a las que estos están sometidos en el ejercicio de su función jurisdiccional[20].

---

19 Resulta muy elocuente, en este sentido, la exigencia formulada por el Consejo General del Poder Judicial en la Conclusión Novena de su *Informe al Anteproyecto de Ley de eficiencia digital del servicio público de justicia*: "...las exigencias derivadas de los principios consagrados en el artículo 117 CE, y del artículo 24.1 CE, imponen la necesidad de los debidos controles, evaluaciones y las garantías adecuadas en la configuración, en la utilización y en el resultado de los mecanismos de inteligencia artificial aplicados a la función jurisdiccional, no solo en cuanto a los algoritmos empleados, sino también, y específicamente, en orden a salvaguardar el ejercicio de la función jurisdiccional, consustancial y ontológicamente anudada a la naturaleza humana, con independencia, imparcialidad, exclusividad y exclusivo sometimiento al imperio de la ley. Y en esa función de garantía, vinculada a la función de garantía institucional de la independencia judicial que representa el Consejo General del Poder Judicial, no puede orillarse la participación de este órgano constitucional" (p. 150). También el Consejo Consultivo de los Jueces Europeos (2023) subraya la obligada participación de los jueces en el diseño y control de estas tecnologías, al objeto de salvaguardar la independencia judicial (p. 18).

20 En relación a este punto, el Real Decreto-ley 6/2023, en su artículo 87, establece que "las administraciones públicas con competencias en Justicia favorecerán que la iniciativa, diseño, desarrollo y pro-

4. ¿Cómo han de ser utilizados estos sistemas y sus resultados?

Como indica el Reglamento europeo, los sistemas de inteligencia artificial deben ser considerados como sistemas sociotécnicos cuyo impacto no solo depende de su diseño técnico sino también del modo en el que son desarrollados, desplegados y empleados, así como del uso que se hace de sus decisiones o recomendaciones, en un contexto social, organizativo y legal específico. En este sentido, avanzamos a continuación algunas observaciones generales a tener en cuenta para la adecuada utilización de estos asistentes judiciales.

Una primera consideración al respecto, obvia, es que, conforme a nuestro sistema de fuentes del ordenamiento jurídico, los precedentes judiciales no tienen, en general, carácter vinculante. Sin embargo, las propuestas de decisión emitidas por estos sistemas se basan en el análisis de los precedentes judiciales, algunos de los cuales incluso pueden haber perdido todo valor jurídico como consecuencia de cambios normativos. Este es un factor a tener debidamente en cuenta por el juez. La sobreestimación del valor de los resultados del sistema, la excesiva confianza en los mismos o su progresiva aceptación en la práctica por parte de los jueces -por razones de eficiencia o de otro tipo- como una especie de respuesta por defecto, admisible *prima facie* salvo que resulte claramente inaceptable, puede conducir a una especie de inversión, por la vía de los hechos, de nuestro sistema de fuentes, otorgando un lugar de privilegio -si no de exclusividad- a la jurisprudencia en detrimento de la legislación.

Pero no es este el único riesgo de reduccionismo. Del mismo modo que, ante el creciente empleo por parte de la abogacía de este tipo de sistemas, se ha alertado de que un uso inadecuado

---

ducción de sistemas se lleven a cabo en colaboración con el sector privado y los colectivos principalmente afectados".

de los mismos podría, a la larga, alterar las prácticas argumentativas de los abogados en modos que acabasen afectando a la propia textura normativa del Derecho, restringiendo las opciones interpretativas en función de lo que se considere óptimo desde un punto de vista estadístico (Diver y McBride, 2022), algo similar podría acontecer en el ámbito judicial. Me refiero al riesgo de imposición de las interpretaciones jurisprudenciales mayoritarias o dominantes, que resultarían privilegiadas por el sistema en perjuicio de otras perspectivas alternativas de resolución del problema legal en cuestión, las cuales permanecerían ignoradas y ocultas a los ojos del juez para su posible consideración. Situación que podría conducir a largo plazo no solo a un empobrecimiento de la argumentación jurídica sino incluso a una especie de petrificación del orden jurídico en la materia correspondiente, obstaculizando el desarrollo de una jurisprudencia innovadora. Esta es una de las principales críticas que Garapon y Lassègue (2021) oponen al empleo de estos asistentes robóticos: a su juicio, muchos jueces se adaptarán a lo que sugiera el sistema, especialmente cuando el grado de probabilidad asignado al resultado sea alto, y no se comprometerán en la resolución del caso particular y el desarrollo de nuevas soluciones jurídicas. De este modo, el juez poco corajudo y temeroso de disentir de sus colegas se adherirá acríticamente a la propuesta que representa la opinión mayoritaria de aquellos, sin acometer una búsqueda personal de la solución que estime correcta. El "efecto rebaño" conducirá así hacia un conformismo que acabará minando la independencia judicial (pp. 184-185).

Es cierto -cabría replicar- que este efecto se puede producir igualmente con los actuales sistemas de búsqueda de la información, que nos permiten acceder fácilmente a las decisiones de todos los tribunales. Incluso es muy probable que, echando la vista aún más atrás, la disponibilidad de las recopilaciones jurisprudenciales también hubiera tenido en su momento efectos similares en los jueces, buscando el respaldo de la jurisprudencia mayoritaria para decidir. Por otra parte, ¿no es esa precisamente una de las funciones de la jurisprudencia: influir en la decisión del caso presente al objeto de uniformizar las respuestas jurídicas de todos los tribunales en los casos similares o, al menos, de reducir en lo posible la diversidad de criterios judiciales? Que el juez haga un uso inadecuado del conocimiento atesorado en las decisiones judiciales pretéritas, aplicándolo mecánicamente -al estilo de un corta y pega- al nuevo caso, constituye un riesgo que es completamente independiente del medio o soporte en el que se proporcione la información y que resulta fundamentalmente achacable a la persona que utiliza esa información[21].

Es posible, sin embargo, que el aura de "cientificidad" y sofisticación que a menudo rodea a los sistemas de inteligencia artificial haga que para el juez sea más difícil oponerse a las propuestas concretas de este asistente algorítmico que a la opinión mayoritaria de sus colegas reflejada en las recopilaciones jurisprudenciales. En este sentido, los riesgos de sobreestimación e imposición acrítica de la posición mayoritaria pueden verse reforzados por el denominado "sesgo de automatización", esto es, la tendencia de los humanos a confiar en la supuesta objetividad de los resultados del sistema y, por tanto, a deferir sus decisiones en la máquina. Pese a su carácter legal-

---

21 Cabe recordar aquí la denuncia formulada hace ya más de un siglo por Pound (1908) sobre la "jurisprudencia mecánica" que, en su opinión -y en la de los realistas que recogieron y profundizaron su crítica-, caracterizaba la actuación judicial de su época. Se trataba de un momento en el que en Estados Unidos se hallaba vigente una concepción extremadamente formalista del Derecho, considerándose que la función de los tribunales debía limitarse a aplicar mecánicamente la *ratio* de un conjunto de precedentes judiciales previamente seleccionados y recopilados en colecciones jurisprudenciales como paradigmáticos de la solución lógicamente correcta para cada problema jurídico.

mente no vinculante, para el juez puede resultar mucho más sencillo, por diversas razones prácticas y psicológicas, adherirse a la propuesta de resolución emitida por el sistema que apartarse de ella.

La reciente literatura científica en sociología cognitiva y economía conductual muestra que es psicológicamente muy difícil desatender las recomendaciones de los sistemas algorítmicos. Una respuesta proporcionada por un sofisticado programa de *software* que, sobrepasando cualquier capacidad humana de análisis, es capaz de tomar en cuenta millones de datos y cientos de variables de miles de casos previos parece más fiable, científica y legítima que otras fuentes de información o de conocimiento humanas. Especialmente, como señalan Christin, Rosenblat y Boyd (2015), cuando la utilización de tales programas es promovida precisamente bajo el argumento, y con el objetivo proclamado, de contribuir a erradicar la subjetividad y los errores humanos (p. 8). En este contexto, ¿cómo oponerse a lo que dicen los datos y las ecuaciones? Máxime si se carece de la mínima formación técnica o estadística para interpretarlos adecuadamente[22].

En este sentido, los sistemas algorítmicos de apoyo a la toma de decisiones pueden constituir una poderosa forma de arquitectura de elección que modele las percepciones y la conducta del usuario de manera sutil, pero efectiva, mediante la utilización de técnicas de *hypernudge*, minando de ese modo la capacidad del decisor para ejercitar libremente su discreción (Yeung,

---

22 Como afirma Surden (2019), refiriéndose específicamente a los sistemas algorítmicos de evaluación de riesgos, "si un juez recibe un informe que indica que un acusado tiene un 80,2% de probabilidades de volver a delinquir según el modelo de aprendizaje automático, esa predicción tiene un aura de neutralidad e infalibilidad mecánica" (p. 1336).

2017)[23]. De ahí que desde el campo de la psicología se haya apuntado el peligro de que mucha gente tome "el camino del menor esfuerzo cognitivo y, en lugar de analizar sistemáticamente cada decisión, utilice reglas prácticas o heurísticas", de manera que "los sistemas automatizados de ayuda a la toma de decisiones pueden actuar como una de estas reglas y ser utilizados como un sustitutivo de sistemas de toma de decisión o de monitoreo más vigilantes" (Skitka, Mosier y Burdick, 1999, p. 992)[24].

Por todo ello, es muy importante diseñar no solo sistemas sino también contextos o entornos decisionales adecuados para evitar el riesgo de que el empleo de estos asistentes judiciales algorítmicos promueva el desarrollo de jueces (humanos) robóticos o robotizados, excesivamente proclives, o

---

23 La técnica del *nudge* (literalmente, "empujón") fue descrita en 2008, en el ámbito de la economía conductual, por Thaler y Sunstein (2008): un *nudge* es "cualquier aspecto de una arquitectura de elección que altera la conducta del individuo de un modo predecible sin prohibir ninguna opción ni cambiar significativamente sus incentivos económicos" (p. 6). Y en dicha obra muestran cómo el diseño del sistema y del contexto decisional puede influenciar sistemáticamente la toma de decisiones humanas en determinadas direcciones.

24 En este trabajo de Skitka, Mosier y Burdick se exponen los resultados de un experimento en el que se trató de determinar el efecto del "sesgo de automatización" comparando las tasas de error cometidas en unos vuelos simulados por parte de dos grupos de pilotos, uno asistido por un sistema algorítmico de toma de decisiones y otro sin tal asistencia. En la mayoría de los eventos analizados el rendimiento de los pilotos asistidos por el sistema fue superior, de manera que, globalmente, aquel ayudó a reducir los errores humanos. Pero también se constató que esos pilotos tendían a disminuir su atención, por lo que en aquellos casos en los que el sistema no detectó algún evento o hizo recomendaciones incorrectas, aunque los pilotos disponían de toda la información necesaria para detectar ese mal funcionamiento o la incorrección de las recomendaciones, incurrieron en tasas de errores superiores a las del otro grupo.

empujados por el contexto, a deferir las decisiones en el sistema[25]. Jueces, como señalan Bex y Prakken (2021), "perezosos intelectualmente", sobre todo a la hora de afrontar casos especialmente complicados (p. 209)[26]. En este sentido, se han sugerido algunas soluciones técnicamente viables para mitigar tanto el posible "efecto rebaño" como el "sesgo de automatización". Así, Galli y Sartor (2023) sugieren que, por diseño, el sistema proporcione no solo la propuesta de resolución sino que, adicionalmente, indique -si las hubiera- la existencia de otras tendencias jurisprudenciales y los argumentos jurídicos en que se sustentan (pp. 201-202). Incluso, sería posible que estos sistemas -al estilo de los sistemas de codificación predictiva que ya vienen funcionando en muchas jurisdicciones del *Common Law*- asignasen a sus propuestas una puntuación que indique, conforme a los predictores del modelo, el grado de probabilidad de resolución en ese sentido con arreglo a los casos previamente decididos. También puede resultar útil el "análisis de redes", que ayuda a detectar tendencias jurisprudenciales ocultas mostrando las complejas relaciones entre distintos precedentes. Todo ello contribuiría a proporcionar

---

25 Entiendo que es en este sentido en el que apunta también el Consejo General del Poder Judicial, en el ya citado *Informe al Anteproyecto de Ley de eficiencia digital del servicio público de justicia*, cuando afirma que la generación automática de borradores de resolución, si bien "puede verse como una ayuda o apoyo al ejercicio de la función constitucional de juzgar", constituye también "un riesgo para la vigencia del principio de exclusividad jurisdiccional que exige que la tutela de derechos e intereses de los ciudadanos sea prestada exclusivamente por jueces y magistrados" (Conclusión Sexagesimoctava, pág. 174).

26 En relación al "juez perezoso" podríamos preguntarnos si, en caso de que acepte la propuesta de sentencia generada por el sistema, puede motivar su decisión simplemente remitiéndose a la misma. Es decir, ¿puede constituir la mera adhesión a la propuesta del sistema, aun cuando esta se halle suficientemente explicada y argumentada, una motivación suficiente de la decisión judicial?

al juez una visión más completa del panorama jurisprudencial en la materia, ayudándole a calibrar el grado de dificultad del caso y la diversidad de criterios jurisprudenciales existentes sobre el problema legal en cuestión.

Pero, aparte de estas y otras posibles medidas técnicas de diseño del sistema y de sus funcionalidades y de configuración del contexto decisional, nos parece imprescindible, en todo caso, proporcionar a los jueces una formación específica, incluyendo un entrenamiento en el empleo del sistema, que les permita percibir y evitar los riesgos señalados. Una formación que, en la línea de las exigencias establecidas en el Reglamento de Inteligencia Artificial en relación al deber de vigilancia humana sobre el funcionamiento de los sistemas de alto riesgo, debería capacitarles al menos para:

a) comprender las capacidades y limitaciones del sistema, y controlar debidamente su funcionamiento,

b) ser conscientes de la posible tendencia a confiar excesivamente o a sobreestimar las propuestas del sistema; e,

c) interpretar correctamente la información de salida del sistema, teniendo en cuenta en particular sus características y las herramientas y los métodos de interpretación disponibles.

En definitiva, como puede observarse, son aún muchos los aspectos relativos al diseño, desarrollo, despliegue y utilización de los sistemas de inteligencia artificial destinados a generar borradores o propuestas de resolución judicial que es preciso determinar en aras a asegurar que su empleo resulte compatible con el respeto a los principios y garantías institucionales consustanciales al ejercicio de la función jurisdiccional y a los derechos de los justiciables. Aspectos que no vienen abordados ni en la escueta disposición relativa a las actuaciones judiciales asistidas contenida en el Real Decreto-ley 6/2023 ni en la detallada regulación de los sistemas de alto riesgo establecida en el Reglamento europeo de Inteligencia Artificial, que, lógicamente, establece un régimen general aplicable a los sistemas de alto riesgo utilizados en cualquier ámbito de la sociedad, sin atender a las exigencias específicas o singulares que, por razones constitucionales, demanda el empleo de estos sistemas para la toma de decisiones judiciales.

Creemos que algunas de las cuestiones apuntadas en estas consideraciones generales deberían ser reguladas jurídicamente, como las relativas a la delimitación del ámbito decisional en el que cabe aplicar el sistema; la clase de predictores que han de tenerse en cuenta en su diseño y desarrollo; la trazabilidad de sus propuestas de decisión y el tipo de explicación jurídicamente relevante que debe acompañar a las mismas, lo que implica establecer (o excluir) determinadas características de diseño y tipos de algoritmos; el modo en que pueden -o no pueden- ser utilizados sus resultados y el valor que, en su caso, ha de darse a los mismos; si la explicación proporcionada por el sistema, en caso de que el juez asuma la propuesta, puede constituir por sí misma una motivación suficiente de la resolución judicial, o si, por el contrario, en caso de que no la asuma, el juez debe motivar las razones por las que se apartó de la misma; u otras similares que puedan venir exigidas para garantizar el correcto ejercicio de la función jurisdiccional[27]. En cuanto a otros aspectos señalados que tienen que ver más bien con asuntos de orden práctico, pero que pueden incidir también en el correcto desempeño de la función judicial, como pueden ser los relativos al modo de empleo de los sistemas, las funcionalidades que habrían de tener, la preparación de los jueces para el adecuado uso de sus resultados o la selección de aquellas áreas jurídicas por las que deberían comenzarse

---

27 Sobre la necesidad de plantearse el estatus normativo de los sistemas predictivos utilizados por las autoridades públicas en procesos decisionales y sus resultados, véase Madrid Pérez (2024).

a implementar, nos parece esencial que antes de su puesta en funcionamiento se lleven a cabo, con la imprescindible participación de la autoridad judicial, las pruebas necesarias para asegurar su correcta determinación[28]. Del mismo modo, sería interesante, una vez puestos en funcionamiento estos asistentes algorítmicos, realizar estudios empíricos para verificar si la combinación máquina-humano conduce o no a una mejora (o al menos no a un empeoramiento) en la calidad de la toma de decisiones judiciales.

En todo caso, nos parece importante remarcar que, independientemente incluso de la funcionalidad de generación de propuestas de sentencia, el empleo de este tipo de sistemas puede servir, en el contexto de un nuevo paradigma de "inteligencia aumentada" mediante la conjunción de las mejores capacidades del humano y de la máquina, para ampliar y enriquecer el horizonte cognitivo del juez, proporcionando de una manera rápida y comprehensiva información sobre el problema jurídico en cuestión. A través de las avanzadas técnicas de búsqueda y recuperación de la información pueden identificar y seleccionar de una manera más exhaustiva y precisa los materiales jurídicos relevantes en relación a un determinado problema legal, extraer de los mismos la información específica relevante para la resolución del caso presente y proporcionar un acceso directo -por ejemplo, a través de hipervínculos- a las

---

[28] En este sentido puede jugar un papel importante el *sandbox* puesto en marcha recientemente por el gobierno español mediante el *Real Decreto 817/2023, de 8 de noviembre, que establece un entorno controlado de pruebas para el ensayo del cumplimiento de la propuesta de Reglamento del Parlamento Europeo y del Consejo por el que se establecen normas armonizadas en materia de inteligencia artificial.* Este entorno controlado de pruebas posibilita la cooperación entre los potenciales proveedores de sistemas de inteligencia artificial y los responsables de su despliegue al objeto de que puedan desarrollar y probar la correcta implementación de sistemas confiables.

fuentes originales (legislación, precedentes judiciales, trabajos doctrinales y otras fuentes secundarias), de manera que el juez pueda consultarlas directamente para verificar si la propuesta se ajusta verdaderamente al contenido de esos materiales. Las capacidades de análisis de las actuales técnicas de procesamiento del lenguaje natural permiten asimismo organizar y clasificar la información conforme a las categorías deseadas por el usuario, identificar similitudes y diferencias en el tratamiento de las cuestiones legales por parte de diferentes jueces y tribunales, detectar inconsistencias en la utilización y en el significado atribuido a los conceptos y categorías legales en diversas sentencias, obtener sumarios de documentos, extraer información para su posterior reutilización, etc. También, mediante técnicas de visualización del Derecho y otras herramientas de diseño legal se pueden generar automáticamente estadísticas o gráficos para visualizar información de contexto relevante para la toma de decisión, como, por ejemplo, la evolución en el tiempo de la jurisprudencia en una determinada materia, la interrelación existente entre distintos precedentes, información sobre las distintas tendencias jurisprudenciales en una materia o las posiciones de distintos tribunales.

Estas y otras funcionalidades pueden contribuir, si las herramientas son adecuadamente diseñadas, desarrolladas y utilizadas, a que los jueces tengan un conocimiento más profundo de las cuestiones legales y de sus posibles perspectivas de tratamiento, al objeto de poder adoptar una decisión mejor informada y fundamentada en cada caso. Pero, en todo caso, este paradigma de inteligencia judicial aumentada ha de estar sujeto a un límite insoslayable: el imperio de la ley no puede ser suplantado por un gobierno de máquinas.

III. BIBLIOGRAFÍA

Ariza Colmenarejo, M. J. (2022). Impugnación de las decisiones judiciales dictadas con auxilio de inteligencia artificial. En S. Calaza y M. Llorente (Dir.), *Inteligencia artificial legal y Administración de Justicia.* Aranzadi, pp. 29-54.

Belloso Martín, N. (2022). Inteligencia artificial en la teoría de la decisión judicial. ¿Del juez-robot al asistente-robot del juez?. En F. Herrera, A. Peralta y L. S. Torres (Coords.). *El Derecho y la inteligencia artificial,* Comares, pp. 341-364.

Bex, F. y Prakken, H. (2021). Can predictive justice improve the predictability and consistency of judicial decisión-making?. En E. Schweighofer (Ed.), *Legal knowledge and information systems: JURIX2021. Proceedings of the Thirty-fourth Annual Conference,* pp. 207-214.

Bueno de Mata, F. (2020). Macrodatos, inteligencia artificial y proceso: luces y sombras. *Revista General de Derecho Procesal, 51,* pp. 1-31.

Consejo General del Poder Judicial (2022). *Informe al Anteproyecto de Ley de eficiencia digital del servicio público de justicia.* Adoptado por el Pleno del Consejo el 24 de febrero de 2022.

Comité técnico estatal de la Administración judicial electrónica (2024). *Política de uso de la inteligencia artificial en la Administración de Justicia.* Secretaría General del CTEAJE, junio de 2024.

Consejo Consultivo de los Jueces Europeos (2023). Informe nº 26: *Avanzar al futuro: el uso de tecnología de asistencia en el sistema judicial.*

Council of the European Union (2019). *2019-2023 Strategy on e-Justice.* 2019/C 96/04.

Crego, J. (2023). Una clasificación de la inteligencia artificial jurídica desde la perspectiva de la filosofía del Derecho. En M. R. Guimaraes y R. Teixeira (Eds.), *Direito e Inteligência Artificial.* Ediçoes Almedina, pp. 303-330.

Christin, A., Rosenblat, A. y Boyd, D. (2015). *Courts and Predictive Algorithms.* Primer for the Data & Civil Rights Conference: A New Era of Policing and Justice.

Dal Pont, T. *et al.* (2023). Legal summarisation through LLMs: The PRODIGIT Project. *arXiv:2308.04416v1.* https://arxiv.org/pdf/2308.04416.pdf

Diver, L. y McBride, P. (2022). High Tech, Low Fidelity? Statistical Legal Tech and the Rule of Law, *VerfBlog*, 1 de abril. https://verfassungsblog.de/roa-high-tech-low-fidelity/

Frank, J. (1949). *Law and the modern mind.* Stevens & Sons Limited.

Galli, F. y Sartor, G. (2023). AI approaches to predictive justice: a critical assessment. *Humanities and Rights Global Network Journal, 5*(2), pp. 165-217.

Garapon, A. y Lassègue, J. (2021). *La giustizia digitale. Determinismo tecnologico e libertà.* Il Mulino. Traducción italiana de Garapon, A. y Lassègue, J. (2018). *Justice digitale: Révolution graphique et rupture anthropologique.* Presses Universitaires de France.

Madrid Pérez, A. (2024). El uso de sistemas predictivos automatizables en la actividad decisional de las autoridades públicas: aportaciones para un análisis iusfilosófico sobre la digitalización del proceso decisional. *Anuario de Filosofía del Derecho,* XL, pp. 217-240.

Mora Sanguinetti, J. y Pasqual del Riquelme, M. (2024). La previsibilidad de la justicia. Aspectos jurídicos y económicos. En *Observatorio de la actividad de la Justicia. Informe 2023.* Fundación Aranzadi La Ley.

Nieva Fenoll, J. (2022a). Inteligencia artificial y proceso judicial: perspectivas ante un alto tecnológico en el camino. En S. Calaza y M. Llorente (Dir.), *Inteligencia artificial legal y Administración de Justicia.* Aranzadi, pp. 417-437.

Nieva Fenoll, J. (2022b). El tránsito de la fe a la tecnología en el proceso penal. *Diario La Ley*, nº 9986.

Pound, R. (1908). Mechanical Jurisprudence. *Columbia Law Review, 8*(8), pp.605-623.

Ronsin, X. y Lampos, V. (2018). In-depth study on the use of AI in judicial systems, notably AI applications processing judicial decisions and data. En European Commission for the Efficiency of Justice, *European Ethical Charter on the Use of Artificial Intelligence in Judicial Systems and their environment,* pp. 11-49.

Skitka, L. S., Mosier, K. L. y Burdick, M. (1999). Does automation bias decision-making?. *International Journal of Human-Computer Studies,* 51, pp. 991-1006.

Solar Cayón, J. I. (2019). *La inteligencia artificial jurídica. El impacto de la innovación tecnológica en la práctica del Derecho y el mercado de servicios jurídicos.* Aranzadi.

Solar Cayón, J. I. (2022). Inteligencia artificial y justicia digital. En F. H. Llano (Dir.), *Inteligencia artificial y Filosofía del Derecho*. Laborum, pp. 381-428.

Surden, H. (2019). Artificial Intelligence and Law: An Overview. *Georgia State University Law Review, 35*(4), pp. 1306-1337.

Thaler, R. H. y Sunstein, C. R. (2008). *Nudge: Improving Decisions about Health, Wealth, and Happiness*. Yale University Press.

Wu, J. (2019). AI goes to Court: the growing landscape of AI for Access to justice. *Legal Design and Innovation,* August 6.

Yeung, K. (2017). Hypernudge: Big Data as a mode of regulation by design. *Information, Communication and Society, 20*(1), pp. 118-136.

Justicia digital en la encrucijada: enfrentando los desafíos sociales, técnicos y jurídicos de la era algorítmica

JHON ELIONEL MATIENZO MENDOZA
Universidad César Vallejo, Perú
MADELANE GUANILO DELGADO
Universidad César Vallejo, Perú

I. INTRODUCCIÓN

A consecuencia de la cuarta revolución industrial 4.0, la justicia digital está transformando el sistema judicial mediante la integración o sinergias de tecnologías adelantadas como la inteligencia artificial (IA) y algoritmos sofisticados. Estas innovaciones tecnológicas están diseñadas para mejorar la eficiencia, la accesibilidad y la equidad del proceso judicial en las distintas fases o etapas en que se desarrolla.

En esa línea, es importante precisar la relación entre justicia e inteligencia artificial, toda vez que debe utilizarse como un instrumento de apoyo a la toma de decisiones judiciales, Así, existen posturas que plantan el uso de la IA como herramienta de colaboración con el órgano jurisdiccional, no como un sustituto, pues la decisión final siempre debe ser tomada por una persona, asegurando así la integridad del proceso legal (De Hoyos, 2021). En este mismo sentido, gracias al desarrollo de innovaciones tecnológicas analíticas, las herramientas de inteligencia artificial están cambiando el derecho, al proporcionar respuestas jurídicas precisas y apoyar a los abogados en los casos, brindando soluciones con un 79% de precisión (Muñoz, 2020). Por lo tanto, la implementación de la inteligencia artificial en la impartición de justicia debe abordar cuestiones de costo, capacitación interdisciplinaria, ciberseguridad, privacidad, equidad y transparencia para garantizar una justicia oportuna y justa (Miranda, 2022). Desde el principio, la IA debe fomentar la cooperación y actuar como complemento, no como sustituto, de los procesos judiciales (Cárdenas, 2021).

Uno de los problemas es, sin duda, el desafío que supone desarrollar algoritmos judiciales y, por tanto, el uso de la inteligencia artificial en la impartición de justicia requiere un análisis cuidadoso para evitar sesgos y discriminaciones. Estos sistemas deben tomar en cuenta las estructuras de poder social para garantizar decisiones justas y equitativas (Torres, 2022); por otro lado, (Corvalán, 2017) señaló que la automatización y la inteligencia artificial presentan desafíos. Una identidad que enfatiza la urgencia de garantizar los derechos de la diversidad y la imperfección inherente a la naturaleza humana. En esta era, la digitalización de los procesos de impartición de justicia penal es la clave para lograr justicia y transparencia, lo que requiere cooperación entre instituciones y un enfoque en los derechos humanos (Kim, 2022). Por lo tanto, la digitalización de la justicia penal puede optimizar las investigaciones y los procedimientos judiciales, ahorrar presupuestos y reducir los órganos bajo mandato, pero los riesgos incluyen problemas de soporte técnico y ataques cibernéticos (Halagan *et al.*, 2023).

La digitalización del sistema judicial requiere repensar qué es el derecho y cómo interactúan las partes con los tribunales para lograr los intereses del público en una situación de crisis (Ciaglic, 2023).

Por otro lado, es importante hacer hincapié en la evaluación del riesgo y la reincidencia, por ejemplo, utilizamos algoritmos en el ámbito del derecho penal para comprobar el riesgo del acusado de reincidir en los delitos. Este proceso implica completar cuestionarios detallados, analizar antecedentes penales y entrevistar al acusado para obtener toda la información necesaria (Roa y Moyano, 2022).

Respecto de los avances de la IA en la justicia, es importante destacar lo realizado en la UE y Cooperación Internacional, así la Unión Europea está avanzando en la digitalización de la justicia civil y comercial, con sistemas como el e-CODEX desempeñando un papel clave (Anthimos, 2023).

La justicia digital promete eficiencia y equidad de los sistemas judiciales. Sin embargo, la implementación de estas tecnologías debe hacerse con cuidado, asegurando que se mantengan los principios de ética, justicia, transparencia e igualdad, procurando eliminar las brechas y demás obstáculos existentes.

II. METODOLOGÍA

Desde el modelo cualitativo en el presente trabajo se realiza un análisis de revisión sistemática de artículos científicos con base en revistas indexadas en base de datos *Scopus*, dicha plataforma contiene información de producción científica internacional. Para la investigación se utilizó para la búsqueda las palabras clave "justicia digital": "Digital Justice". Por lo que, se efectuó una búsqueda especializada de las referencias de estudios primarios y secundarios de la base de datos de la plataforma digital *Scopus*. Los resultados que se obtienen llegaron a 33 archivos. Al utilizarse los filtros de búsqueda reduciendo el marco de temporalidad a 5 años de antigüedad, los datos arrojados ascienden a 27 (veintisiete) referencias (18 en español y 9 en inglés).

Se considera como criterios de exclusión: que los estudios no posean relevancia o no se refieran al objeto de la investigación. Asimismo, es importante considerar en los criterios de exclusión la ausencia de vinculación total entre las categorías; excluyéndose en total 13 artículos de los 27 seleccionados.

Finalmente, se tiene los siguientes resultados:

- Número de registros reconocidos a través de la búsqueda en la base de datos *Scopus* (n=33).
- Número de registros reconocidos a través de otras bases de datos (n=o).
- Número de registros excluídos (n=19).
- Criterio de exclusión basada en la temporalidad mayor a 5 años: (n=6).
- Criterio de exclusión: No poseen relevancia ni se relacionan directamente con el objeto de la investigación (n=13).
- Número de estudios empleados para el análisis cualitativo (n=14).

III. RESULTADOS

Autores	Conclusiones
Segura, R. (2023)	[...] Que la introducción de dicha tecnología tenga el potencial de provocar cambios a nivel sistémico depende no sólo de si está disponible para todos los ciudadanos, sino también de si los ciudadanos saben cómo utilizarla (alfabetización digital).

Segura, R. (2023)	[...] La administración de justicia necesita una reforma profunda que vaya más allá de los avances de la inteligencia artificial. Asimismo, cualquier avance que se introduzca debe intervenir a nivel nacional en los países de Latinoamérica para reducir el riesgo de una creciente desigualdad dentro de los países. [...] Se necesitan al menos tres cosas: redefinir el enfoque del proceso; gobernanza de datos y algorítmica; así como su implementación dentro los Estados. [...] La reinvención procesal y jurídica tiene relación con el cuestionamiento de la estructura de los procedimientos y la finalidad de los diseños formales existentes en los entornos jurídicos y el perfil de los profesionales: jueces, empleados, abogados y funcionarios; con el objetivo de crear un sistema judicial abierto y transparente que sirva al pueblo. [...] El control de los datos producidos y el control algorítmico son igualmente importantes para que el propio Estado no invada los derechos de los ciudadanos. [...] En conclusión, se puede afirmar que es necesario reflexionar sobre el desarrollo teórico de la ética y resaltar la institución de la justicia. El objetivo es desarrollar normativas o documentos que orienten la implementación y gestión ética de la inteligencia artificial en la impartición de justicia, pero con principios adaptados a las realidades locales. La desigualdad y la pobreza en América Latina socavan la libertad y la autonomía de las personas, borran la opción al consenso en condiciones simétricas y reducen así los intentos de declaraciones cínicas. [...] Por otro lado, la falta de infraestructuras, inversión y formación dificulta el uso a gran escala de la inteligencia artificial en la esfera o ámbito jurídico, al menos por ahora. [...] Finalmente, la idea de ciudadanía mundial se relaciona con todo y con todos, en una conspiración contra la conciencia marginada, excluyendo la posibilidad de iniciar una conciencia crítica y repensar acciones.

Segura, R. (2023)	[...] En este caso, la inclusión socialmente orientada se convierte en un principio moral para lograr una justicia apropiada para América Latina. Este principio debe tenerse en cuenta: 1.- Realizar una educación crítica y reflexiva desde la perspectiva del multiculturalismo 2. -Pensar desde la perspectiva de la "vulnerabilidad digital" y desarrollar un mecanismo de integración a mediano y largo plazo para que las nuevas tecnologías puedan convertirse en un estímulo para el sistema democrático; 3.- Participar en un diálogo abierto e interdisciplinario con las comunidades objetivo de las tecnologías antes mencionadas. 4.- Participar en un diálogo abierto e interdisciplinario con las comunidades beneficiadas con dichas tecnologías. 5. Adaptar direcciones de actuación específicas a las directrices de los organismos internacionales [...]. En resumen, cualquier intento de aplicar éticamente la inteligencia artificial a la justicia en América Latina tendrá que superar los estereotipos que surgen de la dicotomía de la imaginación social: la inmersión tecnológica es la respuesta a todos los males de la justicia, no el preludio de escenarios apocalípticos. [...] Esto significa por un lado ser conscientes, de su capacidad disruptiva y evitar cualquier concepción simplista que pueda conducir a disminuir la responsabilidad personal, institución o colectivo. [...] Por otro lado, cuando los beneficios de la innovación tecnológica son compartidos por todos, la impartición de la justicia social abandona la idea de ser una utopía y se vuelve práctica, garantizando el ejercicio eficaz de los derechos humanos involucrados en igualdad de condiciones.
Arley Orduña, A. M. (2023)	[...] En este artículo presentamos las necesidades y experiencias de otras partes del mundo para abordar estos desafíos de acuerdo con principios que puedan durar en el tiempo sobreviviendo a los desarrollos y cambios tecnológicos actuales y futuros. [...] Establecer un grupo de trabajo de expertos para desarrollar lineamientos, políticas y/o estándares que busquen el desarrollo y gestión de plataformas de re-

	solución de conflictos sobre todo en línea, así como una sección creada para el seguimiento. [...] El propósito de su renovación es contribuir de manera positiva y al desarrollo de la justicia digital que se gesta en el país de México, una justicia que pretende preservar y transformar en el tiempo, utilizando herramientas tecnológicas actuales y futuras. Se pretende iniciar el desarrollo de un sistema judicial digital eficaz.
Vilar, S. B. (2023)	[...] La pandemia de Covid-19 y la Agenda 2030 (ODS) han acelerado este movimiento. Se ha avanzado mucho en el ámbito de la justicia basada en datos, donde, además de la ya iniciada consolidación de la digitalización de herramientas, también se avanza en la combinación de algoritmos y herramientas de inteligencia artificial que dan respuestas a la gestión (hay interoperabilidad o cogestión), evalúa y toma decisiones finales.
Dolgopolov, K. (2022)	[...] La digitalización de la impartición de la justicia penal es una consecuencia inevitable del rápido desarrollo de las tecnologías de la información electrónica, que afecta a cambios fundamentales en los modos de vida de los individuos. Actualmente se utilizan en derecho penal para ayudar a los jueces y otras partes en procesos penales a mejorar la calidad de su trabajo y reducir el tiempo y el esfuerzo dedicados al ejercicio de sus derechos y obligaciones procesales. Los estudios de la práctica judicial rusa muestran que existen muchas formas específicas de utilizar las tecnologías informáticas en los procesos penales. [...] Debido al surgimiento de redes neuronales y la constante introducción de la inteligencia artificial, en la doctrina científica se propone reemplazar completamente la justicia penal tradicionalista con la implementación electrónica (automática) de casos penales, incluido el examen de los casos penales en cuanto a sus méritos.

Cerdá Meseguer, JI (2022)	[...] Pero los sistemas jurídicos del siglo XXI también deben afrontar muchos objetivos inciertos y desafíos futuros. En este sentido, el uso e implementación de tecnologías disruptivas y de inteligencia artificial es una realidad impostergable. [...] El Plan de Justicia 2030 desarrollado por el Ministerio de Justicia pretende alcanzar la eficiencia estructural, la eficiencia procesal y la eficiencia digital a través de tres estándares. [...] En última instancia, el objetivo es lograr la digitalización mediante el desarrollo de nuevas herramientas para hacer que el trabajo judicial sea más eficiente, más fácil de usar para los actores legales y lograr la plena interoperabilidad dentro de la administración judicial y con otras instituciones de la administración pública nacionales e internacionales.
Chávez Yomona, M. (2022)	[...] En el futuro, la sociedad garantizará la efectividad de los derechos humanos teniendo como consideración la implementación oportuna de la justicia. En ese contexto, los medios digitales alcanzan brindar varias opciones. Todo depende de la responsabilidad que la sociedad humana asuma sobre sí misma. Esto significa que los nuevos avances tecnológicos de la comunicación dependen de los principios éticos de las personas. [...] Por lo tanto, se ha argumentado repetidamente que el acceso adecuado a los medios digitales es una condición previa para una justicia adecuada. Por lo tanto, además de la supervisión y el control legal que demuestra un Estado justo y equitativo, se deben proporcionar los insumos, recursos y las habilidades técnicas necesarias para la virtualización. Lo contrario sería una violación de la justicia negar una representación legal adecuada a quienes tienen los medios materiales y prácticos para obtener una defensa adecuada. [...] Para prevenir violaciones a los derechos humanos, quien sea condenado por medios digitales debe tener acceso preciso al espacio virtual. Al mismo tiempo, dadas las numerosas limitaciones que

Chávez Yomona, M. (2022)	enfrenta la sociedad moderna, el Estado proporciona recursos para garantizar que la protección legal sea oportuna y adecuada. [...] Está estratégicamente ubicado, con al menos un tribunal en cada centro de la ciudad importante que proporciona los recursos necesarios para los procedimientos legales. De lo contrario, dictar sentencia sin permitir una protección adecuada sería sin duda una transgresión de los derechos humanos, una sociedad justa no debería permitir que esto suceda.
Medina Zepeda, E. (2022)	[...] Las conclusiones que se pueden extraer se resumen a continuación: • Desde hace varias décadas, la humanidad ha ingresado al proceso de transformación caracterizado por la integración de la física, la biotecnología y especialmente las tecnologías digitales, la llamada "cuarta revolución industrial". • Las tecnologías digitales también se utilizan en el ámbito jurídico. Cuando se utiliza en el ámbito privado, se llama tecnología jurídica, y cuando se utiliza en el ámbito público y jurídico, se llama justicia electrónica, que se entiende como la aplicación y ejecución interna y externa de cualquier tipo de tecnología digital en el inicio, tramite, resolución y la ejecución de los procedimientos seguidos en forma de juicio, con la finalidad de lograr eficiencia en la impartición de justicia. • La investigación en el campo de la justicia electrónica incluye indispensablemente el análisis de los derechos humanos a la justicia, los derechos humanos a las tecnologías digitales, incluida Internet, el principio de progresividad y la preocupación por los grupos vulnerables. • El concepto de tribunal ya no significa ese espacio o lugar físico de material noble, con techo, paredes, ventanas y puertas, sino que alude a la opción remota o en línea. [...] Por otro ámbito, dentro de sus retos se encuentra, la alfabetización digital y la utilización de tecnologías, el mejoramiento del ancho de banda, la

Medina Zepeda, E. (2022)	homologación de los sistemas de juicio en línea, la ausencia de inversión en tecnologías y, finalmente, la desconfianza de los operadores jurídicos. [...] Actualmente, la inteligencia artificial se utiliza en diversos ámbitos de la impartición de justicia. La IA puede inclusive usarse para reemplazar el razonamiento jurídico de los jueces humanos, pero su implementación debe hacerse de manera responsable respetando a los derechos humanos, y por esta razón la IA tiene principios éticos que se relacionan con la justicia.
Mascitti, M. (2022)	[...] La legislación siempre ha sido lenta y difícil de adaptar a los nuevos avances, algo que podría limitar la continuidad del derecho del Homo sapiens en esta era de aceleración tecnológica provocada por el desarrollo de la ciencia basada en el triángulo formado por la neurociencia, la inteligencia artificial y la genética. Especificaciones conceptualmente estrictas para proteger a estos últimos.
Nicuesa, AEV (2021)	[...] La Comisión Europea exige a todos los Estados miembros que creen un futuro espacio "Mi e-Justicia" en el portal europeo de e-Justicia como punto de acceso a los servicios nacionales de justicia. Es el punto de partida para un futuro modelo de justicia digital. Su impacto bidimensional en el acceso y los procesos plantea cuestiones importantes para garantizar los principios y valores involucrados. Este trabajo pionero identifica las cuestiones problemáticas y define los principios y valores que sustentarán e impulsarán los retos más importantes a los que España enfrentará en los años próximos.
Ragone, Á. P. (2021)	[...] Debido a la diversidad de tecnologías y al rápido ritmo de desarrollo, extendidos en redes con diversos puntos de intersección. Esto significa que el desarrollo de leyes (especialmente leyes formales) que abordan estos temas es a menudo lento y no puede seguir el ritmo y la escala del progreso tecnológico. [...] En el ámbito del derecho público, existen muchos retos y desafíos orientado a los derechos subjetivos individuales, como el derecho a la privacidad, la responsabilidad del gobierno en la formulación

Ragone, Á. P. (2021)	de políticas y la capacidad de regular los fenómenos causados por la cuarta revolución industrial. [...] La conclusión es que se requiere un vasto conjunto de principios éticos y legales para guiar los sistemas legales nacionales e internacionales que regulen la adopción de decisiones algorítmicas. Muchos de estos son componentes nuevos de un proceso justo y equitativo.
Solá, JC (2021)	[...] La última hipótesis considerada está relacionada con la crisis descrita de la cultura escrita, es decir, la llegada de un nuevo paradigma cultural relacionado con los medios digitales, cuyo surgimiento transforma todas las instituciones sociales de abajo hacia arriba. De esta manera, la llamada "crisis de la justicia penal moderna" explica en gran medida por qué nuestras nociones de justicia en el nuevo entorno digital se están volviendo cada vez más obsoletas: En este nuevo entorno, la deliberación política criminal se convierte en un "descontento" en el que la sociedad está dividida por algoritmos de búsqueda que crean "realidades de imagen" adaptadas a sus necesidades, orientadas al consumo forzado, en lugar del diálogo temático, que se convierte en una corriente principal generalizada y privatizada. influencia (estigma) gestionada por un sistema híbrido de redes, empresas tecnológicas y el público trabajando con el propio Estado.
Burova, I. L. (2021)	[...] Creemos que el tribunal electrónico garantiza la aplicación eficaz de los principios de publicidad, accesibilidad y legalidad de la tutela judicial en los casos civiles y económicos. En caso de fuerza mayor, la justicia electrónica puede ser el único mecanismo que proporcione a los ciudadanos y organizaciones acceso a protección legal.
Cerdá Meseguer, JI (2020)	[...] Apuntar a implementar plenamente la legislación electrónica. También es positivo porque resuelve problemas sin infringir las competencias de los demás gobiernos implicados.

IV. DISCUSIÓN

En el presente trabajo se realiza una división entre desafíos *sociales, técnicos y jurídicos,* de ese modo, comenzaremos por los *desafíos sociales* (…) entre los cuales figuran los siguientes: la *brecha digital,* incluida su vertiente de alfabetización digital; así Segura (2023), precisa que la posibilidad de generar un cambio sistémico a través de la implementación de esta tecnología depende de que esté al alcance de toda la población y que también conozcan cómo usarla (alfabetización digital). Solá (2021) precisa que ha surgido un nuevo paradigma cultural relacionado con el medio digital, el cual está afectando profundamente todas las instituciones de la sociedad. También está en la agenda el *problema ético;* así, Segura (2023) manifiesta que el objetivo es desarrollar documentos que orienten la implementación ética de la inteligencia artificial en la impartición de justicia, pero con principios adaptados a las realidades locales. La desigualdad y la pobreza en América Latina socavan la libertad y la autonomía de las personas, por otro lado, la falta de infraestructuras, inversión y formación dificulta el uso a gran escala de la inteligencia artificial en el ámbito o esfera jurídica, al menos por ahora. Para cerrar la idea, Segura (2023) propone la inclusión como principio moral para lograr una justicia adecuada para América Latina, debe tenerse en cuenta: (i) educación crítica y reflexiva desde la multiculturalidad; (ii) pensar desde la perspectiva de la "vulnerabilidad digital" y desarrollar un mecanismo de integración para que las nuevas tecnologías puedan convertirse en un facilitador del sistema democrático, en lugar de socavarlo; (iii) participar en un diálogo interdisciplinar abierto con las comunidades objetivo de dichas tecnologías; (iv) armonizar direcciones de acción específicas con las instrucciones de los órganos e instituciones internacionales. Por su lado, Chávez (2022), precisa que las comunidades garantizarán la continuidad de los derechos humanos mediante el ejercicio oportuno de la justicia como acción deliberada. Esto significa que la disposición ética que los humanos están dispuestos a ofrecerse es un prerrequisito para las disposiciones que reflejan las nuevas tecnologías de la comunicación. Finalmente, la inteligencia artificial se utiliza actualmente en diversas ramas de la administración de justicia, incluso se utiliza para sustituir el razonamiento jurídico de los jueces humanos, pero su implementación debe hacerse con responsabilidad y con el debido respeto a los derechos humanos, y por ello, la inteligencia artificial tiene principios éticos que se relacionan con la justicia (Medina, 2022).

Como segundo *criterio de clasificación* se encuentran los *desafíos técnicos*, entre ellos la necesidad de *reconceptualización de la justicia latinoamericana* para guiar a la justicia digital, así para Segura (2023), se debe buscar una aplicación ética de la IA en la impartición de justicia y se requiere superar estereotipos que surgen de una dicotomía: la aplicación de la tecnología como una respuesta a todos los aspectos negativos de la justicia *versus* la antesala de un escenario catastrófico. En simultáneo, es necesario ser conscientes de su capacidad de disrupción, dejando de ser la justicia una utopía, para convertirse en tangible cuando todos se benefician de los avances tecnológicos, efectivizando derechos humanos involucrados en condiciones de igualdad. Para completar la idea, Segura (2023) precisa que la administración de justicia necesita una revisión profunda. De manera similar, toda innovación que se lleve a cabo debería tener un impacto a nivel nacional en los países de la región para disminuir la posibilidad de aumentar las desigualdades internas. Es necesario hacer tres cosas: redefinir la visión del proceso; considerar la gobernanza de datos y los algoritmos (cómo funciona la IA); y sugerir una implementación sincrónica y simétrica dentro de los Estados. Finalmente, culmina su idea al señalar que, para lograr una justicia transparente, abierta y al servicio de la población, la reingeniería judicial y procesal conlleva a cuestionar el esquema procedimental, el significado y el propósito del diseño estructural actual. Para evitar que el Estado viole los derechos de sus ciudadanos, la gobernanza algorítmica y de datos generados son importantes, (Segura, 2023). Por su parte, Arley (2023) incide en que se tienen que abordar los temas tecnológicos en base a principios que logren perdurar y sobrevivir a los avances y transformaciones tecnológicas actuales y futuras, buscando la creación de un sistema de justicia digital efectivo. Finalmente, Solá (2021) precisa que, en el nuevo entorno digital, nuestras nociones de justicia se vuelven cada vez más obsoletas. En este nuevo entorno, la deliberación política-criminal se convierte en una especie de "espectáculo del disenso", con un público fragmentado por algoritmos de búsqueda que crean una "realidad de imágenes" personalizada, enfocada en el consumo compulsivo. Asimismo, la conceptualización de la justicia transicional se desarrolla a medida que se utilizan diversas herramientas tecnológicas, el uso de las TIC está generando nuevas conceptualizaciones de justicia transicional entre los actores y en la sociedad en general (Chaparro, 2019). Adicionalmente, se suma al desafío técnico, el uso de la *IA en la justicia: apoyo, no sustituto*, así, Vilar (2023) comenta que la pandemia de Covid-19 y la Agenda 2030 (ODS) han acelerado este movimiento, se ha avanzado mucho en el ámbito de la justicia basada en datos, donde además de la consolidación de la digitalización de herramientas, también se avanza en la combinación de algoritmos y herramientas de inteligencia artificial que dan respuestas a la gobernanza (hay interoperabilidad o cooperación), así como evaluar y tomar decisiones finales. También, corresponde al desafío sobre la *eficiencia de la justicia penal*, así, Dolgopolov (2022) precisa que la digitalización de la justicia penal es un resultado inevitable del rápido desarrollo de las tecnologías de la información electrónica, que incide en un cambio completo en el estilo de vida, mejorando la calidad del trabajo y reduciendo el tiempo y el esfuerzo dedicados al ejercicio de los derechos y obligaciones procesales. Debido al surgimiento de redes neuronales y la inteligencia artificial, la literatura científica recomienda la sustitución completa de la justicia penal tradicional, por la implementación de procesos penales electrónicos (automatizados). Finalmente, precisar que la Unión Europea lidera la digitalización de la justicia, así lo precisa Nicuesa (2021), cuando señala que, la Comisión Europea exige a todos los Estados miembros que creen el futuro espacio "Mi e-Justicia" como punto de entrada de los servicios judiciales nacionales al portal europeo de *e-Justicia* y como punto de partida del futuro modelo de justicia digital. Su impacto bidimensional en el acceso y los procesos plantea cuestiones importantes para garantizar los principios y valores involucrados.

El tercer criterio de clasificación, comprende a los *desafíos jurídicos*, que engloba a los desafíos regulatorios frente a la aceleración de la innovación tecnológica, así, Cérda (2022) precisa que los sistemas jurídicos del siglo XXI se ven obligados a enfrentar muchos objetivos inciertos y desafíos futuros. En este sentido, el uso e implementación de tecnologías disruptivas y de inteligencia artificial es una realidad impostergable; lograr la digitalización mediante el desarrollo de nuevas herramientas para hacer que el trabajo judicial sea más eficiente, y lograr la plena interoperabilidad dentro de la administración judicial y con otras instituciones de la administración pública nacional e internacional. Asimismo, Ragone (2021), acota en ese mismo sentido, debido a la diversidad y el rápido desarrollo tecnológico, puede compararse con una serie de redes con múltiples puntos de conexión. Esto significa que el desarrollo de leyes (especialmente leyes formales) que abordan estos temas es a menudo lento y no puede seguir el ritmo y la escala del progreso tecnológico. Para concluir, Ragone (2021) informa que existen muchas cuestiones y desafíos relacionados con los derechos individuales, como el derecho a la privacidad y la responsabilidad del gobierno en la formulación de políticas y la regulación de la cuarta revolución industrial. Para Mascitti (2022), el derecho siempre más lento y difícil de adaptar a los nuevos acontecimientos en esta era de aceleración tecnológica provocada por el desarrollo de la ciencia basada en el triángulo de la neurociencia, la inteligencia artificial y la genética. Ragone (2021) concluye que se necesita un amplio conjunto de principios éticos y legales para guiar el desarrollo de marcos legales nacionales e internacionales para regular la toma de decisiones algorítmicas. Se requiere fijar requisitos constitucionales y otras formalidades que deben cumplir los algoritmos y sistemas de inteligencia artificial para poder ser utilizados en el sistema judicial. Finalmente, Cérda (2020) establece que se debería consolidar la implementación del registro jurídico electrónico, y resolver problemas sin infringir las competencias de los demás gobiernos implicados.

Indudablemente, un ámbito objeto de protección jurídica es el *derecho fundamental de acceso a la justicia*, en esa línea, Chávez (2022), ha insistido reiteradamente en que el acceso apropiado a los medios digitales es un requisito para la adecuada implementación de la justicia. El Estado debe proporcionar los recursos y las habilidades técnicas necesarias para la virtualización, no hacerlo violará derechos humanos básicos. Para prevenir violaciones a los derechos humanos, quien sea condenado por medios digitales debe tener acceso preciso al espacio virtual. En cada centro urbano importante tenga al menos una sala que brinde los recursos necesarios para los procesos judiciales. De lo contrario, dictar sentencia sin permitir una protección adecuada sería sin duda una violación de los derechos humanos.

Medina (2022) precisa que: a) desde hace décadas, la humanidad ha entrado en un proceso de transformación caracterizado por la integración de las tecnologías físicas, la biotecnología y las tecnologías digitales; b) cuando se aplica al ámbito privado, se llama *legaltech*, y cuando se aplica al ámbito público, judicial, se llama *e-justicia*; c) la *e-justicia* puede entenderse como el uso interno y externo de cualquier tipo de tecnología digital en la preparación, justificación, resolución y ejecución de procedimientos judiciales con el objetivo de incrementar la eficiencia de los tribunales. En esa perspectiva, Burova (2021) precisa que la justicia electrónica garantiza la aplicación efectiva de los principios de transparencia, accesibilidad y legalidad a la protección jurídica en casos civiles y económicos. En caso de fuerza mayor, la justicia electrónica puede ser el único mecanismo que proporcione a los ciudadanos y organizaciones acceso a protección legal. Finalmente, Medina (2022) expresa que entre los desafíos de la justicia digital se encuentra: la alfabetización digital y el uso efectivo de la tecnología, la mejora del ancho de banda disponible en el país, la validación de los sistemas de juicio en línea, la falta de inversión en tecnología y finalmente la desconfianza en los operadores de justicia.

V. CONCLUSIONES

La implementación de la justicia digital requiere un enfoque integral que aborde los desafíos sociales, tecnológicos y legales para transformar el sistema jurisdiccional y respetar los principios de equidad, transparencia y protección de los derechos humanos.

Los principales desafíos en la implementación de la justicia digital son: garantizar la equidad y la inclusión digital, desarrollar algoritmos judiciales sólidos que prevengan el sesgo y la discriminación, abordar la ciberseguridad, la privacidad y la transparencia del uso de datos, así como repensar el marco legal para abordar los desafíos de la digitalización, mantener la ética y los principios de justicia y al mismo tiempo crear un diálogo interdisciplinario abierto con las comunidades beneficiarias para adaptar la implementación a las realidades locales. Además, garantizar el acceso universal a la tecnología y desarrollar habilidades digitales, especialmente para los grupos desfavorecidos, es crucial para evitar ampliar las brechas existentes y garantizar que todos se beneficien de estos avances.

La disparidad digital sigue siendo un obstáculo relevante, especialmente en América Latina, donde la carencia de infraestructura tecnológica y educación dificulta el acceso a las tecnologías digitales y su uso efectivo en el sistema de justicia. La adopción de programas de alfabetización digital es fundamental para asegurar que todas las personas se beneficien de estas iniciativas y fomenten un Estado de derecho más inclusivo y accesible.

La gestión adecuada de datos y algoritmos es fundamental para evitar abusos y garantizar una justicia equitativa. Debemos establecer un marco legal y principios éticos con el fin de regular la inteligencia artificial en la toma de decisiones judiciales y asegurar su adopción responsable y el respeto de los derechos humanos.

Es deber del Estado garantizar que todos los ciudadanos tengan acceso a las herramientas digitales que necesitan para participar plenamente en los procedimientos judiciales. La carencia de recursos y aptitudes técnicas puede conducir a violaciones de los derechos humanos.

La digitalización de las instituciones judiciales requiere una plena interoperabilidad y colaboración entre las instituciones judiciales nacionales e internacionales y otras entidades públicas. Esta conexión es crucial para una justicia efectiva, justa y equitativa para todos los ciudadanos.

La transformación digital de la justicia brinda oportunidades sin precedentes para modificar y mejorar el sistema de justicia, asegurando una administración más eficiente, transparente e inclusiva. La adopción de medidas éticas y responsables de la inteligencia artificial dentro de un marco legal estricto y principios éticos claros es fundamental para asegurar los derechos humanos y asegurar una toma de decisiones justa y transparente. Asimismo, la interoperabilidad y la cooperación internacional son fundamentales para establecer un sistema jurídico coherente y eficaz que cumpla con las demandas de una sociedad globalizada. En este contexto, la ley debe ajustarse en función del progreso tecnológico y establecer regulaciones que permitan no solo mantenerse al día con el progreso tecnológico, sino también anticipar y mitigar posibles obstáculos. En consecuencia, la justicia digital se considera no solo una herramienta moderna, sino también un fundamento para establecer un sistema legal más justo y adecuado en el ámbito del siglo XXI.

VI. BIBLIOGRAFÍA

Anthimos, A. (2023). Digitalization of civil justice in the European Union. Alatoo Academic Studies, 23 (1), 470-479. https://doi.org/10.17015/aas.2023.231.44

Árley Orduña, A. M. (2023). Principios para un sistema de justicia digital eficaz en México, a través de la reforma al artículo 17 constitucional. Boletín Mexicano de Derecho Comparado, (164). https://doi.org/10.22201/iij.24484873e.2022.164.18092

Burova, I. L. (2021). Justicia electrónica en asuntos civiles y disputas económicas en la Federación de Rusia. Jurídicas CUC, 17 (1), 629–648. https://doi.org/10.17981/juridcuc.17.1.2021.22

Cárdenas, R. (2021). ¿Jueces robots? Inteligencia artificial y Derecho. Revista Justicia y Derecho, 4 (2), 1-10. https://doi.org/10.32457/rjyd.v4i2.1345

Cerdá Meseguer, JI (2020). La modernización y transformación digital de la Administración de Justicia: El papel del Consejo General del Poder Judicial. Revista de Internet, Derecho y Política, 31. https://doi.org/10.7238/IDP.V0I31.3239

Cerdá Meseguer, JI (2022). La modernización de la justicia en España: objetivos pendientes y retos de futuro. Revista d'Estudis Autonomics i Federals, 35, 343–377. https://doi.org/10.2436/20.8080.01.89

Chaparro-Martínez, L., & Mora Rubio, A. (2019). Ampliando conceptualizaciones de justicia transicional a través del uso de tecnología: las TIC en el contexto de Justicia y Paz en Colombia. Revista Internacional de Justicia Transicional, 13 (1), 92–104. https://doi.org/10.1093/ijtj/ijy028

Chávez Yomona, M. (2022). Acceso a la justicia ante los desafíos de la conectividad digital. Revista de Filosofía, 39 (Especial), 455–471. https://doi.org/10.5281/zenodo.6468773

Ciaglic, T. (2023). Accesul la justiție prin prisma digitalizării informației. Revista Institutului Naţional al Justiţiei, 3 (66), 42-46. https://doi.org/10.52277/1857-2405.2023.3(66).06

Corvalán, J. (2018). Inteligencia artificial: retos, desafíos y oportunidades – Prometea: la primera inteligencia artificial de Latinoamérica al servicio de la Justicia. Revista de Investigações Constitucionais, Curitiba, 5 (1), 295-316. https://doi.org/10.5380/rinc.v5i1.55334

De Hoyos Sancho, M. (2021). El libro blanco sobre inteligencia artificial de la Comisión Europea: reflexiones desde las garantías esenciales del proceso penal como "sector de riesgo". Revista Española de Derecho Europeo, (76), 9–44. https://doi.org/10.37417/REDE/num76_2020_534

Dolgopolov, K. (2022). La era digital de la justicia penal y sus características debido al actual desarrollo de la tecnología informática y la inteligencia artificial. Revista Jurídica, 3 (70), 826–837. https://doi.org/10.26668/revistajur.2316-753X.v3i70.5704

Halagan, O., Krytska, I., Tumanyants, A., & Dubivka, I. (2023). Digitalización del proceso penal: ¿la simplificación es siempre para mejor? IDP. Revista de Internet, Derecho y Política, 38, 1-12. https://doi.org/10.7238/idp.v0i38.408495

Kim, H. (2022). Digitalización de los Datos Procesales y de Justicia Penal. La Asociación Coreana de Derecho Procesal Penal, 14 (4), 1–29. https://doi.org/10.34222/kdps.2022.14.4.1

Mascitti, M. (2022). El trialismo como medio para promover la justicia dentro de la complejidad de la era digital. Anales de la Cátedra Francisco Suárez, 56, 123–154. https://doi.org/10.30827/acfs.v56i.18498

Medina Zepeda, E. (2022). Hacia una teoría sobre la e-justicia o justicia digital: instrucciones para armar. Cuestiones Constitucionales, 46, 177–212. https://doi.org/10.22201/iij.24484881e.2022.46.17052

Miranda Bonilla, H. (2022). Inteligencia artificial y justicia. Revista de la Facultad de Derecho de México, 72 (284), 373–402. https://doi.org/10.22201/fder.24488933e.2022.284.83394

Muñoz Rodríguez, A. (2020). El impacto de la inteligencia artificial en el proceso penal. Anuario de la Facultad de Derecho, (36), 695-728. https://doi.org/10.17398/2695-7728.36.695

Nicuesa, AEV (2021). Acceso a la justicia y su transición digital: Hacia una justicia abierta al ciudadano (a2j4all). Revista General de Derecho Administrativo, 58.

Ragone, Á. P. (2021). Justicia civil en la era digital y artificial: ¿Hacia una nueva identidad? Revista Chilena de Derecho, 48 (2), 203–229. https://doi.org/10.7764/R.482.9

Roa Avella, M., Sanabria Moyano, J., & Dinas Hurtado, K. (2022). Uso del algoritmo COMPAS en el proceso penal y los riesgos a los derechos humanos. Revista Brasileira De Direito Processual Penal, 8 (1), 275–310. https://doi.org/10.22197/rbdpp.v8i1.615

Segura, R. (2023). Inteligencia artificial y administración de justicia: desafíos derivados del contexto latinoamericano. Revista de Bioética y Derecho, (58), 45–72. https://doi.org/10.1344/rbd2023.58.40601

Solá, JC (2021). Esbozo de una epistemología medial para el Derecho penal y algunas hipótesis sobre los efectos de la cultura digital en la justicia penal. InDret, 4, 173–204. https://doi.org/10.31009/InDret.2021.i4.07

Torres Díaz, M. (2022). Garantías Constitucionales y jurisdiccionales ante el desarrollo de herramientas de jurimetría analítica. Revista Red de tiempo de los derechos. https://hdl.handle.net/10016/37481

Vilar, S. B. (2023). Ecosistema digital de Justicia eficiente (De la Justicia digital orientada al documento a la Justicia orientada al dato). Actualidad Civil, 5.

Justicia inmersiva: redefiniendo las audiencias judiciales en el metaverso[1]

MARÍA ANGÉLICA FERRER-HERRERA[2]

Universidad del Atlántico, Colombia

---

1 El presente capítulo se deriva del proyecto de investigación “Desarrollo y sostenibilidad para la implementación de políticas de Estado, sociales, económicas, y de cultura de paz e institucionalidad, el cual se encuentra adscrito a la Facultad de Ciencias Jurídicas de la Universidad del Atlántico, radicado ante la Vicerrectoría de Investigaciones, Extensión y Proyección Social bajo número CJ30- CII2019 como elegible de la Convocatoria Interna para Fortalecimiento de grupos de investigación a través de proyectos de los investigadores de la Universidad del Atlántico- 2019. Ponencia presentada en el XII Encuentro de la Red Iberoamericana de Facultades y Escuelas de Derecho. Realizado del 5 al 10 de mayo de 2024 en la Universidad de León y Universidad de Cantabria, en León y Santander, España.

2 Investigadora predoctoral. Programa de doctorado en Ciencias Jurídicas y Empresariales. Universidad de Cantabria. España. Abogada, Magister en Derecho Comercial. Universidad Externado de Colombia. Máster en derecho del consumo y economía. Universidad de Castilla-La Mancha Campus de Albacete. Experta en transformación digital, innovación legal y metaverso. Docente programas de pregrado y posgrado. Afiliación institucional: Universidad del Atlántico. Colombia. https://orcid.org/0000-0003-0394-603X, mariaferrer@mail.uniatlantico.edu.co – Grupo de Investigación Derecho privado y Ciencias Penales DEPCIPE – legalconsumotech@gmail.com – @legalmente_tech.

I. INTRODUCCIÓN

En la era de la transformación digital, la tecnología redefine continuamente los límites de lo posible. La idea de realizar diligencias judiciales en entornos virtuales tridimensionales, denominados metaversos, revoluciona el modo en que concebimos los procedimientos judiciales (Mundin, 2023).

La justicia inmersiva, como innovación que aprovecha las tecnologías emergentes quiere transformar el sistema judicial, por lo que se ha convertido en un campo de creciente interés académico y profesional. Este concepto se refiere a la utilización de entornos virtuales y tecnologías de realidad virtual y aumentada para llevar a cabo audiencias y desarrollar procesos judiciales. La justicia inmersiva promete mejorar la accesibilidad, eficiencia y transparencia del sistema judicial, permitiendo que las partes involucradas participen en procedimientos legales desde cualquier ubicación geográfica, con una experiencia que emula la interacción presencial.

El interés en la justicia inmersiva ha aumentado debido a las limitaciones y desafíos que enfrentan los sistemas judiciales tradicionales, como la congestión de los despachos, los altos costos procesales y la dificultad de acceso a la justicia para personas en áreas remotas o con movilidad reducida. En este contexto, el Índice de Congestión de la Rama Judicial en Colombia, medido entre 2012 y 2022, muestra fluctuaciones significativas en la capacidad del sistema judicial para gestionar el volumen de procesos judiciales. Este índice es una medida del número de casos nuevos y pendientes en comparación con la capacidad del sistema para resolverlos (Consejo Superior de la Judicatura – Cálculos CEJ, 2023)[3].

---

[3] Ver: https://cej.org.co/indicadores-de-justicia/efectividad/indice-de-congestion-de-la-rama-judicial-en-colombia-sector-jurisdiccional/ , consultada el 7 de julio de 2024. El Índice de Evacuación

La congestión judicial en Colombia es un desafío complejo que ha requerido la implementación de diversas reformas y la adopción de tecnologías modernas, para mejorar la eficiencia de los procesos judiciales y mitigar la congestión en el sistema judicial. Como reformas más relevantes se pueden destacar:

La Ley 270 de 1996, conocida como el Estatuto de la Administración de Justicia, definió la estructura y el funcionamiento de la administración de justicia en Colombia. Además, promovió la eficiencia y modernización del sistema judicial, estableciendo principios y procedimientos para mejorar la gestión de los casos judiciales (Congreso de la República de Colombia, 1996).

Por su parte, la Ley 446 de 1998 introdujo importantes cambios en los procedimientos administrativos y judiciales, enfocándose en la celeridad procesal y la descongestión de los despachos judiciales. Promoviendo el uso de mecanismos alternativos de resolución de conflictos, como la conciliación, para aliviar la carga del sistema judicial (Congreso de la República de Colombia, 1998).

Parcial (IEP) mide el porcentaje de casos resueltos parcialmente en un año determinado. Los datos muestran una ligera fluctuación con un descenso significativo en 2020 debido a la pandemia de COVID-19, lo que afectó la operatividad normal de los tribunales. En 2022, el IEP fue del 40.9%, mostrando una capacidad limitada para evacuar casos parcialmente. El Índice de Evacuación Total (IET) refleja el porcentaje de casos completamente resueltos. Se observa un comportamiento similar al IEP, con una disminución en 2020 y recuperación en años posteriores. En 2022, el IET fue del 48.2%, indicando que menos de la mitad de los casos fueron completamente resueltos. El Índice de Congestión mide la relación entre casos nuevos y pendientes frente a los resueltos. Valores altos indican una acumulación significativa de casos no resueltos. Los picos más altos se observaron en 2020 y 2022, con índices superiores a 8.0, reflejando una grave congestión en esos años (Consejo Superior de la Judicatura - Cálculos CEJ, 2023).

Correspondió a la Ley 794 de 2003 reformar el Código de Procedimiento Civil con el objetivo de agilizar los procesos civiles y reducir los tiempos de resolución de los casos. Esta Ley introdujo medidas para simplificar los trámites judiciales y mejorar la eficiencia procesal, beneficiando tanto a los litigantes como a los operadores judiciales (Congreso de la República de Colombia, 2003).

En este punto es necesario resaltar la expedición de la Ley 1395 de 2010 de "Descongestión Judicial", la cual buscó acelerar los procesos judiciales y descongestionar los despachos mediante la simplificación de trámites y la promoción de la oralidad en los procedimientos judiciales. Estas reformas permitieron una mayor fluidez en la tramitación de casos y una reducción en los tiempos de espera (Congreso de la República de Colombia, 2010).

Sumado a lo anterior, el Código General del Proceso (Ley 1564 de 2012) reemplazó al Código de Procedimiento Civil, introduciendo cambios significativos para la modernización del sistema judicial. Este código promovió la oralidad, la concentración de actos procesales y el uso de tecnologías de la información y la comunicación en los procesos judiciales, facilitando una administración de justicia más ágil y moderna (Congreso de la República de Colombia, 2012).

Finalmente, el Decreto 806 de 2020, implementado en respuesta a la pandemia de COVID-19, permitió la adopción de tecnologías digitales para la realización de audiencias virtuales y la gestión de casos en línea. Estas medidas fueron fundamentales para mantener la operatividad del sistema judicial durante la crisis sanitaria y han contribuido significativamente a agilizar los procedimientos judiciales en un contexto de limitaciones presenciales (Presidencia de la República de Colombia, 2020).

De esta forma, las medidas implementadas, destacan que la digitalización de procesos y la simplificación de procedimientos, han logrado avances para promover la eficiencia y la modernización del sistema de justicia. La adopción de tecnologías y la implementación de reformas legales son estrategias clave para mejorar la eficiencia del sistema judicial y asegurar que la justicia sea accesible para todos. No obstante, la gestión eficiente de los casos judiciales sigue siendo una prioridad para garantizar el acceso a la justicia. Lo anterior significa, que integrar tecnologías disruptivas, ofrece una potencial solución para mitigar estos problemas. Sin embargo, esta transformación tecnológica no está exenta de desafíos. Es necesario adaptar las normas y procedimientos procesales al nuevo entorno virtual, garantizando el derecho al debido proceso y la protección de los datos personales.

Es así, que paralelamente a la transformación del sistema judicial, el ordenamiento jurídico colombiano desde la década de 1990, ha implementado una serie de políticas y leyes destinadas a promover el acceso y uso de las TIC. Comenzando este breve recuento por el Decreto-ley 1900 de 1990, el cual estableció el marco regulatorio para la prestación de servicios de telecomunicaciones en el país, definiendo las políticas, normas y procedimientos para su desarrollo y operación (Presidencia de la República, 1990). Posteriormente, la Ley 527 de 1999 reguló el comercio electrónico y otorgó validez jurídica a la firma digital, estableciendo un marco legal básico para el uso de tecnologías en transacciones comerciales y administrativas. Además, estableció que los mensajes de datos, como correos electrónicos y documentos electrónicos, tienen el mismo valor jurídico que los documentos físicos tradicionales. Incluyendo disposiciones para la protección de la información y datos personales en las transacciones electrónicas, garantizando la privacidad y seguridad de los usuarios (Congreso de la República de Colombia, 1999).

Se resalta, la expedición de la Ley 1341 de 2009, conocida como la Ley de TIC, la cual estableció un marco legal integral que ha permitido transformar el acceso, uso y gestión de las tecnologías de la información y las comunicaciones en el país. Su importancia radica en varios aspectos clave que han tenido un impacto profundo y duradero en múltiples sectores de la sociedad colombiana. En primer lugar, define el marco regulatorio y las políticas públicas necesarias para el desarrollo sostenible del sector de las TIC (Herrera Zapata & González Rozo, 2021), con el objetivo de masificar el uso de tecnologías, la universalización del acceso a internet y la modernización del sector (Congreso de la República de Colombia, 2009).

En segundo lugar, la Ley ha asegurado el acceso universal a los servicios de telecomunicaciones, estableciéndolo como un objetivo prioritario del Estado. Esto ha permitido que los beneficios de las TIC se extiendan a toda la población, facilitando la comunicación, el acceso a la información y la participación ciudadana en la vida democrática del país. Al garantizar este acceso universal, la Ley ha contribuido a una mayor integración social y ha potenciado la capacidad de los ciudadanos para interactuar y colaborar en un mundo cada vez más digital.

Además, la Ley 1341 de 2009 ha fomentado la competitividad y la innovación en el sector de las TIC. Al promover un entorno regulatorio que incentiva la competencia y la inversión en infraestructura tecnológica, ha mejorado la calidad y la variedad de los servicios disponibles para los usuarios. Este enfoque ha estimulado el desarrollo de nuevas tecnologías y servicios, impulsando el crecimiento económico y posicionando a Colombia como un actor relevante en el ámbito de las TIC a nivel regional e internacional.

Otro aspecto destacado es la protección de los derechos de los usuarios. La Ley establece un conjunto de derechos y deberes que aseguran la protección de la privacidad, la transparencia en la facturación y la calidad del servicio. Esto ha fortalecido la confianza de los usuarios en los servicios de telecomunicaciones y ha garantizado que sus intereses estén protegidos en un entorno digital cada vez más complejo.

La Ley también ha tenido un impacto significativo en la educación y la cultura digital. Al fomentar la formación en competencias digitales tanto en el sistema educativo formal como en programas de capacitación para el público en general, ha preparado a la población para aprovechar al máximo las oportunidades que ofrecen las TIC. Esta preparación es fundamental para que los ciudadanos puedan desenvolverse eficazmente en un entorno laboral y social que demanda cada vez más habilidades digitales.

Finalmente, la modernización del sector público es otro logro importante de la Ley 1341 de 2009. Al promover la adopción de tecnologías de la información en la administración pública, la Ley ha mejorado la eficiencia, la transparencia y la accesibilidad de los servicios gubernamentales. La digitalización de trámites y la implementación de plataformas de gobierno en línea han facilitado la interacción de los ciudadanos con el Estado, haciendo que los servicios públicos sean más accesibles y eficientes.

Por su parte, la Ley del *Plan Nacional de Desarrollo* (por sus siglas PND) 2010-2014 "Prosperidad para todos", dedica un capítulo específico a las Tecnologías de la Información y las Comunicaciones (TIC), destacando su papel crucial en el impulso del desarrollo económico y social de Colombia. Este capítulo establece una serie de objetivos y estrategias para promover la inclusión digital, mejorar la infraestructura tecnológica y fomentar la innovación en el sector. En primer lugar, se busca la ampliación de la cobertura de las TIC para garantizar que todos los colombianos, sin importar su ubicación geográfica o condición socioeconómica, tengan acceso a servicios de TIC de calidad, reduciendo así la brecha digital. El fomento de la innovación y la competitividad es otro objetivo central, promoviendo la investigación y el desarrollo en el ámbito de las TIC e incentivando la creación de nuevas tecnologías y aplicaciones, así como fomentando el uso de las TIC en las empresas para mejorar su productividad y competitividad en el mercado global.

La educación y capacitación digital también son prioritarias, con la implementación de programas de formación en competencias digitales para estudiantes, docentes y la población en general, y la inclusión del uso de TIC en el currículo escolar para preparar a las nuevas generaciones para los desafíos del siglo XXI. Además, se promueve el gobierno electrónico y la transparencia, incentivando la digitalización de trámites y servicios públicos para mejorar la eficiencia y accesibilidad de la administración pública, así como utilizando las TIC para fomentar la transparencia gubernamental y facilitar la participación ciudadana en la toma de decisiones.

En segundo lugar, el plan reconoce que la modernización del sistema judicial es fundamental para mejorar la eficiencia y la transparencia en la administración de justicia en Colombia. Para lograr esto, se establecen varios objetivos y estrategias específicos dirigidos a integrar las TIC en el sector justicia. Subrayando la necesidad de digitalizar los procesos judiciales, lo que incluye la implementación de sistemas electrónicos de gestión de casos que permitan una tramitación más ágil y eficiente de los expedientes judiciales. Esta digitalización busca reducir los tiempos de respuesta y minimizar la congestión en los despachos judiciales. La adopción de tecnologías avanzadas en la administración de justicia también está orientada a mejorar el acceso a la información y facilitar la comunicación entre los diferentes actores del sistema judicial.

Consecuentemente, el gobierno colombiano ha continuado reforzando estas políticas con iniciativas como el *Plan Vive Digital (2010-2014)* y su sucesor, *Vive Digital para la Gente (2014-2018)*, que buscaron aumentar la penetración de internet y mejorar la infraestructura tecnológica en todo el país. Estos planes incluyeron estrategias para la capacitación digital, el fortalecimiento de la infraestructura de banda ancha y el desarrollo de contenidos y aplicaciones relevantes para la población.

Por otra parte, la Ley 1955 de 2019, conocida como el *Plan Nacional de Desarrollo 2018-2022* "Pacto por Colombia, pacto por la equidad", aborda la transformación digital pública, destacando la importancia de utilizar las TIC para mejorar la eficiencia y la transparencia del Estado. Esta Ley establece como objetivo transformar el Estado mediante la digitalización de los servicios públicos, lo que incluye la implementación de plataformas digitales para facilitar el acceso de los ciudadanos a los servicios gubernamentales y mejorar la gestión administrativa. Además, el Plan reconoce la importancia de las tecnologías emergentes y su papel en la Cuarta Revolución Industrial, proponiendo preparar a Colombia para los desafíos y oportunidades que esta nueva era digital representa (Congreso de la República de Colombia, mayo 2019).

Sumado a lo anterior, la Ley 1978 de 2019, por la cual se moderniza el sector de las tecnologías de la información y las comunicaciones -TIC-, tiene entre sus objetivos clave modernizar el sector TIC y adaptar el marco legal a las nuevas tecnologías y tendencias del sector. Esto incluye fomentar la adopción de tecnologías emergentes, como la inteligencia artificial, el internet de las cosas (IoT) y la *blockchain*, que son fundamentales para impulsar la Cuarta Revolución Industrial en Colombia. La Ley también promueve la transformación digital pública al establecer un único regulador para el sector TIC, lo que facilita la implementación de políticas coherentes y eficaces para la digitalización de los servicios públicos y la administración estatal (Congreso de la República de Colombia, julio 2019).

El *Plan TIC 2018-2022*, titulado "El Futuro Digital es de Todos", se centra en la transformación digital pública y en la preparación de Colombia para la Cuarta Revolución Industrial. Este Plan incluye estrategias para cerrar la brecha digital, ampliando el acceso a internet y a las TIC en todo el país, especialmente en zonas rurales y poblaciones vulnerables. Promueve el desarrollo de la economía digital, fomentando el uso de las TIC en todos los sectores económicos y la innovación tecnológica. Además, se enfoca en fortalecer la ciberseguridad para proteger a las personas, las empresas y el Estado de los ciberataques. Un aspecto crucial del Plan es la promoción de las tecnologías emergentes y la creación de un entorno favorable para el desarrollo de nuevas soluciones digitales (Herrera Zapata & González Rozo, 2021).

Finalmente, el documento CONPES 3975 de 2019, titulado "Política Nacional para la Transformación Digital e Inteligencia Artificial", establece un marco estratégico para potenciar el valor social y económico en Colombia mediante el uso de tecnologías digitales en el sector público y privado. El documento tiene como objetivo principal impulsar la productividad y el bienestar de los ciudadanos, preparando al país para los desafíos y oportunidades de la Cuarta Revolución Industrial (en adelante 4RI).

Entre sus objetivos específicos, el CONPES 3975 busca disminuir las barreras que impiden la adopción de tecnologías digitales tanto en las empresas como en las entidades del Estado. Además, se propone crear condiciones habilitantes para la innovación digital en los sectores público y privado, fortaleciendo así la generación de nuevos procesos y productos que aumenten el valor económico y social. La política también pone un fuerte énfasis en fortalecer las competencias del capital humano para facilitar la integración de la sociedad colombiana en la 4RI, reconociendo la inteligencia artificial (IA) como un acelerador clave de la transformación digital.

La implementación de esta política incluye acciones para favorecer el desarrollo de competencias digitales a lo largo de la trayectoria educativa y para potenciar la interacción de la comunidad educativa con tecnologías emergentes. Asimismo, se busca generar una cultura innovadora que incentive el desarrollo social y económico del país. El documento también destaca la importancia de otras tecnologías digitales como el Internet de las cosas (IoT), la robótica y la computación cuántica, proyectando su impacto futuro en la economía y la formulación de políticas públicas.

En resumen, las últimas décadas el ordenamiento jurídico colombiano ha experimentado una evolución significativa en su marco normativo en materia de Tecnologías de la Información y las Comunicaciones (TIC). Se evidencia un avance en la promoción de la inclusión digital, la ciberseguridad y la preparación para la 4RI. Estas normativas han creado un entorno propicio para la adopción de tecnologías emergentes, facilitando la transición hacia una economía digital y promoviendo la innovación en diversos sectores.

En este contexto de transformación digital, el concepto de metaverso ha ganado prominencia como una evolución tecnológica que promete redefinir las interacciones digitales y las experiencias inmersivas. A medida que las capacidades tecnológicas avanzan y las normativas TIC se robustecen, el metaverso ofrece oportunidades únicas para crear audiencias inmersivas, permitiendo una interacción más profunda y personal con contenidos digitales.

Seguidamente se hará referencia a esta evolución del metaverso, la cual no solo refleja el progreso en las tecnologías de realidad virtual y aumentada, sino también la creciente importancia de la conectividad y la interoperabilidad en un mundo digitalmente integrado.

II. APROXIMÁNDONOS AL METAVERSO

El metaverso es un espacio virtual colectivo y compartido que emerge de la convergencia de la realidad física y digital, el cual está transformando diversas áreas de la sociedad, incluido el ámbito jurídico (Sucari Sucari, Quispe Mamani & Durán Ponce, 2022). En este contexto, el metaverso no solo ofrece nuevas plataformas para la interacción social y comercial, sino también un medio innovador para la administración de justicia. Los entornos virtuales del metaverso permiten recrear salas de audiencias y tribunales donde jueces, abogados, y partes litigantes pueden interactuar en un entorno tridimensional inmersivo, superando las limitaciones físicas del espacio tradicional.

Para comprender mejor la trascendencia del metaverso en áreas como el ámbito jurídico, es fundamental ahondar en su origen y evolución histórica. En ese sentido, el término "metaverso" fue popularizado por el escritor de ciencia ficción Neal Stephenson en su novela *Snow Crash* de 1992 (Leal, 2022), la génesis del concepto puede rastrearse hasta las primeras ideas de mundos virtuales y realidades simuladas que surgieron en la década de 1950. En esta época, pioneros como Morton Heilig comenzaron a experimentar con tecnologías tridimensionales inmersivas, como su máquina *Sensorama* de 1956, que proporcionaba experiencias multisensoriales (Olguin Carbajal, Rivera Zárate & Hernández Montáñez, 2006). El *Sensorama* de Heilig (ver figura 1) es un punto de partida fundamental en la historia del metaverso. Esta máquina permitía a los usuarios experimentar un entorno virtual utilizando una combinación de imágenes estereoscópicas, sonido, vibración y olores. Aunque el *Sensorama* nunca se comercializó ampliamente, su diseño visionario sentó las bases para futuros desarrollos en realidad virtual (en adelante RV) y realidad aumentada (en adelante RA). Heilig imaginó un futuro en el que las personas pudieran interactuar con mundos simulados de manera inmersiva, una visión que sería realizada décadas más tarde con el advenimiento del metaverso (Lara, Santana, Lira & Peña, 2019).

Figura 1. *Sensorama.*

Fuente: Adaptado de "El desarrollo del hardware para la realidad virtual", por G. Lara, A. Santana, A. Lira, & A. Peña, 2019, *Revista Ibérica de Sistemas y Tecnologías de Información, 31*, **pp. 106-117.**

Durante las décadas de 1960 y 1970, la evolución del metaverso fue impulsada por avances significativos en la informática y la realidad virtual. Ivan Sutherland, a menudo considerado el padre de la computación gráfica, desarrolló el primer sistema de realidad virtual con su "Espada de Damocles", en 1968 (Servin, 1968), un dispositivo que permitía la visualización de entornos virtuales rudimentarios. Este sistema de visualización montado en la cabeza (HMD por sus siglas en inglés, *Head-Mounted Display*) representaba un avance significativo en la capacidad de generar y manipular imágenes en tres dimensiones (Dancun, 2014).

Figura 2. Head-Mounted Display (HMD).

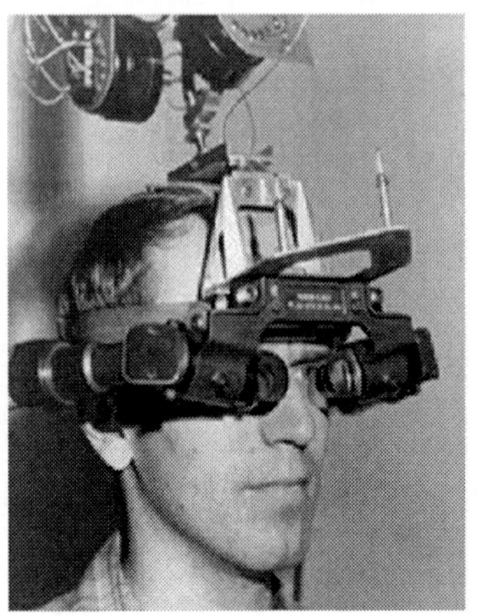

Fuente: Adaptado de "Espada de Damocles", por Servin, C. 1968, recuperado el 7 de julio de https://proyectoidis.org/espada-de-damocles/

En la década de 1970, la investigación en RV continuó progresando, con proyectos como el *Aspen Movie Map*, desarrollado en 1978 por el *Massachusetts Institute of Technology* (MIT). Este proyecto permitió a los usuarios "conducir" virtualmente por las calles de Aspen, Colorado, utilizando imágenes pregrabadas (Weber, 2012). Aunque limitado en comparación con las tecnologías de RV modernas, el *Aspen Movie Map* (Computer History Museum, 2016) fue un precursor importante de los entornos virtuales interactivos y proporcionó una visión temprana de cómo las tecnologías digitales podrían replicar y expandir el mundo físico.

Ahora bien, la evolución del metaverso ganó un impulso considerable en las décadas de 1980 y 1990 con el auge de la informática personal y la conectividad a Internet. En 1984, William Gibson popularizó el concepto de ciberespacio en su novela *Neuromancer*, imaginando un mundo donde las personas interactúan en una red global de datos. El ciberespacio de Gibson anticipó muchos de los elementos que definirían el metaverso, incluyendo la representación de identidades digitales y la interacción en entornos virtuales (Ball, 2022).

En la década de 1990, el desarrollo de plataformas como *Habitat* (1986) y *Second Life* (2003) representaron pasos importantes hacia la materialización del metaverso. *Habitat*, creado por *Lucasfilm Games*, fue uno de los primeros entornos virtuales en línea que permitió a los usuarios interactuar en tiempo real mediante avatares. Aunque limitado por las capacidades tecnológicas de la época, *Habitat* demostró el potencial de los mundos virtuales como espacios sociales y económicos (Márquez, 2011).

Second Life, lanzado en 2003 por *Linden Lab*, llevó el concepto de metaverso a un nuevo nivel. Esta plataforma proporcionó un entorno virtual persistente donde los usuarios podían crear, comprar, vender y comerciar bienes y servicios digitales. *Second Life* introdujo la idea de una economía virtual robusta y autónoma, con su propia moneda (el *Linden Dollar*) y mercados dinámicos. La plataforma también facilitó la creación de comunidades en línea, donde los usuarios podían interactuar y colaborar en proyectos creativos (Laxon, 2023).

El siglo XXI ha sido testigo de una transformación radical en la conceptualización y realización del metaverso, impulsada por avances en tecnologías de realidad virtual, aumentada y mixta, así como por el crecimiento exponencial de la capacidad de procesamiento y almacenamiento de datos. Empresas como *Facebook* (ahora *Meta*), *Google*, y *Microsoft* han invertido significativamente en el desarrollo de tecnologías de metaverso, enfocándose en crear entornos inmersivos y persistentes (Leal, 2022).

Meta, en particular, ha sido un actor clave en la promoción del metaverso como la próxima evolución de Internet. En 2021, Mark Zuckerberg anunció la transformación de *Facebook* en *Meta*, con el objetivo de construir un metaverso que integrara experiencias de RV, RA y redes sociales. Esta visión incluye la creación de espacios virtuales donde las personas puedan trabajar, socializar, aprender y jugar, todo dentro de un entorno digital cohesivo (Meta, s.f.).

Esta exploración histórica nos permite apreciar cómo las bases tecnológicas del pasado han dado lugar a las innovadoras plataformas que hoy transforman la interacción social, comercial y judicial en el metaverso.

III. INMERSIÓN TOTAL

Meta, originalmente lanzada como *Facebook* en 2004, comenzó como una red social diseñada para conectar a estudiantes universitarios. Sin embargo, rápidamente se expandió para convertirse en una de las plataformas más influyentes del mundo, con miles de millones de usuarios activos mensuales. A lo largo de su evolución, *Facebook* se diversificó en varios ámbitos, incluyendo la adquisición de *Instagram* y *WhatsApp*, ampliando su alcance en el ecosistema digital (Sangkyum, 2022).

La Transformación de *Facebook* en *Meta* reflejó un cambio estratégico hacia el desarrollo del metaverso. Este *rebranding* no solo significó un cambio de nombre, sino también un redireccionamiento significativo de recursos y atención hacia la creación de un entorno digital cohesivo que integrara experiencias de realidad virtual (RV), realidad aumentada (RA) y redes sociales (López-Díaz, 2021). *Meta* ha realizado inversiones sustanciales en investigación y desarrollo de tecnologías relacionadas con el metaverso. Uno de las adquisiciones más significativas fue *Oculus VR* en 2014, una empresa pionera en el desarrollo de dispositivos de realidad virtual. Esta adquisición sentó las bases para la creación de hardware y *software* que permitirían experiencias inmersivas en el metaverso (Ball, 2022).

La tecnología de *Oculus* ha evolucionado para incluir dispositivos como *Oculus Rift* y *Oculus Quest*, que ofrecen experiencias de RV de alta calidad sin necesidad de computadoras potentes. Estos dispositivos han sido fundamentales en la visión de *Meta* para democratizar el acceso a la realidad virtual, haciendo que sea más accesible y asequible para una audiencia global. Además de *Oculus*, *Meta* ha desarrollado tecnologías de RA que integran elementos digitales en el mundo físico. A través de su plataforma *Spark AR*, *Meta* permite a los desarrolladores crear experiencias de RA que pueden ser utilizadas en aplicaciones como *Instagram* y *Facebook*. Esta tecnología es esencial para el metaverso, ya que facilita la integración de elementos virtuales en la vida cotidiana de los usuarios.

Uno de los desarrollos más innovadores de *Meta* en el contexto del metaverso es *Horizon Workrooms*. Esta plataforma permite a los usuarios crear entornos de trabajo virtuales, facilitando reuniones y colaboraciones en un espacio tridimensional inmersivo. *Workroom* combina la tecnología de RV con herramientas de colaboración tradicionales, ofreciendo una experiencia que supera las limitaciones de las videoconferencias convencionales (López-Díez, 2021).

Para utilizar *Workroom*, en las siguientes líneas se desarrolla la experiencia como usuario nuevo en esta plataforma. Es así como, los usuarios requieren un dispositivo *Oculus Quest 2* y una cuenta en la plataforma *Workrooms*. Necesariamente, se necesita contar con una conexión a Internet estable y de alta velocidad para garantizar una experiencia óptima. El primer paso es dirigirse y/o descargar la aplicación *Horizon Workrooms* accediendo a la página web: https://forwork.meta.com/es/horizon-workrooms/ y realizar su registro.

Figura 3: Aplicación *Horizon Workrooms*

Fuente: https://forwork.meta.com/es/horizon-workrooms

Al iniciar *Horizon Workrooms* por primera vez, se solicita al usuario que configure su espacio de trabajo virtual. Esto incluye la calibración del área de trabajo física para asegurarse de que coincide con el entorno virtual. La calibración implica definir el escritorio y la ubicación de los controles para una experiencia inmersiva y precisa. Una vez configurado el entorno de trabajo, el usuario puede crear un nuevo *Workroom*. Para ello, se debe seleccionar la opción "Crear *Workroom*" y proporcionar un nombre y una descripción para el espacio virtual. Además, se pueden personalizar aspectos como el diseño de la sala y las herramientas disponibles. Después de crear el *Workroom*, el siguiente paso es invitar a los participantes. Los usuarios pueden enviar invitaciones a través de correo electrónico o mediante enlaces directos generados por la plataforma. Los invitados recibirán las instrucciones necesarias para unirse al *Workroom*, ya sea a través de un dispositivo *Oculus* o mediante una interfaz web. Una vez que todos los participantes se han unido, pueden interactuar en el *Workroom* utilizando avatares personalizados. La plataforma permite compartir pantallas, escribir en pizarras virtuales, y colaborar en documentos en tiempo real. La inmersión y la interactividad son elementos clave que distinguen a *Workroom* de las herramientas de colaboración tradicionales. *Workroom* también incluye funciones avanzadas como la grabación de reuniones, la integración con calendarios y la posibilidad de guardar notas y documentos en la nube. Estas características aseguran que las reuniones sean productivas y que toda la información relevante esté disponible para su revisión posterior.

La implementación de tecnologías del metaverso, como *Horizon Workrooms*, tiene implicaciones significativas en el ámbito jurídico. Los entornos virtuales ofrecen nuevas oportunidades para la administración de justicia, permitiendo la recreación de salas de audiencias y tribunales donde jueces, abogados y partes litigantes pueden interactuar en un entorno tridimensional inmersivo. Esta capacidad para superar las limitaciones físicas del espacio tradicional puede mejorar la eficiencia y la accesibilidad del sistema judicial.

Bajo este escenario normativo y de innovación digital, es que pudo realizarse la primera audiencia judicial en el metaverso en Colombia, llevada a cabo el 15 de febrero de 2023, significando un evento representativo en la utilización de tecnologías emergentes para la administración de justicia. La audiencia inmersiva, fue dirigida por la Magistrada María Victoria Quiñones del Despacho 01 del Tribunal Superior Administrativo del Magdalena. La audiencia se realizó utilizando la plataforma de realidad virtual *Horizon Workrooms* de *Meta*, destacándose como un ejemplo pionero en la integración de la realidad virtual en procedimientos legales (Magdalena, s.f.).

Algunos detalles del caso judicial tratado resaltan que la audiencia fue solicitada por la Unión Temporal de Servicios Integrados y Especializados de Tránsito y Transporte de Santa Marta (SIETT), encargada del recaudo de multas de tránsito impuestas por la Policía Nacional en Santa Marta. Esta petición fue apoyada por la parte demandada, la Policía Nacional, y la Procuraduría General de la Nación. La solicitud fue aprobada por el Tribunal Administrativo del Magdalena, que consideró la validez y legalidad del uso de entornos virtuales para procedimientos judiciales según las disposiciones de la Ley 1437 de 2011 y la Ley 527 de 1999. Los participantes, incluidos jueces, abogados y partes litigantes, utilizaron gafas de realidad virtual *Oculus Quest 2* para ingresar al entorno virtual (Magdalena, s.f.).

Antes de la audiencia, se llevaron a cabo pruebas técnicas para garantizar que todos los participantes estuvieran familiarizados con los dispositivos y la plataforma. La audiencia comenzó con la magistrada María Victoria Quiñones ingresando al *Workroom virtual* y dando la bienvenida a los participantes. Cada uno de los involucrados apareció en el entorno virtual como un avatar. La magistrada explicó las reglas de la audiencia virtual y aseguró que todos los participantes pudieran comunicarse adecuadamente. Los abogados presentaron sus argumentos y pruebas utilizando las funciones de compartición de documentos de *Horizon Workrooms*. Los documentos se proyectaron en pantallas virtuales visibles para todos los participantes. Los avatares permitieron la participación y la comunicación entre las partes. Las partes pudieron hacer preguntas y debatir puntos clave de manera efectiva, replicando la dinámica de una audiencia física. La audiencia concluyó con un resumen de los puntos principales discutidos y las decisiones tomadas. Toda la sesión fue grabada y archivada para referencia futura (Quiñónez, 2023).

Con una amplia cobertura mediática, los medios de comunicación recibieron el evento con gran interés, elogiando la innovación y el potencial del metaverso para facilitar el acceso a la justicia y agilizar los procedimientos judiciales; resaltando el uso de la tecnología como una herramienta esencial para la modernización del sistema judicial en Colombia.

Para cerrar, es de resaltar que el evento también generó críticas y preocupaciones, entre las más destacadas se encuentran las dificultades técnicas y el acceso desigual a la tecnología avanzada necesaria para participar plenamente en las audiencias virtuales. Algunos críticos argumentaron que la implementación del metaverso podría exacerbar las desigualdades existentes, especialmente para aquellos con limitaciones tecnológicas. Además, hubo escepticismo sobre la seguridad y privacidad de los datos en estos entornos digitales, así como la capacidad de los sistemas judiciales para adaptarse rápidamente a estas nuevas tecnologías.

Las audiencias judiciales en el metaverso representan un avance significativo para la modernización del sistema judicial en Colombia. Este primer ejercicio ha demostrado el potencial de las tecnologías emergentes para mejorar el acceso a la justicia y agilizar los procesos judiciales. Sin embargo, es esencial reconocer que el país aún enfrenta desafíos tecnológicos. La disrupción tecnológica se logra cuando la tecnología es omnipresente, es decir, accesible y flexible para todas las personas, no lo es solo en razón a su utilización. Por lo tanto, es crucial centrarse en mejorar la conectividad y dotar a la administración de justicia de las herramientas necesarias para garantizar la eficacia y seguridad de estas innovaciones. Solo así se podrá aprovechar plenamente el potencial del metaverso en el ámbito judicial.

IV. REDEFINIENDO LAS AUDIENCIAS JUDICIALES EN EL METAVERSO

En todo este panorama, la inclusión digital se ha convertido en una prioridad global, siendo un componente esencial para el desarrollo socioeconómico y el ejercicio pleno de derechos ciudadanos. En Colombia, el desarrollo normativo ha buscado fomentar el acceso equitativo a las TICs, no obstante, persisten desafíos significativos que condicionan la eficacia de tecnologías emergentes como el metaverso en la facilitación del acceso a la justicia.

A pesar de los avances normativos, la brecha digital sigue siendo un obstáculo significativo en Colombia. Esta brecha puede ser entendida como la desigualdad en el acceso, uso y apropiación de las TIC entre diferentes grupos socioeconómicos, geográficos y demográficos. Las diferencias en ingresos y nivel educativo entre regiones urbanas y rurales afectan el acceso a dispositivos tecnológicos y servicios de internet. Las limitaciones en la infraestructura de telecomunicaciones, especialmente en zonas rurales y apartadas, impiden una conectividad eficiente y continua. Aunque el Índice de Brecha Digital muestra una tendencia decreciente en los últimos años, reflejando esfuerzos por mejorar el acceso y las habilidades digitales a nivel nacional, las disparidades regionales siguen siendo profundas. Los departamentos como Vichada y Amazonas muestran índices mucho más altos de brecha digital en comparación con Bogotá D.C., lo que subraya la necesidad de políticas públicas específicas y bien dirigidas. Además, aunque la inversión en infraestructura de banda ancha ha crecido, sigue siendo insuficiente para cubrir todas las áreas del país de manera equitativa. Por otro lado, la falta de habilidades digitales básicas entre la población limita la capacidad de aprovechar plenamente las oportunidades que ofrecen las TIC. De acuerdo al estudio de Indice de Brecha Digital realizado por el MinTic año 2022 es crucial enfocar esfuerzos en la educación y capacitación en habilidades digitales para asegurar que todos los sectores de la sociedad puedan beneficiarse de la era digital. Aunque ha habido avances significativos, la implementación y ejecución de políticas a menudo carece de continuidad y coherencia. Además, las regulaciones no siempre se adaptan rápidamente a las nuevas tecnologías y necesidades emergentes. (MinTic 2022, IBD).

La inclusión digital es crucial para garantizar el acceso equitativo a la justicia. Las tecnologías inmersivas, como el metaverso, tienen el potencial de transformar la administración de justicia al ofrecer nuevas formas de interacción y acceso a información judicial. Sin embargo, la efectividad de estas tecnologías depende en gran medida de la reducción de la brecha digital. El metaverso y otras tecnologías inmersivas requieren acceso a dispositivos avanzados y una conectividad robusta. Las desigualdades en el acceso a estos recursos pueden excluir a segmentos vulnerables de la población del sistema judicial digital.

La adopción de tecnologías inmersivas en el ámbito judicial requiere una capacitación adecuada para jueces, abogados y usuarios del sistema. La falta de habilidades digitales puede dificultar la utilización efectiva de estas herramientas, perpetuando las desigualdades en el acceso a la justicia. La confianza en las tecnologías digitales y la percepción de seguridad son factores críticos. Las preocupaciones sobre la privacidad y la integridad de los datos pueden disuadir a los usuarios de utilizar plataformas inmersivas para asuntos legales.

La rápida evolución tecnológica plantea desafíos para la regulación y adaptación normativa. Es esencial que el marco legal se actualice continuamente para abordar las particularidades de las tecnologías inmersivas y garantizar su aplicación justa y equitativa.

V. CONCLUSIÓN

En conclusión, la implementación de audiencias judiciales en el metaverso representa un avance significativo en la modernización de la justicia en Colombia. Este primer ejercicio ha mostrado el potencial transformador de las tecnologías emergentes para mejorar el acceso a la justicia y agilizar los procesos judiciales. No obstante, para alcanzar una verdadera disrupción tecnológica, es esencial que la tecnología sea omnipresente, accesible y flexible para todos los actores involucrados. Por lo tanto, es imperativo mejorar la conectividad y proporcionar a la rama judicial las herramientas tecnológicas necesarias. Solo a través de una infraestructura robusta y una adecuada preparación tecnológica se podrá garantizar que estas innovaciones cumplan con su promesa de hacer la justicia más accesible, eficiente y equitativa. La experiencia en el metaverso subraya la importancia de continuar invirtiendo en tecnología y capacitación para cerrar la brecha digital y asegurar una justicia inclusiva y moderna.

VI. BIBLIOGRAFÍA

Ball, M. (2022). *El Metaverso. Y como lo revolucionará todo.* (Traducción de Aurora Gonzalez Sanz). Barcelona, España: Ediciones Deusto.

Computer History Museum. (17 de febrero de 2016). Aspen Interactive Movie Map. Aspen, Colorado, c. 1980, Estados Unidos: MIT Architecture Machine Group. [video] youtube https://youtu.be/2Ytd12d6qNw?feature=shared.

Congreso de la República de Colombia. (7 de marzo de 1996). Ley 270 de 1996. *Estatutaria de la Administración de Justicia.* Bogota, Colombia: Diario Oficial nº. 42745 de 15 de marzo de 1996.

Congreso de la República de Colombia. (7 de julio de 1998). Ley 446 de 1998. Bogota , Colombia: Diario Oficial nº. 43335, de 8 de julio de 1998.

Congreso de la República de Colombia. (18 de agosto de 1999). Ley 527 de 1999, *por medio de la cual se define y reglamenta el acceso y uso de los mensajes de datos, del comercio electrónico y de las firmas digitales, y se establecen las entidades de certificación y se dictan otras disposiciones.* Bogotá, Colombia: Diario Oficial nº. 43673 de 21 de agosto de 1999.

Congreso de la República de Colombia. (8 de enero de 2003). Ley 794 de 2003, *por la cual se modifica el Código de Procedimiento Civil, se regula el proceso ejecutivo y se dictan otras disposiciones.* Bogota, Colombia: Diario Oficial nº. 45058, de 9 de enero de 2003.

Congreso de la República de Colombia. (30 de julio de 2009). Ley 1341 de 2009, *por la cual se definen principios y conceptos sobre la sociedad de la información y la organización de las Tecnologías de la Información y las Comunicaciones –TIC–, se crea la Agencia Nacional de Espectro y se dictan otras disposiciones.* Bogotá, Colombia: Diario Oficial nº. 47426, de julio 30 de 2009.

Congreso de la República de Colombia. (12 de julio de 2010). Ley 1395 de 2010, *por la cual se adoptan medidas en materia de descongestión judicial.* Bogota, Colombia: Diario Oficial nº. 47768, de julio 12 de 2010.

Congreso de la República de Colombia. (12 de julio de 2012). Ley 1564 de 2012, *por medio de la cual se expide el Código General del Proceso y se dictan otras disposiciones.* Bogota, Colombia: Diario Oficial nº. 48489, de julio 12 de 2012.

Congreso de la República de Colombia. (25 de mayo de 2019). Ley 1955 de 2019, *por el cual se expide el Plan Nacional de Desarrollo 2018-2022 "Pacto por Colombia, Pacto por la Equidad".* Bogota , Colombia: Diario Oficial nº. 50.964, de 25 de mayo de 2019.

Congreso de la República de Colombia. (25 de julio de 2019), Ley 1978 de 2019, *por la cual se moderniza el Sector de las Tecnologías de la Información y las Comunicaciones –TIC–, se distribuyen competencias y se crea un regulador único.* Bogotá, Colombia. Diario Oficial nº. 51025, de 25 de julio de 2019

Consejo Superior de la Judicatura-Cálculos CEJ. (22 de 03 de 2023). *Gestión de procesos judiciales. Índice de Congestión de la Rama Judicial en Colombia (Sector Jurisdiccional).* Indicadores , Consejo Superior de la Judicatura-Cálculos CEJ. Recuperado el 07 de 2024, de https://cej.org.co/indicadores-de-justicia/efectividad/indice-de-congestion-de-la-rama-judicial-en-colombia-sector-jurisdiccional/

Dancun, A. (2014). *The Ultimate Display.* Thesis for the degree of Licentiate of Engineering. Göteborg, Sweden: Chalmers University of Technology, Department of Applied IT, Graduate School of Computer Science and Engineering. https://publications.lib.chalmers.se/records/fulltext/198101/198101.pdf.

Herrera Zapata, L. M., & González Rozo, L. D. (2021). La inclusion digital como herramienta para lograr la inclusión social y los objetivos de desarrollo. En J. C. Henao, & S. A. Tellez Cañas, *Disrupcion Tecnologica, transformacion digital y sociedad.* (Vol. 2 Políticas Públicas y Regulación en la Tecnologías Disruptivas). Bogotá, Colombia: Universidad Externado de Colombia.

Lara, G., Santana, A., Lira, A., & Peña, A. (03 de 2019). El Desarrollo del Hardware para la Realidad Virtual. *Revista Ibérica de Sistemas y Tecnologías de Información* (31), pp. 106 - 117.

Laxon, N. (4 de agosto de 2023). Second Life's 20th Birthday Reminds World The Metaverse Can Work. *Bloomberg.com,* págs. https://www.bloomberg.com/news/articles/2023-08-04/second-life-s-20th-birthday-reminds-world-the-metaverse-can-work.

Leal, S. (2022). *Y de repente llego el metaverso. Claves para entender este nueo universo y sus implicaciones.* Barcelona, España: Plataforma Editorial.

López-Díez, J. (2021). Metaverse: Year One. Mark Zuckerberg's video keynote on Meta (October 2021) in the context of previous and prospective studies on metaverses. *Pensar la publicidad,* 2 (12), pp. 299-303.

Márquez, I. V. (julio/diciembre de 2011). Metaversos y Educación. Second Life como plataforma educativa. *ICONO 14, Revista de comunicación y tecnologías emergentes,* 9 (2), pp. 151-166.

Meta. (s.f.). *Meta.* Obtenido de Meta company : https://about.meta.com/ltam/company-info/

Ministerio de Tecnologías de la Información y las Comunicaciones. (2022). *Índice de Brecha Digital: Resultados 2021.* Ministerio de Tecnologías de la Información y las Comunicaciones. Recuperado el 19 de abril de 2024, de https://colombiatic.mintic.gov.co/679/articles-333028_presentacion.pdf

Mundin, F. (22/09/2023), Immersive Justice: Exploring the Future of Law Practice Through Virtual Reality, *Law crossing.* Recuperado el 07 de

2024, de https://www.lawcrossing.com/article/900054992/Immersive-Justice-Exploring-the-Future-of-Law-Practice-Through-Virtual-Reality/

Olguin Carbajal, M., Rivera Zárate, I., & Hernández Montañez, E. (2006). Introducción a la Realidad Virtual. *Polibits* (33), pp. 11-15.

Presidencia de la República de Colombia. (19 de Agosto de 1990). Decreto 1900 de 1990, *por el cual se reforman las normas y estatutos que regulan las actividades y servicios de telecomunicaciones y afines.* Bogotá, Colombia: Diario Oficial nº. 39.507, de Agosto 19 de 1990.

Presidencia de la Reública de Colombia. (4 de junio de 2020). Decreto 806 de 2020, *por el cual se adoptan medidas para implementar las tecnologías de la información y las comunicaciones en las actuaciones judiciales, agilizar los procesos judiciales y flexibilizar la atención a los usuarios del servicio de justicia.* Bogota, Colombia. Diario Oficial nº., de 27 de julio de 2020. Declarado exequible por Sentencia de la Corte Constitucional C-420 de 2020.

Sangkyum, K. (2022). El ascenso de *facebook* y *youtube* frente a la caída de *Cyworld,* traducción Juan Sánchez Simón. En K. Sangkyum, *El Metaverso. Un viaje hacia la tierra digital. (The Metaverse:The Digital Earth.The World of rising trends).* (pág. 95). Madrid, España: Ediciones Anaya Multimedia.

Servin, C. (26 de agosto de 1968). *IDIS.* Recuperado el 7 de julio de 2024, de proyectoidis.org: https://proyectoidis.org/espada-de-damocles/

Sucari Sucari, Y. V., Quispe Mamani, U., & Duran Ponce, G. S. (15 de septiembre de 2022). El ensayo: impactos del metaverso en la sociedad. *Waynarroque - Revista de ciencias sociales aplicadas,* 2 (4), pp. 103-109.

Weber, M. (22 de junio de 2012). *Going places: A history of surrogate travel and google maps with street view. Computerhistory.org.* Recuperado el 7 de julio de 2024, de Computer History Museum/Blog/curatorial insights: https://computerhistory.org/blog/going-places-a-history-of-google-maps-with-street-view/?key=going-places-a-history-of-google-maps-with-street-view

Admisibilidad, fuerza y valor probatorio de la prueba o evidencia digital generada por la inteligencia artificial en los procesos judiciales

JUAN DAVID CARDONA PÉREZ

Presidente del Instituto Iberoamericano de Derecho Digital y de la Ciberseguridad

LISTA DE ABREVIATURAS

BD:	Big Data.
CE:	Consejo de Europa.
CGP:	Código General del Proceso (colombiano), Ley 1564/2012.
CPP:	Código de Procedimiento Penal (colombiano), Ley 906/2004.

EMP Y EF:	Elemento material probatorio y evidencia física.
FJ:	Fundamento Jurídico.
IA:	Inteligencia Artificial.
IOT:	Internet Of Things (Internet de las cosas).
ISO:	International Estandar Organization (Organización Internacional de estándares).
LEC:	Ley 1/2000, de 7 de enero, de Enjuiciamiento Civil.
LECRIM:	Real Decreto de 14 de septiembre de 1882 por el que se aprueba la Ley de enjuiciamiento Criminal.
ML:	Machine Learning.
OSINT:	Open Source Intelligence (Inteligencia de Medios Abiertos).
SAP:	Sentencia Audiencia Provincial.
STC:	Sentencia Tribunal Constitucional.
STS:	Sentencia Tribunal Supremo.
TFM:	Trabajo Fin de Máster.
TIC´s:	Tecnologías de la Información y las Comunicaciones.
UE:	Unión Europea.

I. INTRODUCCIÓN

El presente texto aborda las dificultades técnicas y jurídicas en la interpretación de la normativa que regula la valoración de la prueba o evidencia digital que se da por parte de los operadores de justicia en el desarrollo de los procesos judiciales. Estas dificultades se basan en el uso de herramientas jurídicas y, en especial, la de la evidencia digital producida por los entes dotados de IA, así como la analogía y las equivalencias funcionales retrospectivas para resolver un problema que requiere de un conocimiento especializado y actualizado, y un tratamiento diferenciado. Es aquí donde la prueba o evidencia digital sufre alteraciones integrales al ser interpretada como una prueba documental, comprometiendo no solo su contenido sino su grado de veracidad, rigurosidad y posibilidad de uso.

La presente investigación tiene por objeto realizar un estudio técnico-jurídico que combina dos marcos de análisis (el derecho y la informática) para el eficaz tratamiento y la correcta valoración de la prueba o evidencia digital, el cual contribuirá significativamente en la solución de las desviaciones interpretativas por parte de los operadores de justicia al momento de la apreciación y valoración de este tipo de prueba. Es por ello que a lo largo del texto se busca demostrar que el concepto de prueba o evidencia digital, su tratamiento, interpretación y valoración, se han venido realizando de manera errónea respecto a las fuentes jurídicas vigentes sobre el tema, respecto a aquellas pruebas o evidencias digitales diferentes al documento electrónico.

Ubicándonos así frente a una temática de actualidad, en desarrollo, con términos y campos desconocidos para muchos dentro el mundo jurídico como el BD, el ML, la computación cuántica, la IA, las redes neuronales artificiales, el IOT, entre otras cuestiones que se encuentran en constante cambio propio del avance tecnológico y que suponen grandes retos para el derecho y en especial para el derecho procesal.

II. ADMISIBILIDAD DE LA PRUEBA O EVIDENCIA DIGITAL PRODUCIDA POR LA IA

Para hablar de admisibilidad de la prueba o evidencia digital primero se debe conocer de manera general a qué se refiere el término evidencia digital.

1. Concepto de prueba o evidencia digital

Evidencia digital puede definirse como “todo dato o información que se encuentra alojado en un medio de almacenamiento físico o virtual, en formato digital, producto de la escritura, copia, o transmisión de esos datos o información, a través de un dispositivo electrónico, incluyendo, los que, en su origen, antes de su almacenamiento o transmisión, fueron análogos” (Cardona, 2020, 45).

Figura 1: Información digital contenida en un dispositivo electrónico.

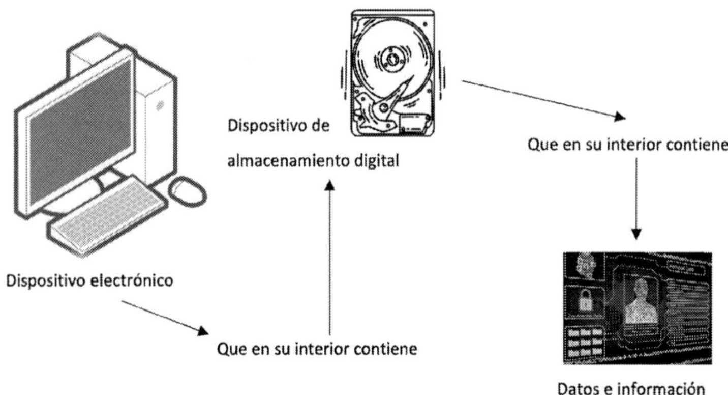

Fuente: Elaboración propia del autor.

Una vez comprendido el concepto de evidencia digital se analizará la admisibilidad de este tipo de evidencia. Bueno de Mata, define el término como “el resultado de un juicio valorativo hecho por el juzgador acerca de las condiciones que ha de reunir el medio o la actividad probatoria que se propone para que pueda ser introducido en el proceso" (Bueno, 2014, 221). En contraste un concepto jurisprudencial presentado por Ortuño Navalón, quien interpretando lo versado por el tribunal constitucional en sentencia STC236/2002, de 9 de diciembre[4], menciona que "para la doctrina constitucional, toda prueba que pretenda ser incluida en un proceso, ha de reunir los requisitos de pertinencia, necesidad o utilidad y licitud" (Ortuño, 2014, 109).

Haciendo síntesis de ambas definiciones, podemos afirmar que la admisibilidad es la acción que ejecuta un juez mediante el examen de cumplimiento o no de requisitos normados, que deben ser cumplidos en su totalidad, como son: la pertinencia, necesidad, legalidad y licitud, elementos que determinarán, en todo caso, cuáles serán los medios probatorios que se practicarán y valorarán dentro de un proceso judicial en concreto.

Lo anterior nos lleva a revisar cada uno de estos criterios a los que se refiere la admisibilidad.

2. Criterios de admisibilidad

Tal como se hizo referencia, los criterios de admisión de la prueba se dividen en tres. Su pertinencia, utilidad y, ante todo, su legalidad. Criterios que deben de ser cumplidos por todos y cada uno de los medios probatorios que se deseen hacer valer dentro del proceso, tal como aparece en las distintas legislaciones que venimos analizando, sea el caso la *LEC* y el *CGP* que al unísono versan sobre estas particularidades. La primera (LEC)

---

4 STC nº 236/2002 de 09 de diciembre de 2002, F.J. 4º, (RJ 2002/236).

en su artículo 283[5], se traduce en la pertinencia y utilidad de la prueba, desde un sentido negativo, es decir, la impertinencia y la inutilidad, y, por otra parte, el artículo 287[6], deja claro el concepto de ilicitud.

De igual manera, encontramos en el CGP, que en su sección tercera (régimen probatorio), título único (pruebas) capítulo I (disposiciones generales), en especial el artículo 168[7] hace referencia a la pertinencia, utilidad y legalidad, mencionando

---

5 Ley 1/2000 del 7 de enero, Ley de enjuiciamiento civil española, artículo 283: Impertinencia o inutilidad de la actividad probatoria. 1. No deberá admitirse ninguna prueba que, por no guardar relación con lo que sea objeto del proceso, haya de considerarse impertinente. 2. Tampoco deben admitirse, por inútiles, aquellas pruebas que, según reglas y criterios razonables y seguros, en ningún caso puedan contribuir a esclarecer los hechos controvertidos. 3. Nunca se admitirá como prueba cualquier actividad prohibida por la ley.

6 Ley 1/2000 del 7 de enero, Ley de enjuiciamiento civil española, artículo 287: Ilicitud de la prueba. 1. Cuando alguna de las partes entendiera que en la obtención u origen de alguna prueba admitida se han vulnerado derechos fundamentales habrá de alegarlo de inmediato, con traslado, en su caso, a las demás partes. Sobre esta cuestión, que también podrá ser suscitada de oficio por el tribunal, se resolverá en el acto del juicio o, si se tratase de juicios verbales, al comienzo de la vista, antes de que dé comienzo la práctica de la prueba. A tal efecto, se oirá a las partes y, en su caso, se practicarán las pruebas pertinentes y útiles que se propongan en el acto sobre el concreto extremo de la referida ilicitud. 2. Contra la resolución a que se refiere el apartado anterior sólo cabrá recurso de reposición, que se interpondrá, sustanciará y resolverá en el mismo acto del juicio o vista, quedando a salvo el derecho de las partes a reproducir la impugnación de la prueba ilícita en la apelación contra la sentencia definitiva.

7 Ley 1564 del 12 de julio de 2012, artículo 168: Rechazo de plano. El juez rechazará, mediante providencia motivada, las pruebas ilícitas, las notoriamente impertinentes, las inconducentes y las manifiestamente superfluas o inútiles.

que si la prueba no goza de estas características será rechazada de plano.

Revisado lo anterior, la admisibilidad de la prueba o evidencia digital no aparece normada en *stricto sensu*, por lo que nuevamente debemos preguntarnos si estos mismos requisitos o particularidades serán o no válidas al momento de decretar la admisibilidad de la prueba o evidencia digital. Al respecto Abel Lluch hace referencia argumentando que

> "la admisibilidad de la prueba electrónica debe atender algunos de sus factores o características específicas, y concretamente, lo decisivo es que al proceso de traslación de una realidad intangible -el entorno digital- a otra tangible e incorporable a un soporte susceptible de ser llevado a presencia judicial, se efectúe con arreglo a un proceso de registro y salida de datos que resulte técnicamente verificable" (Abel, 2011, 383 y 384).

De tal manera que, para que una prueba digital sea admisible deberá cumplir estos tres principios a los cuales se ha hecho alusión y que desarrollaremos a continuación.

2.1. Pertinencia

Es el primer supuesto para la admisión de la prueba digital, que al igual que para los demás medios probatorios estará dada por la relación que este tenga con el proceso o caso objeto de la *litis (tema dicidendi)*, tal como nos lo presenta Delgado Martín, refiriéndose al concepto de pertinencia de la prueba digital, el mismo acota "ha de existir una relación lógica entre el hecho que pretende acreditarse mediante el concreto medio probatorio y los hechos que constituyen el objeto de la controversia, así como una aptitud o idoneidad para formar la debida convicción del juzgador" (Delgado, 2016, 51), por consiguiente, es menester que el medio de prueba a usarse dentro del proceso para hacer valer las fuentes de prueba esté estrechamente vinculada con el caso.

Es de resaltar que la pertinencia como uno de los requisitos de admisibilidad en la legislación española se encuentra incorporada como un derecho fundamental consagrado en el artículo 24.2 de la carta Magna[8].

2.2. Utilidad

La utilidad dentro del test de admisibilidad de la prueba o evidencia digital hace referencia a la fuente probatoria con la que se quiere demostrar un hecho, en el sentido que la misma deberá ser idónea para lograr demostrar el particular, al respecto Bueno de Mata refiere que el artículo 283 de la *LEC* entrega una definición en negativo, es decir, desde la inutilidad de la actividad probatoria, es así como el artículo en cuestión en su apartado segundo resalta que, son inútiles las pruebas, que según reglas y criterios razonables y seguros, en ningún caso puedan contribuir a esclarecer los hechos controvertidos (Bueno, 2014, 229).

En este sentido la prueba inútil se entenderá como aquella que, al no adecuarse el medio para demostrar el fin propuesto, razonablemente se podrá concluir que esta no alcanzará el resultado para lo cual se pretende incorporar (Oliva, 2000, 291).

---

8 Constitución española de 1978, artículo 24.2: Asimismo, todos tienen derecho al Juez ordinario predeterminado por la ley, a la defensa y a la asistencia de letrado, a ser informados de la acusación formulada contra ellos, a un proceso público sin dilaciones indebidas y con todas las garantías, a utilizar los medios de prueba pertinentes para su defensa, a no declarar contra sí mismos, a no confesarse culpables y a la presunción de inocencia".

2.3. Legalidad y licitud

Nos encontramos frente al último de los requisitos que conceden la admisibilidad de la prueba digital al proceso y, tal como se observa en el título, el mismo trae dos acepciones que debemos resolver por separado, por un lado, encontramos la *ilegalidad* y, por el otro, la *ilicitud*, ambos tienden a confundirse y, en ocasiones, a usarse como sinónimos. Sin embargo, son términos diferentes y que, en todo caso, deben cumplirse. Su gran diferencia radicará en que mientras la prueba ilegal será aquella que ha sido obtenida con falta a los principios y normas contemplados en la ley siendo inadmisible de pleno derecho, la prueba ilícita será aquella que ha sido obtenida vulnerando los derechos fundamentales (Miranda, 2010, 133).

Es así como la legalidad, la pertinencia y la utilidad son criterios legales de admisión de los medios de prueba, que pueden identificarse respetando los requisitos formales procesales. En este caso los requisitos formales procesales del medio de prueba digital, mientras que la ilicitud no constituye un parámetro legal para la admisibilidad, sino que actuará como mecanismo para excluir una prueba que haya sido admitida, por haber vulnerado derechos fundamentales al momento de obtenerla (Bueno, 2014, 232).

Respecto a la legalidad de la evidencia digital, ha de hacerse notar que no se encuentra normatividad objetiva, dada desde el iuspositivismo y es por ello que se plantea como solución procesal temporal a la espera de legislación en la materia, la aplicabilidad de los protocolos y estándares internacionales, a los cuales se ha venido haciendo referencia como exigencias instrumentales, de los cuales ya existe jurisprudencia al respecto. La Corte Constitucional Colombiana mediante sentencia C334 de 2010[9]

---

9 Sentencia nº C-334/2010 de 12 de mayo de 2010, F.J 2.1.1 (D-7915), De esta sentencia se extractan dos fundamentos jurídicos relevan-

exigió la aplicación de los estándares internacionales respecto al manejo de la evidencia digital y sugirió un estándar legal de políticas de seguridad informática que habilite la admisibilidad de pruebas de tal naturaleza.

III. LA VALORACIÓN DE LA PRUEBA O EVIDENCIA DIGITAL COMO CONSTANTE EN LOS PROCESOS JUDICIALES

Hemos llegado al punto cumbre de nuestro texto, es en este punto donde los operadores de justicia, rompiendo paradigmas, puedan realizar una inmejorable valoración de la prueba, en este caso de la prueba o evidencia digital, teniendo como base el concepto de valoración de la prueba que nos propor-

---

tes. El primero con relación a la necesidad de un estándar legal que habilite la admisibilidad de la prueba o evidencia digital.
"Con el cumplimiento de ciertos protocolos y del control previo de legalidad, los documentos electrónicos pueden llegar al proceso inalterados y su estudio puede efectuarse con todas las garantías para el investigado y para el propósito de perseguir el delito. Llegan como pruebas, ancladas en la cadena de custodia, con la seguridad de que puedan convertirse en evidencia digital. Por esto, es necesario desarrollar un "estándar legal de políticas de seguridad informática", que habilite la admisibilidad de pruebas de tal naturaleza, con presunción iuris tantum de validez como evidencia digital".
El segundo insta a la aplicabilidad y cumplimiento de los protocolos forenses internacionales para el manejo de la evidencia digital.
"Contrario a lo establecido en la sentencia STS nº C-336 de 2007, la recuperación de información aludida de que trata el art. 237 CPP, debe ser sujeta a un control previo, que asegure, con el lleno de los requisitos legales, constitucionales y el cumplimiento de los protocolos forenses internacionales del manejo de la evidencia digital, la cadena de custodia, es decir, la inalterabilidad de sus contenidos y la preservación de los datos sensibles de la persona afectada con la actuación".

ciona Nieva Fenoll, quien la define como "la actividad de percepción por parte del juez de los resultados de la actividad probatoria que se realiza en un proceso" (Nieva, 2010, 34), labor que requiere de toda la atención puesto que de ella dependerá que al final de un caso se haya o no hecho justicia, puesto que será el juzgador quien haya otorgado un valor a la misma.

La excelsa labor consiste en poder analizar, evaluar, comprender y entender lo que mediante la articulación de tres fuerzas se quiere demostrar que la tarea valorativa

> "necesita de la combinación y la sinergia de tres fuerzas: la propia parte suministradora de toda la información relevante para la defensa de sus intereses en el proceso; la del letrado, capaz de articularla jurídicamente transformándola de fuentes en medios probatorios válidos y el juez o tribunal, que atribuirá un valor concreto a las diferentes pruebas deducidas ante él" (Bentham, 1991, 4).

Tarea que además deberá entregar una seguridad jurídica, "teniendo en cuenta las relaciones de interdependencia entre el sistema jurídico y la realidad social" (Bueno, 2014, 257); realidad social que nos plantea la llegada o mejor la consolidación de las nuevas tecnologías al mundo no sólo social sino jurídico, tal como advierte Cano Martínez: "si la inseguridad jurídica es la norma en un mundo interconectado, la administración de la evidencia digital debería ser la constante" (Cano, 2010, 53).

Es evidente que el uso de las TIC está induciendo por falta de conocimiento a cometer yerros al juzgador respecto a la valoración de la prueba o evidencia digital como medio probatorio independiente y, más aún, a las fuentes de prueba que allí se contengan y que son producidas por la IA, viendo como tras casi cuatro décadas desde que la internet entró en funcionamiento, aún se sigue valorando este tipo de evidencias, haciendo uso de equivalencias funcionales y analogías con las evidencias y pruebas físicas, más exactamente las documentales.

1. Elementos valorativos de la prueba o evidencia digital

Los elementos valorativos de la prueba o evidencia digital corresponden a los mismos elementos que se tienen en cuenta para la valoración de cualquier otra prueba o evidencia diferente a la digital, sin embargo, al aparecer un nuevo componente como lo es el componente digital, estos elementos añaden nuevas perspectivas así como nuevos conceptos que permitirán garantizar el cumplimiento de cada uno de los que a continuación se relacionan como son: la eficacia probatoria, la fuerza probatoria, el uso de la razón y la sana crítica, y la libertad probatoria.

En tal sentido, Delgado Martín afirma:

> "si se cumplen los requisitos de obtención e incorporación de la prueba digital al proceso, está puede desplegar eficacia probatoria, siendo objeto de valoración por parte del juez o tribunal de conformidad con las reglas de la sana crítica (sistema de libre valoración de la prueba)" (Delgado, 2016, 77).

Es así como iniciaremos por abordar el primero de los elementos: *la eficacia.*

1.1. Eficacia probatoria

Antes de aproximarnos a dar un concepto de eficacia probatoria en el ámbito digital, debemos abordar dos puntos de interés. El primer punto hace referencia al documento electrónico como prueba o evidencia digital y, el segundo, hará referencia a todas aquellas fuentes probatorias que se pueden exponer mediante la prueba o evidencia digital como medio de prueba independiente, diferente a la prueba documental, criterio con el que por equivalencia funcional se viene valorando el documento electrónico por los tribunales.

Es preciso diferenciar entre la eficacia probatoria que se le debe entregar al documento electrónico con base en la normatividad actual (es decir con base en la *LEC* y la Ley colombiana 527 de 1999 acompañada del *CGP*), y la eficacia que se le debe dar a cualquier otra fuente de prueba que pretenda hacerse valer como prueba o evidencia digital.

Doctrina y jurisprudencia, se han limitado a describir los supuestos que se deben tener en cuenta para otorgar no sólo la eficacia a la cual nos referimos, sino fuerza probatoria respecto del documento electrónico o el mensaje de datos que el mismo pueda contener; creyendo que estos mismos supuestos son aplicables para las demás fuentes digitales contenidas en el medio de prueba digital.

Por lo anterior se deja claro que una cosa es la eficacia que se le reconoce a un documento electrónico a partir de los supuestos de: pertinencia (artículo 281.1 LEC), necesidad o idoneidad (artículo 283.2 LEC); aunados, como advierte Ortuño Navalón, a los presupuestos de autenticidad, exactitud y licitud. Siendo estos últimos los que constituyen el presupuesto de la eficacia probatoria del documento (Ortuño, 2014, 110); otra muy diferente es la eficacia que se debe entregar a las pruebas o evidencias digitales diferentes al documento electrónico.

Para reconocer eficacia probatoria al documento electrónico se requieren tres condiciones: la autenticidad, la integridad y la licitud, además de las que se garantizaron previamente para su admisibilidad. Entendiendo que estas garantías siempre han versado sobre el supuesto de que toda prueba o evidencia digital se asemeja a un documento, a continuación, se hará el comparativo frente a estas mismas garantías, pero diferenciando la prueba o evidencia digital del documento electrónico.

Partiendo de un análisis normativo, vemos que la Ley colombiana 527 de 1999 define y reglamenta el acceso y uso de los mensajes de datos, del comercio electrónico y de las firmas digitales, regula las entidades de certificación y dicta otras disposiciones, en sus artículos del 10 al 12. Sin embargo, al analizarse la norma se evidencia una clara insuficiencia de cada uno de estos artículos en lo que a su aplicación a la prueba o evidencia digital se refiere.

Si bien pueden llegar a adecuarse al documento electrónico como prueba no sucede igual para las demás fuentes de prueba digital, incluyendo el mensaje de datos contenido en un mensaje de correo electrónico o un sistema de mensajería como, por ejemplo, *WhatsApp*.

Iniciemos por el artículo 10 que un su párrafo segundo cita "no se negará eficacia, validez o fuerza obligatoria y probatoria a todo tipo de información en forma de un mensaje de datos, por el sólo hecho que se trate de un mensaje de datos o en razón de no haber sido presentado en su forma original"[10].

Se hace referencia y da a entender de forma precisa que, si un mensaje de datos no es presentado como prueba o evidencia digital que es su forma original, sino que el mismo es presentado en un documento físico, es decir, impreso en un papel, no se le podrá negar eficacia, e incluso adelantándonos un poco, tampoco se le podrá negar fuerza probatoria. Recordemos que el objeto de regulación de la ley es el mensaje de datos plasmado en un documento electrónico y las firmas electrónicas.

Lo anterior no tiene ningún sentido, incluso si lo que se pretende probar es el simple documento electrónico. Y así lo

---

10 Ley 527 de 18 de agosto de 1999. Diario Oficial No. 43.673/ 21 agosto /1999. Artículo 10: Admisibilidad y fuerza probatoria de los mensajes de datos. Los mensajes de datos serán admisibles como medios de prueba y su fuerza probatoria es la otorgada en las disposiciones del Capítulo VIII del Título XIII, Sección Tercera, Libro Segundo del Código de Procedimiento Civil. En toda actuación administrativa o judicial, no se negará eficacia, validez o fuerza obligatoria y probatoria a todo tipo de información en forma de un mensaje de datos, por el sólo hecho que se trate de un mensaje de datos o en razón de no haber sido presentado en su forma original.

estipula la misma Ley 527/99 en su artículo 11 en una clara contraposición a lo antedicho en el artículo 10 cuando indica:

> "por consiguiente habrán de tenerse en cuenta: la confiabilidad en la forma en la que se haya generado, archivado o comunicado el mensaje, la confiabilidad en la forma en que se haya conservado la integridad de la información, la forma en la que se identifique a su iniciador y cualquier otro factor pertinente"[11].

Situación que no se comprende si se tiene en cuenta que lo que se conservó en el medio digital puede ser susceptible de modificación sin que sea perceptible al ojo humano, diferente a lo que sucede con un documento físico, es decir impreso o manuscrito; situación que a toda luz en un documento impreso que intente representar lo que fue generado en el medio digital, es improbable puesto que no habrá forma de lograr certeza, independiente de que este tenga impresa una supuesta firma electrónica que, en todo caso, se desconoce si corresponde a su original digital. Característica de integridad que se abordará en el siguiente apartado. También se hará referencia a la forma en la que se identifique a su autor o iniciador.

Todo lo expuesto en el párrafo anterior se termina por corroborar con el análisis que podemos hacer del artículo 12 de la misma Ley 527/99 en su tercer y cuarto párrafo nos señala,

---

11 Ley 527de 18 de agosto de 1999. Diario Oficial No. 43.673/ 21 agosto /1999. Artículo 11: Criterio para valorar probatoriamente un mensaje de datos. Para la valoración de la fuerza probatoria de los mensajes de datos a que se refiere esta ley, se tendrán en cuenta las reglas de la sana crítica y demás criterios reconocidos legalmente para la apreciación de las pruebas. Por consiguiente, habrán de tenerse en cuenta: la confiabilidad en la forma en la que se haya generado, archivado o comunicado el mensaje, la confiabilidad en la forma en que se haya conservado la integridad de la información, la forma en la que se identifique a su iniciador y cualquier otro factor pertinente.

respecto a la autenticidad y conservación de los mensajes de datos y documentos,

> "que el mensaje de datos o el documento sea conservado en el formato en que se haya generado, enviado o recibido o en algún formato que permita demostrar que reproduce con exactitud la información generada, enviada o recibida, y que se conserve, de haber alguna, toda información que permita determinar el origen, el destino del mensaje, la fecha y la hora en que fue enviado o recibido el mensaje o producido el documento"[12].

Artículo que por sí mismo hace referencia a las exigencias que permiten corroborar la exactitud de la información tales como la hora, la fecha, el autor, su destinatario; comprobación de autencidad que será inviable mediante una representación simulada y trasladada de su ambiente natural (el digital) a un ambiente irreal (su impresión física) que no proyecta con exactitud y mucho menos entrega las tres garantías antes nom-

---

12 Ley 527 de 18 de agosto de 1999. Diario Oficial No. 43.673/ 21 agosto /1999. Artículo 12: conservación de los mensajes de datos y documentos. Cuando la ley requiera que ciertos documentos, registros o informaciones sean conservados, ese requisito quedará satisfecho, siempre que se cumplan las siguientes condiciones: Que la información que contengan sea accesible para su posterior consulta. Que el mensaje de datos o el documento sea conservado en el formato en que se haya generado, enviado o recibido o en algún formato que permita demostrar que reproduce con exactitud la información generada, enviada o recibida, y que se conserve, de haber alguna, toda información que permita determinar el origen, el destino del mensaje, la fecha y la hora en que fue enviado o recibido el mensaje o producido el documento. No estará sujeta a la obligación de conservación, la información que tenga por única finalidad facilitar el envío o recepción de los mensajes de datos. Los libros y papeles del comerciante podrán ser conservados en cualquier medio técnico que garantice su reproducción exacta.

bradas y a las cuales nos referimos a continuación, iniciando con la INTEGRIDAD.

Al respecto y recientemente, la Corte Constitucional Colombiana en sentencia T-043 del 10 de febrero de 2020 asintió: "las capturas de pantalla impresas, no son prueba electrónica, sino una mera representación física materializada en soporte papel de un hecho acaecido en el mundo virtual [...]. Reiteramos, esa copia no es el documento electrónico original generado a través de la plataforma de mensajería, sino una simple reproducción de este (carente de metadatos), que por más que permite entrever la ocurrencia de aquellos sucesos invocados, no causa *per se* la necesaria convicción como para tener a estos por ocurridos. Tampoco se podrá establecer la integridad del documento (es decir, que el mismo no fue alterado por la parte o por terceros), o asegurar su necesaria preservación a los efectos de ser peritado con posterioridad"[13].

En el mismo sentido encontramos que en la norma española se exigen los mismos tres requisitos para la prueba o evidencia digital, tal como lo exige la LECRIM, en su artículo 588 sexies c. al referirse a la integridad señala: "fijará también las condiciones necesarias para asegurar la integridad de los datos y las garantías de su preservación para hacer posible, en su caso, la práctica de un dictamen pericial"[14]. Situación que hace

---

13 Sentencia nº T-043/2020 de 10 de febrero de 2020, F.J 21 (T-7.461.559).

14 Real Decreto de 14 de septiembre de 1882 por el que se aprueba la Ley de Enjuiciamiento Criminal, artículo 588 sexies c: Autorización judicial. La resolución del juez de instrucción mediante la que se autorice el acceso a la información contenida en los dispositivos a que se refiere la presente sección, fijará los términos y el alcance del registro y podrá autorizar la realización de copias de los datos informáticos. Fijará también las condiciones necesarias para asegurar la integridad de los datos y las garantías de su preservación para hacer posible, en su caso, la práctica de un dictamen pericial.

evidente la necesidad de la pericia informática para garantizar la integridad y, eventualmente, llegar a determinar el autor. Por su parte, la LEC, en su artículo 382[15], en una clara contraposición a lo dispuesto en la LECRIM, al igual que hacía la Ley 527/99 de Colombia, no quita valor ni eficacia probatoria, si los medios de prueba presentados por la parte demandante, a pesar de que sean digitales, se presentan en un formato distinto, e incluso dá la posibilidad de demostrar a ambas partes la autenticidad o no, posterior a la impugnación de la prueba[16].

---

15 Artículo 382: Instrumentos de filmación, grabación y semejantes. Valor probatorio. 1. Las partes podrán proponer como medio de prueba la reproducción ante el tribunal de palabras, imágenes y sonidos captados mediante instrumentos de filmación, grabación y otros semejantes. Al proponer esta prueba, la parte deberá acompañar, en su caso, transcripción escrita de las palabras contenidas en el soporte de que se trate y que resulten relevantes para el caso. 2. La parte que proponga este medio de prueba podrá aportar los dictámenes y medios de prueba instrumentales que considere convenientes. También las otras partes podrán aportar dictámenes y medios de prueba cuando cuestionen la autenticidad y exactitud de lo reproducido. 3. El tribunal valorará las reproducciones a que se refiere el apartado 1 de este artículo según las reglas de la sana crítica.

16 STS nº 300/2015, de 19 de mayo de 2015, FJ 4º, (RJ 2015\1920): "Respecto a la queja sobre la falta de autenticidad del diálogo mantenido por Ana María con Constancio a través del Tuenti, la Sala quiere puntualizar una idea básica. Y es que la prueba de una comunicación bidireccional mediante cualquiera de los múltiples sistemas de mensajería instantánea debe ser abordada con todas las cautelas. La posibilidad de una manipulación de los archivos digitales mediante los que se materializa ese intercambio de ideas forma parte de la realidad de las cosas. El anonimato que autorizan tales sistemas y la libre creación de cuentas con una identidad fingida, hacen perfectamente posible aparentar una comunicación en la que un único usuario se relaciona consigo mismo. De ahí que la impugnación de la autenticidad de cualquiera de esas conversaciones, cuando son aportadas a la causa mediante archivos de impresión, desplaza la carga de la prueba hacia quien pretende aprovechar su

Esta situación va en contra del principio de control de convencionalidad que, en todo caso, recae sobre la magistratura y, si se traslada a la jurisdicción penal, faltaría al principio de presunción de inocencia, el cual deberá ser vencido por parte del Estado, por lo que es en este último en el que recae la carga de la prueba y deberá demostrar y brindar las garantías exigidas por el artículo 588 *sexies* c., apartado primero, al cual ya se hizo referencia, desde el inicio de adquisición de la prueba ya que de lo contrario, la prueba deberá decretarse ilegal.

Por todo lo anterior, queda claro que una cosa es la eficacia que por equivalencia funcional se pueda llegar a otorgar con algunos reparos de los que se han venido hablando, al documento electrónico y otra la eficacia evaluada desde la prueba o evidencia digital como medio independiente.

Ahora pasemos a entender los elementos que otorgan eficacia probatoria a la prueba o evidencia digital.

1.1.1. Autenticidad

La autenticidad de la prueba electrónica estará dada por la determinación de su autor, así lo acuña Ortuño Navalón al señalar que la garantía de autenticidad "supone la identificación de la autoría del documento y del contenido que este refleja" (Ortuño, 2014, 111). Pues bien, esta garantía en el documento electrónico la puede entregar la firma electrónica del autor la cual será proporcionada por una entidad certificadora o un tercero certificado según lo normado, por ejemplo, en la Ley colombiana 527/99 o en la Ley española 59/2003, de firma electrónica.

---

idoneidad probatoria. Será indispensable en tal caso la práctica de una prueba pericial que identifique el verdadero origen de esa comunicación, la identidad de los interlocutores y, en fin, la integridad de su contenido".

Hasta aquí no existe problema alguno más que el supuesto firmante aduzca no corresponderse e impugne la autenticidad del documento, por lo que quien aporta la prueba deberá demostrar que la firma es auténtica, acudiendo en todo caso a una pericial informática que deberá demostrar que el dispositivo electrónico asignado o destinado para tal fin no fue vulnerado, mientras la parte que impugna, podrá demostrar lo contrario y que, además, mediante dicha vulneración obtuvieron sus credenciales para el acceso al sistema de firma electrónica que bien sea dicho de paso se corresponderá funcionalmente con la firma manuscrita, por cuanto es deber de cuidado, reserva y resguardo por parte de quien la tenga asignada. Por ello en el documento electrónico que goza de firma electrónica la autenticidad se presume.

Cuestión diferente sucede con la prueba o evidencia digital como, por ejemplo, los mensajes de *WhatsApp*, los mensajes en redes sociales, los *logs* de auditoría, la *metadata*, las fotografías, los videos, entre otras fuentes de prueba digital, y aquellos que son producidos por la IA, las cuales si bien se les puede demostrar su integridad (siguiente apartado) difícilmente se podrá garantizar su autor, por cuanto, a diferencia del documento electrónico donde el autor se presume de facto, en este tipo de prueba o evidencia digital la autoría de la fuente digital estará en duda, y esta no se puede presumir.

Se deberá entonces trasladar la garantía de autenticidad de la prueba digital a la identificación del dispositivo donde se encuentra almacenada la evidencia o prueba digital, o desde donde fue enviada, demostrando que la prueba o evidencia digital que se pretende hacer valer es auténtica respecto al dispositivo electrónico que contiene el medio de almacenamiento de donde se produjo su recolección, más no frente al autor humano que la produjo.

Al respecto, y haciendo referencia a la Ley 18/2011, de 5 de julio, reguladora del uso de las tecnologías de la información y la comunicación en la administración de justicia española[17], Delgado Martín subraya que "en el ámbito de la prueba electrónica, cabe definirse como la propiedad o característica consistente en que se garantiza la autenticidad del origen de los datos, es decir, se garantiza la fuente de la que proceden los datos" (Delgado, 2016, 82).

1.1.2. Integridad y disponibilidad futura

Abordaremos ahora una garantía que conlleva a otorgar como valor añadido una adicional. Se trata de la garantía de Integridad, que conlleva a garantizar la disponibilidad de la prueba o evidencia digital a futuro. Debemos aclarar que, para atribuir esta cualidad al documento electrónico, el mismo, además de llevar la firma electrónica que garantiza la autenticidad desde su autor, deberá ir firmado digitalmente, de lo contrario, difícilmente se podrá entregar esta garantía respecto de este tipo de documentos.

Ahora bien, con referencia a las demás pruebas o evidencias digitales, esta garantía no es diferente y debemos conceptualizarla como aquella que permite conservar el contenido de la prueba o evidencia digital incólume, por cuanto la integridad corresponderá entonces a la certificación de que el contenido de la prueba digital no ha sido alterado, modificado, eliminado, adicionado o, en general, que la prueba se conserva en su estado original, el mismo que tenía al momento de su recolección y aseguramiento sin que haya sido manipulada.

Al respecto Delgado Martín define la integridad desde la concepción del documento electrónico refiriéndose a la misma

---

17 Define autenticidad como: "propiedad o característica consistente en que una entidad es quien dice ser o bien que garantiza la fuente de la que proceden los datos".

como prueba electrónica, pero que al tratarse de una garantía que aplica indistintamente para ambas es más que acertada,

> "por integridad de la prueba electrónica cabe entender la propiedad o característica consistente en que los datos (activo de información) no han sido alterados de manera no autorizada. En definitiva, se trata de aplicar la construcción de la cadena de custodia a este ámbito: la preservación de los datos" (Delgado, 2016, 82).

Tomando como base lo dicho por Delgado Martín, es preciso aclarar el concepto de *cadena de custodia*, el cual ya ha sido ampliamente desarrollado por la jurisprudencia, a la que ya hemos hecho referencia durante el escrito. Sólo por citar alguna otra, hacemos referencia a la Sentencia STS 777/2013, de 7 octubre[18].

Es preciso aclarar que para la prueba o evidencia digital *per se* no se corresponderá con el mismo formato físico de los demás medios de prueba, es decir, la cadena de custodia en el ámbito digital, no corresponderá al documento ya conocido

---

[18] STS nº 777/2013, de 7 octubre de 2013, FJ 7º, (RJ 2013\7891): "La cadena de custodia sirve para acreditar la "mismidad" del objeto analizado, la correspondencia entre el efecto y el análisis o informe, su autenticidad. No es presupuesto de validez sino de fiabilidad. Cuando se rompe la cadena de custodia no nos adentramos en el campo de la ilicitud o inutilizabilidad probatoria, sino en el de la menor fiabilidad (menoscabada o incluso aniquilada) por no haberse respetado algunas garantías. Son dos planos distintos. La ilicitud no es subsanable. Otra cosa es que haya pruebas que por su cierta autonomía escapen del efecto contaminador de la vulneración del derecho (desconexión causal o desconexión de antijuridicidad). Sin embargo, la ausencia de algunas garantías normativas, como pueden ser las reglas que aseguran la cadena de custodia, lo que lleva es a cotejar todo el material probatorio para resolver si han surgido dudas probatorias que siempre han de ser resueltas en favor de la parte pasiva; pero no a descalificar sin más indagaciones ese material probatorio".

impreso en una hoja de papel y diligenciado por los intervinientes o por quienes hayan tenido contacto con la prueba.

En este caso, la cadena de custodia digital corresponderá a la firma digital en el momento de su recolección tal como lo plantea el estándar internacional ISO 27037. Y deberá generar el perito (o quien haga sus veces) mediante un algoritmo o *Código HASH*[19] que garantice que el contenido de la prueba o evidencia digital no ha sido modificado.

1.1.3. Licitud respeto a la intimidad digital y del propio campo virtual

La licitud de la prueba o evidencia digital estará dada por el respeto a los derechos fundamentales en el momento de su obtención. "Toda prueba que se obtenga con vulneración de derechos fundamentales ha de reputarse nula. Esta nulidad, en principio, se extiende a todas las demás pruebas que se obtienen gracias al acto previo legítimo" (Pinto, 2017, 155).

Pues bien, esta garantía o presupuesto, en el ámbito digital, va más allá de los derechos fundamentales clásicos, debiéndose llevar por la misma naturaleza de la prueba a la evaluación de derechos fundamentales digitales y a los lugares virtuales que la aplicación de estos trae consigo. Así lo señala Ortuño Navalón, al señalar que "la doctrina ha sostenido la aparición de lo que se denomina una "tercera generación" de derechos fundamentales, que vendría integrada por las garantías del ciudadano frente a los ataques a sus libertades procedentes

---

[19] Algoritmo HASH es "un algoritmo matemático que se realiza sobre el conjunto de los datos contenidos en un concreto dispositivo o soporte digital: el resultado genera un valor de 32 o más dígitos de tal forma que, si se modifica un solo bit del conjunto de datos sobre el que se ha realizado, el valor del hash es diferente" (Delgado, 2016, 83). URL que permite generar en línea un algoritmo HASH a una prueba o evidencia digital: https://md5decrypt.net/en/Sha512/.

de las nuevas tecnologías; y así se califican como "libertades informáticas" al conjunto formado por el derecho al secreto de las comunicaciones informáticas y telemáticas, la intimidad informática y el derecho a la autodeterminación informativa" (Ortuño, 2014, 88).

Si de una orden de entrada y registro lícitamente obtenida se desprendiera que en la práctica del registro se hubieran hallado dispositivos electrónicos que pudiesen contener medios de almacenamiento con información de tipo digital, y a este último, se accediera sin una orden diferente a la del registro del domicilio, se vulneraría su derecho a la intimidad digital, y del propio entorno virtual, y de paso, la privacidad de la información y los datos allí contenidos. Y lo mismo sucedería con el acceso directo a redes sociales o a buzones de correos electrónicos que tengan acceso directo en el momento de un registro informático.

De ahí que el ingreso a cada red social y a cada buzón de correo deberá garantizarse mediante una orden que en todo caso cumpla con los requisitos de necesidad, pertinencia, utilidad y proporcionalidad que permitan tomar una medida restrictiva de derechos fundamentales, más allá de que el acceso a esas redes o buzones de correo esté predeterminado por el usuario. Esto no querrá decir que él mismo este permitiendo su ingreso, en el entendido que él y nada más que él es quien conoce y tiene la potestad de ingreso al domicilio virtual inicial dentro del cual pueden encontrarse otros domicilios virtuales (facultad qué solo es viable en el ciberespacio).

La STS 204/2016, de 10 de marzo (Sala de lo Penal, Sección 1ª) haciendo referencia al derecho a la intimidad personal, a los dispositivos digitales de almacenamiento masivo de información, a su acceso, además de los distintos ámbitos de protección que reciben un tratamiento unitario, así como al derecho constitucional de nueva generación constitutivo de una protección del propio entorno virtual[20]; matiza que el derecho a la intimidad es un derecho que al igual que el de la protección al propio entorno virtual no es absoluto.

Sin embargo, cuando nos referimos al propio entorno virtual o digital, entendiendo este como aquel entorno donde se dispone de datos e información de carácter reservada e íntima que no sólo puede llegar afectar a la persona dueña del dispositivo de almacenamiento digital sino a terceros que se relacionen dentro de esa información, como lo son fotografías, conversaciones, entre otras, tal procedimiento de acceso al medio de almacenamiento y registro a las fuentes de información que allí se encuentran alojadas, hace inviable técnicamente la posibilidad de no llegar a conocer otros datos e información que nada tengan que ver con el hecho de la causa.

---

[20] STS nº 204/2016 de 10 de marzo de 2016, F.J. 11º, (RJ 2016/11142), entre muchos otros fundamentos jurídicos se toma el siguiente: "La ponderación judicial de las razones que justifican, en el marco de una investigación penal, el sacrificio de los derechos de los que es titular el usuario del ordenador, ha de hacerse sin perder de vista la multifuncionalidad de los datos que se almacenan en aquel dispositivo. Incluso su tratamiento jurídico puede llegar a ser más adecuado si los mensajes, las imágenes, los documentos y, en general, todos los datos reveladores del perfil personal, reservado o íntimo de cualquier encausado se contemplan de forma unitaria. Y es que, más allá del tratamiento constitucional fragmentado de todos y cada uno de los derechos que convergen en el momento del sacrificio, existe un derecho al propio entorno virtual. En él se integraría, sin perder su genuina sustantividad como manifestación de derechos constitucionales de nomen iuris propio, toda la información en formato electrónico que, a través del uso de las nuevas tecnologías, ya sea de forma consciente o inconsciente, con voluntariedad o sin ella, va generando el usuario, hasta el punto de dejar un rastro susceptible de seguimiento por los poderes públicos. Surge entonces la necesidad de dispensar una protección jurisdiccional frente a la necesidad del Estado de invadir, en las tareas de investigación y castigo de los delitos, ese entorno digital".

Para llegar a establecer la información y los datos que son de relevancia para la investigación se tendrá que realizar un registro de cada fuente alojada en el medio físico de almacenamiento, tal como sucede en el acceso y registro de un bien inmueble, sin que este sea equiparable con el mundo digital en el cual la esfera personal, íntima y reservada se ve mayormente afectada.

No obstante, los adelantos tecnológicos mediante herramientas de *software* dotadas de IA o mediante algoritmos de búsqueda, pueden disminuir esta afectación, así como los protocolos y estándares internacionales que versan sobre la recolección de pruebas digitales, por lo expuesto es acertado tal como lo trae la LEC en su artículo 588 BIS A, realizar una inequívoca ponderación de los principios allí establecidos, en especial el numeral quinto[21]. Esta sería la última medida a tomar, siempre que no pueda usarse otra menos limitativa de estos dos derechos: intimidad y protección al propio entorno virtual.

A pesar de que en la legislación colombiana la implementación y la regulación de los derechos fundamentales digitales no ha sido adoptada, en la actualidad el CPP en su artículo 236[22] faculta al ente investigador para la recolección de la in-

---

21 Real Decreto de 14 de septiembre de 1882 por el que se aprueba la Ley de Enjuiciamiento Criminal, artículo 588 bis A 5: Las medidas de investigación reguladas en este capítulo solo se reputarán proporcionadas cuando, tomadas en consideración todas las circunstancias del caso, el sacrificio de los derechos e intereses afectados no sea superior al beneficio que de su adopción resulte para el interés público y de terceros. Para la ponderación de los intereses en conflicto, la valoración del interés público se basará en la gravedad del hecho, su trascendencia social o el ámbito tecnológico de producción, la intensidad de los indicios existentes y la relevancia del resultado perseguido con la restricción del derecho.

22 Ley 906 de 31 de agosto de 2004, por la cual se expide el Código de Procedimiento Penal, artículo 236: Recuperación de información

formación dejada al navegar por internet y otros medios semejantes, de donde se puede deducir que esos otros medios hacen referencia al propio entorno virtual y la intimidad digital.

Es así como, con relación a la presente cuestión, el acceso y posterior registro y análisis de las fuentes de información que se encuentren en dispositivos de almacenamiento digital son cada vez más usuales y casi práctica obligada al momento de realizar un registro o una captura, puesto que en la actualidad, con el uso de las TIC´S la gran mayoría de la información, negocios, contratos y demás, que pueden llegar a constituir fuentes de prueba, se genera mediante la interacción con los dispositivos electrónicos, dejando almacenada o transmitiendo dichos datos o información. Es por este motivo que, aun cuan-

---

producto de la transmisión de datos a través de las redes de comunicaciones. Cuando el fiscal tenga motivos razonablemente fundados, de acuerdo con los medios cognoscitivos previstos en este código, para inferir que el indiciado o imputado está transmitiendo o manipulando datos a través de las redes de telecomunicaciones, ordenará a policía judicial la retención, aprehensión o recuperación de dicha información, equipos terminales, dispositivos o servidores que pueda haber utilizado cualquier medio de almacenamiento físico o virtual, análogo o digital, para que expertos en informática forense, descubran, recojan, analicen y custodien la información que recuperen; lo anterior con el fin de obtener elementos materiales probatorios y evidencia física o realizar la captura del indiciado, imputado o condenado. En estos casos serán aplicables analógicamente, según la naturaleza de este acto, los criterios establecidos para los registros y allanamientos. La aprehensión de que trata este artículo se limitará exclusivamente al tiempo necesario para la captura de la información en él contenida. Inmediatamente se devolverán los equipos incautados, de ser el caso. Parágrafo: Cuando se trate de investigaciones contra miembros de Grupos Delictivos Organizados y Grupos Armados Organizados, la Policía Judicial dispondrá de un término de seis (6) meses en etapa de indagación y tres (3) meses en etapa de investigación, para que expertos en informática forense identifiquen, sustraigan, recojan, analicen y custodien la información que recuperen.

do la práctica de registro y análisis de la información sea restrictiva de los derechos a la privacidad de la información y los datos y el de la intimidad e incluso el del domicilio digital; estas prácticas son permitidas bajo ciertas condiciones o normas.

Sin embargo, es de resaltar que tal como versa el mismo artículo 236 del CPP, el hecho de incautar los dispositivos dentro del registro al bien inmueble, no faculta al acceso a la información, por cuanto se deberá solicitar una orden diferente para realizar la citada actuación.

Cabe resaltar que de la misma manera deberá ser aplicada la norma, cuando el dispositivo electrónico o el medio de almacenamiento físico sea obtenido de manera diferente a un acceso al domicilio.

En todo caso, los agentes de policía judicial deberán comunicar al fiscal (en la legislación colombiana) y al juez instructor (en la española), tanto las actuaciones de incautación como la solicitud, de ser pertinente, para el acceso a estos. En la legislación española encontramos la LECRIM en su artículo 588 *sexies* a 1[23]

---

23 Real Decreto de 14 de septiembre de 1882 por el que se aprueba la Ley de Enjuiciamiento Criminal, artículo 588 sexies a 1: "Cuando con ocasión de la práctica de un registro domiciliario sea previsible la aprehensión de ordenadores, instrumentos de comunicación telefónica o telemática o dispositivos de almacenamiento masivo de información digital o el acceso a repositorios telemáticos de datos, la resolución del juez de instrucción habrá de extender su razonamiento a la justificación, en su caso, de las razones que legitiman el acceso de los agentes facultados a la información contenida en tales dispositivos".

y 588 *sexies* a 2[24], al igual que el 588 *sexies* b[25] c 1 y 2[26].

2. *Fuerza probatoria, uso de la razón y la sana crítica frente a la prueba o evidencia digital*

La fuerza probatoria en sentido estricto hace referencia tal y como nos lo presenta Carrascosa López "a la operación mental que hace el juez para formar su convicción a partir de los medios de prueba aportados al proceso" (Carrascosa,

---

24 Real Decreto de 14 de septiembre de 1882 por el que se aprueba la Ley de Enjuiciamiento Criminal, artículo 588 sexies a 2: "La simple incautación de cualquiera de los dispositivos a los que se refiere el apartado anterior, practicada durante el transcurso de la diligencia de registro domiciliario, no legitima el acceso a su contenido, sin perjuicio de que dicho acceso pueda ser autorizado ulteriormente por el juez competente".

25 Artículo 588 sexies B: "La exigencia prevista en el apartado 1 del artículo anterior será también aplicable a aquellos casos en los que los dispositivos de almacenamiento masivo de datos sean aprehendidos con independencia de un registro domiciliario. En tales casos, los agentes pondrán en conocimiento del juez la incautación de tales efectos. Si este considera indispensable el acceso a la información albergada en su contenido, otorgará la correspondiente autorización".

26 Artículo 588 sexies C 1, 2: "1. La resolución del juez de instrucción mediante la que se autorice el acceso a la información contenida en los dispositivos a que se refiere la presente sección, fijará los términos y el alcance del registro y podrá autorizar la realización de copias de los datos informáticos. Fijará también las condiciones necesarias para asegurar la integridad de los datos y las garantías de su preservación para hacer posible, en su caso, la práctica de un dictamen pericial. 2. Salvo que constituyan el objeto o instrumento del delito o existan otras razones que lo justifiquen, se evitará la incautación de los soportes físicos que contengan los datos o archivos informáticos, cuando ello pueda causar un grave perjuicio a su titular o propietario y sea posible la obtención de una copia de ellos en condiciones que garanticen la autenticidad e integridad de los datos".

1995, 139). Medios de prueba dentro de los cuales aparece la prueba o evidencia digital, acerca de la cual Cárdenas Rincón, al referirse a la fuerza probatoria, afirma que "tendrá el valor probatorio que el juez en su libertad probatoria le otorgue y se deberá tener en cuenta la confiabilidad en tres aspectos, como son: la forma como se generó, la forma como se ha conservado y la forma como se identifique a su iniciador" (Cárdenas, 2006, 82).

También lo establece el Consejo de Estado Colombiano en su sentencia radicado 76001-23-33-000-2015-01577-01 donde refiere respecto al uso de la fuerza probatoria en relación con un mensaje de datos que

> "para la valoración de la fuerza probatoria de los mensajes de datos a que se refiere esta Ley (527/99 en su artículo 11), se tendrán en cuenta las reglas de la sana crítica y demás criterios reconocidos legalmente para la apreciación de las pruebas. Por consiguiente, habrán de tenerse en cuenta: la confiabilidad en la forma en la que se haya generado, archivado o comunicado el mensaje, la confiabilidad en la forma en que se haya conservado la integridad de la información, la forma en la que se identifique a su iniciador y cualquier otro factor pertinente"[27].

Es así como dentro de ese ejercicio mental el juez debe hacer uso de la razón y la sana crítica, entendiéndose esta desde la aplicación de las tres reglas fundamentales que la componen, como son: las reglas de la lógica, las máximas de la experiencia y el conocimiento científico afianzado; sin dejar al libre albedrío tal razonamiento, ya que de lo contrario nos encontraríamos frente a la libre convicción del juzgador y no frente al uso de la razón y la sana crítica, tal como nos lo presenta la sentencia de la Corte Constitucional Colombiana C-202/2005:

---

27 STS 76001-23-33-000-2015-01577-01, del diecisiete 17 de marzo de 2016, Sección quinta de la sala de lo contencioso administrativo del Consejo de Estado Colombiano, F.J. 5.2.

> "Las reglas de la sana crítica son, ante todo, las reglas del correcto entendimiento humano. En ellas interfieren las reglas de la lógica, con las reglas de la experiencia del juez. Unas y otras contribuyen de igual manera a que el magistrado pueda analizar la prueba (ya sea de testigos, peritos, de inspección judicial, de confesión en los casos en que no es lisa y llana) con arreglo a la sana razón y a un conocimiento experimental de las cosas" [...] "El juez que debe decidir con arreglo a la sana crítica, no es libre de razonar a voluntad, discrecionalmente, arbitrariamente. Esta manera de actuar no sería sana crítica, sino libre convicción"[28].

Al respecto de estas tres reglas, Hunter Ampuero manifiesta:

> "Ninguna de estas tres directrices es suficiente por sí misma. La corrección lógica de la valoración probatoria no excusa del error ni de la injusticia cuando se aplica aisladamente. Las máximas de la experiencia son esencialmente mutables, en tanto la experiencia humana es también forzosamente variable, y por ello tampoco escapan del error. El conocimiento científicamente afianzado, por último, aunque respaldado por la objetividad, tampoco es infalible; su estabilidad y contradictoriedad están en directa relación con los avances de la ciencia. De manera que utilizar sólo esta última regla, sin una corrección lógica que la sustente y una consideración a las máximas de la experiencia que la fundamente, tampoco salva del error o la inexactitud a la prueba así valorada. Una correcta ponderación de acuerdo con la sana crítica implica necesariamente una conjugación de estas reglas" (Hunter, 2012, 247).

Analizando cada una de las máximas que nos presenta Hunter Ampuero (Hunter, 2012) frente al uso de la razón y la sana crítica, refiriéndonos a la prueba o evidencia digital tendremos que decir:

Primero: Mediante un "examen lógico" referente a la prueba o evidencia digital no se puede llegar a valorar la misma en

---

[28] STS C202/2005 de 08 de marzo de 2005, FJ 5, (D-5336).

su totalidad puesto que se trata de una prueba o evidencia de especial característica en la que no basta con aplicar la lógica, ya que la integridad de esta prueba no admite un grado de incertidumbre puesto que el método utilizado para garantizar tal característica se hace científicamente inalterable.

Ahora bien, si nos referimos a la autenticidad, la misma siempre va a tener un grado de incertidumbre, por cuanto se concluye entonces que la integridad de la prueba o evidencia digital siempre deberá ser razonada con un alto grado de certeza desde la lógica, pero con un alto grado de incertidumbre frente a su autenticidad, entendiendo esta última desde el autor.

Segundo: Basados en las "máximas de la experiencia" y entendiéndolas desde la definición que propone Devis Echandía, representándolas como "un criterio objetivo, interpersonal o social [...] que son patrimonio del grupo social [...] de la psicología, de la física y de otras ciencias experimentales" (Devis, 1981, 336), debemos decir que la prueba o evidencia digital pertenece claramente a las ciencias de la ingeniería, desde el ámbito del uso de las TIC´s, por consiguiente, será deber inequívoco del juzgador, al momento de valorar este tipo de prueba, hacer uso de esta máxima que, unida al conocimiento científico, será la que finalmente de claridad sobre su correcta apreciación y valoración aplicando el uso de la razón y la sana crítica.

Tercero: hacemos referencia al "conocimiento científico afianzado" que junto al punto anterior forman parte de las máximas *sine qua non* a aplicar en la valoración de la prueba o evidencia digital, mediante el uso de la razón y la sana crítica probatoria, puesto que, para este nuevo tipo de prueba, es necesario tener conocimientos técnicos especiales que como lo manifiesta Hunter Ampuero "han sido respaldados por el mundo científico, por su propia naturaleza en este caso la naturaleza digital" (Hunter, 2012, 47).

Por lo anterior debemos decir que hay una realidad que no se puede negar respecto a este método de valoración, es desconocido en la actualidad por la gran mayoría de juzgadores, que poco o ningún conocimientos técnico o científico tienen que les permitan valorar adecuadamente la prueba o evidencia digital, "con base en su conocimiento privado, las características informáticas de los distintos dispositivos tecnológicos que compongan el acervo probatorio" (Ortuño, 2014, 258).

En consonancia con la postura adoptada desde el inicio del presente escrito, aparece un sector doctrinal que versa sobre la prueba o evidencia digital como "naturaleza especialísima" por cuanto el uso de la razón y la sana crítica así, debe de ser "especial". Este mismo sector exige al tribunal prestar especial atención no sólo a las cuestiones técnicas de la prueba o evidencia digital sino a sus características que entregan eficacia probatoria como son: la integridad, autenticidad y licitud, a las cuales ya nos referimos ampliamente.

Respecto al uso de la razón y la sana crítica esta deberá ser limitada, sin salirse de los parámetros clásicos de sus reglas (de la lógica, las máximas de la experiencia y el conocimiento científico), apoyándose de las propias conclusiones que se presenten de la pericia informática (De Urbano, 2009, 120-121).

Por consiguiente, la fuerza probatoria que se le otorgue a la prueba o evidencia digital estará dada por el uso de la razón y la sana crítica basada en las características señaladas.

IV. BIBLIOGRAFÍA

Abel Lluch, Xavier. (2011). "Juicio de admisión de la prueba electrónica", en Abel Lluch, Xavier; y, Picó i Junoy, Joan, *La prueba electrónica.* Barcelona, Editorial Bosh.

Bentham, Jeremy. *Antología, Edición de Colomer Josep M. Traducciones de Hernández Ortega, Gonzalo; y, Vancells, Montserrat,* Edicions 62, Barcelona, 1991.

Bueno de Mata, Federico. (2014). *Prueba electrónica y proceso 2.0.* Valencia: Tirant lo Blanch.

Cano Martínez, Jeimy José. (2010). *El peritaje informático y la evidencia digital en Colombia: conceptos, retos y propuestas.* Colombia: Universidad de los Andes.

Cárdenas Rincón, Erick. (2006). *Derecho del comercio electrónico y de internet,* Universidad del Rosario: https://editorial.urosario.edu.co/gpd-manual-de-derecho-de-comercio-electronico-y-de-internet.html

Cardona Pérez, Juan David. (2020). *La valoración de la prueba o evidencia digital en los procesos judiciales.* Bogotá: Editorial Ibáñez.

Carrascosa López, Valentín. (1995) "Valor probatorio del documento electrónico". *Informática y derecho: Revista iberoamericana de derecho informático,* 1995, nº. 8., pp. 133-174.

De Urbano Castrillo, Eduardo. (2009) *La valoración de la prueba electrónica,* Valencia: Tirant lo Blanch, Valencia, pág. 120-121.

Delgado Martín, Joaquín. (2016). *Investigación tecnológica y prueba digital en todas las jurisdicciones.* Madrid: Wolters Kluwer España.

Devis Echandía, Hernando. (1981). *Teoría General de la Prueba Judicial,* Buenos Aires: Editorial Zavalia.

Hunter Ampuero, Iván. (2012). "Control judicial de las reglas de la sana crítica (Corte Suprema)", *Revista de Derecho (Valdivia),* vol.25., nº 1., Julio 2012, pp. 243-251. http://dx.doi.org/10.4067/S0718-09502012000100012

Miranda Estrampes, Manuel. (2010). "La prueba ilícita: la regla de exclusión probatoria y sus excepciones". *Revista Catalana de seguretat pública,* nº. 22, pp. 131-135, https://raco.cat/index.php/RCSP/article/view/194215

Nieva Fenoll, Jordy. (2010). *La valoración de la prueba,* Marcial Pons, Ediciones Jurídicas y Sociales, Madrid.

Oliva Santos, Andrés de la. (2000). *Derecho proceso civil. El proceso de declaración.* Madrid: Editorial Universitaria Ramon Areces.

Ortuño Navalón, María del Carmen. (2014). *La prueba electrónica ante los tribunales.* Valencia: Tirant lo Blanch.

Pinto Palacio, Fernando; y, Pujol Capilla, Purificación. (2017). *La prueba en la era digital,* Madrid, Wolters Kluwer.

El valor probatorio de los algoritmos de evaluación de riesgos[29]

MARTA CABRERA FERNÁNDEZ
Universidad de León, España

SUMARIO: I. INTRODUCCIÓN. II. COMPAS, EL PIONERO DE LOS ALGORITMOS DE *RISK ASSESSMENT*. III. *RISCANVI* Y *VIOGÉN*, LOS ALGORITMOS ESPAÑOLES. IV. CONCLUSIONES. V. BIBLIOGRAFÍA.

I. INTRODUCCIÓN

La falta de estudios interdisciplinares en materia de Inteligencia Artificial (IA) está resultando en un creciente alarmismo sobre la misma proveniente de las ramas de conocimiento más ajenas a Ingenierías o Ciencias. Son habituales las investigaciones que se basan en obras de ficción, tanto literarias como cinematográficas, para llegar a vaticinios apocalípticos sobre la rebelión de las máquinas, sin mayor anclaje en el funcionamiento real de los sistemas informáticos objeto de estudio. Por ello, antes de analizar la relación entre cualquier sistema de Inteligencia Artificial y el ámbito en el que se aplique, en este caso, el derecho probatorio, es necesario examinar a fondo la operatividad de tales herramientas. No hace falta emular

[29] Este trabajo fue expuesto en formato de comunicación en la XII Reunión Anual de la Red Iberoamericana de Facultades y Escuelas de Derecho, celebrada entre las Universidades de León y de Cantabria del 05 al 10 de mayo de 2024.

metodologías ajenas a la jurídica, pero sí prestar la suficiente atención a dicha parte descriptiva para no incurrir en prescripciones infundadas.

Como acabamos de señalar, este trabajo versa sobre la aplicación de la IA en el derecho probatorio. Concretamente, sobre el papel de los algoritmos de evaluación de riesgos en procedimientos penales. Los informes generados por los algoritmos son valorados judicialmente en concepto de prueba, por lo que es nuestra finalidad analizar si su valor probatorio es lo suficientemente alto como para justificar la problemática que acarrea servirse de sistemas de IA[30] para conformarlos.

Los algoritmos de predicción de riesgos se utilizan por parte de la gran mayoría de tribunales penales en Estados Unidos desde 1998 (Kehl *et al.*, 2017). Es aquí donde encontramos su origen, por lo que la razón de ser de los algoritmos predictivos responde a las especificidades de los procedimientos judiciales correspondientes a un sistema jurídico de *common law*, como es el estadounidense[31]. Sin embargo, su proliferación no solo se ha producido en otros países de *common law*, como Reino Uni-

---

30 En cuanto al concepto de Inteligencia Artificial, cabe recordar que un término jurídico puede variar respecto del uso común del mismo. De igual forma, nos atenemos exclusivamente a la definición proporcionada por el Reglamento del Parlamento Europeo y del Consejo por el que se establecen normas armonizadas en materia de inteligencia artificial (Ley de inteligencia artificial) y se modifican determinados actos legislativos de la Unión, cuyo artículo 3 describe a un sistema de IA como "un *software* que puede, para un conjunto determinado de objetivos definidos por seres humanos, generar información de salida como contenidos, predicciones, recomendaciones o decisiones que influyan en los entornos con los que interactúa".

31 Se excepciona el estado de Louisiana, cuya jurisdicción civil se rige por el *civil law*, aunque por lo demás sigue las mismas pautas de *common law* que el resto de estados y que el sistema federal.

do, a través de sistemas como *OASys*[1], sino que en España también contamos con dos sistemas informáticos basados en algoritmos predictivos: *VioGén* y *RisCanvi*. Vamos a exponer cuáles son las características básicas de cada uno de ellos, incidiendo primero en el funcionamiento del *software* estadounidense más pionero e influyente. Nos referimos a COMPAS[2], creado por la empresa privada *Northpointe*, el cual está orientado a predecir el riesgo (que puede ser alto, medio o bajo) de que un acusado penal vaya a ser reincidente.

II. COMPAS, EL PIONERO DE LOS ALGORITMOS DE *RISK ASSESSMENT*

Empezando por este último punto, COMPAS procesa 137 variantes para calcular el riesgo de reincidencia, las cuales se obtienen a partir de las respuestas que el acusado dé a una batería de preguntas que se divide en varios bloques. Las preguntas giran en torno a diversas temáticas, como son los delitos que se le están imputando al acusado en ese momento o su historial delictivo. Pero también se recopilan datos de índole más personal, acerca de la familia y amigos del encausado, de su educación y vida laboral, de cómo ocupa su tiempo libre, etc. No todas las preguntas tienen formato interrogativo con respuestas de "Sí" o "No", sino que la mayoría son oraciones enunciativas. Por ejemplo, a la afirmación: "Hay que tratar con dureza o golpear a algunas personas solo para mandarles un mensaje claro", se debe responder eligiendo una alternativa entre: "No estoy nada de acuerdo", "No estoy de acuerdo", "No

---

1 Siglas de *Offender Assessment System*, cuya traducción al español sería "Sistema de evaluación de delincuentes".

2 Siglas de *Correctional Offender Management Profiling for Alternative Sanctions*, cuya traducción al español sería "Perfiles de gestión de Delincuentes Correccionales para Sanciones Alternativas".

estoy seguro", "Estoy de acuerdo" o "Estoy muy de acuerdo"[3]. A las variables obtenidas mediante las 137 preguntas se les añaden dos variantes de edad (la que tenía el acusado en el momento en el que cometió el delito o los delitos y la que tenía cuando delinquió por primera vez). A partir de estos datos se calcula el riesgo de reincidencia respecto de cualquier delito y respecto de un delito violento en los siguientes dos años (Rudin *et al.*, 2020) a efectos de que el juez establezca medidas punitivas adicionales según los resultados.

Pero el procesamiento de información que conduce a ese informe final no es público, ya que el algoritmo del *software* COMPAS está protegido por el secreto comercial que ampara a la empresa *Northpointe* a no revelar la programación de su producto. Tampoco se conocen los datos de entrenamiento del algoritmo, lo que imposibilita encontrar sesgos que los informáticos hayan podido sistematizar, consciente o inconscientemente, y que se repliquen en los casos en los que se aplique el sistema. Esta es la principal problemática que puede surgir en la subfase de la limpieza de datos, dentro de la fase de desarrollo algorítmico (Palma Ortigosa, 2022). El propósito de este momento de desarrollo es eliminar aquellos datos que puedan afectar negativamente a la homogeneización de la base de conocimiento que se conforme. Como lo que se pretende es dar forma de dato informáticamente procesable a los supuestos de hecho que se quieren automatizar, no se pueden digitalizar de igual manera situaciones encarecidamente dispares. Sin embargo, a pesar de este objetivo práctico, existe un peligro en

---

3 Traducción propia. Las 137 preguntas del cuestionario no han sido publicadas por la Northpointe, pero sí fueron filtradas por Julia Angwin en https://www.documentcloud.org/documents/2702103-Sample- Risk-Assessment-COMPAS-CORE.html. Lo hizo a raíz de una investigación que ProPublica llevó a cabo sobre el algoritmo (Angwin *et al.*, 2016). En ella concluyeron, entre otras cosas, que COMPAS adolece de un importante sesgo racial.

cuanto a la posibilidad de que los programadores sesguen la información con la que trabajen, ya sea porque eliminan datos referentes a algunos colectivos o porque los que sí deciden utilizar no son lo suficientemente representativos. Una dificultad que acarrea la superación de esta barrera está en la inconsciencia con la que los programadores pueden provocar el sesgo, el cual no siempre viene dado por mala fe discriminativa.

El resto de reticencias provenientes del uso de COMPAS quedaron de manifiesto en el infame caso *State v. Loomis*. Al haber sido Eric Loomis el conductor de un coche desde el que se realizó un tiroteo, el Estado de Wisconsin le imputó cinco cargos: poner en peligro la seguridad de manera imprudente en primer grado, tentativa de escape o elusión de la justicia, operar un vehículo a motor sin el consentimiento del propietario, posesión de un arma de fuego siendo delincuente y posesión de una escopeta o rifle de cañón corto (*State v. Loomis*, 2016). Loomis se declaró culpable de dos de ellos, el de tentativa de elusión de la justicia y operar un vehículo sin consentimiento del propietario. Para concretar la pena y las medidas adicionales que el juez le tendría que imponer, se recurrió a un informe de COMPAS, siendo el fallo de la sentencia condenatorio con las penas máximas.

De entre los argumentos que esgrimió la defensa de Loomis para apelar la sentencia, tres se referían únicamente a la valoración que el *software* había hecho del caso. En primer lugar, alegaron que el sistema COMPAS violaba el derecho del acusado a obtener una sentencia individualizada. Como todo sistema de IA, un algoritmo de predicción de riesgos opera a partir de datos estadísticos que, por muy representativos que sean, no tienen por qué generalizarse en todos los casos. Lejos de negar este inconveniente, la Corte de Wisconsin hace hincapié en que los informes de COMPAS no constituyen la única prueba que tiene que valorar el juez, quien debe servirse de ellos para comprobar la veracidad de sus propias averiguaciones, no depender de ellos hasta el punto de sustituir su racionalidad personal. En concreto, la corte manifestó que "usó la evaluación de riesgo de COMPAS para corroborar sus averiguaciones y habría impuesto la misma sentencia independientemente de si hubiese tenido en cuenta o no los resultados de riesgo COMPAS"[4] (*State v. Loomis*, 2016).

En segundo lugar, la defensa señaló que la opacidad proveniente del secreto empresarial imposibilitaba examinar el funcionamiento del algoritmo y, por ende, comprobar que la información tramitada era verídica. Por lo tanto, se estaría vulnerando el derecho del acusado a ser juzgado conforme a información precisa y, por extensión, el debido proceso. Pero la Corte tampoco aceptó este argumento, entendiendo que Loomis sí podía conocer y contrastar los resultados del informe y los datos que él mismo proporcionaba, garantizándose así su mencionado derecho, aunque el procesamiento de COMPAS sea desconocido.

Por último, Loomis advirtió que el algoritmo le había discriminado con base en su género. Este es uno de los datos que COMPAS tramita. En este caso, Loomis era un hombre y, atendiendo a la base de datos con la que opera el algoritmo, la mayoría de delitos registrados han sido cometidos por hombres. De esta manera, cuando el sistema registra que Loomis es un hombre, inmediatamente le asigna un porcentaje mayor de riesgo de reincidencia. La Corte no entiende que este tratamiento vulnere ningún derecho del acusado, sino todo lo contrario. De no tener en cuenta el género a la hora de realizar el informe, se estaría dejando de lado información precisa y veraz que afecta a la ponderación algorítmica. Para no incurrir en falsos resultados para hombres y mujeres, señala que es importante hacer esa distinción y basarse en los porcentajes de reincidencia de cada uno de ellos.

---

4 Traducción propia.

Con estos tres argumentos queda perfectamente reflejado cuál es el debate y cuáles son las posiciones defendibles a la hora de aproximarnos a las aprensiones que puedan surgir de servirnos de sistemas de IA en procedimientos judiciales. Especialmente cuando estos sistemas no cumplen los requisitos de transparencia que podríamos esperar. Tal contrariedad, junto a los sesgos y la falta de individualización, son los obstáculos (de momento insalvables) que tendríamos que asumir en caso de continuar utilizando algoritmos de evaluación de riesgos (como parece que se quiere hacer). Pero veamos qué herramientas similares tenemos en España, para dilucidar si dichas trabas se mantienen también en los sistemas de *civil law.*

III. *RISCANVI* Y *VIOGEN*, LOS ALGORITMOS ESPAÑOLES

Vamos a hablar, en primer lugar, de *RisCanvi.* En 2009 el Departament de Justícia de Catalunya implantó un sistema informático que calculaba el riesgo de que un reo, a su salida de prisión, fuese a reincidir. Solo se utiliza por los juzgados y tribunales de la Comunidad Autónoma de Catalunya y, aunque se considere un sistema de IA, no se sirve del *deep learning.* El objetivo es similar a COMPAS, pero el sujeto no es un acusado sino un individuo ya juzgado y condenado a una pena privativa de libertad. La Junta de Tratamiento lleva a cabo una auditoría de los informes que produce el sistema antes de que sean aportados como pruebas en procesos de petición de permisos penitenciarios, normalmente permisos de salida según se acerca el cumplimiento de la pena en su totalidad.

Al haber sido desarrollado por un organismo público, podríamos pensar que la opacidad que caracterizaba a COMPAS no se reproduce en *RisCanvi,* puesto que no rige el principio de secreto empresarial. Sin embargo, el Departament no ha compartido los detalles de la programación, sino tan solo sus protocolos de actuación (Departament de Justícia, Drets i Memòria, s.f.).

El algoritmo analiza 43 factores de riesgo obtenidos mediante un cuestionario hecho al reo que también contempla distintos bloques, según el tipo de datos que se estén recogiendo, pudiendo ser "criminales, personales y biográficos, sociales y familiares, clínicos y de personalidad" (Arranz *et al.*, 2023). De ello se deduce el riesgo respecto de cinco aspectos: reincidencia violenta, violencia intrainstitucional, violencia autodirigida, quebrantamiento de condena y reincidencia general (Arandia *et al.*, 2024).

El informe final nunca es aportado como única prueba de la situación del reo. El juez puede servirse de otros documentos proporcionados por análisis de corte más analógico. Por ejemplo, se utilizan los sistemas SAM (Sistema de Evaluación Motivacional), que evalúa a los presos tras someterlos a programas de tratamiento conductuales, como es el programa *Preparació per a la vida en comunitat*, el SVR-20, dirigido a calcular la probabilidad de reincidencia de agresores sexuales con base en veinte factores de riesgo, o DEVI (Programa de Intervención para Delincuentes Violentos), al que se someten aquellos internos en segundo grado que hayan cometido delitos violentos.

Y, cuando vemos los casos en los que se han aportado informes de *RisCanvi*, vemos que su valor probatorio es ínfimo. La valoración que se hace del riesgo de reincidencia no es más que circunstancial y comprendida en el marco de alusiones a otro tipo de parámetros probatorios. Cuando el resto de pruebas han apuntado en la misma dirección que *RisCanvi*, indicando, por ejemplo, un bajo riesgo de reincidencia, el juez ha valorado todas las pruebas en su conjunto y ha dado los permisos pertinentes. Pero cuando *RisCanvi* era la única herramienta que daba una valoración contraria a la mayoría, la Junta de Tratamiento ha emitido informes justificando las razones de ese resultado e interpretándolas con una perspectiva humana, de manera que la predicción de *RisCanvi* no fue tenida en cuenta por el juez.

De esta manera, vemos repetidos los problemas de sesgos (inmanentes a cualquier sistema de IA) y falta de transparencia. Y, aunque no se ha puesto de manifiesto una vulneración del derecho a una sentencia individualizada (que, en este caso, sería parte del derecho a la tutela judicial efectiva del artículo 24 de la Constitución Española), sí nos encontramos con un peso probatorio excesivamente liviano y dependiente del resto de pruebas. Un sistema de IA como *RisCanvi* puede auxiliar en la toma de decisiones judiciales procesando cantidades de información demasiado extensas para un humano, ayudando así a ahorrar tiempo y esfuerzo. Además, permite al juez tener una visión más holística de la evolución del preso. Sin embargo, supone una cantidad de potenciales vulneraciones de derechos que ponen en duda la conveniencia de su uso.

Por último, nos detendremos brevemente en otro de los algoritmos predictivos utilizados en España, esta vez a nivel nacional. Se trata de *VioGén*, un sistema informático de seguimiento integral en casos de violencia de género desarrollado por el Ministerio del Interior en 2007. Está conformado por varios campos de actuación, no todos dependientes de Inteligencia Artificial. Lo que sí se apoya en ella es el procesamiento de las respuestas que las mujeres víctimas de violencia de género den a un formulario de 39 preguntas. Por ejemplo, deben señalar si, en los últimos 6 meses, el agresor ha mostrado conductas de control o de acoso, si ellas mismas son extranjeras, o directamente, si piensan que el agresor es capaz de agredirlas violentamente o matarlas.

A partir de los datos que aporten sobre la agresión sufrida, *VioGén* elabora un informe respecto del riesgo de que esas mujeres vuelvan a ser víctimas de violencia de género y otro respecto del riesgo de convertirse en víctimas de homicidio con agravante de género. Ese riesgo puede ser inexistente, bajo, medio, alto o extremo. La principal auditoría consiste en que el porcentaje resultante de riesgo siempre es reajustable por los operadores humanos, aunque solo al alza. Los informes se utilizan como pruebas en los procesos con el objetivo de que el juez decida si impone una orden de alejamiento o medidas de protección adicionales.

Lo primero que nos puede llamar la atención es quién proporciona los datos variables. En los casos anteriores siempre ha sido el propio sujeto cuyo riesgo de reincidencia se pretende averiguar. Pero *VioGén*, aunque tenga el objetivo de establecer el riesgo de que la mujer vuelva a ser víctima de violencia de género, lo que realmente calcula es el riesgo de que el agresor reincida o de que el agresor cometa un homicidio por causas de género. Y el cálculo se hace a partir de informaciones aportadas por la propia víctima, no por el potencial reincidente. La otra opción que se propone es realizar un reconocimiento médico forense al agresor. Otras muchas críticas rodean al apartado informático de este sistema (Cabrera Fernández, 2024), como son la falta de auditorías externas o la exclusión de protección en los casos de violencia doméstica sobre hombres. A estas se le suma la ya trasversal problemática de los sesgos inconscientemente añadidos al algoritmo durante su entrenamiento. Lo que queremos resaltar de esta herramienta es que sus principales deficiencias no se devienen de su naturaleza de sistema de IA pero, aun así, resulta ineficiente en su aplicación.

IV. CONCLUSIONES

Tras haber analizado las dinámicas de los algoritmos de evaluación de riesgos COMPAS, *RisCanvi* y *VioGén* en su relación con el derecho probatorio, procederemos a extraer algunas conclusiones. En primer lugar, es importante distinguir, a nivel metodológico, que el ámbito de aplicación de estos algoritmos no es el mismo (distinguimos nivel federal, estatal y autonómico), así como tampoco lo es el tipo de sistema jurídico en el que se usan (*common law* y *civil law*).

En el caso de COMPAS, sus informes tienen bastante peso probatorio, aunque siempre con la matización de que la interpretación última de los resultados predictivos le corresponde al juez. Sin embargo, como vimos a raíz del caso *State v. Loomis*, se ha puesto en duda la potencial vulneración del acceso a un debido proceso mediante el incumplimiento del derecho a una sentencia individualizada y conforme a información verídica. Además, se han encontrado evidencias de sesgos tanto raciales como de género que, al no conocerse el funcionamiento del algoritmo, no se pueden impugnar.

La solución que se ha dado desde Catalunya ha sido potenciar esa auditoría humana en *RisCanvi*, hasta el punto de que su valor probatorio no sea más que relativo y dependiente del resto de pruebas valoradas. Su operatividad ha sido cuestionada, especialmente la opacidad de su procesamiento, que impide comprobar la existencia de sesgos. Pero, aun así, no se ha dado un caso que haya llevado a alguno de los altos tribunales españoles a pronunciarse acerca de la pertinencia de su uso, como sí ocurrió con COMPAS.

Y, por su parte, el algoritmo que conforma una parte del sistema *VioGén* no ha sido criticado más allá de por su falta de auditorías externas. Pese a ello, presenta una manifiesta ineficiencia a la hora de conseguir el objetivo de predecir satisfactoriamente el riesgo de que una mujer vuelva a ser víctima de violencia de género. Las soluciones que se han propuesto no pasan por modificar o actualizar el algoritmo, sino la mejora de la información que procesa (en concreto, la manera de obtenerla y la falta de cruces de datos).

Con la implantación del Reglamento del Parlamento Europeo y del Consejo por el que se establecen normas armonizadas en materia de inteligencia artificial (Ley de inteligencia artificial) y se modifican determinados actos legislativos de la

Unión, los algoritmos de predicción de riesgos desarrollados en la Unión Europea deberán adecuarse a nuevas directrices y, sobre todo, cumplir con los estándares de transparencia. Pero la generalización inherente a cualquier sistema de IA, que opera con base en datos estadísticos no desaparecerá en su aplicación, como tampoco lo hará el peligro de reproducir datos sesgados. Ante esta situación, ponemos en duda la practicidad de continuar utilizando estos algoritmos que, como ya hemos visto, carecen de valor probatorio relevante. No obstante, intentando hacer alarde de cierto optimismo tecnológico, es un debate que habrá que poner encima de la mesa de nuevo cuando se materialicen los cambios subsiguientes al citado Reglamento.

V. BIBLIOGRAFÍA

Angwin, J., Larson, J., Mattu, S. y Kirchner, L. (2016). *Machine bias. ProPublica.* https://www.propublica.org/article/machine-bias-risk-assessments-in- criminal-sentencing

Arandia, P. J., Ley, M., Sisqués, S., Martín, L., Ortega, M. G., Mateo, M. y Luengo, J. (2024). Un algoritmo define el futuro de los presos en Cataluña: ahora sabemos cómo funciona. *El Confidencial.* https://www.elconfidencial.com/tecnologia/2024-04-24/riscanvi-algoritmo-cataluna-prisiones-presos-inteligencia-artificial_3871170/

Arranz, M., Maneiro, L., Cutrín, O., y Fraguela, X. A. G. (2023). Risk factors for violation of custodial measures in young offenders. *Revista Española de Investigación Criminológica, 21*(1). https://doi.org/10.46381/reic.v21i1.846

Cabrera Fernández, M. (2024). VioGén como sistema de predicción de riesgos en casos de violencia de género. *Paréntesis Legal, XLVII*(47). https://parentesislegal.com/viogen-como-sistema-de-prediccion-de-riesgos-en-casos-de-violencia-de-genero/

Departament de Justícia, Drets i Memòria (s.f.). *Protocol de valoració del risc (RisCanvi).* Generalitat de Catalunya, GenCat. https://justicia.gencat.cat/ca/ambits/reinsercio_i_serveis_penitenciaris/ser veis_penitenciaris/RisCanvi/

Kehl, D., Guo, P. y Kessler, S. (2017). *Algorithms in the Criminal Justice System: Assessing the Use of Risk Assessments in Sentencing. Responsive Communities Initiative.* Berkman Klein Center for Internet & Society, Harvard Law School.

Palma Ortigosa, A. (2022). El ciclo de vida de los sistemas de Inteligencia Artificial. Aproximación técnica de las fases presentes durante el diseño y despliegue de los sistemas algorítmicos. En L. Cotino Hueso (Dir.), *Derechos y garantías ante la inteligencia artificial y las decisiones automatizadas* (pp. 29-51). Aranzadi.

Rudin, C., Wang, C. y Coker, B. (2020). The Age of Secrecy and Unfairness in Recidivism Prediction. *Harvard Data Science Review, 2*(1). https://doi.org/10.1162/99608f92.6ed64b30

STATE of Wisconsin, *Plainti-Respondent, v. Eric L. LOOMIS,* Defendant-Appellant (2016). No. 2015AP157-CR.

Potenciales riesgos de los algoritmos jurídico-predictivos: compas

YESSLY ANAHÍ CASTRO ALCÍVAR
Universidad San Gregorio de Portoviejo, Ecuador

I. INTRODUCCIÓN

La Cuarta Revolución Industrial y el desarrollo de la inteligencia artificial representan un cambio sustancial en las estructuras económicas, socioculturales y productivas, lo que también implica la necesidad de adaptar el Derecho como ciencia a estas nuevas realidades. Desde el desarrollo de computadoras capaces de resolver problemas en cuestiones de minutos hasta el desarrollo de robots capaces de realizar intervenciones quirúrgicas sin necesidad de intervención humana, la revolución digital es una realidad en el contexto actual.

Y el Derecho no se ha visto aislado de este desarrollo, ya que existen una serie de *softwares* y sistemas jurídicos que, por medio de la informática jurídica logran ejercer funciones documentales, de gestión y decisorias. Respecto del último grupo, se han creado una serie de algoritmos jurídico-predictivos con la finalidad de coadyuvar a la eficiencia de la administración de justicia, como es el caso de COMPAS.

No obstante, pese a sus múltiples bondades, su uso puede también significar un inminente riesgo para los derechos, de ahí que el objetivo de este estudio sea analizar los riesgos potenciales que plantea el uso de los algoritmos jurídico predictivos como COMPAS por medio de un estudio cualitativo de análisis documental.

A partir del siglo XX, la innovación y la tecnología han logrado transformar el paradigma social y a la humanidad misma como consecuencia del impacto ocasionado por la difusión de artefactos capaces de ejecutar tareas especializadas con altos índices de efectividad (Camacho *et al.*, 2020).

De hecho, el concepto de información y comunicación ha migrado al punto de desarrollar capacidades y habilidades de interacción inmediata en un entorno multicultural y disperso, con cambios significativos como las redes de comunicación, la globalización de la información y la sociedad del conocimiento (Díaz *et al.*, 2011).

El desarrollo mismo del ser humano se encuentra íntimamente ligado a los avances tecnológicos en un proceso civilizador tecnologizado, dentro del cual la sociedad se ha transformado en virtud de la ciencia y la tecnología hasta llegar incluso hasta la postmodernidad (Luque y Herrero, 2019).

Actualmente se habla de una sociedad de la información en la que los datos constituyen el nuevo capital global en virtud del cual se pretende optar por el desarrollo de bienes de una sociedad postindustrial de información ante cuestiones como la salud, la educación o el medio ambiente, pues las tecnologías de información y comunicación -en adelante TIC- tienen una fuerte presencia en la sociedad contemporánea hasta el punto de alcanzar regímenes tecnocráticos que se centran, según Jailier (2013), en el poder de la información.

En este contexto, la sociedad se encuentra atravesando el escenario de un mundo globalizado en el que la conexión y la interacción social se encuentra automatizada con tecnologías que, a decir de Urquijo (2017), "deben estar al servicio de toda la humanidad, de todos los países y regiones y de todas las personas que habitan este mundo global" (p. 49).

Ahora bien, el desarrollo de la Cuarta Revolución Industrial no se limita únicamente al fortalecimiento y repotenciación de herramientas de información y comunicación, sino que ya se habla del desarrollo de inteligencias artificiales que buscan reproducir artificialmente las capacidades cognitivas del cerebro humano con capacidades de autodaptación y aprendizaje (Beltrán y Preminger, 2020).

La inteligencia artificial -en adelante IA-, por lo tanto, permite que las máquinas adquieren su propia experiencia de la interacción con el entorno y sean capaces de intervenir en la realidad a través de la ejecución de tareas que comprendan tres elementos clave: el aprendizaje, el razonamiento y la posibilidad de autocorrección (Barragán, 2021).

La IA cambia la dinámica de los sistemas tradicionales procurando la automatización de aspectos centrales del desarrollo de la persona humana, por lo que el razonamiento, la investigación, el aprendizaje, la planificación y la conducta en general se encuentran, a decir de Fernández y Sarmiento (2020), redireccionados por estos sistemas inteligentes con un límite aún difuso.

Se trata de un fenómeno inevitable e irreversible que ha llegado a incursionar en el Derecho como ciencia con el desarrollo de algoritmos jurídicos de distinta naturaleza, actuando con un valor dicotómico: un motor de mejora y un elemento distorsionador. Ejemplo de esto, aquellos que se basan en la predicción de riesgos que, de acuerdo con Castellanos y Montero (2020), son muy útiles para la reducción de encarcelamientos innecesarios, pero a la vez contemplan posibilidades de aumentar encarcelamientos y juzgamientos erróneos por cuestiones subjetivas como los sesgos.

La libertad de los individuos se encuentra, entonces, sujeta a una secuencia de instrucciones contenidas en programas informáticos con aptitud para representar la realidad a los que se les denomina algoritmos (Soriano, 2021). El análisis predictivo se sirve de diversas herramientas tecnológicas bajo la premisa de que "la conducta humana es comprensible a través de la causalidad, y que de los cursos causales pueden extraerse conclusiones y predicciones sobre la conducta que una persona seguirá en el futuro" (Romeo, 2018, p. 42).

Es decir, si bien no cabe duda de que estos sistemas y aplicaciones otorgan la posibilidad de construcción de representaciones no programadas de algoritmos del *big data*, abriendo paso a una amplia gama de potencialidades, pero a la vez dando origen a una serie de dilemas por su impacto directo sobre la vida social de los individuos (Campione, 2021), de ahí la importancia de identificar sus riesgos potenciales para poder aportar soluciones normativas.

Un ejemplo de estos algoritmos es COMPAS -*Correctional Offender Management Profiling for Alternative Santions*-, desarrollado por la empresa *Northpointe* como un instrumento de evaluación de riesgos que funciona a partir de tecnologías de cuarta generación en función del cual, es posible monitorear a los individuos a partir de la identificación de factores e influencias específicas, por lo que es un algoritmo empleado para la intervención correccional y disminución de los factores de riesgo (Roa *et al.*, 2022).

No obstante, de acuerdo con autores como Barragán (2021), se basa en parámetros subjetivos que se reflejan en las relaciones intrínsecas de los datos que se evidencian en estructuras que no se encuentran explícitas en el contexto social, que el *software* aprende a imitar y tener resultados propios. En este sentido, es preciso cuestionar ¿cuáles son los riesgos potenciales que plantea el uso de los algoritmos jurídico-predictivos como COMPAS? Para dar respuesta a esta interrogante, el objetivo de esta investigación es analizar los riesgos potenciales que plantea el uso de los algoritmos jurídico predictivos como COMPAS.

1. Metodología

El enfoque de esta investigación es de carácter cualitativo en tanto que centra su interés en un escenario real ante el cual se enfrenta el ser humano y se orienta hacia la comprensión de fenómenos específicos que se traducen en un proceso sistemático, reflexivo e interpretativo (Nizama y Nizama, 2020).

Se trata de un estudio de tipo descriptivo que se fundamenta en una metodología analítica con enfoque socio-crítico en virtud del cual se analice en profundidad el impacto del fenómeno estudiado no solo a nivel jurídico sino también a nivel social (Finol y Vera, 2020).

Para la recolección de información se empleó la técnica de revisión bibliográfica como recurso para la construcción del estado del arte, a la vez que se usa como instrumento las fichas bibliográficas para la sistematización de la información en base a los diversos criterios sostenidos por distintos autores.

La técnica para el análisis de información es el análisis de contenido, para efectos de lo cual se emplea como instrumento la herramienta *Atlas.ti* que se trata de un *software* virtual que permite la aproximación a datos sensibles que permiten al investigador descubrir fenómenos complejos en los datos cualitativos.

2. Desarrollo

En la actualidad, las tecnologías de la información y la comunicación gozan de un papel protagónico en el despliegue tecnológico, en tanto que comprenden una gran gama de informática y otras técnicas de procesamiento de datos, transferencia de información e interconexiones digitales que son capaces de facilitar el manejo de los datos, reducir costos y aumentar la eficiencia en la ejecución de diversas tareas (Becerra, 2020).

2.1. La Cuarta Revolución Industrial: Tecnología y comunicaciones

Para Gasca y Machuca (2019), hablar de una Cuarta Revolución Industrial es referirse a la maduración de las tecnologías, así como también lo que Llanes *et al* (2020), consideran una fusión de saberes que conlleva a un cambio tecnológico de automatización y digitalización, lo que plantea además retos relativos a la superación de las brechas digitales, lo que requiere, además, el fortalecimiento de políticas públicas de oportuna intervención (Rozo, 2020).

Se trata de la fusión de sistemas físicos, sistemas digitales y sistemas biológicos para crear redes complejas que actúen de forma autónoma. La Cuarta Revolución Industrial traspasa la línea de las comunicaciones y la tecnología hasta llegar al desarrollo de la IA como entramado de sistemas capaces de actuar de manera inteligente con tres vertientes principales expresadas por Lozano *et al* (2021):

- Aprendizaje profundo o *deep learning*. Que se refiere al desarrollo de una red neuronal artificial que operan en función de una gran cantidad de datos.
- Aprendizaje automático o *machine learning*. Que se trata de la posibilidad de obtener decisiones automatizadas producto de la interacción con el entorno.
- *Big data*. Que comprende no solo en tratamiento de datos en abstracto sino también el abordaje de información derivada de diversos sistemas interconectados.

La IA tiene consecuencias directas sobre el funcionamiento de la sociedad en la actualidad (Castellanos y Montero, 2020), la capacidad de los sistemas automatizados para el procesamiento de datos se encuentra inmerso en todas las esferas de la vida humana, siendo capaces de manejar grandes cantidades de datos que traspasan las esferas comunicacionales (Soriano, 2021).

Esta revolución tecnológica apuesta por alterar sustancialmente la vida del ser humano y sus relaciones, siendo un fenómeno sin precedentes que exige adaptaciones integrales y exhaustivas a nivel político, económico, social y cultural, para lo que deberá "involucrar desde los sectores público y privado, hasta la academia y la sociedad civil" (Schwab, 2020, p.6).

Ejemplo de esto es el uso de algoritmos de IA en las Administraciones Públicas, donde las nociones de innovación y transparencia llevan al establecimiento de sociedades y administraciones inteligentes y una nueva realidad tecnológica que plantea una serie de bondades y desafíos para el desarrollo integral de las sociedades (De La Sierra, 2020).

Esta perspectiva implica una invención sobre contenidos pertinentes para la enseñanza y aprendizaje, el desarrollo de plataformas de carácter público, y el despliegue de portales colaborativos con recursos compartidos (Dussel *et al*, 2020, s/n).

Actualmente se habla incluso de una Administración Pública Inteligente, que actúe por medio de políticas públicas para la superación de brechas digitales y el aprovechamiento de estas nuevas tecnologías a través de la digitalización y optimización de procesos (Llanes *et al*, 2020). De ahí que se vuelva imperativo la promoción de estrategias e iniciativas gubernamentales de adaptación a una nueva infraestructura tecnológica (Ynzunza *et al*, 2017), pues a decir de Lalaleo (2023), involucra todos los elementos de la cadena de valor.

2.2. El impacto de la Cuarta Revolución Industrial en el Derecho

La IA como principal exponente de la Cuarta Revolución Industrial se ha abierto camino dentro del Derecho hasta el punto de plantear la alternativa de una justicia algorítmica que, de acuerdo con De la Sierra (2020) implica repensar la organización judicial por la posibilidad de usar estos instrumentos por jueces y magistrados.

En este contexto, una de las teorías de mayor relevancia es la ética (ver anexos 1 y 2), en tanto que nivel sociojurídico, las cuestiones sobre la ética han sido históricamente un motivo de acaloradas discusiones en función de su tratamiento e implicaciones, considerando que se trata de una filosofía subjetiva de carácter moral cuyo fin es dar cuenta racional respecto de la moralidad humana, siendo además indirectamente normativa de materialización de la filosofía como ciencia práctica (Cortina y Martínez, 2005).

En la actualidad, el tema de la ética nuevamente aparece debido a la irrupción sin precedentes de las nuevas tecnologías de la Cuarta Revolución Industrial sobre la vida social, lo que requiere la reconsideración de postulados éticos como es el caso de la ética kantiana, cuyo análisis es el objetivo de esta investigación.

Generalmente, se acepta la definición de la ética como ciencia que, derivándose de la filosofía, lleva a cabo el estudio de la moral a través de la reflexión de la conducta humana y las consecuencias sociales de sus actos conduciendo al establecimiento de normas que orienten la conducta moral del hombre, por lo que se compone de tres elementos: la reflexión -metaética-, la regulación -ética normativa- y la aplicación -ética aplicada- (Morales, 2020).

Ahora bien, una vez que se ha analizado de manera general lo que constituye la ética, es posible aterrizar en el pensamiento de Kant, un filósofo que constituye su teoría ética sobre la base de la razón-moral (Arredondo *et al,* 2014), misma que debe encontrarse libre de perjuicios y deseos individualistas que logren el bienestar de todas las personas sobre la base del imperativo categórico (Kant, 1921), que se refiere a la proporcionalidad de los actos y, la reciprocidad de los mismos:

- Obra según la máxima que pueda hacerse a sí misma al propio tiempo ley universal (p. 91).
- Cada uno debe tratarse a sí mismo y tratar a todos los demás, nunca como *simple medio, sino siempre al mismo tiempo con fin en sí mismo (p.* 86).

Para Kant (1785), la ética es la filosofía de la moral, que se caracteriza por apoyarse en conceptos racionales, objetivos y universales, de ahí que se trate de una cuestión completamente *a priori* en virtud de la cual la moral debe ser pensada directamente de la razón con carácter necesario y universal, por lo que niega la ética empírica según la cual la persona actúa determinada por sus sentimientos, de ahí que Fajardo (2020), proponga dos ideas en torno a esta ética kantiana:

Una idea se refiere al carácter de la fundamentación *a priori*; la moral según Kant se funda en conceptos puros de la razón, libres de todo cuanto sea empírico. Otra idea alude al hecho de que la moral kantiana se sostiene o tiene validez sólo a partir del principio de la autonomía. La autonomía se deriva del análisis de la moralidad, en cuanto implica leyes prácticas objetivas, esto es universales y necesarias (p. 135).

De esta manera, la ética Kantiana no pretende hallar fundamentos éticos en la posibilidad de que ocurran o no sino más bien en las condiciones apriorísticas que derivan de la razón. Pero también toma en cuenta facetas como el bien y el mal, en tanto que considera que la bondad radica directamente en la voluntad de la persona humana en cuanto a la capacidad de actuar a partir de principios que fundamentan el deber, de ahí que se trate de una ética autónoma que a decir de Montoya y Cendrós (2007), deriva del ser humano como ser racional capaz de autodeterminar su conducta como filosofía práctica.

Esto determina que autores como Beade (2019), consideren que uno de los aspectos característicos de la filosofía kantiana sea su propensión hacia el uso autónomo de la razón, por lo que la finalidad es el progreso humano propiamente dicho en virtud de la cual es posible intervenir en la realidad creando una comunidad ética vinculada por lazos sobre los principios de la razón pura.

Ahora bien, de dicha actuación racional derivan también otras cuestiones como la felicidad que se obtiene a partir de leyes prácticas que dan lugar a un pragmatismo que permite la satisfacción de todas las necesidades humanas y, consecuentemente, a la libertad como condición de posibilidad de la moral que incluso se ubica en un eslabón superior del ser humano (Misseri, 2020).

Y es justamente en este postulado en el que pueden recaer las nociones acerca de las discusiones éticas de la inteligencia artificial en tanto que, tal y como lo indica López (2019), se trata de inteligencias ajenas a la persona humana cuyo desarrollo carece de la racionalidad propia del hombre, lo que le lleva a afirmar que "por muy inteligentes que lleguen a ser las futuras inteligencias artificiales nunca serán como la humana" (p. 13).

Entonces, respecto de las discusiones en lo que refiere a las potenciales amenazas éticas de la IA en la era de un posible transhumanismo, la responsabilidad recaería sobre el ser humano como titular indiscutible de la razón -si se parte desde los postulados de la ética kantiana-, de generar marcos regulativos al respecto (Bergson, 2000), considerando que las decisiones llevan una carga valorativa que se sustenta en la razón (Coddou, 2020).

De esta manera, el robot o la IA no podría ser responsable en tanto que se trataría de una herramienta que estaría siendo usada de forma no ética por el ser racional (Travieso, 2019), es decir, bajo los postulados kantianos es imposible atribuir el carácter ético a la IA, por lo que su análisis debe encuadrarse en su uso o programación por parte de la persona humana.

Por lo tanto, entre el Derecho y la Inteligencia Artificial se establece una relación bidireccional producto de la transformación de la propia actividad jurídica por estos sistemas, hasta el punto de considerar un *Derecho de la Inteligencia Artificial,* con el que se pretende encontrar una nueva seguridad jurídica frente a los avances del *big data* y el aprendizaje automático (Solar Cayón, 2020).

Esto considerando que para autores como Schwab (2020), la IA redefine el significado del ser humano, en tanto que ocasiona el retroceso de los actuales umbrales de la calidad de vida en sus diversas facetas, lo que obliga además a que se redefinan los límites morales, éticos y jurídicos; impacto que se extiende a las diversas ramas jurídicas como es el caso del Derecho laboral en tanto que, como indica Navarrete (2017):

> "No solo es el ingreso de las máquinas lo que peligra la estabilidad laboral de las personas, sino también la aplicación de procesos de automatización, o la incorporación de inteligencia artificial y la robótica. Esta no es una problemática que se espera que afecte solo a países pobres o subdesarrollados, caso contrario, se trata de un problema general que impactará en los distintos procesos productivos, iniciando por aquellos que concentran trabajos repetitivos (p. 14)".

Al respecto, Poquet (2020) sostiene que incluso a nivel laboral se plantean también cuestiones éticas por las afectaciones que pudieren surgir del uso de la robotización. En este contexto, se resalta el rol de los profesionales del Derecho para el fortalecimiento y la materialización de marcos regulatorios eficientes y oportunos para hacer frente a esta nueva realidad, siendo el capital humano "un elemento clave para enfrentar adecuadamente este proceso" (Meller y Salinas, 2019, p. 9). Especialmente si consideramos que la sociedad actual se encuentra en una suerte de dispersión creadora que ocasionará el surgimiento acelerado de un sinnúmero de nuevas tecnologías (Gatica y Ramos, 2020); Lo que supone una regresión en el derecho sindical al que se refiere Cabanellas (2010) desde la teoría de la solidaridad referente a la organización y trabajo conjunto para la defensa de derechos e intereses (ver anexos 1 y 2).

II. ALGORITMOS JURÍDICO-PREDICTIVOS

La informática jurídica tiene por objeto la automatización de las funciones propias del Poder Judicial, de ahí que se cuente con una informática jurídica documentaria capaz de reunir y codificar documentos legales, informática jurídica de control y gestión empleada para dar seguimiento a trámites y procesos e, informática jurídica decisoria que implica la adopción de sistemas que intervengan como soporte en la decisión, la previsión y la investigación (Osvaldo y Gastón, 2020) (Ver anexo 2).

Dentro de la Cuarta Revolución Industrial, la administración de justicia en diversos aspectos como el proceso penal ha optado por la inclusión de algoritmos predictivos de riesgo empleados para lograr la celeridad en el proceso de toma de decisiones (Roa *et al.* 2022). Esto, como parte de bases actuariales en virtud de las cuales se alimenta a los algoritmos con datos controvertidos que buscan la automatización y objetivación del proceso, con la finalidad de dar un trato inteligente en las fases de todo procedimiento (Romeo, 2018).

En la actualidad se habla de sistemas expertos compuestos por bases de datos interconectadas, que presentan decisiones a través de redes neuronales artificiales interconectadas entre sí y llegan a convertirse en máquinas de inferencia que ofrecen conclusiones lógicas ante determinados problemas (Barragán, 2021). Se trata de un área de la minería de datos que es capaz de combinar el *big data*, el aprendizaje automático y el procesamiento de datos estadísticos para lograr predicciones en determinadas cuestiones (Solar Cayón, 2020).

Sin embargo, estas predicciones pueden estar cargadas de sesgos como consecuencia del registro de la actividad personal y los datos de las personas cuyo tratamiento es desconocido en tanto que, tal y como advierte Campione (2021), "sus creadores, amparándose en la propiedad intelectual no ofrecen información necesaria para conocer cabalmente su funcionamiento" (p. 133), lo que da apertura a un sinnúmero de interrogantes desde el punto de vista jurídico, como es el caso de los sesgos.

Esto, considerando que, si estos sistemas de predicción toman como punto de partida consideraciones previas adoptadas por el ser humano, lo más probable es que se encuentren socavados por los mismos sesgos que influyen en la toma de decisiones de las personas, lo que en un contexto globalizado y tecnologizado implicaría que se repliquen las decisiones sesgadas, de ahí que para Castellanos y Montero (2020), la línea entre la objetividad y la subjetividad de las decisiones algorítmicas es difusa.

Y es justamente en la posibilidad de sesgos donde radica la mayor preocupación respecto de este tipo de sistemas, en tanto que para autores como Beltrán y Preminger (2020), existen altas probabilidades de prejuicios en el proceso de creación o programación del algoritmo e incluso como consecuencia de la capacidad de la IA para aprender e imitar comportamientos de su entorno, lo que representa un riesgo considerable a nivel jurídico en tanto que pudieren afectar derechos como la igualdad ante la ley o el debido proceso.

De esta manera, se constituyen en riesgos potenciales para la protección de los derechos de las personas sometidas a procesos automatizados de toma de decisiones, pues si bien debido a su capacidad computacional son capaces de producir resultados de forma mucho más rápida, también son susceptibles de afectar a la singularidad, autonomía e intimidad de los individuos debido a la captación o procesamiento de datos de forma indiscriminada (Soriano, 2021).

III. COMPAS

COMPAS es un sistema de inteligencia artificial que establece un puntaje de riesgos basándose en el ámbito de las compañías de seguros para determinar el riesgo de cometer un delito determinado, lo que se evidencia a partir de 137 preguntas respecto de antecedentes penales y otras cuestiones individuales (Romeo, 2018). Tal y como indica Corvalán (2018):

> COMPAS brinda una respuesta en forma de scoring (puntaje) de riesgo en una escala de 1 (riesgo bajo) a 10 (riesgo alto). Es decir, el puntaje que la inteligencia artificial le suministra es una comparación de cómo se ve de riesgoso el individuo con relación una población segmentada. Por ejemplo, si se obtiene un score de 4, entonces el 60% de la población se ve como más riesgosa que el sujeto analizado, mientras que un 30% parece menos riesgoso (p. 307).

Así como también escalas relacionadas con la reincidencia general, la reincidencia violenta y la mala conducta previa al juicio (Roa *et al.*, 2022) que, si bien se trata de un criterio aplicable en diversas legislaciones como es el caso del Derecho penal español en el que, sobre la base de la teoría de la criminalidad como medida de seguridad (ver anexos 1 y 2), se busca evaluar la posibilidad de que los delincuentes vuelvan a delinquir (Romeo, 2018).

El sistema es el encargado de evaluar a un sujeto y asignar peso a una serie de factores condicionantes de la criminalidad con relación a determinadas características sociales, entre los que se encuentra la edad de cometimiento del primer delito, la edad del sujeto en sí mismo, el nivel de estudios, entre otros (Corvalán, 2018). Esto, independientemente de la perspectiva desde la que se evalúe la teoría del delito: el esquema causalista de Von Liszt y Beling, el esquema neokantiano o de causalismo valorativo y/o el esquema funcionalista de Welzel (ver anexos 1 y 2).

En torno a la aplicación de COMPAS en el proceso penal, un caso ampliamente discutido es el del *Estado de Wisconsin vs Loomis* en Estados Unidos, en el que fue utilizado, sin embargo, se trata de una sentencia que a decir de Roa *et al* (2022), evidencia falta de seguridad jurídica y sesgos discriminatorios por parte del algoritmo, lo que denota la ausencia de neutralidad y objetividad por parte de COMPAS y la potencial amenaza para los derechos de los procesados.

No obstante, el Tribunal Supremo del Estado de Wisconsin se pronunció aceptando la utilización de estos algoritmos con la premisa de que el debido proceso no fue vulnerado debido a la exactitud de los instrumentos empleados, frente a lo cual el señor Loomis presentó apelaciones respecto de la individualización de la sentencia y la ausencia de discriminación, aspectos que posteriormente fueron ratificados por el Tribunal como precedente (Romeo, 2018).

Ahora bien, esto se debe al sistema jurídico anglosajón aplicado en Norteamérica, que difiere del sistema jurídico que se aplica en otras legislaciones como es el caso de Ecuador, lo que convierte a este tipo de programas -al menos por el momento- en incompatibles con el ordenamiento jurídico interno, ante la vulneración de principios como el de la presunción de la inocencia establecido en el artículo 5.4 y 22 inciso 2 del Código Orgánico Integral Penal puesto que se aceptaría la idea sobre la base de la "habitual correlación existente entre la conducta futura y la pasada de un individuo" (Romeo, 2019, p. 42).

A lo que se debe agregar la imperativa necesidad de motivación jurídica suficiente respecto del informe para la determinación de la responsabilidad del individuo, en tanto que si bien es cierto COMPAS emite un borrador de resolución, el tribunal debe ser quien emita la sentencia sobre la base de dichos resultados, en la mencionada sentencia:

> *Usted ha sido densificado a través de la evaluación de COMPAS, como un individuo de alto riesgo para la comunidad. Mediante la ponderación de diversos factores, hemos descartado la libertad condicional debido a la gravedad del crimen cometido y porque su historial personal, su historial de libertad bajo control y las herramientas de evaluación de riesgos que se han utilizado, sugieren que usted representa un riesgo extremadamente elevado de volver a delinquir.*

Pero en una sentencia cuyo punto resolutivo se basa en los resultados de un informe automático emitido por un operador artificial, la motivación es superficial e incluso alejada de las reglas básicas de todo proceso de redacción jurídica, es decir, la motivación de los argumentos con una escritura clara, concisa y precisa que permita entender por qué se ha tomado una u otra decisión en Derecho.

Entonces, la herramienta no actúa como un juez, sino como un mecanismo de evaluación a la que el juez se remite de forma irrestricta, sin embargo ¿es coherente que la resolución acepte de forma tan directa los resultados de un algoritmo? Ante esta interrogante resulta preciso citar a Rodríguez (2021), para quien estos nuevos modelos informáticos deben limitarse únicamente a servir de apoyo para el pensamiento humano y no un sustituto, pues las soluciones jurídicas solo alcanzan certezas probables al ser emitidas por expertos.

De esta manera, se plantean nuevos retos éticos y jurídicos respecto de los desafíos que presenta la interacción entre la IA y los derechos de las personas, sobre todo ante cuestiones como la automatización administrativa que, si bien en materias como la Administración Tributaria permite la sistematización de funciones a través del procesamiento de datos, también representa agravios por el tratamiento irrespetuoso de los datos personales "o en base a una categorización arbitraria o irrelevante y, por tanto, discriminatoria y perjudicial" (Rodríguez, 2021, p. 70).

Por lo que incluso la motivación de las decisiones administrativas incrementa su complejidad ante la transformación de criterios como la transparencia, considerando que no sería posible determinar cómo el algoritmo ha llegado a una determinada decisión y la actuación administrativa no sería suficientemente motivada, lo que conlleva a que su aplicación en el servicio público vulnere la seguridad jurídica, los principios de la actuación administrativa y los derechos fundamentales (Capodiferro, 2020).

Dificultades que trascienden aún más cuando se trata de ramas jurídicas que, como el caso del Derecho laboral, cuentan con componentes sociales en tanto que la sustitución de trabajadores como consecuencia de la automatización de los procesos es cada vez más latente, no sólo para aquellos que brindan sus servicios en calidad de obreros, sino también para otras ocupaciones de mayor cualificación y formación profesional (Rodríguez, 2021); lo que se extiende además hacia derechos colectivos como es el caso del derecho sindical que, de acuerdo con Cabanellas (2010), es aquel que se refiere a la solidaridad referente a la organización y el trabajo conjunto para la defensa de derechos e intereses y la consecución de objetivos comunes.

Esto, considerando que se trata de una rama jurídica que nace como consecuencia de los constantes atropellos a los trabajadores privados de sus derechos individuales; en este contexto, progresivamente, fueron surgiendo diferentes organizaciones de trabajadores que buscaban responder a sus necesidades específicas.

De ahí que autores como Cornejo y Soto (2022), consideren que, en la actualidad, el futuro del trabajo se refleja en un panorama incierto

> "sobre todo en lo que respecta a la asociación de sindicatos- ya que se ve modificado por la globalización, los cambios demográficos, e incluso el mercado tecnológico que transforma el entorno laboral actual y, en el caso de países como Ecuador la filiación sindical se ha ido mermando de forma paulatina motivada por cuestiones económicas políticas y sociales entonces ¿qué puede suceder ante el fenómeno incierto de las nuevas tecnologías y su impacto en el ámbito laboral?"

De esta manera, la interacción entre la IA y el Derecho plantea retos jurídicos superiores que incluso -con una posición extremista- pudieren exigir la metamorfosis de la Teoría General del Derecho como disciplina institucionalizada en torno a la figura de la persona humana (ver anexo 2), puesto que esta fue pensada -inicialmente- con la intención de regular las relaciones interpersonales en aras de la convivencia social. Sin embargo, tal y como advierte Twining (2005), se trata de una disciplina cada vez más cosmopolita producto de la globalización. Entonces ¿cuál es el camino correcto?

IV. ANÁLISIS Y DISCUSIÓN DE LOS RESULTADOS

Los resultados del proceso de codificación y análisis de información en el *software* ATLAS.TI en el que se analizaron los resultados del levantamiento de información bibliográfica por medio de la técnica del fichaje, demuestran, en primer lugar, que los términos más reiterativos dentro del documento y las fichas nemotécnicas que sirven de respaldo al mismo se relacionan directamente con el impacto de la automatización en el Derecho como ciencia y en los derechos propiamente dichos.

Por otra parte, en cuanto al análisis profundo de contenido respecto de determinadas cuestiones centrales dentro de la investigación como los riesgos de estos algoritmos jurídico-predictivos para la administración de justicia, los resultados demuestran que existe un alto índice de discusión entre los autores respecto de este tema, por cuanto es el código que mayormente se evidencia en las citas textuales extraídas de los autores (ver anexos 4 y 7).

Ahora bien, se evidencia que los riesgos de los algoritmos jurídico predictivos son potenciales en tanto que, al analizar la coocurrencia entre los códigos asignados dentro de las citas, todos coinciden con el código 'riesgo' como elemento principal (ver anexos 5 y 6); lo que, además, permite determinar que existe un nexo causal y argumentativo entre las diversas afirmaciones que se realizan en el contenido de este estudio, sobre la base de lo que se ha investigado previamente por otros autores.

En este sentido se colige que, si bien es cierto que las nuevas tecnologías que representan a la denominada Cuarta Revolución Industrial aportan ventajas considerables a la administración de justicia en lo relativo a la automatización y optimización de los procesos a través de sistemas que funcionan sobre la base de tecnologías de IA; su uso puede representar grandes riesgos para los derechos, sobre todo si su aplicación prescinde de criterios éticos y jurídicos básicos (ver anexo 7).

Ahora bien, debe quedar claro que el análisis se realiza desde la perspectiva de un algoritmo jurídico-predictivo que es empleado para la administración de justicia en procesos especialmente penales en los que una decisión automatizada tiene implicaciones directas sobre bienes jurídicos superiores como es el caso de la libertad. Pero ¿por qué hacer esta aclaración? Porque no se pretende adoptar una visión radicalizada que ignore sus bondades para otras cuestiones más cercanas a la realidad jurídica del sistema ecuatoriano (por nombrar un ejemplo), como es el caso de su uso como herramienta de prevención de la criminalidad.

Por otra parte, debe también analizarse su impacto a nivel de derechos de carácter extraprocesal, que no se limitan únicamente al contexto penal, en tanto que la utilización de este tipo de sistemas también supone nuevos desafíos jurídicos a ramas como el Derecho laboral.

Esto, no sólo en lo que se refiere al desplazamiento de los trabajadores siendo sustituidos por las máquinas sino también en cierta regresión ante conquistas jurídicas importantes como es el derecho sindical ¿seguirán existiendo sindicatos si ya no existen trabajadores físicos? ¿o llegará el punto en que el Derecho laboral deba adaptarse para el desarrollo de organizaciones sindicales digitales?

Asimismo, la administración tributaria se encuentra en una encrucijada grande respecto del límite difuso entre la automatización de funciones y el incremento de delitos relacionados con el hackeo de datos personales de los contribuyentes.

Ahora bien, en atención a conductas delictivas como las que interesan a COMPAS, se puede ejemplificar la situación con la defraudación fiscal en tanto que se trata de una conducta en la que no necesariamente se trata de personas que tienen antecedentes penales graves y que, por ende -atendiendo al algoritmo de COMPAS-, no representan un riesgo potencial para la sociedad. Entonces ¿qué sucede con este tipo de delitos? ¿quedarían impunes?

En este contexto, la discusión en materia tributaria puede adoptarse desde la perspectiva de la prevención de incumplimientos y faltas administrativas con sistemas como el *compliance* como mecanismo de autorregulación de normas internas para la prevención y reducción de riesgos de cometimiento de otras conductas delictivas como el caso de la corrupción o los sobornos (Bacigalupo, 2021).

Si bien es cierto que es un instrumento que primitivamente nace a nivel privado, su utilidad para el desarrollo de buenas prácticas tributarias logra crear mayores garantías de seguridad y confianza a la vez que se previenen y gestionan riesgos tributarios (Menéndez, 2019). Pero ¿cómo relacionarlo con COMPAS?

La idea es que -si se quiere implementar el uso de algoritmos jurídico-predictivos de riesgos en el sistema jurídico tributario ecuatoriano-, se logre trasladar la información tributaria a la base de datos con la finalidad de dar seguimiento al cumplimiento de las obligaciones tributarias y evidenciar -de ser el caso- conductas tendentes a su incumplimiento. De esta forma, se estaría cumpliendo con los principios establecidos en el artículo 5 del Código Tributario en concordancia con el artículo 300 de la Constitución de la República del Ecuador, especialmente en lo que respecta a la transparencia y la suficiencia recaudadora.

El *compliance* permite, por tanto, hacer frente a la compleja realidad de la cultura tributaria a través de estrategias como la certificación de contribuyentes responsables como sucede en España a partir de la norma UNE 19602 que certifica la voluntad de las organizaciones para el cumplimiento de las obligaciones fiscales a la vez que:

> Podría reducir la inseguridad jurídica de aquellos contribuyentes calificados de bajo riesgo y permitir a la Administración Tributaria destinar los recursos disponibles a exigir el cumplimiento de la obligación tributaria a los contribuyentes que presentan índices de riesgo fiscal más elevados, fomentando de esta forma la confianza mutua en la aplicación del sistema tributario (Martínez, 2021, p. 37).

V. CONCLUSIONES

Con base en lo expuesto y, en atención a los objetivos propuestos en el planteamiento de esta investigación se concluye que, dentro de la Cuarta Revolución Industrial los avances tecnológicos han llegado al punto de desarrollar *nuevas inteligencias* que sobre la base de determinados sistemas y algoritmos, buscan simular a la inteligencia humana en el ejercicio de tareas de forma automatizada; de esta manera, la Inteligencia Artificial aparece como el principal exponente de un nuevo contexto social en que las máquinas conviven con las personas.

Esta revolución tecnológica es un fenómeno social que tiene implicaciones jurídicas directas respecto del ejercicio de los derechos y libertades de los individuos, ejemplo de esto, el desarrollo de algoritmos jurídico-predictivos que, como en el caso de COMPAS, son ampliamente empleados en diversos sistemas jurídicos como herramientas tecnológicas de administración de justicia. Sin embargo, se ha evidenciado que, si bien su utilización supone una ventaja indiscutible para -entre otras cosas- descongestionar el sistema de justicia y coadyuvar a la prevención criminal, representa una amenaza para otros derechos por la alta probabilidad de decisiones basadas en sesgos discriminatorios, lo que claramente es incompatible con los principios que sustentan el sistema jurídico ecuatoriano.

En este contexto, se plantean como riesgos potenciales de este tipo de algoritmos jurídico-predictivos, el prejuzgamiento -que afecta a la presunción de inocencia- y la discriminación, pero también otros relativos a otras ramas jurídicas como es el caso de lo laboral, ya que pueden existir vulneraciones de derechos tanto individuales como colectivos o puede menoscabarse la eficiencia de la administración tributaria.

Partiendo de las conclusiones obtenidas, se recomienda el desarrollo de criterios jurídicos de carácter ético frente al tratamiento de este tipo de sistemas, dado que en ningún momento se pretende rechazar los resultados del progreso tecnológico -que además de inevitable es irreversible-, sino más bien se pretende procurar espacios armónicos en los cuales el ser humano pueda convivir con las tecnologías en pleno ejercicio y goce de sus derechos y libertades.

Asimismo, se recomienda que al analizar las implicaciones de este tipo de sistemas se haga atendiendo a las características propias del sistema de justicia ante el cual se está interviniendo, ya que si bien es cierto que se pueden identificar ciertas incompatibilidades en ciertos sistemas, en otros casos, se acopla perfectamente a sus necesidades.

VI. BIBLIOGRAFÍA

Arredondo, F.; Villa, L. y De la Garza, J. (2014). Propuesta para el diseño de un código de ética empresarial en la ética kantiana. *Cuadernos de Administración*, 9-19.

Barragán, C. (2021). Inteligencia Artificial en el Poder Judicial. Resoluciones para su aplicación en un Sistema Penal Acusatorio. *Sapientia*, 56-71.

Beade, I. (2019). El reino de los fines y la comunidad ética. Acerca de la dimensión intersubjetiva de la ética kantiana. *Revista de Estudios Kantianos*, 90-112.

Becerra, L. (2020). Tecnologías de la información y las Comunicaciones en la era de la cuarta revolución industrial: Tendencias Tecnológicas y desafíos en la educación en Ingeniería. *Entre Ciencia e Ingeniería*, 76-81.

Bacigalupo, S. (2021). Compliance. Eunomía. Revista en Cultura de la Legalidad, 260-276

Beltrán, V. y Preminger, D. (2020). Inteligencia artificial en el sistema de justicia criminal: Algunas reflexiones sobre su aplicación en el derecho chileno. Revista de Derecho Aplicado LLM UC5, 1-17.

Cabanellas, G. (2010). Diccionario jurídico elemental. Buenos Aires: Purrúa

Camacho, R.; Rivas, C.; Gaspar, M. y Quiñónez, C. (2020). Innovación y tecnología educativa en el contexto actual latinoamericano. Revista de Ciencias Sociales -Ve-, 460-471.

Campione, T. (2021). Recopilar y vigilar: algunas consideraciones filosófico-jurídicas sobre inteligencia artificial. *Sociología y Tecnología*, 123-139.

Capodiferro, O. (2020). La inteligencia artificial del sector público. Desarrollo y regulación de la actuación administrativa inteligente en la cuarta revolución industrial. *IDP: Revista de Internet, Derecho y Política*, 1-14.

Castellanos, J. y Montero, M. (2020). Perspectiva constitucional de las garantías de aplicación de la inteligencia artificial: La ineludible protección de los derechos fundamentales. *Ius et Scientia*, 72-82.

Coddou, A. (2020). *Conversaciones entre la inteligencia artificial y el derecho.* Universidad de Chile.

Cornejo, J y Soto, J. (2022). Derechos sindicales en el contexto de trabajos virtuales en Ecuador. Guayaquil: Universidad Laica Vicente Rocafuerte de Guayaquil.

Cortina, A. y Martínez, E. (2005). *Ética.* . Sao Paulo: Ed. Loyola.

Corvalán, J. (2018). Inteligencia artificial: retos, desafíos y oportunidades - Prometea: la primera inteligencia artificial de Latinoamérica al servicio de la Justicia. *Revista de Investigaciones Constitucionales*, 9-39.

De La Sierra, S. (2020). Inteligencia artificial y justicia administrativa: una aproximación desde la teoría del control de la administración pública. *Revista General de Derecho Administrativo*, 1-19.

Díaz, J.; Pérez, A. y Florido, R. (2011). Impacto de las tecnologías de la información y las comunicaciones (TIC) para disminuir la brecha digital en la sociedad actual . *Cultivos tropicales*, 81-90.

Dussel, I.; Ferrante, P. y Pulfer, D. (2020). Nuevas ecuaciones entre educación, sociedad, tecnología y Estado. *Unipe Editorial Universitaria*, 1-14.

Fajardo, A. (2020). La ética de Inmanuel Kant. *Revista Internacional de Filosofía Teórica y Práctica*, 127-138.

Fernández, M. y Sarmiento, A. (2020). *La aplicación de la inteligencia artificial en el derecho penal: consecuencias éticas y jurídicas frente a la medida de aseguramiento.* Universidad de los Andes.

Finol, M. y Vera, J. (2020). Paradigmas, enfoques y métodos de investigación: análisis teórico. Revista Científica Mundo Recursivo, 1-24.

Gasca, G. y Machuca, L. (2019). Era de la Cuarta Revolución Industrial *Revista Iberoamericana de Sistemas y Tecnologías de Información*, 11-15.

Gatica, F. y Ramos, M. (2020). Políticas públicas y redes para el desarrollo de las tecnologías 4.0 en Chile. *PAAKAT Revista de Tecnología y Sociedad*, 1-29.

Jailier, E. (2013). *Comunicación, sociedad del conocimiento.* Medellín: Editorial Universidad Pontifica Bolivariana.

Kant, I. (1921). *Fundamentación de la metafísica de las costumbres.* Madrid: Calpe.

Lalaleo, F. (2023). Relación de las tecnologías de la industria 4.9 en el desarrollo empresarial. Una revisión de literatura. *Vivat Academia,* 271-287.

Llanes, M.; Salvador, Y.; Suárez, M. y Solórzano, R. (2020). Cuarta Revolución Industrial y Administración Pública en América Latina y el Caribe. *Ciencias Holguín,* 78-87.

López, R. (2019). ¿Hacia una nueva ilustración? Una década trascendente. El futuro de la IA: hacia inteligencias artificiales realmente inteligentes. *Open Mind,* 1-15.

Lozano, J.; Caballero, S.; Cruz, K. y Ochoa, N. (2021). Decretos de medidas cautelares privativas de la libertad en el proceso judicial colombiano: estudio del modelo evaluativo de predicción de riesgos con inteligencia artificial. En *Tecnología e innovación frente a los desafíos de un siglo en curso* (págs. 229-252). Quito: Universidad Israel.

Luque, A. y Herrero, N. (2019). Impacto de la tecnología en la sociedad: el caso Ecuador. *Revista Universidad y Sociedad,* 176-182.

Martínez, Y. (2020). Compliance fiscal y responsabilidad por ilícitos tributarios. Crónica Tributaria, 35-62

Meller, P. y Salinas, B. (2019). *Revolución tecnológica 4.0 y capital humano.* Santiago de Chile: Beauchef Minería.

Misseri, L. (2020). Zamiatin y la ética kantiana: libertad y felicidad, en *Nosotros. Quaderns de filosofia,* 117-139.

Montoya, C. y Cendrós, P. (2007). Elementos de la ética kantiana aplicables a las organizaciones educativas. *Laurus Revista de Educación,* 286-304.

Morales, A. (2020). *¿Qué es la ética?* Obtenido de TodaMateria [en línea]: https://www.todamateria.com/que-es-la-etica/

Navarrete, J. (2017). Efectos de la Cuarta Revolución en el Derecho. *Revista de la Facultad de Jurisprudencia,* 79-98.

Nizama, M y Nizama, L. (2020). El enfoque cualitativo en la investigación jurídica, proyecto de investigación cualitativa y seminario de tesis. VOX JURIS, 69-90.

Osvaldo, V y Gastón, J. (2020). Inteligencia artificial aplicada al poder judicial. XXII Worskshop de Investigadores en Ciencias de la Computación. El calafate, Santa Cruz. Disponible en: http://sedici.unlp.edu.ar/bitstream/handle/10915/103381/Documento_completo.pdf?sequence=1

Piza, N.; Amaiquena, F. y Beltrán, G. (2019). Métodos y técnicas en la investigación cualitativa. Algunas precisiones necesarias. Conrado, 455-459.

Poquet, R. (2020). Cuarta revolución industrial, automatización y afectación sobre continuidad de la relación laboral. *Ars Iuris Salmanticensis*, 167-183.

Roa, M.; Sanabria, J.; Dinas, K. (2022). Uso del algoritmo COMPAS en el proceso penal y los riesgos de los derechos humanos. *Revista Brasileira de Direito Processual Penal.*

Rodríguez, M. (2021). ¿Puede la inteligencia artificial interpretar normas jurídicas? Un problema de razón práctica. *Cuadernos Electrónicos de Filosofía del Derecho,* 74-96

Rodríguez, N. (2021). Big data e inteligencia artificial: una aproximación a os desafíos éticos y jurídicos de su implementación en las administraciones tributarias. *Ius et Scientia,* 52-84

Romeo, C. (2018). Riesgo, procedimientos actuariales basados en inteligencia artificial y medidas de seguridad. *Revista de Derecho, Empresa y Sociedad,* 39-55.

Rozo, F. (2020). Revisión de las tecnologías presentes en la industria 4.0. *Revista UIS Ingenierías.*

Schwab, K. (2020). La Cuarta Revolución Industrial. *Futuro hoy,* 6-10.

Solar Cayón, J. (2020). La inteligencia artificial jurídica: nuevas herramientas y perspectivas metodológicas para el jurista. *Poder Constitucional,* 1-27.

Soriano, A. (2021). Decisiones automatizadas: problemas y soluciones jurídicas más allá de la protección de datos. *Teoría y método. Revista de Derecho Público,* 86-127.

Travieso, A. (2019). Las personas jurídicas en el nuevo derecho y tecnología. Bienvenidos los robots. *Legaltech II El Derecho ante la Tecnología,* 79-92.

Twining, W. (2005). Teoría General del Derecho. Anales de la Cátedra Francisco Suárez, 597-644.

Urquijjo, J. (2017). Sociedad y nuevas tecnologías, ventajas e inconvenientes. *Revista Extremeña de Ciencias Sociales,* 45-49.

Ynzunza, G.; Izar, J.; Bocarando, J.; Aguilar, F. y Larios, M. (2017). El entorno de la industria 4.0: implicaciones y perspectivas futuras. *Conciencia Tecnológi*

VII. ANEXOS

Anexo 1. Principales teorías desarrolladas en relación a los contenidos teóricos del sexto nivel de la carrera de Derecho

Materia	ría	Autor que la desarrolla
Cátedra integradora: Aplicaciones del Derecho a los avances tecnológicos	Ética	Inmanuel Kant
	Teoría General del Derecho	Hans Kelsen, desarrollada por Twining desde la perspectiva de la globalización
Derecho Colectivo del Trabajo	Solidaridad del Derecho Sindical	Guillermo Cabanellas
	Teoría General del Derecho Laboral	Guerrero Figueroa
Parte Especial del Derecho Sustantivo Penal	Teoría de la criminalidad	Corvalán
	Teoría del delito	Causalismo: Von Liszt y Beling Finalismo: Welzel
	Teoría de la esfera del dominio del dueño	Robles y Núñez
	Teoría de la libre disponibilidad del bien	Rodríguez Devesa
Derecho Tributario	Teoría de la Sostenibilidad	Organización de las Naciones Unidas
	Distribución de la riqueza	Miguel Ángel Castro

Anexo 2. Relación del tema con las teorías de la ciencia jurídica

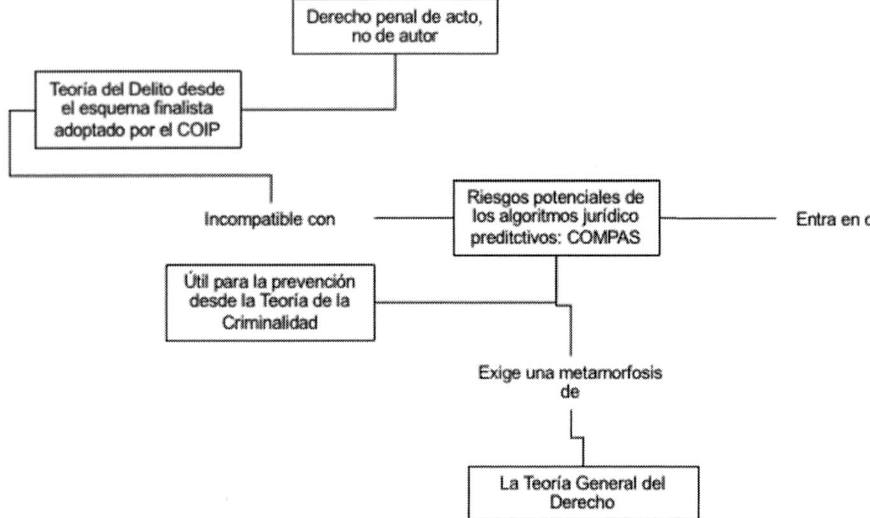

Anexo 3. Nube de palabras

Anexo 4. Densidad y enraizamiento de las citas en función de los códigos

Nombre	Enraizamiento	Densidad	Grupos	Creado por	Modificado por	Creado	Modificado
Administración de justicia	4	0		Mobile46	Mobile46	18/08/2023 21:21	18/08/2023 21:21
COMPAS	11	0		Mobile46	Mobile46	18/08/2023 21:20	18/08/2023 21:20
Derecho laboral	5	0		Mobile46	Mobile46	18/08/2023 21:22	18/08/2023 21:22
Derecho penal	6	0		Mobile46	Mobile46	18/08/2023 21:22	18/08/2023 21:22
Derecho tributario	1	0		Mobile46	Mobile46	18/08/2023 21:23	18/08/2023 21:23
Derechos	19	0		Mobile46	Mobile46	18/08/2023 21:19	18/08/2023 21:19
Predictivo	2	0		Mobile46	Mobile46	18/08/2023 21:19	18/08/2023 21:19
Puntuación	1	0		Mobile46	Mobile46	18/08/2023 21:18	18/08/2023 21:18
Riesgos	29	0		Mobile46	Mobile46	18/08/2023 21:20	18/08/2023 21:20
Sesgos	8	0		Mobile46	Mobile46	18/08/2023 21:18	18/08/2023 21:18

Anexo 5. Tabla de coocurrencias entre los códigos

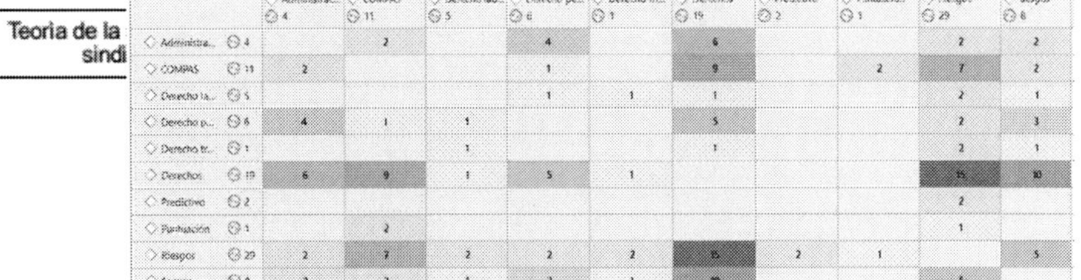

	Administrac... 4	COMPAS 11	Derecho lab... 5	Derecho pe... 6	Derecho tri... 1	Derechos 19	Predictivo 2	Puntuación 1	Riesgos 29	Sesgos 8
Administra... 4		2		4		6			2	2
COMPAS 11	2			1		9		2	7	2
Derecho la... 5				1	1	1			2	1
Derecho p... 6	4	1	1			5			2	3
Derecho tr... 1			1			1			2	1
Derechos 19	6	9	1	5	1				15	10
Predictivo 2									2	
Puntuación 1		2							1	
Riesgos 29	2	7	2	2	2	15	2	1		5
Sesgos 8	2	2	1	3	1	10			5	

Anexo 6. Gráfico de coocurrencias entre los códigos

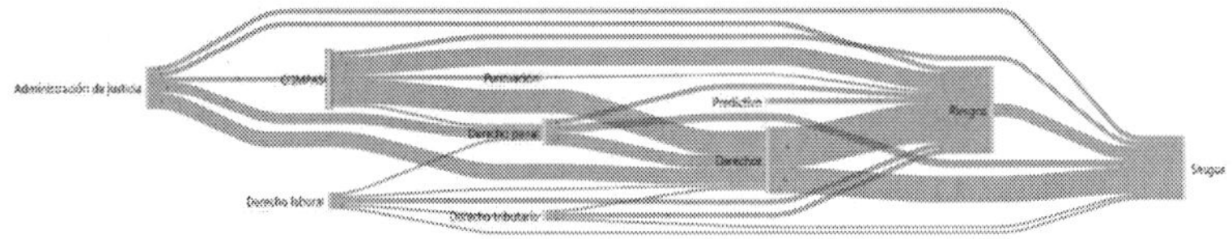

Anexo 7. Red semántica

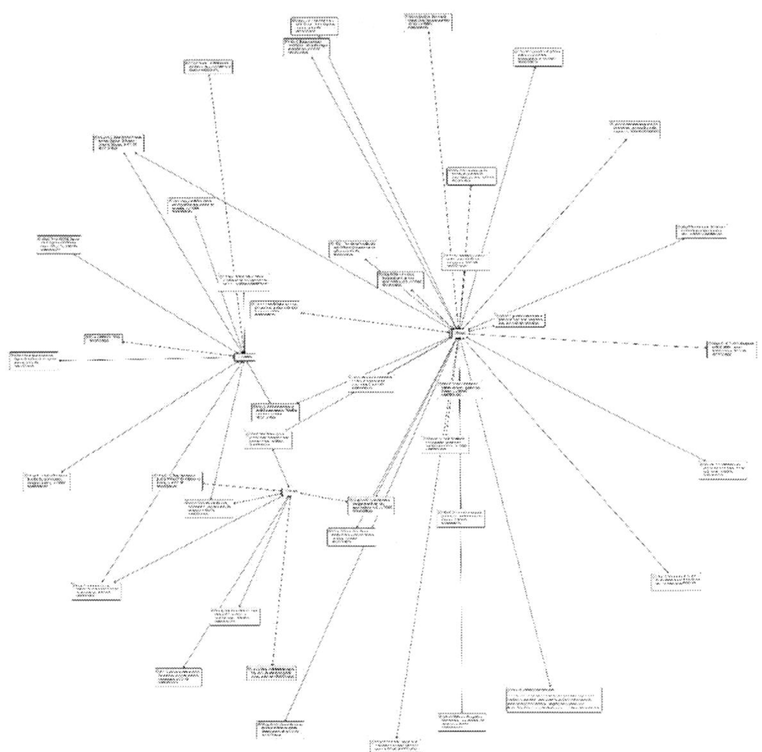

Prueba electrónica, informe pericial informático e inteligencia artificial

RAQUEL FREILE MANSILLA
Universidad de León, España

SUMARIO: I. ¿QUÉ ES LA INTELIGENCIA ARTIFICIAL Y CÓMO SE REGULA? II. INTELIGENCIA ARTIFICIAL Y ADMINISTRACIÓN DE JUSTICIA. III. TIPOLOGÍA DE LA PRUEBA DIGITAL O ELECTRÓNICA. 1. El aseguramiento de la prueba electrónica. 2. La figura del perito informático. 2.1. El informe pericial informático. 2.2. Requisitos del dictamen pericial informático. IV. BIBLIOGRAFÍA.

I. ¿QUÉ ES LA INTELIGENCIA ARTIFICIAL Y CÓMO SE REGULA?

La inteligencia artificial puede definirse como aquella combinación de algoritmos cuya finalidad es la creación de máquinas que puedan llegar a imitar a la inteligencia humana en aras de poder alcanzar la realización de tareas o resolver problemas.

La expresión "inteligencia artificial" vino dada de manera formal en 1956 en la Conferencia de Dartmouth por John McCarthy, Marvin Minsky y Claude Shannon.

El avance de este tipo de inteligencia es imparable y mejora conforme su uso se hace habitual incluso en el día a día del ciudadano medio común, ésta además de imitar a la inteligencia humana engloba diferentes subcampos, ya que puede confeccionar textos, aprender, realizar juegos, imitar voces, imágenes, e incluso diagnosticar enfermedades.

La inteligencia artificial no es ajena al Derecho, ni a otras ramas del estudio como la robótica o la ética de las máquinas, sin obviar la ética en la inteligencia artificial en el amplio sentido de la expresión.

Tradicionalmente, la inteligencia artificial ha tenido diferentes clasificaciones, desde la inteligencia artificial débil hasta la inteligencia artificial general. La primera de ellas, es la inteligencia artificial actualmente conocida, sin embargo, la inteligencia artificial general es aquella que eventualmente podrá exceder las capacidades humanas y que, posiblemente, sea una realidad a corto o medio plazo.

En 2019 la Comisión Mundial de Ética del Conocimiento Científico y la Tecnología (COMEST) de la UNESCO definió la inteligencia artificial como un campo que implica máquinas capaces de imitar determinadas funcionalidades de la inteligencia humana, incluidas características como la percepción, el aprendizaje, el razonamiento, la resolución de problemas, la interacción lingüística e incluso la producción de trabajos creativos.

Por otro lado, la inteligencia artificial se divide en dos escuelas del pensamiento: la escuela artificial convencional y la inteligencia artificial computacional.

Jurídicamente, y estrechamente relacionado con la prueba digital susceptible de ser presentada en cualquier procedimiento judicial, nos encontramos con la inteligencia artificial multimodal, este tipo de inteligencia artificial puede procesar e integrar datos de diferentes modalidades, como texto, imágenes, audio y video, para obtener una comprensión más completa y contextualizada de una situación.

Este tipo de inteligencia artificial puede ser utilizada maliciosamente para adulterar pruebas judiciales o incluso para crearlas, pruebas electrónicas de toda índole, desde grabaciones de voz, hasta fotografías o vídeos, los conocidos como "*deepfakes*".

El 21 de abril de 2021, la Comisión Europea presentó una propuesta de Reglamento europeo para la regulación armonizada de la inteligencia artificial en la Unión Europea. Su título exacto fue Propuesta de Reglamento del Parlamento Europeo y del Consejo por el que se establecen normas armonizadas en materia de inteligencia artificial "Ley de Inteligencia Artificial" y se modifican otros actos legislativos de la Unión Europea.

Así las cosas, y muy poco tiempo después, el Parlamento Europeo aprobó, el 13 de marzo de 2024, el Reglamento de inteligencia artificial, también conocido como Ley de Inteligencia Artificial.

Los antecedentes de dicha Ley de inteligencia artificial, los encontramos en 2018, cuando se publicó desde la Unión Europea la Estrategia europea sobre la inteligencia artificial. En esta iniciativa ya se contemplaba la creación de espacios de datos europeos, el fomento del talento, las capacidades y el aprendizaje, además de tratar la necesidad de crear estrategias nacionales y un nuevo fondo de expansión, entre otras medidas.

Igualmente, y de forma posterior ya en 2020, se publicó el Libro Blanco de la Comisión sobre la IA, un texto que expone la postura de la UE sobre la inteligencia artificial en Europa.

La actual Ley de Inteligencia Artificial (IA) aprobada en Bruselas en marzo de 2024 tiene dos objetivos:

Garantizar que los sistemas de Inteligencia Artificial que se implementen en la Unión Europea sean "seguros y respeten los derechos de los ciudadanos" y que se estimule la inversión e innovación en el ámbito de la inteligencia artificial en el marco europeo.

La Ley prohíbe los sistemas de categorización biométrica basados en características sensibles, las capturas faciales de internet o de grabaciones de cámaras de vigilancia de forma indiscriminada para crear bases de datos de reconocimiento facial, los sistemas de reconocimiento de las emociones tanto en el lugar de trabajo como en los centros educativos.

La Ley regula la posibilidad de que los ciudadanos de la UE puedan presentar reclamaciones sobre estos sistemas de Inteligencia Artificial y recibir respuesta sobre todo lo que afecte a sus Derechos.

De forma estructural la Ley se compone de doce títulos, que son los siguientes:

Título I: Disposiciones generales.

Título II: Prácticas prohibidas.

Título III: Sistemas de alto riesgo.

Título IV: Obligaciones de transparencia.

Título V: Medidas para fomentar la innovación.

Título VI: Gobernanza.

Título VII: Base de datos europea de sistemas de alto riesgo.

Título VIII: Monitorización post-comercialización.

Título IX: Códigos de conducta.

Título X: Confidencialidad.

Título XI: Delegación de poderes y procedimientos del comité.

Título XII: Disposiciones finales.

II. INTELIGENCIA ARTIFICIAL Y ADMINISTRACIÓN DE JUSTICIA

La relación y vinculación entre la administración de justicia española y la inteligencia artificial es un hecho real y a nivel legislativo en el mes de diciembre de 2023 el Consejo de Ministros aprobaba el Real Decreto Ley 6/2023 de medidas urgentes para la ejecución del Plan de Recuperación, Transformación y Resiliencia en materia de servicio público de Justicia, función pública, régimen local y mecenazgo, cuyas medidas de eficiencia digital parten del principio general de orientación al dato en los sistemas de información y comunicación que se utilicen en la Administración de Justicia, asegurando la entrada de la información en forma de metadatos de manera que favorezca la aplicación de técnicas de inteligencia artificial que, entre otros fines, sirvan de apoyo a la función jurisdiccional y tramitación de procedimientos judiciales (art. 35 RDL 6/2023).

El citado Real-Decreto indica que en relación a las actuaciones automatizadas y proactivas, los sistemas de la Administración de Justicia asegurarán que se puedan identificar como tales y justificar; y que se puedan elaborar de forma no automatizada pudiéndose deshabilitar, revertir o dejar sin efecto las actuaciones automatizadas ya producidas.

El art. 56 explica qué se entiende por esas actuaciones automatizadas, definiéndolas cómo aquellas actuaciones procesales producidas por un sistema de información programado sin la necesidad de la intervención humana.

El mismo precepto enumera cuáles pueden ser algunas de las actuaciones automatizadas realizadas por la inteligencia artificial aplicada dentro de la administración de justicia: el numerado o paginado de los expedientes, la remisión de asuntos al archivo cuando se den las condiciones procesales para ello, la generación de copias y certificados, la generación de libros, la comprobación de representaciones, la declaración de firmeza, de acuerdo con la ley procesal. Es decir, actuaciones de trámite carentes de interpretación jurídica.

El legislador quiso dejar asegurado que, aunque la actuación automatizada ya sea una realidad, esta existencia, no deja sin efecto la posibilidad de revertir o dejar sin efecto a las actuaciones automatizadas. Del mismo modo, los sistemas de la Administración de Justicia asegurarán que todas las actuaciones automatizadas y proactivas se puedan trazar y justificar.

Asimismo, y respecto de las actuaciones asistidas, el apartado segundo del art. 57 expresamente regula que en ningún caso el borrador documental, total o parcial, que se genere constituirá por sí una resolución judicial o procesal, sin validación de la autoridad competente, y los sistemas de la Administración de Justicia asegurarán que el borrador documental sólo se genere a voluntad del usuario y pueda ser libre y enteramente modificado por éste. Esto supone que, aunque se haga uso de la inteligencia artificial como herramienta de trabajo, es preceptiva la validación de la autoridad judicial o competente para emitir y dictar resoluciones judiciales (jueces, magistrados, ministerio fiscal y letrados de la administración de justicia) en el ámbito de sus competencias respectivas y bajo su responsabilidad.

Es por lo que el apartado tercero del citado art. 57 contempla la obligatoriedad de la constitución de resolución judicial o procesal requiriendo, en todo caso, la validación del texto definitivo por el órgano juzgador, por el Ministerio fiscal o por los letrados la Administración de Justicia, en el ámbito de sus respectivas competencias y bajo su responsabilidad; así como la identificación, autenticación o firma electrónica que en cada caso prevea la ley, además de los requisitos que las leyes procesales se establezcan.

En consonancia con lo antedicho, el art. 58 prevé que el Comité técnico estatal de la Administración judicial electrónica pueda definir la programación, mantenimiento, supervisión y control de calidad y, en su caso, la auditoría del sistema de información y de su código fuente. Además, se prevé expresamente que los criterios de decisión sean públicos y objetivos, dejando constancia de las decisiones tomadas en cada momento.

Los sistemas incluirán los indicadores de gestión que se establezcan por la Comisión Nacional de Estadística Judicial y el Comité técnico estatal de la Administración judicial electrónica, cada uno de ellos, en el ámbito de sus competencias.

Por todo lo antedicho, el Capítulo VII del Título III del Libro Primero del RDL 6/2023 en los artículos 56 a 58 regulan, por primera vez, la intervención de la inteligencia artificial en la confección de resoluciones judiciales y procesales.

La coyuntura actual nos muestra que estamos asistiendo a un cambio paradigmático y sin precedentes en nuestro sistema judicial.

La digitalización de la justicia promete una justicia más rápida, accesible y eficiente. Lo cual puede ser cierto, siempre y cuando la implementación de programas informáticos basados en la inteligencia artificial aplicada a la administración de justicia puedan generar para los actores (jueces, fiscales y letrados de la administración de justicia) un ahorro de tiempo suficiente que permita generar celeridad en la justicia, acusada en muchas ocasiones de los graves retrasos de los que adolece en determinados Juzgados.

La integración de programas y sistemas de inteligencia artificial en la emisión de resoluciones judiciales y en la toma de decisiones se presenta como una herramienta revolucionaria y novedosa, capaz de mejorar el proceso judicial en cuanto al ahorro de tiempo.

Sin perjuicio de lo antedicho, el uso de los sistemas de inteligencia artificial aplicada a la administración de justicia lleva aparejada una serie de riesgos asociados, especialmente en lo que respecta a la afectación de los derechos fundamentales, principalmente el derecho a la tutela judicial efectiva y el derecho a la protección de datos por lo que es necesario implementar elevados estándares de seguridad.

Así las cosas, no podemos obviar que el art. 117 CE atribuye la función jurisdiccional exclusivamente a los Juzgados y Tribunales determinados por la ley, y que es garantía su independencia, su imparcialidad y su responsabilidad.

Esto entra en confrontación toda vez que la inteligencia artificial carece de la imprescindible legitimación normativa que asiste a los órganos juzgadores, e igualmente, la asunción de funciones resolutoria por parte de estos sistemas inteligencia artificial resulta totalmente incompatible con los requisitos de independencia e imparcialidad judicial.

En relación con el principio de imparcialidad resulta muy difícil que un sistema de inteligencia artificial pueda sustituir la inmediatez y la forma oral de los procedimientos, ya que la doctrina ha señalado que el entorno virtual se desarrolla mejor con la escritura, pues facilita la labor de la máquina.

En este contexto, las previsiones presentes en el RDL 6/2023 suponen que el uso judicial y en la propia administración de justicia de la inteligencia artificial permite la asistencia y soporte a los órganos juzgadores, en primer lugar, y por extensión, a los demás funcionarios de engranaje judicial. Lo que nos lleva a concluir que actualmente, no será sustituido el órgano judicial por la inteligencia artificial.

La reforma legislativa piensa en una inteligencia artificial que pueda proporcionar al juez una facilitación de la toma de decisiones conforme se desprende de los arts. 56 a 58, relativas a lo que denomina "actuaciones automatizadas, proactivas y asistidas".

Asimismo, el propio RDL en el art. 58 impone la obligación en todas estas actuaciones de que los criterios de decisión empleados sean públicos y objetivos.

III. TIPOLOGÍA DE LA PRUEBA DIGITAL O ELECTRÓNICA

Jurídicamente, el concepto de prueba puede definirse como la actividad de acreditación de la realidad de un hecho afirmado por las partes y que tiene relevancia jurídica para el objeto del proceso.

La información que se presente ante el juez en formato digital se realizará de diferentes formas en función del tipo de prueba digital que sea de interés para la parte procesal a que la aporta.

La prueba digital puede ser toda aquella que es susceptible de almacenamiento y de reproducción en un dispositivos electrónico o digital. Dentro del concepto de dispositivo electrónico podemos incluir: los discos duros, teléfonos móviles, ordenadores, discos duros, tablets, DVD, etc.

El artículo 24.2 de nuestra Carta Magna recoge el derecho a hacer uso de todos los medios de prueba pertinentes y que consideremos necesarios. Actualmente, gran parte de la prueba que es presentada por las partes procesales en sede judicial es de índole digital, ya que el empleo de teléfonos móviles es generalizado, con un uso que no se limita al ordinario de un teléfono, sino que, además, tiene usos de cámara de fotos, video, lectura y envío de emails, almacenamiento de datos, etc.

Las principales pruebas electrónicas son las siguientes:

Correo electrónico: A través de un e-mail se envía o se recibe tanto un contenido con texto, como imágenes o documentos adjuntos al mismo. Su aportación al proceso judicial como prueba digital se encuadra dentro del art. 384 LEC.

Es una prueba que hoy en día se presenta con asiduidad y se admite en un proceso como prueba válida, sin perjuicio, no obstante, de la posibilidad de impugnar el contenido o la forma de su presentación de adverso.

Asimismo, existen algunos sistemas de correos electrónicos que almacenan en el servidor el contenido de los mensajes enviados y recibidos. Incluso es posible que una vez son leídos y, posteriormente eliminados, el servidor guarde copia de ellos.

La presentación de los correos electrónicos se realiza como prueba documental, normalmente se presentan con una copia impresa, lo que lo convertiría en una documento privado, e igualmente, puede presentarse como documento electrónico, a través de un dispositivo USB, DVD o *pendrive*, si bien y con independencia de la modalidad de presentación del correo electrónico, esto no es óbice para que se hayan de garantizar los derechos fundamentales que pueden asistir a la persona cuyos derechos pueden verse mancillados por la presentación de dicha prueba digital.

Hoy en día, cualquier archivo digital fruto del uso de medios tecnológicos y de comunicación pueden ser utilizados como prueba.

Mensajería instantánea: sms o tipo recibida en aplicaciones como *WhatsApp* o *Telegram*: Tiene el mismo tratamiento que el correo electrónico. No obstante, actualmente es de muy fácil modificación el contenido de las conversaciones recibidas, lo que en la mayoría de los casos supone que la prueba sea impugnada de adverso.

Dicha prueba puede ser presentada mediante pantallazos de las conversaciones objeto probatorio, si bien, para que esta forma de presentación de prueba pueda ser suficiente para el órgano juzgado *a quo*, es necesario que existan otras pruebas que rubriquen el contenido de esas conversaciones.

Redes sociales: Las conversaciones recibidas a través de los servicios de mensajería de las redes sociales son pruebas válidas en Derecho, pero al igual que ocurre con la mensajería de texto de las aplicaciones como *WhatsApp*, pueden ser fácilmente modificadas.

Además, las redes sociales, pueden permitir a sus usuarios acceder a contenido fotográfico o de vídeo, que pueden ser susceptibles de ser utilizado como prueba.

En este caso, la presentación debe de realizarse mediante el dispositivo electrónico de elección o puede ser reproducido en sede judicial y, en ese momento, comprobado por el Juez correspondiente.

La posibilidad de modificación de fotografías o vídeos que aparecen publicados en las redes sociales, cada vez y con mayor frecuencia, pueden haber sido alterados con aplicaciones que utilizan la inteligencia artificial para la modificación de espacios, caras, personas y/o voces.

Las páginas webs pueden ser presentadas como prueba en sede judicial, si bien, existe cierta discrepancia entre la doctrina y la jurisprudencia, toda vez que las publicaciones en páginas web informativas carecen de valor jurídico, al ser meras noticias, con extensión ilustrativa.

Si bien, esto no es óbice, que determinados vídeos, fotografías, y contenido publicado en determinadas páginas webs, puedan ser utilizados en sede judicial como prueba digital.

Además de en formato papel, la prueba electrónica puede ser presentada en soporte electrónico. Igualmente, sería válida su presentación mediante el informe pericial informático.

Fotografías o vídeos: Son otro tipo de prueba electrónica muy utilizada y que, además de en soporte papel, en el caso de las fotografías, puede presentarse y debe de hacerse mediante un soporte electrónico, para el caso de los vídeos.

Determinadas fotografías o vídeos, cuando su origen radica en grabaciones o fotografías tomadas por los cuerpos de seguridad, parten *per se,* de la presunción de autenticidad de los mismos, ya que en muchas ocasiones estas grabaciones son tomadas por las cámaras de seguridad de la propia policía y guardia civil, y las fotografías pueden ser extraídas de los propios videos tomados.

En el caso de las fotografías y vídeos tomados por ciudadanos o individuos ajenos a la seguridad nacional, en un alto porcentaje de ocasiones, son tomados con sus dispositivos móviles, y conservados en estos, lo cual supone que pueden haber sido modificados o creados con cierta facilidad mediante el uso de aplicaciones con contenido de inteligencia artificial que permiten la modificación de estas pruebas electrónicas.

1. El aseguramiento de la prueba electrónica

La inteligencia artificial, la práctica y conocimiento informáticos de los hackers o personal debidamente cualificado y con experiencia en la materia informática, puede llevar aparejada que algunas de las pruebas digital que son presentadas en sede judicial hayan sido confeccionadas o adulteradas mediante el uso malicioso de la inteligencia artificial, con la finalidad de simular una prueba digital y hacerla valer en juicio.

Cuando la contraparte presupone o tiene sospechas fundadas sobre la licitud de la prueba digital presentada, impugnará la misma en el momento procesal oportuno, lo cual motivará que la parte que presenta la referida prueba, deba de presentarla acompañada de un informe pericial que asevere la autenticidad de la misma, o por el contrario, que la parte procesal que la impugna, presente informe de expertos informáticos haciendo constar que la prueba no es válida en Derecho por haberse confeccionado mediante el uso de la inteligencia artificial.

Otra forma de asegurar la prueba es aportar la meritada mediante acta notarial, si bien, este profesional, lego en materia informática, dará fe del contenido de la prueba que se le muestra, pero no podrá dar fe sobre la autenticidad de la prueba toda vez que carece de conocimientos informáticos suficientes para poder rubricar si ha sido o no modificada.

En la misma tesitura nos encontramos para el caso de que la prueba sea asegurada por el letrado de la Administración de Justicia, toda vez que, al igual que ocurre con la figura del notario, carece de conocimientos informáticos suficientes para poder dar fe sobre la autenticidad y no modificación de la prueba electrónica.

El cotejo de conversaciones puede realizarse por los citados fedatarios públicos, no obstante, tampoco pueden acreditar que esas conversaciones no hayan sido modificadas de forma previa al cotejo.

Todo ello, nos conduce a determinar que el único profesional capacitado para garantizar la autenticidad de la prueba electrónica es el perito informático.

2. La figura del perito informático

Podemos definir al perito informático como aquel profesional que, mediante la práctica, el uso y aplicación de sus conocimientos en tecnología e informáticos, se encarga de confeccionar los informes periciales informáticos.

El perito informático ha de contar con la suficiencia en capacidad, sabiduría, habilidad, pericia y experiencia en la materia informática. Se trata de un profesional especialista que es capaz de realizar informe que se caracterizan por contar con una complejidad técnica que está fuera del alcance del ciudadano medio.

El perito debe de acreditar, para tener tal condición, conocimientos especializados acreditados mediante titulaciones profesionales oficiales de conformidad con el artículo 340.1 de la Ley de Enjuiciamiento Civil (en adelante LEC), que dice: “Los peritos deberán poseer el título oficial que corresponda a la materia objeto del dictamen y a la naturaleza de este. Si se tratare de materias que no estén comprendidas en títulos profesionales oficiales habrán de ser nombrados entre personas entendidas en aquellas materias".

La titulación académica con la que ha de contar el perito informático, es la propia de las titulaciones en esta materia, si bien, actualmente, en España coexisten multitud de titulaciones informáticas, propias y oficiales, algunas universitarias, otras correspondientes con ciclos de formación profesional, y otras titulaciones que son obtenidas en academias, de forma incluso *online*.

Los titulados en informática pertenecen al área de las tecnologías de la información y comunicación (TIC).

Las especialidades de ingeniería técnica en España vienen reguladas en el Anexo III, letra B) del Real Decreto 1954/1994 de 30 de septiembre sobre homologación de títulos a los del Catálogo de Títulos Universitarios Oficiales, creado por el Real Decreto 1497/1987, de 27 de noviembre.

En relación a la prueba digital y, por ende, los informes periciales informáticos, este Real Decreto en materia de informática, enumera 2 titulaciones de ingenierías técnicas en la materia, siendo estas; la de ingeniero técnico en informática de gestión y la de ingeniero técnico en informática de sistemas.

La competencia para la realización de los informes periciales informáticos corresponde a los ingenieros técnicos en informática, en virtud del anexo II, apartado 1.3.10 de la Resolución de 8 de junio de 2009, dictada por la Secretaría General de Universidades, mediante la que se dio publicidad al Acuerdo del Consejo de Universidades por el que se establecen recomendaciones para la propuesta por las universidades de memorias de solicitud de títulos oficiales en los ámbitos de la ingeniería informática, ingeniería técnica informática e ingeniería química, las cuales dan acceso a las siguientes profesiones: conocimiento para la realización de mediciones, cálculos, valoraciones, tasaciones, peritaciones, estudios, informes, planificación de tareas y otros trabajos análogos de informática.

Además de contar con la debida titulación, el perito informático en algunas de las Comunidades Autónomas de nuestro país es preceptivo el requisito de la colegiación, siendo estas; Andalucía, Castilla la Mancha, Comunidad Valenciana, Islas Canarias y Galicia.

En el resto de España, la colegiación es potestativa. Si bien, sería deseable que a futuro sea preceptiva la colegiación como requisito idóneo para garantizar la protección frente a los abusos informáticos y el intrusismo profesional.

Sin perjuicio de las titulaciones indicadas, actualmente, no es requisito preceptivo en España la tenencia de la titulación en informática para ejercer como perito informático. Toda vez que es posible ejercer como tal contando con experiencia profesional o con conocimientos informáticos suficientes.

2.1. El informe pericial informático

El informe pericial informático es el documento de prueba mediante el que el perito informático, una vez analizada la prueba digital, extrapola y expone toda la información e indagaciones a las que ha llegado una vez aplicada su pericia, para finalmente concluir respecto a los elementos electrónicos que se desean hacer valer como prueba.

Se trata, por tanto, de una prueba personal que se documenta en formato papel y que igualmente puede reproducirse en dispositivo electrónico para su presentación como medio probatorio y para su conservación.

Por un lado, el principio de aportación de parte del informe pericial informático, supone la atribución por parte de la Ley a las partes de la potestad para aducir y traer al proceso el material de hecho, limitando la función del juez a recibirlo, para valorarlo después (Abel, 2005, 56).

La prueba pericial es un medio probatorio mediante el cual, el perito aporta al órgano judicial sus conocimientos científicos, artísticos, técnicos o prácticos en caso de que resulten necesarios para valorar hechos o circunstancias relevantes en el proceso o para acreditar los mismos (Pinto, 2017).

Asimismo, el informe pericial puede tener como objeto, además de valorar una prueba digital, la autoría de un documento o una acción dentro del entorno digital; siempre y cuando haya una garantía de los derechos fundamentales que entran en juego, derecho a la intimidad y al secreto de las comunicaciones de las personas implicadas.

El informe pericial de ningún modo puede introducir hechos nuevos que vayan a ser objeto de debate, sino que su trabajo se limita a interpretar los hechos que rodean a la prueba digital.

Sin perjuicio de la existencia del informe pericial y las conclusiones en él contenidas, el informe pericial no sustituirá a la decisión judicial, puesto que no suple la tarea decisoria y resolutoria del Juez, sino que auxilia la labor de este. A mayor abundamiento, pese a la importancia técnica del informe pericial, este no cuenta con mayor o menos importancia que el resto de pruebas, motivo por el cual, debe de ser valorado y analizado individualmente o en relación con el resto de pruebas dentro del proceso judicial correspondiente.

Así las cosas, las partes procesales pueden optar por contratar de forma libre un perito informático de libre designación conforme a los intereses que a su derecho convengan o incluso pueden solicitar que tal designación se haga judicialmente, elección que se realizará, nombrado a un perito dentro de los listados de peritos judiciales informáticos habilitados a tal efecto. En este sentido, la doctrina mantiene que hay una aplicación alternativa y, por tanto, el reconocimiento de la posibilidad de optar entre una u otra pericial (Calvo, 2005, 103), refiriéndose a la libre designación del perito o a la designación judicial de perito informático.

2.2. Requisitos del dictamen pericial informático

El informe contará con los siguientes documentos básicos: índice, memoria y anexos. Todas y cada una de las páginas deberán de contener el número de página para su fácil identificación o referencia en un ulterior procedimiento judicial. La presentación del informe ha de ser ordenada, cuidadosa y limpia, estructurado conforme en el índice se indique, por capítulos o apartados, que serán enumerados de conformidad con lo indicado en la norma UNE 50132.

El índice tiene como misión la localización sencilla y rápida de los distintos contenidos que integran el informe pericial informático. El índice general contendrá todos y cada uno de los índices de los diferentes documentos básicos que componen el dictamen forense.

Además del nombre, apellidos, número de identidad, número de colegiado, domicilio y demás datos de identidad, el informe incluirá una breve referencia a la titulación y experiencia del perito que confecciona el informe, si bien, aunque este apartado no es preceptivo es muy conveniente su inserción para que el Juez pueda tener una visión de la capacidad y competencia del perito que confecciona el informe pericial, y de esta forma, se acredite la pericia en el caso concreto que será objeto de enjuiciamiento. Es una manera de añadir una mayor fiabilidad a la prueba pericial informática. Esta mención y descripción que aparecerá recogida en el informe pericial permite una mayor credibilidad en la valoración de los dictámenes, en cuanto el Tribunal tomará en consideración la formación y aptitud del perito a la hora de valorar el dictamen (Montero, 2005).

Se identificará al particular, sociedad u organismo que ha encargado la realización del informe pericial.

De forma continuada a la carátula e índice, así como la presentación del autor del informe, nos encontramos con una de las partes más importantes del dictamen y es la memoria.

La memoria, es el documento donde se describe el objeto del informe, las soluciones y métodos utilizados.

La misma, debe de ser totalmente comprensible tanto para otros profesionales en materia informática como para ciudadanos legos en la materia, toda vez que el mismo será presentado, el procedimiento judicial y debe de ser comprendido por las partes y, especialmente, por el órgano juzgador. No podemos olvidar, que igualmente el dictamen ha de ser comprensible para el particular u organismo que lo contrata.

Dentro de la memoria, una de las partes más importantes es la hoja de identificación; en la misma, se describirá de forma detallada los objetivos y el alcance del trabajo a realizar. Los datos de partida, legislación y normativa aplicable.

El perito hará una descripción de cómo ha realizado la labor investigadora que ha dado como resultado el informe pericial; explicará qué métodos ha utilizado, la elección de los mismos, y por qué se han desechado la utilización de otros métodos, este apartado contendrá una justificación del uso metodológico.

Parte muy importante del contenido del informe es aquel que identifica las evidencias digitales utilizadas, cómo se ha llevado a cabo la custodia, el clonado *bit a bit* de la misma, cómo ha sido el proceso de adquisición de la prueba digital e identificará y hará una explicación pormenorizada y acreditada sobre cómo se ha establecido la cadena de custodia debidamente.

Posteriormente, describirá de forma detallada qué técnicas informáticas y forenses ha utilizado para el análisis de la prueba digital y los resultados obtenidos. Este punto es muy importante porque las acciones que se describen como realizadas deben de poder ser reproducidas por un tercero, obteniéndose idéntico resultado.

Todas las normas y referencias legales aparecerán dentro de la memoria, siempre y cuando estas guarden relación con la prueba digital analizada, con el objeto y el contexto del dictamen pericial. Cabe la posibilidad de que el autor del informe pericial incluya una relación de libros, revistas u otros textos de índole informática o tecnológica que le hayan sido de utilidad y aplicación directa para la realización del trabajo.

Dentro de la memoria se insertará un apartado destinado a la inclusión de las abreviaturas y definiciones, en las mismas aparecerán todas aquellas definiciones técnicas que se hayan utilizado a lo largo del informe pericial y el significado de las mismas, para una comprensión óptima.

Las conclusiones que a continuación se transcriban en el informe pericial, deben de ser claras y concisas del resultado del peritaje realizado. Las conclusiones son el resultado alcanzado por el perito tras haber analizado y aplicado su pericia y la lógica en la prueba digital a valorar. Dentro de las mismas pueden contener referencias a otros apartados del informe pericial con el fin de corroborar o ampliar la información que contienen las conclusiones.

Una de las partes finales del dictamen pericial es la fecha en la que se han alcanzado las conclusiones que *ut supra* se hayan manifestado.

La rúbrica final del informe pericial, debe de venir en forma de firma, en concreto, del perito informático que haya confeccionado el informe. Su firma podrá realizarse de forma manuscrita o electrónica e igualmente vendrá acompañada del número de colegiado del perito autor del informe.

El informe pericial puede contener documentos anexos al mismo.

El requisito fundamental del informe pericial informático es garantizar la cadena de custodia de la prueba electrónica, y se puede definir a esta como el procedimiento documentado que permite constatar la identidad de la prueba, la integridad de la misma y su autenticidad, desde el momento de la obtención de la prueba digital hasta su aportación al proceso como prueba.

La cadena de custodia tiene como finalidad garantizar la exacta identidad de lo incautado y de lo analizado, por ende, su valor es instrumental para garantizar que lo analizado fue lo mismo que se recogió como prueba. De forma consecuente, resulta imprescindible que para que el informe pericial no pueda ser impugnado se garantice que la cadena de custodia no se ha roto y tampoco se hayan contaminado los medios de prueba.

En cuanto a la prueba digital, se realiza un clonado *bit a bit*, o clonado espejo de la prueba original y se trabaja en el informe pericial utilizando la copia. Igualmente, además del clonado se calculan las claves *hash*, las funciones de esta huella digital son estructuras de datos de uso común en los sistemas informáticos para verificar la integridad de los mensajes y la autenticidad de la información.

En cuanto a la prueba digital, la cadena de custodia garantiza que el material informático analiza, clona y se presenta el día del juicio.

La facilidad de manipular las pruebas electrónicas, es muy sencillo modificar un email, mensajes de texto móvil, mensajes o fotografías recibidos y enviados a través de aplicaciones de dispositivos electrónicos; es uno de los motivos en los que radica esa necesidad de que se garantice la cadena de custodia.

La intangibilidad de las pruebas informativas o digitales se materializa en el sentido de que estas en muchas ocasiones solo pueden apreciarse mediante procesos complejos informáticos, como, por ejemplo, cuando se accede al disco duro de una empresa mercantil con la finalidad de extraer datos borrados.

Las pruebas digitales pueden ser clonadas de forma que la copia será idéntica a la prueba original, lo que supone que el trabajo que se realiza sobre la prueba clonada arrojará los mismos resultados que si se trabajase sobre la prueba original.

Otra de las características de las pruebas digitales es la volatilidad lo que puede suponer que sean adulteradas o modificadas con mucha facilidad. Lo mismo ocurre con la posibilidad de que puedan destruirse.

Dadas las características de la prueba digital no es nada remota la posibilidad de que la cadena de custodia se rompa, con las consecuencias que ello conlleva, entre ellas, la no posibilidad de presentarse en juicio porque será impugnada por este motivo relativo a la rotura de la cadena de custodia, esto brinda la posibilidad a la contraparte para que alegue que la prueba adolece de ilicitud y falta de veracidad, pues la ruptura de la cadena de custodia implica que se ha vulnerado el procedimiento garante de la integridad y autenticidad de la prueba.

Por este motivo desde que se obtiene la prueba electrónica se ha de preservar la cadena de custodia para que constituya prueba plena en el proceso judicial. Si se produce la ruptura de la cadena de custodia, el Juez no podrá valorarla porque se tratará de un prueba contaminada, inválida y no fiable, cuando exista esa certeza de la manipulación de la prueba.

El Juez, dictará Sentencia en base a las conclusiones del informe pericial y las restantes pruebas presentadas, no obstante, el informe pericial puede ser impugnado de adverso tanto en el acto de juicio como de forma posterior a través del correspondiente recurso en vía judicial.

Este derecho a recurrir lo encontramos recogido en el artículo 24 de la Constitución Española que garantiza el derecho a la tutela judicial efectiva, dentro de dicho derecho se encuadra, asimismo, el derecho a recurrir las resoluciones desfavorables para las partes.

Richard González, manifiesta que la impugnación se trata de un motivo de vocación pública que sirve para la corrección de la aplicación del Derecho (Richard, 2013, 425), el recurso entra en confrontación con la apreciación de la prueba por parte del órgano juzgador que se basa en la libre apreciación judicial, órgano que valorará la prueba pericial de conformidad con las reglas de la sana crítica (Art. 348 LEC).

La jurisprudencia del Tribunal Supremo enumera las reglas de la sana crítica[1]:

1ª: Cuando no consta en la Sentencia valoración alguna en torno al resultado del dictamen pericial.

2ª Cuando se prescinde del contenido del dictamen, omitiendo datos, alterándolo o deduciendo del mismo conclusiones distintas.

3ª Cuando no habiéndose producido en el proceso dictámenes contradictorios, el Tribunal con base a los mismos, llega a conclusiones distintas a las de los dictámenes.

4ª Cuando los razonamientos del Tribunal en torno a los dictámenes atenten contra la lógica y la racionalidad o sean arbitrarios, incoherentes y contradictorios.

En la Sentencia dictada en instancia, la prueba pericial ha debido de haber sido examinada a conciencia junto al resto de pruebas presentadas por las partes procesales e incluso valorar los interrogatorios en caso de haberlos, asimismo, se han analizado los hechos de la demanda y de la contestación a la misma, o de la denuncia para el caso de la vía penal, para de forma

---

1 STS, Civil, 15 diciembre 2015, (rec.2006/2013).

ulterior, en la Sentencia, relatar la parte de hechos probados una vez practicada la prueba.

Todo ello supone en muchas ocasiones la imposibilidad de novar en suplicación el relato fáctico sobre la base de la prueba, entre otras la pericial, pues la misma ha sido ya analizada por el órgano judicial *a quo*.

Por todo ello, podemos concluir que el informe pericial es una prueba válida en Derecho confeccionada por un profesional o experto de la materia informática, que permite al Juez, valorar la prueba electrónica, teniendo de este modo el órgano juzgador la certeza de que la misma no ha sido adulterada o, por el contrario, se le permite conocer que la meritada prueba ha sido modificada o es fruto de aplicaciones que utilizan la inteligencia artificial.

IV. BIBLIOGRAFÍA

Abel Lluch, X. (2005). Iniciativa probatoria de oficio en el proceso civil, Barcelona: Bosch.

Calvo González, S. (2005). Compatibilidad entre la pericial de parte y la pericial judicial en la LEC 2000, Barcelona: Bosch.

Montero Aroca, J. (2005). La prueba en el proceso civil, Madrid: Civitas.

Pinto Palacios, F. (2017). “La prueba pericial informática”, Diario la Ley, núm. 5, pp. 3-6.

Richard González, M. (2013). “La impugnación y revisión de la prueba mediante recursos ordinarios y extraordinarios en el proceso penal”, en *Estudios sobre prueba penal.* Abel Lluch y Richard González (Dir.), Vol. III, Madrid: La Ley.

Protección constitucional frente a los sesgos creados por las neurotecnologías

EDUARDO DE CELIS GUTIÉRREZ
Universidad de León, España

SUMARIO: I.- INTRODUCCIÓN. II.- EL PROBLEMA DE LA CREACIÓN DE SESGOS COMO CONSECUENCIA DEL DESARROLLO DE LAS NEUROTECNOLOGÍAS Y LA INTELIGENCIA ARTIFICIAL. III.- NECESIDAD REGULATORIA DE UN NEURODERECHO ESPECÍFICO A LA PROTECCIÓN FRENTE A LA DISCRIMINACIÓN Y A LA CREACIÓN DE SESGOS. IV.- REGULACIÓN DE LOS DATOS DE CALIDAD EN EL DESARROLLO DE LAS NEUROTECNOLOGÍAS EN RELACIÓN CON LOS SESGOS. V.- CONCLUSIONES. VI.- BIBLIOGRAFÍA.

I. INTRODUCCIÓN

El desarrollo de las neurotecnologías requiere por parte del legislador una mayor atención, en tanto y cuanto la afectación en la "psique" humana es exponencial al incremento en la investigación por parte de laboratorios privados y universidades en el mundo.

Los neuroderechos se definen como principios éticos, legales, sociales o naturales de libertad o derechos relacionados con el dominio cerebral y mental de una persona, es decir, las reglas normativas fundamentales para la protección y preservación del cerebro y la mente humanos(Ienca, 2021).

Apunta la Profesora RECHE TELLO(Reche, 2024,155-156) que nuestra doctrina constitucional reconoce la existencia de derechos que inherentemente garantizan la dignidad, fundamento del orden político, como el derecho a la vida, integridad física y moral, la intimidad, la libertad ideológica o el derecho a no ser discriminado por razón de nacimiento, raza sexo, religión o cualquier otra condición o circunstancia personal o social(STC 137/2000, F.J. 1°).

La necesidad de articulación de los neuroderechos como derechos humanos en el ámbito internacional y, posteriormente, como derechos fundamentales en las constituciones de los Estados, está justificado a pesar del peligro de una inflación de derechos humanos, puesto que el riesgo surgido a raíz del estado actual de la ciencia y la investigación del mapa cerebral humano y su interrelación con lo más profundo de la esencia de nuestra especie es distinto, divergente y sobre todo imprevisible respecto a la protección de la persona, cubriendo un espectro no previsto en la Carta, Tratados o en las constituciones de los Estados modernos, tal y como vamos a analizar.

El profesor ALSTON, en 1984, planteó que para evitar la inflación de derechos humanos, se han de exigir criterios de calidad como el valor social, la relevancia, alcanzar un consenso internacional y que sean compatibles con la práctica general de los Estados.

La regulación internacional y nacional de estos nuevos derechos ha de responder a la neuroprotección y a la dignidad de la persona sin desalentar la investigación científica por la imposición de restricciones que desincentiven el desarrollo de proyectos en curso.

Varios defensores de la necesidad del desarrollo y reconocimiento del Derecho a la Neuroprotección como el Dr. RAFAEL YUSTE, indican que el derecho a los avances científicos no puede tener una "patente de corso" que relegue la protección de los derechos humanos a un segundo plano. No todo vale por el progreso.

La necesidad de una concreta regulación de los neuroderechos en la que se garantice la capacidad restauradora de los derechos humanos por las prácticas abusivas en el campo de la neurociencia nos evoca a la reciente historia del siglo XX con la invención de la bomba atómica.

El profesor IENCA advierte, en 2021, sobre la necesidad de construir categorías dentro del concepto de neuroderechos para concretar su extensión y afectación con el resto de los derechos fundamentales. Así existirían:

a) Neuroderechos derivados de la libertad de pensamiento: libertad cognitiva, derecho a la agencia y al libre albedrío, libertad mental y libertad de pensamiento.

b) Neuroderechos derivados de la privacidad: mental y neuroprivacidad.

c) Neuroderechos derivados de la integridad psíquica: integridad mental.

d) Neuroderechos derivados de la identidad personal: continuidad psicológica y derecho a la identidad.

e) Y, neuroderechos relacionados con la promoción de requisitos sociotécnicos: derecho al acceso justo al aumento de la neurocognición y, el que vamos a tratar en este artículo, la protección contra el sesgo algorítmico.

Así, investigadores y bioeticistas, enuncian un nuevo marco internacional en los que se incluirían los cinco neuroderechos integrados en el derecho de la Neuroprotección:

a) Derecho a la identidad

b) Derecho de agencia

c) Derecho a la privacidad mental

d) Derecho al acceso equitativo al aumento de la neurocognición.

e) Derecho a la protección contra sesgos algorítmicos.

II. EL PROBLEMA DE LA CREACIÓN DE SESGOS COMO CONSECUENCIA DEL DESARROLLO DE LAS NEUROTECNOLOGÍAS Y LA INTELIGENCIA ARTIFICIAL

Como punto de partida, debemos destacar la necesaria protección del yo inconsciente de la persona como consecuencia del desarrollo de las "*Brain Computer Interfaces*" (BCI), es decir, interfaces cerebro-ordenador con fines (por el momento) únicamente terapéuticos que acceden a estratos de nuestro cerebro hace unos años inimaginables.

Obviamente, los asistentes basados en Inteligencia Artificial (IA) están asumiendo un protagonismo destacado puesto que los algoritmos pueden ayudar a reconocer patrones, crear, reglar y realizar juicios predictivos. El uso del *Big Data* y la antropometría a través de la IA está permitiendo el acceso a profundas dimensiones introspectivas de las personas (Beltrán de Heredia, 2023).

El peligro, tal y como hemos apuntado en el primer epígrafe de este artículo, se encuentra en que las neurotecnologías aún no han alcanzado su máximo exponente y desconocemos la finalidad que se está dando a grandes cantidades de datos neuronales (*Big Brain Data*) manejados por grandes compañías tecnológicas.

De tal forma, y pese a que la gestión algorítmica de los datos neuronales no ha alcanzado en la actualidad toda su potencialidad seguimos sin poder observar qué hay detrás de los estudios de mapeado cerebral; pero, sin embargo, técnicamente ya podrían "ser leídas" nuestras intenciones, emociones, decisiones, deseos o estados de ánimo.

El desafío normativo en este campo debería centrarse en la protección del subconsciente humano del acceso indirecto al "patio trasero neuronal" a través de estos BCI o de otras neurotecnologías que estén condicionando ya el comportamiento humano. Como prueba, el incremento de casos patológicos de adicción digital a dispositivos de telefonía móvil o *smartphones*.

III. NECESIDAD REGULATORIA DE UN NEURODERECHO ESPECÍFICO A LA PROTECCIÓN FRENTE A LA DISCRIMINACIÓN Y A LA CREACIÓN DE SESGOS

El objetivo en la variada normativa internacional se centra en orientar la actuación de los poderes públicos y privados, a la hora de abordar las discriminaciones que puedan producirse en el empleo de neurotecnologías asistidas por IA.

En este sentido, la OCDE en su Recomendación sobre Innovación Responsable en Neurotecnologías señala entre sus directrices a los Estados la necesidad de:

> *«d) promover políticas para evitar que los datos personales sobre el cerebro se utilicen para discriminar o excluir indebidamente a determinadas personas o poblaciones, en particular con fines comerciales, en el marco de procesos judiciales o en el ámbito del empleo o los seguros».*

Por otro lado, el Comité de Bioética de la UNESCO en su informe de 15 de diciembre de 2021, relativo a cuestiones éticas sobre las neurotecnologías dispuso que resulta conveniente positivizar y garantizar neuroderechos como la protección frente a los sesgos y la discriminación, a fin de que la ciudadanía pueda reclamar su respeto, al tiempo que instan al desarrollo de regulaciones respecto de la producción y el uso de estas tecnologías; asimismo, se dirigen a la industria, para que realice una innovación responsable, con el desarrollo transparente de algoritmos que eviten la discriminación, y «productos no sexistas que garanticen enfoques inclusivos".

El denominado neuroderecho a la protección de sesgos puede regularse desde una doble perspectiva, tal y como defienden los profesores Camargo Brito y Ried Soto (Camargo & Ried, 2021):

- Desde una vertiente que se centre en la búsqueda del impacto que generarían los avances neurocientíficos en debates relativos al derecho de igualdad y no discriminación, así como a las correspondientes nociones de Moral y Derecho.
- Y desde una vertiente centrada en un análisis empírico de la relación entre las neurotecnologías en el proceso judicial.

Dentro de la primera vertiente, la estrecha relación entre Derecho y Ética cobra un profundo sentido y se centrará en los principios éticos y en la afectación sobre los derechos humanos de la aplicación de neurotecnologías que puedan afectar en la creación de sesgos o discriminaciones.

Respecto de la segunda, la propia doctrina considera que su recorrido práctico es amplio puesto que, dentro del proceso, la afectación sobre el concepto de acción, y los requisitos del consentimiento pueden ser objeto de una pericial que determine vicios en el consentimiento que deriven en nulidades de negocios jurídicos; o en una inimputabilidad, en el caso de que afecten a un proceso penal.

Sin lugar a dudas, la entrada en vigor del Reglamento Europeo de Inteligencia Artificial (RIA o *AI Act*) ha supuesto una legislación vanguardista respecto a la problemática planteada por los sistemas basados en IA y que busca el equilibrio entre la investigación y el desarrollo de las empresas tecnológicas (y por ende, neurotecnológicas) y una debida protección de los derechos humanos.

El modelo regulatorio europeo de la Inteligencia Artificial adopta un paradigma de protección de los derechos fundamentales en el sector de la investigación de la IA, al contrario del modelo liberal norteamericano o el de Estado-Policía chino.

El objeto del Reglamento europeo es el de proporcionar seguridad jurídica mediante un marco unificado *ex ante* aplicado a todos los sistemas basados en IA que estén en el mercado europeo, atendiendo a los distintos niveles de riesgo que impliquen sobre la salud, seguridad y otros derechos fundamentales, quedando prohibidos aquellos riesgos que puedan suponer un grave peligro para los ciudadanos, imponiéndose obligaciones de transparencia junto con un régimen sancionador importante a los sujetos afectados por la regulación.

Lógicamente, el campo de la neurotecnología en el que se utilizan sistemas basados en IA se encuentran sujetos a una fuerte regulación debido a que el riesgo asumido por estos sistemas va a oscilar en la mayoría de las veces entre alto e inaceptable. Es por ello, que tal y como apunta el profesor PRESNO LINERA, el RIA va a imponer una serie de principios generales aplicables a los sistemas IA con el objeto de promover el enfoque europeo centrado en la protección de los derechos humanos, en plena consonancia con la Carta, así como con los valores fundacionales de la Unión (Presno, 2002, 102), dentro de los cuales se encuentra el principio de "diversidad, no discriminación y equidad".

El RIA impondrá que aquellas empresas que quieran desarrollar neurotecnologías basadas en IA incluyan medidas que promuevan el acceso igualitario a la tecnología, igualdad de género, diversidad cultural; evitando los efectos discriminatorios y sesgos injustos prohibidos por el Derecho de los Estados miembros o de la Unión.

Una de las grandes preocupaciones por parte de organismos públicos y privados a nivel internacional en el campo de los neuroderechos se encuentra precisamente en el tratamiento algorítmico de los datos obtenidos por las neurotecnologías, puesto que cabe la posibilidad de que estos sistemas basados en IA puedan discriminar a ciertos grupos humanos al interpretar erróneamente o de manera sesgada los datos cerebrales obtenidos.

En la actualidad, existen numerosos estudios en el campo de la neuropsicología que apuntan a que el futuro del ser humano está inescindiblemente unido a la proliferación de asistentes informacionales, cada vez más interconectados con nuestro cuerpo, que pretendar ayudar a la toma de decisiones, obviando que, dichos asistentes basados en IA están basados en patrones alimentados con datos humanos, y que no están exentos de error. Y sin embargo, dichos sistemas basados en IA pueden incurrir en la creación de diversos tipos de sesgos.

Es por ello que autores como Yuste y Goering abogan por que los sistemas basados en IA aplicados a las neurotecnologías eliminen *ex ante* cualquier tipo de sesgo en sus patrones de aprendizaje automático, así como la necesidad de participación de personas de diversos grupos marginados en el diseño de algoritmos y dispositivos para garantizar que se aborden estas medidas en las primeras etapas del diseño del producto (Goering, 2021).

En este punto, han surgido voces críticas sobre la viabilidad del control de sesgos *ex ante* en los algoritmos utilizados en el campo de la neurotecnología puesto que, se requiere contar con un mayor volumen de datos no sesgados, lo cual va a chocar irremediablemente con la existencia de programaciones protegidas por derechos de autor y patentes (Borbón & Borbón, 2021, 15).

La regulación europea en materia de protección de datos y de inteligencia artificial sitúa a los datos cerebrales como riesgo de primer nivel, por lo que la labor de anonimizar los datos obtenidos es complicada debido a los problemas apuntados anteriormente. La privacidad de los datos cerebrales impide que las programaciones algorítmicas mejoren o sean entrenadas.

La programación algorítmica se enfrenta, en la actualidad, a un desafío sin una posible solución a corto plazo que le permita resolver la eventual vulneración del principio de igualdad y no discriminación en la sociedad.

Por un lado, para que un algoritmo tenga mejor fiabilidad, éste debe manejar un volumen de datos aceptables. Sin embargo, la naturaleza de los datos cerebrales impide dicho "entrenamiento".

Por otro lado, nos encontramos con el problema del diseño *ex ante* del algoritmo que permita la participación de todos los estratos de la sociedad para lograr un algoritmo neutro. El desafío de la neurotecnología basada en IA se encuentra por lo tanto en la búsqueda de una serie de principios generales *ex ante*. Por otro lado, introducir sesgos que beneficien a los sectores de la sociedad desfavorecidos buscando introducir una acción positiva del algoritmo, una suerte de discriminación positiva.

La introducción de valores políticos y éticos desde el diseño con los que eliminar los distintos tipos de sesgo, es un camino largo y que está sujeto normativamente debido a la cantidad de datos sensibles y al riesgo de su utilización contraria a derecho por parte de los desarrolladores u otros agentes.

IV. REGULACIÓN DE LOS DATOS DE CALIDAD EN EL DESARROLLO DE LAS NEUROTECNOLOGÍAS EN RELACIÓN CON LOS SESGOS

El art. 67 del RIA define datos de calidad como "datos pertinentes, lo suficientemente representativos y, en lo posible, libres de errores y completos en vista de la finalidad prevista del sistema".

Para que estos datos sean de calidad, se ha de prestar especial atención a la mitigación de los posibles sesgos, especialmente en los casos en los que afecten a la seguridad o a la salud de las personas, repercutan en los derechos fundamentales o den lugar a algún tipo de discriminación.

Este derecho de acceso a datos de calidad es especialmente sensible en sistema de IA de alto riesgo como son las neurotecnologías. En este caso, el acceso a datos de calidad no sesgados permitirá que el sistema funcione de una manera adecuada y segura, no contraviniendo las normas comunitarias que pudiesen degenerar en la creación de una discriminación prohibida.

Así pues, los proyectos de investigación en el campo de la neurociencia deberán tener en cuenta a la hora de manejar datos, las características o elementos particulares del entorno geográfico, contextual, conductual o funcional específico en el que se vayan a utilizar.

Esta nueva regulación europea, en su artículo 68 RIA, va a exigir a las administraciones que autoricen el uso de estos datos de calidad para proyectos de neurociencia, una obligación de apoyo al suministro de datos de alta calidad con los que entrenar, validad y probar estos sistemas de IA de alto riesgo por el manejo de datos neuronales.

V. CONCLUSIONES

PRIMERA:

El marco regulatorio de los neuroderechos es, en la actualidad, uno de los campos más desafiantes debido, tal y como hemos analizado en este artículo, al estado actual de la ciencia y de los proyectos de neurotecnología tanto a nivel privado como a nivel público en laboratorios de todo el mundo.

La regulación de algoritmos seguros entrenados con datos cerebrales plantea grandes lagunas en la medida de que existen conceptos excesivamente vagos como el de datos de calidad según el reglamento europeo y que puede suponer verdaderas vulneraciones de la privacidad de personas titulares de esos datos que forman parte del “entrenamiento”.

SEGUNDA:

La Corte Suprema de Chile, en su sentencia de 9 de agosto de 2023, se pronunció en un histórico fallo contra la comercialización de un dispositivo llamado *Insight*, propiedad de la empresa *Emotiv Inc.*, en ese país, debido a graves deficiencias en la protección de la privacidad de los datos cerebrales recogidos por este producto. Esta sentencia ha supuesto un primer paso judicial frente al riesgo inminente al que el ser humano se enfrenta por el uso de las neurotecnologías.

La necesidad de datos de calidad no es solo una demanda de las empresas biotecnológicas que desarrollan tecnologías de estudio del cerebro humano, sino de las propias administraciones y gobiernos nacionales como supervisores del desarrollo de algoritmos de riesgo elevado.

TERCERA:

Nos adentramos en una época decisiva en la que la innovación y la garantía de los derechos humanos van a chocar frontalmente y en la que la exigencia de un diseño seguro del algoritmo, libre de sesgos, va a contribuir a una tecnología segura y sobre todo confiable.

Esa confianza a la que todos los sectores políticos, sociales y científicos aluden en el campo de los datos y de los neuroderechos, es esencial para conseguir los objetivos de una sociedad avanzada y democrática, no en una distopía oscura en la que unas pocas empresas mercadeen con datos cerebrales obtenidos ilícitamente y con su aplicación se abran brechas sociales, económica y legales más grandes que afecten a los colectivos más desfavorecidos de la sociedad.

VI. BIBLIOGRAFÍA

Barrio Andrés, M. (2024) "El Reglamento Europeo de Inteligencia Artificial". Tirant lo blanch.

Beltrán de Heredia Ruiz (2023), "Inteligencia Artificial y neuroderechos: la protección del yo inconsciente de la persona". Aranzadi.

Borbón, D.; y, Borbón, L., (2021) "A critical perspective on neurorights: comments regarding ethics and law". Frontiers in human neuroscience, 15.

Camargo Brito; y, Ried Soto, N. (2021) "Neurociencia y derecho. El impacto del neuroderecho en la práctica judicial chilena". Revista Chilena de Derecho, 48, 1-24.

Goering, S., *et.al.* (2021) "Recommendations for Responsible Development and Application of Neurotechnologies". Neuroethics, 14 (3): 365-386, https://doi.org/10.1007/s12152-021-09468-6.

Ienca, M. (2021). "On Neurorights". Frontiers in Human Neuroscience, 15, 701258. Https://doi.org/10.1080/fnhumn.2021.701258

Presno Linera, M. (2002) Derechos Fundamentales e inteligencia artificial. Editorial Marcial Pons y Fundación Manuel Giménez Abad, 102.

Reche Tello, N. (2024). "Mens Iura Fundamentalia. La neurotecnología ante la constitución". Editorial Colex, 155-156.

Inteligencia artificial en medicina: nuevos desafíos en la práctica clínica

MARINA MORLA GONZÁLEZ
Universidad de León, España

SUMARIO: I. INTRODUCCIÓN: INTELIGENCIA ARTIFICIAL (IA) EN SALUD. II. APLICACIONES DE LA IA. 1. IA en la asistencia sanitaria. 2. IA en investigación. III. EL ECOSISTEMA DE LOS DATOS. 1. ¿De dónde vienen los datos?. 2. ¿Quién accede a los datos?. IV. EL DERECHO A LA INTIMIDAD DEL USUARIO DE LA IA. ESPECIAL REFERENCIA A LOS DATOS GENÉTICOS. V. EL DERECHO-OBLIGACIÓN DE INFORMAR. VI. LA CAPACIDAD EN LA TOMA DE DECISIONES EN UN CONTEXTO DIGITAL. VII. VALORES AFECTADOS EN EL NUEVO CONTEXTO. 1. La confianza. 2. La autonomía. VIII. CONCLUSIONES. IX. BIBLIOGRAFÍA.

I. INTRODUCCIÓN: INTELIGENCIA ARTIFICIAL (IA) EN SALUD

Está claro que el avance de la tecnología favorece múltiples aspectos de la vida diaria para los individuos. Sin embargo, no deja de plantear desafíos que requieren reflexión, especialmente desde un punto de vista jurídico y ético. Es en el ámbito sanitario donde estos desafíos se presentan más complejos, pues se ven afectadas cuestiones sensibles de salud a las que se han aplicado, a lo largo del tiempo, una larga tradición de principios éticos. Estos principios éticos son los conocidos como cuatro principios de la Bioética introducidos por el Informe Belmont en el año 1978: beneficencia (buscar siempre el beneficio del paciente), no maleficencia (*primum non nocere* -primero, no hacer daño-), autonomía (buscar siempre una toma de decisiones libre por parte del individuo, respetando sus derechos fundamentales a la libertad de conciencia, a la intimidad y a la información), y justicia (lograr una distribución equitativa en la asignación de recursos sanitarios) (Urruela Mora *et al.*, 2022, p. 583).

Se estima que las máquinas pueden llegar a trabajar con mayores índices de éxito a la hora de diagnosticar con precisión o tomar decisiones ante un determinado cuadro clínico. Aunque la tecnología sofisticada conlleva un riesgo inherente de errores en la detección y procesamiento de información o en el funcionamiento, lo cierto es que cometen menos equivocaciones que los humanos, lo cual se traduce en un menor número de errores médicos. Ello se debe a factores tales como que las máquinas no se cansan, no se ven involucradas emocionalmente, pueden tomar decisiones de forma más rápida, o pueden programarse para aprender más rápido que los humanos. Además, el empleo de sofisticadas tecnologías conlleva un avance acelerado en la investigación sobre enfermedades y tratamientos, puesto que si históricamente el mayor obstáculo era la falta de datos, las sofisticadas terapias actuales permiten el rastreo de información en los pacientes, facilitando enormemente la generación de conocimiento (Astromske *et al.*, 2021, p. 509).

Cuando tratamos de resolver los nuevos conflictos que plantean en el plano jurídico o ético las nuevas y sofisticadas tecnologías aplicadas en medicina, son varias las cuestiones que se plantean relevantes: ¿la tecnología innovadora es dañina? ¿cuáles son los potenciales riesgos asociados a ella? ¿cuáles son los potenciales beneficios? ¿existen evidencias suficientes que los sustenten? ¿cómo afecta esta innovación a la autonomía de las partes afectadas? ¿cómo la innovación afectará a la equidad y la justifica? ¿será el acceso a las tecnologías para el cuidado de la salud justo o creará nuevas desigualdades? ¿qué efectos tendrá la innovación en la relación entre el paciente y el profesional, o entre el participante en una investigación y el investigador? (Bächle, 2019, p. 47 y 48).

El término "inteligencia artificial" fue definido en primer lugar como la ciencia e ingeniería de fabricar máquinas inteligentes. Sin embargo, no existe una definición universal para este término. A día de hoy, podría definirse como aquellos sistemas que generan un comportamiento inteligente a través del análisis del ambiente y realizan acciones, con algún grado de autonomía, para lograr fines específicos (Schönberger, 2019, p. 175).

El funcionamiento de los sistemas de inteligencia artificial se asienta sobre el presupuesto de la datificación universal, esto es, un análisis masivo de enormes cantidades de datos (el denominado *big data*) que incluyen no solo datos de salud, sino cualquier otro tipo de dato sobre aspectos culturales, sociales, medioambientales, etc., del individuo. El análisis de datos se realiza a través de fórmulas matemáticas complejas que permiten localizar patrones de información a los que asociar un significado. Dichas fórmulas matemáticas son a menudo referidas como algoritmos (Hill, 2016), operando en paralelo, posibilitando que mientras un algoritmo aprende, el otro clasifica, de forma que los resultados normalmente pueden arrojar un puntuaje de probabilidad que refleja la capacidad de predicción del algoritmo (Burrell, 2016, p. 5). Este cruce masivo de datos permite obtener un nivel conocimiento sin precedentes del estado de salud presente y futuro del individuo.

La finalidad con este tipo de sistemas es la generación de información que permita un aprendizaje autónomo por las máquinas que la procesan. Partiendo de la idea de que cualquier tipo dato, desde información nutricional, hasta intereses personales, hábitos del sueño, vínculos sociales, capacidad económica y un largo etcétera; puede ser relevante en un contexto sanitario, los sistemas de inteligencia artificial pretenden obtener el máximo potencial del cruce masivo de todos esos datos para lograr los más elevados índices de precisión en el tratamiento o diagnóstico del paciente (Bächle, 2019, p. 48).

II. APLICACIONES DE LA IA

El vertiginoso avance de la tecnología y de los sistemas de inteligencia artificial aplicados en el sector biosanitario ha desplegado grandes oportunidades esencialmente en dos esferas: la asistencia sanitaria al paciente y la investigación.

1. IA en la asistencia sanitaria

La industria del cuidado de la salud ha sido una de las que más ha invertido en soluciones tecnológicas, entre las que se encuentra la implementación de sistemas de inteligencia artificial. En este concreto contexto, la inteligencia artificial puede desplegar aún más utilidades cuando se complementa con el uso de terapias digitales, es decir, terapias que incorporan elementos tecnológicos orientados a la recogida de información continua del paciente para su transmisión al *smartphone* o *tablet* del propio paciente y al portal sanitario del profesional (Roski *et al.*, 2022, p. 65; Morla González, 2024).

El cuidado de los pacientes puede verse mejorado y optimizado a través de las posibilidades que ofrecen estas nuevas tecnologías, especialmente cuando se trata de pacientes crónicos que han de seguir unas pautas estrictas de tratamiento para cuidar de su estado de salud. A día de hoy, merece la pena destacar dos tipos de intervenciones: los *bots* conversacionales y las terapias digitales.

La IA informa el funcionamiento de los *bots* conversacionales, a través del reconocimiento y procesamiento de voz, comprensión del lenguaje y generación de lenguaje (Laranjo *et al.*, 2018, p. 1250 y 1251). La forma de interacción con el usuario puede realizarse a través de mensajes de texto o por voz. Algunos pueden presentar, además, forma humana, aunque la mayoría tienden a limitarse a ser dispositivos tecnológicos intuitivos para los usuarios. Los *bots* conversacioinales se han mostrado de gran utilidad para la asistencia en la gestión de enfermedades crónicas pudiendo recomendar decisiones clínicas (Clark y Bailey, 2024, p. 4) y favoreciendo, en muchas otras, la adopción de conductas saludables para la mejora del estado de salud, tanto de paciente como de cuidadores (Smuck, 2021, 1). Además del soporte clínico, este tipo de *chatbots* puede combatir otro factor: la soledad y aislamiento que puede rodear en ocasiones a este tipo de pacientes (Broadbent, 2023).

Por otra parte, merecen especial mención las terapias digitales hoy disponibles para el cuidado y control de la salud del paciente. Este tipo de terapias emergen en un contexto de creciente tolerancia al automonitoreo y autocontrol a través de dispositivos portables (Erikainen, 2019, p. 5). Las terapias digitales permiten monitorizar el estado de salud del paciente de forma continua y remota a través del empleo de elementos tecnológicos conectados en ocasiones a un compuesto medicamentoso, permitiendo, entre otras cuestiones, enviar información en tiempo real al profesional sanitario o al cuidador (Hafezi, 2015, p. 106). Estas terapias pueden incorporar dispositivos como sensores, cámaras o micrófonos. Los algoritmos detrás de los sistemas de inteligencia artificial empleados pueden estar entrenados para reconocer patrones de los datos que continuamente recogen estos dispositivos, y de esta forma, categorizar al individuo en función de su comportamiento y su estado de salud, facilitando así la toma de decisiones tanto para él como para su profesional. Además, el dispositivo facilita la comprensión de las pautas de seguimiento del tratamiento por parte del paciente, favoreciendo una mejor gestión de los síntomas (Roski *et al.*, 2022, p. 70).

Las terapias digitales pueden consistir simplemente en dispositivos tecnológicos que rastrean ciertos patrones de salud del paciente (por ejemplo, frecuencia cardíaca, nivel de azúcar en sangre, tiempo de descanso o tiempo de actividad). Existen, no obstante, terapias digitales conectadas al compuesto medicamentoso, cuya función puede abarcar desde medir la adherencia del paciente al tratamiento, hasta administrar el mismo cuando se detecte un parámetro de salud que así lo indique (Nahum-Shani *et al.*, 2015, pp. 11 y 12; Morla González, 2023). Estas terapias están informadas por los datos que recogen en el contexto concreto, desde la presión sanguínea o el estado de ansiedad, hasta la localización o la actividad que el usuario esté realizando. Toda esa información es la que desencadena que el dispositivo tome una decisión de administrar el tratamiento en un momento concreto si observa valores críticos para el paciente (por ejemplo, un glucómetro inteligente).

Con todo, las posibilidades que ofrece la generación y procesamiento de un flujo continuo de información recogida por terapias digitales y analizada a través de sistemas de inteligencia artificial anticipa una situación favorable para la gestión de las enfermedades del futuro. Algunas de las más preocupantes tienen que ver con el envejecimiento de la población, donde están presentes enfermedades crónicas (Román-Gravan *et al.*, 2020, p. 110).

En relación con las utilidades que presenta la IA en la práctica clínica para el equipo profesional, se encuentran un cuidado mejorado y optimizado y una mejora en la gestión de la información.

Todos los datos que recopilan continuamente los dispositivos médico-tecnológicos que funcionan como soporte para un tratamiento son empleados para mejorar la prestación de los cuidados y la asistencia sanitaria por parte de los profesionales sanitarios. Ello tiene un efecto directo en la predicción, detección temprana y gestión de riesgos. Existen dispositivos médico-tecnológicos orientados a lograr un diagnóstico preciso, siendo las aplicaciones de reconocimiento de imágenes algunas de las más útiles en ámbitos como la radiología, dermatología, cardiología u oncología. Combinar los conocimientos y experiencia del profesional con la predicción sugerida por los sistemas de inteligencia artificial que analizan toda la información recopilada reduce drásticamente el error en el diagnóstico (Pinto-Coelho, 2023, pp. 1 y 2)

Por otra parte, la inteligencia artificial y especialmente los robots muestran una gran utilidad en el campo de la cirugía, por ejemplo, tras el análisis de las concretas características del paciente en relación a las eventuales consecuencias que podría tener para él una intervención quirúrgica. Los sistemas de inteligencia artificial pueden ayudar, además, al equipo de cirugía en la sala de operaciones), reduciendo los riesgos y haciendo la práctica más segura, pudiendo en ocasiones practicarse la cirugía de forma remota (Knudsen *et al.*, 2024, pp. 101 y 102; Dias, *et al.*, 2021, p. 533).

Todo este tipo de aplicaciones configuran la que ha venido a denominarse medicina personalizada de precisión, orientada a la aplicación de los conocimientos médicos actuales a un paciente en función de sus características concretas. El empleo de sistemas de inteligencia artificial ayuda a seleccionar un tratamiento específico funcional para el paciente y, al mismo tiempo, proporcionar conocimiento para la práctica clínica futura. El cruce de múltiples datos: genéticos, índices biométricos, y otros datos de salud o medioambientales, permite anticipar resultados ante eventuales cambios de comportamiento del paciente durante el tratamiento (por ejemplo, un incremento en el ejercicio físico o una mejora de la alimentación), facilitando construir un terreno en el que el paciente, la familia y el equipo sanitario juegan un papel importante en la obtención de resultados favorables en la salud del paciente (Dzau, 2017, p. 250).

Los sistemas de inteligencia artificial empleados en la práctica clínica para la gestión de la información almacenada en las historias clínicas electrónicas permiten ahorrar tiempo a los profesionales sanitarios a la hora de analizar la información y comprender cómo diversos datos interactúan entre ellos, favoreciendo así la creación de un espacio para el diálogo entre el profesional y el paciente (Roski *et al.*, 2022, p. 73).

Además, han encontrado utilidad también en ámbitos como la gestión y protección de la salud pública, pues se ha observado que los sistemas de inteligencia artificial pueden ayudar a identificar áreas demográficas o geográficas donde existe una prevalencia de enfermedades o de comportamientos o patrones que suponen un riesgo elevado para contraer una enfermedad. La detección temprana de esos patrones permite el diseño e implementación de planes de prevención o de gestión de enfermedades para el abordaje de esas concretas áreas geográficas o demográficas (Roski *et al.*, 2022, p. 74; Capella, 2017).

Se ha demostrado que una de las mayores utilidades que ofrecen los sistemas de inteligencia artificial para la protección de la salud pública recae en la prevención de enfermedades a través de la vigilancia de la salud. Existen dispositivos médico-tecnológicos enfocados a controlar de forma remota la evolución de enfermedades crónicas (glucómetros inteligentes, medicamentos digitales, electrocardiogramas inteligentes, etc.), permitiendo así al profesional y al pacinete anteponerse a eventos adversos, evitar diagnósticos erróneos, y consecuentemente, ahorrar recursos. Conocer la evolución de la salud pública a corto y medio plazo permite elaborar políticas de prevención o de gestión de enfermedades con más precisión y elevado índice de éxito. La posibilidad de acceder a múltiples fuentes de información: aquella recogida por dispositivos (fotos, actividad diaria, calidad del sueño, etc.), así como a historias clínicas electrónicas y anotaciones del profesional o datos genéticos, conduce a nuevas formas de vigilancia de la salud pública y, con ello, la construcción de más efectivos mecanismos de protección (Figge, 2018).

En definitiva, la implementación de sistemas de inteligencia artificial en el sector del cuidado de la salud allana el camino para que la medicina avance hacia un escenario en el que se convierta en una medicina personalizada, predictiva, preventiva y participativa. Personalizada, porque a través de la monitorización del paciente y la recogida de datos masiva, puede comprenderse con mejor precisión el cuadro clínico del paciente en cuestión, adaptando así medidas de prevención o de tratamiento y mejorando el diagnóstico. Predictiva, porque conocer información arrojada por los sistemas de inteligencia artificial permite predecir la salud de un paciente con determinadas características cuando es expuesto a un concreto tratamiento o a determinadas circunstancias. Consecuentemente, conocer de forma anticipada cómo evolucionará el estado de salud de un paciente permite anticiparse a eventuales eventos negativos, pudiendo prevenir situaciones peligrosas, desde una caída hasta un fallo cardíaco. En último término, el empleo de sistemas de inteligencia artificial asistidos por dispositivos portables, como *apps*, *smartphones* o robots asistenciales permite que el paciente adopte un papel activo en la toma de decisiones, puesto que está conectado directamente con el sistema de recogida de datos y transmisión de información, lo cual, al mismo tiempo, favorece el diálogo entre el profesional y el paciente, convirtiendo la toma de decisiones en una toma de decisiones compartida y reforzada donde el paciente es conocedor de primera mano de la información que genera y cómo su conducta afecta a su estado de salud, dándole así la oportunidad de tomar decisiones para cambiar los resultados que arroje el dispositivo. En otras palabras, logra el control de su estado de salud a través del control de sus datos (Erikainen, 2019, p. 2 y 3).

2. IA en investigación

La información que forma parte del ecosistema del *big data* presenta un gran potencial para la investigación en biomedicina.

Entre las aplicaciones dentro del ámbito investigador pueden mencionarse las relativas a la bioinformática, a la información clínica, a la informática de imágenes, y a la información generada en el ámbito de la salud pública.

Actualmente, se estima que la cantidad de información que se produce en un día con fines de investigación es comparable a la que anteriormente se generaba en una sola década (Vuleta, 2021). La investigación en biomedicina se adentra en los entresijos del cruce y asociación de datos o patrones de información procedente de diversas fuentes. De esta forma, el cruce y análisis masivo de datos ha contribuido, entre otras cosas, a una mejor comprensión de la epidemiología dentro de las poblaciones para una variedad de patógenos, y del mismo modo, los macrodatos procedentes de bancos genómicos como los bancos de secuenciación del genoma completo y del exoma completo, están desempeñando un papel clave en la aceleración de los descubrimientos biomédicos (Cirillo y Valencia, 2019, p. 161).

Los recientes avances en genómica, como la secuenciación del genoma unicelular y el transcriptoma del ADN tumoral circulante en biopsias líquidas, y la metagenómica, ya están afectando notablemente a la medicina y se están integrando progresivamente en la práctica médica habitual para el diagnóstico precoz y las distintas fases del tratamiento de las enfermedades (Van Dijk, 2018, p. 668).

La aplicación del *big data* en el ámbito de la genómica está cambiando rápidamente el desarrollo de tratamientos terapéuticos. Hasta ahora, los fármacos se desarrollaban en función del conocimiento de las características biológicas de la enfermedad conocidas a través de experimentos realizados en células o animales. Sin embargo, estos hallazgos no siempre se reproducían en la fase de ensayos en humanos. La capacidad de acceder al genoma completo y analizarlo ha permitido a la comunidad científica identificar nuevos factores implicados en la enfermedad y desarrollar terapias relevantes y efectivas para el ser humano. Dado que las variantes genéticas son a menudo raras, o tienen efectos de pequeño tamaño, se requieren grandes conjuntos de datos para hacer inferencias válidas sobre el papel de estas variantes en la enfermedad. La gran cantidad colectiva de información genética (*big data* genómica) está guiando a su vez el desarrollo de modalidades terapéuticas que son, o podrían ser, individualizadas para los pacientes de acuerdo con sus perfiles genéticos (Cremin, *et al.*, 2022, p. 140).

La investigación en genómica genera grandes cantidades de datos que requieren potentes sistemas de investigación en bioinformática, a fin de estudiar detalladamente los componentes celulares y sus funciones y comportamientos en varias células y tejidos. Así, con el avance en bioinformática, la combinación de ciencia básica y aplicada con *machine learning* y la computación de alta potencia, se han logrado alcanzar grandes avances en el diagnóstico de enfermedades y en la monitorización de cambios moleculares en órganos, tejidos y fluidos como la sangre, el plasma, la orina o el fluido cerebroespinal (Myszczynska, 2020, p. 448; Cremin, *et al.*, 2022, p. 141).

III. EL ECOSISTEMA DE LOS DATOS

En el nuevo contexto que propone la medicina personalizada de precisión, los datos y el acceso a los mismos constituyen el pilar básico para que los sistemas de inteligencia artificial arrojen su máximo potencial en la prevención, diagnóstico y tratamiento de enfermedades (Collins y Varmus, 2015, p. 793). En este ecosistema conviene tener una visión clara de qué datos alimentan los sistemas de inteligencia artificial, así como quién forma parte activa de este nuevo contexto.

1. ¿De dónde vienen los datos?

Los datos relevantes para su empleo en el contexto de la medicina personalizada de precisión son, habitualmente, datos de salud almacenados en bases de datos destinadas a propósitos de investigación en salud. Normalmente, dichos datos incluyen servicios de salud, como la historia clínica las prescripciones farmacéuticas, las imágenes de diagnóstico o información sobre el seguro del paciente, entre otros; y la actividad de investigación en salud, como la información sobre registros de inmunización, información sobre vigilancia de la salud o información sobre estadísticas vitales, entre otras. Sin embargo, existen otros datos no necesariamente relacionados con salud y que son de gran utilidad para la investigación en cuestiones clínicas, como la información sobre el estilo de vida o el nivel socioeconómico de los individuos (datos que pueden encontrarse en los perfiles personales de suscripción a ciertos servicios, tarjetas de fidelidad, redes sociales); datos sobre la formación y educación del individuo; información sobre sus finanzas; información sobre medioambiente; o, información social o de comportamiento (obtenida a través de *apps* de bienestar, redes sociales, dispositivos tecnológicos portables, etc.). Toda esta información proporciona un conocimiento granular de diferentes patrones del individuo, y su análisis y correlación puede proporcionar una comprensión más holística del paciente, tanto de su estado de salud como el funcionamiento de la enfermedad ante sus particulares características (Vayena y Blasimme, 2019, p. 120).

2. *¿Quién accede a los datos?*

Dentro del nuevo contexto que plantean las tecnologías sofisticadas para el control y cuidado de la salud, pueden encontrarse los agentes que tradicionalmente han estado involucrados en el acceso a datos de salud y su tratamiento, como la industria farmacéutica o los proveedores de salud, como aseguradoras u hospitales. Sin embargo, el nuevo contexto clínico en un entorno digitalizado abre la puerta a nuevos agentes, como la industria tecnológica o la industria de la ciencia de datos, entre las que se encuentran compañías de redes sociales que almacenan cantidades muy grandes de datos. En muchas ocasiones, estos nuevos agentes adoptan una posición líder en el ecosistema de los datos, en tanto que muchos de ellos poseen el conocimiento técnico avanzado o la propiedad de los sistemas tecnológicos empleados en el contexto de la medicina personalizada de precisión. El principal cambio de paradigma en este particular entorno, consiste en que esos nuevos agentes que entran en el sector del cuidado de la salud y que juegan un papel fundamental, traen consigo una cultura corporativa no necesariamente alineada con la cultura tradicional de la investigación en el cuidado de la salud (Vayena y Blasmine, 2019, pp. 121, 122). En definitiva, las empresas tecnológicas que ahora forman parte del contexto sanitario, operan en un mercado privado donde los intereses corporativos no tienen por qué tomar en consideración la posición central que asume el paciente en la búsqueda de beneficios que tradicionalmente ha orientado el funcionamiento del sector del cuidado de la salud.

IV. EL DERECHO A LA INTIMIDAD DEL USUARIO DE LA IA. ESPECIAL REFERENCIA A LOS DATOS GENÉTICOS

El derecho a la intimidad es el derecho que tiene todo individuo a proteger una esfera personal y privada de su persona frente a la injerencia de terceros. No se trata de una esfera solamente física, pues esta puede estar constituida por aspectos más íntimos que conforman la identidad de una persona, como sus creencias, de la índole que sean. La protección de este derecho es fundamental para un pleno y libre desarrollo de la personalidad, consecuencia lógica de la dignidad de la persona (Álvarez Cienfuegos, 1999, p. 21).

Dentro del contenido de este derecho se encuentran los datos de salud del individuo. Los datos de salud son una categoría de datos que, por su sensibilidad, requieren una protección superior a otro tipo de informaciones que puedan pertenecer al individuo. Así, la normativa específica sobre protección de datos: el Convenio 108 del Consejo de Europa, actualizado en el año 2018, el Reglamento (UE) 2016/679 del Parlamento Europeo y del Consejo, de 27 de abril, relativo a la protección de las personas físicas en lo que respecta al tratamiento de datos personales y a la libre circulación de estos datos y la Ley Orgánica 3/2018, de 5 de diciembre, de Protección de Datos y Garantía de Derechos Digitales (LOPDGDD), establecen que no será posible tratar los datos de salud del individuo a menos que se den las circunstancias del artículo 9.2 del Reglamento 2016/679, entre las que se encuentra la posibilidad de que el individuo otorgue un consentimiento expreso para que un tercero acceda y trate sus datos de salud (letra a), que sea el propio individuo el que haga públicos dichos datos personales (letra e), que su tratamiento sea necesario por razones de un interés público esencial (letra g), que sea necesario para fines de medicina preventiva o laboral (letra h) o que sea necesario por razones de interés público en el ámbito de la salud pública (letra i), entre otros.

Cuando el acceso y tratamiento a datos de salud del individuo se realiza con fines de investigación, podemos encontrar una regulación expresa en la LOPDGDD (si bien, el legislador ha decidido excluir dicho contenido de la parte dispositiva de la norma). La Disposición Adicional 17 de la LOPDGDD en su apartado 2, contempla una serie de indicaciones.

En primer lugar, hace referencia a la posibilidad, de la que dispone tanto el interesado como su representante legal, de otorgar el consentimiento para el tratamiento de datos de salud con fines de investigación biomédica. En segundo lugar, hace referencia a la posibilidad, de la que disponen las autoridades sanitarias e instituciones públicas con competencias en vigilancia de la salud, para desarrollar estudios sin el consentimiento de los afectados en situaciones de excepcional relevancia y gravedad para la salud pública. En tercer lugar, establece que siempre que se reutilicen datos personales con fines de investigación en materia de salud y biomédica que inicialmente fueron obtenidos con otros fines de investigación, será necesario un informe previo favorable del comité de ética de la investigación. En cuarto lugar, establece que solo se podrán usar datos personales pseudonimizados con fines de investigación siempre que exista una separación técnica y funcional entre quienes investiguen y quienes realicen la pseudonimización y conserven los datos, y que, al mismo tiempo, los datos pseudonimizados solo puedan ser accesibles por el equipo investigador. En el caso de datos pseudonimizados, solo podrá procederse a la reidentificación del titular si se observa la existencia de un peligro real para la seguridad o salud de una persona o grupo, o una amenaza grave para sus derechos y siempre que dicha reidentificación garantice una adecuada asistencia sanitaria a los afectados. En quinto lugar, establece, la disposición adicional, que los derechos de acceso, rectificación, limitación del tratamiento y oposición, podrán excepcionarse cuando dichos derechos se ejerzan directamente ante los investigadores que utilicen los datos anonimizados o pseudonimizados; cuando el ejercicio de esos derechos se refiera a los resultados de la investigación, o cuando la investigación tenga por objeto un interés público esencial (en cuyo caso, la excepción habrá de estar recogida por ley). En sexto lugar, establece que cuando se lleva a cabo un tratamiento de datos de salud será necesario realizar una evaluación de impacto para determinar los riesgos del tratamiento de dichos datos, someter la investigación a normas de calidad, adoptar medidas orientadas a que los investigadores no puedan identificar a los titulares de los datos y designar un representante legal si el promotor del ensayo clínico no está establecido en la Unión Europea. En todo caso, establece, en séptimo lugar, que el empleo de datos pseudonimizados habrá de ser precedido de un informe favorable del comité de ética de la investigación, o en su defecto, del delegado de protección de datos o experto de acuerdo con el artículo 37.5 del Reglamento 2016/679. Por último, se contempla que los comités de ética de la investigación deberán incorporar a un delegado de protección de datos entre sus miembros, o en su defecto, un experto en la materia.

Tal y como puede observarse, una de las condiciones básicas que establece la normativa para levantar la prohibición del tratamiento de datos de salud, radica en que el interesado exprese su consentimiento. Es precisamente en este punto donde se observa uno de los mayores obstáculos en el respeto y garantía del derecho a la protección de datos y, por ende, a la intimidad.

Los datos que forman parte del nuevo ecosistema sanitario orientado al avance hacia una medicina personalizada de precisión pueden encontrarse disponibles en plataformas que almacenan esos datos con fines, precisamente, de investigación en salud (por ejemplo, las historias clínicas electrónicas o las bases de datos de las oficinas de farmacia). Sin embargo, la monitorización de pacientes que sirve también a la generación de datos con fines de investigación puede realizarse a través de todo tipo de dispositivos portables que generan información continuamente y que es recogida, almacenada y gestionada por el desarrollador de tales aplicaciones, habitualmente, una empresa tecnológica. Cuando se ponen al servicio del paciente o usuario este tipo de dispositivos, aquel tendrá que consentir, previamente a su empleo, unos términos y condiciones de uso, es decir, tendrá que firmar un contrato de adhesión, redactado, habitualmente, con términos complejos y técnicos alejados de la capacidad de comprensión del ciudadano medio, donde se establecen todas las cláusulas referentes a cómo la empresa desarrolladora almacenará y utilizará esos datos. En estos casos, el paciente o usuario podría estar consintiendo sin llegar a comprender completamente los términos en los que lo hace, por ejemplo, en aspectos como la posible cesión de sus datos a terceros dentro del sector de la salud o dentro de otros sectores, o si el dispositivo, y consecuentemente la empresa tecnológica, podrá acceder (y tratar) datos de otras *apps*, como fotos o geolocalización. En muchas ocasiones, estas tecnologías son introducidas en el mercado como herramientas para el empoderamiento del individuo, puesto que facilitan que este ahora tenga acceso directo a información de salud generada de forma continua y con ello, pueda tomar decisiones informadas sobre sus patrones de comportamiento, como su estilo de vida, actividad física o alimentación. Sin embargo, estas mismas herramientas introducen nuevas vulnerabilidades entre los individuos que podrían desembocar en situaciones de discriminación, en tanto que reflejan una eventual colisión intereses: mientras que la información que genera el usuario lo hace con el propósito de cuidar su salud, puede ser completamente inconsciente de que la plataforma que recoge dichos datos lo haga con intereses ajenos a la mejora del cuidado de su salud (Klugman, p. 40).

Esta tendencia a la aceptación de condiciones de acceso a un dispositivo tecnológico sin llegar a emitir un consentimiento completamente informado es fruto de una cultura de auto monitoreo y auto optimización que forma parte de la lógica de un mercado neoliberal. La informatización de múltiples aspectos de la vida de los individuos facilita la implantación de sistemas más eficaces de vigilancia y control de los pacientes o usuarios. En un contexto en el que los datos cada vez adquieren más importancia, los pacientes se transforman poco a poco en "sujetos de datos", sometidos a una vigilancia permanente y favoreciendo así la categorización de pacientes en función de la información que estos arrojan. Cualquier tipo de categorización en base etiquetas como "sano", "en riesgo" o "potencialmente enfermo", siempre tiene consecuencias sociales, ya que ello deriva en la inclusión o exclusión de personas en el acceso a servicios en función de la información que estos generan. Así, se crea una situación en la que, aunque el individuo no se ve afectado directamente, sus datos personales pueden estar formando parte de un mecanismo de clasificación o de un proceso de toma de decisiones que le afecta indirectamente (Bächle, 2019, p. 53; Vayena y Blasmine, 2019, p. 121).

El grave problema de este tipo de prácticas sucede cuando lo que el individuo está consintiendo es un acceso y tratamiento de sus datos genéticos sin comprender la trascendencia del contenido de su consentimiento, dado el valor que aquellos ofrecen (Ginsburgn, 2014).

Los formularios de consentimiento en estos casos pueden contemplar cláusulas genéricas que se refieren a la cesión de datos genéticos o a su reutilización. La ambigüedad de dichas cláusulas impide asegurar que los usos que se den a dichos datos son aceptables de forma general, por ejemplo, si en el tratamiento de esos datos se está establecido una conexión entre la información genética con otras cuestiones, como el nivel de inteligencia, discapacidad cognitiva, o ideología política, abriendo la puerta a estigmas y discriminación. Por ello, ante un eventual consentimiento para el tratamiento de datos genéticos, es necesario que el formulario de consentimiento informado especifique, detalladamente, cuáles son los usos que se darán a esos datos y quién tendrá acceso a los mismos, así como qué estándares de supervisión se establecen en el tratamiento de los mismos (Burke *et al.*, 2018, p. 79).

Cuando se estudia la cuestión de la protección de datos personales, especialmente de salud, conviene hacer una mención a las obligaciones de secreto médico derivado que se despliegan en este nuevo entorno. El secreto médico es la obligación que tradicionalmente recae sobre el profesional sanitario, consistente en respetar la confidencialidad de la información de su paciente que conozca por razón de su profesión, en este caso, sus datos de salud. En el supuesto en el que ya no es solo el profesional sanitario el que accede a esta información, sino que existe toda una serie de agentes externos a la relación médico-paciente que acceden a dichos datos (compañía desarrolladora de la aplicación o del dispositivo, científicos de datos, informáticos que se ocupan del manteamiento del dispositivo, etc.), se genera una obligación de secreto médico derivado también sobre ellos, que les impide revelar a terceros información de salud que hayan conocido de un determinado paciente (Sánchez y Abellán, pp. 41, 44).

La novedosa cuestión del secreto médico derivado ante el nuevo panorama digital en salud requiere, sin lugar a dudas, de una reformulación jurídica de las obligaciones de secreto médico que deben recaer, de forma específica, sobre el resto de agentes que puedan acceder a información sanitaria sensible a lo largo del tratamiento de un paciente.

V. EL DERECHO-OBLIGACIÓN DE INFORMAR

El derecho a la información del que goza el paciente encuentra su fundamento en la necesidad de que este posea el conocimiento necesario sobre su situación personal para que pueda tomar una decisión libre y consciente sobre su salud.

Recogido en el artículo 10 del Convenio de Oviedo y en los artículos 2, 4, 5, 10, 12 y 13 de la Ley 41/2002 de Autonomía del Paciente, es probablemente uno de los menos respetados en el ámbito clínico, siendo así objeto de múltiples análisis jurídicos (Romeo Casabona, 1981, p. 326; Cobreros Mendazona, 1988, p. 273).

Este derecho del que es titular el paciente genera un deber de informar que recae en terceros, concretamente, en el profesional sanitario. La omisión de tal deber produce un daño moral que generaría responsabilidad jurídica para el profesional (Brandeis y Warren, 1890).

Como regla general, el profesional sanitario habrá de informar al paciente, como mínimo, sobre la finalidad, naturaleza y consecuencias de la intervención (art. 5.2 Convenio de Oviedo y 4.1 Ley de Autonomía del Paciente). Asimismo, tendrá también que informar de los riesgos que conlleva la propia intervención como tal, así como de aquellos riesgos a los que el paciente, por sus características, se vea más expuesto (Michaud, 1997, p. 35).

En el contexto de un tratamiento que emplee dispositivos médico-tecnológicos, el profesional sanitario habrá de informar a aquel no solo de las características y riesgos de la parte medicamentosa del tratamiento, sino también de la parte esencialmente tecnológica: riesgos ante eventuales fallos de funcionamiento, un mal uso del dispositivo, o todas aquellas cuestiones relacionadas con la recogida y tratamiento de datos personales. Una de las más relevantes cuestiones al respecto es determinar qué tipo de información ha de proporcionar el profesional al paciente cuando el tratamiento implica la aceptación de unos términos y condiciones de uso de forma previa al empleo de un dispositivo tecnológico. Se han estudiado varias posturas al respecto (Morla González, 2023, pp. 270 y ss).

La primera opción, es considerar que es el profesional sanitario responsable del paciente quien habrá de informar también acerca de todos aquellos extremos relevantes para la protección de la intimidad del paciente al verse esta afectada por la recogida y tratamiento de datos por parte un desarrollador tecnológico. Es decir, informarle acerca de las cuestiones básicas sobre: qué datos van a ser recogidos, quién los va a almacenar y tratar, qué estándares de seguridad se aplican en la protección de esos datos, quién tendrá acceso a esos datos, cuáles son los fines en la recogida de tales datos y si tales datos se reutilizarán con fines de investigación u otros.

Alternativamente, se podría considerar que el contenido de esa información excede del contenido del deber de informar contemplado normativamente para el profesional sanitario, y que el deber de información debería recaer, por ende, en el tercero que se va a encargar de la recogida y tratamiento de datos personales.

Considerando que el profesional sanitario responsable del paciente es quien expide la receta médica, quizá lo más coherente con el espíritu de la normativa de protección de los derechos del paciente sería comprender dentro de las obligaciones del profesional la de informar, también, sobre el contenido tecnológico del tratamiento, sin perjuicio de que aquel pueda servirse de ayudas externas, como vídeos creados por la compañía tecnológica o una ayuda del personal jurídico o técnico del hospital donde se preste el servicio.

Cuando se aborda la cuestión del derecho-deber de informar en un contexto clínico digital, es importante incidir en uno de los riesgos que más protagonismo puede cobrar en este nuevo contexto: que es el de la saturación informativa al paciente. Es necesario calibrar qué y cuánta información se proporciona al paciente para que este tome una decisión informada. Por ello, hay que evitar proporcionar información innecesaria o de forma excesivamente compleja y llena de tecnicismos que, lejos de reforzar una decisión autónoma, provocan una confusión en el paciente al impedirle tomar una decisión en tales términos (Dougherty, 2020, p. 119; Ingelfinger, 1972, pp. 265, 266).

Es necesario, en definitiva, determinar de forma adecuada el umbral informativo que ha de cumplirse: ni excederse en lo técnico o voluminoso, ni proporcionar una información escasamente detallada. En definitiva, es necesario que el sujeto que proporcione la información se cerciore de que el paciente está tomando una decisión lo suficientemente y adecuadamente informada.

Además de esta cuestión, es necesario apuntar dos factores que inciden, directamente, en el ejercicio del derecho a la información y en el cumplimiento del deber de informar.

El primero hace referencia a las denominadas cajas negras (*black boxes*) que persisten dentro de la operación algorítmica que sirve a la aplicación de los sistemas de inteligencia artificial. La imposibilidad de conocer cómo funciona el sistema, imposibilita, de todo punto, informar acerca de tal extremo al paciente (Nicholson, 2015; Feldman *et al.*, 2019).

El segundo, hace referencia a la posibilidad de que el funcionamiento de los sistemas de inteligencia artificial esté protegido por derechos de propiedad intelectual de la compañía titular del mismo. Desvelar detalles sobre el funcionamiento del sistema puede incidir en la protección de dos derechos provocando su colisión: por una parte, el derecho del paciente a conocer, y por otro lado, el derecho de la compañía al secreto comercial. Dar a conocer el funcionamiento intrínseco en ciertos sistemas de inteligencia artificial protegidos por derechos de propiedad intelectual vulneraría los derechos de la compañía tecnológica titular (Schöenberg, 2019, p. 195).

VI. LA CAPACIDAD EN LA TOMA DE DECISIONES EN UN CONTEXTO DIGITAL

De acuerdo son la normativa internacional que atañe a la cuestión de la capacidad del paciente que ha de decidir sobre el sometimiento a un tratamiento sanitario que incluya un componente digital, tenemos que referirnos al convenio de Oviedo y a la Ley de Autonomía del Paciente, por lo que respecta a España.

El Convenio de Oviedo es expeditivo cuando establece que será la legislación interna la que resuelva el modo de proceder si el individuo en cuestión no tiene capacidad para decidir (art. 6.3 del Convenio de Oviedo), y establece unos mínimos: si se trata de un adulto sin capacidad para decidir, será un representante el que exprese el consentimiento, si bien, el interesado intervendrá en la medida de lo posible en la toma de decisiones.

Por lo que respecta a la normativa interna, la Ley de Autonomía del Paciente contempla los clásicos supuestos de incapacidad de la normativa civil: incapacidad natural e incapacidad legal. No obstante, y estudiando la normativa nacional de forma holística, la recientemente aprobada Ley 8/2021 de 2 de junio, por la que se reforma la legislación civil y procesal para el apoyo a las personas con discapacidad en el ejercicio de su capacidad jurídica, cambia por complejo el prisma desde el que ha de contemplarse la discapacidad del paciente mayor de edad y el ejercicio de su autonomía.

De acuerdo con el nuevo contexto propuesto legalmente, solo cabrá considerar una toma de decisiones ejercida por un representante legal cuando en el sujeto se dé una incapacidad natural o cuando por sentencia se haya determinado una serie de actos para los cuales actuará un curador en representación del afectado. De esta forma, la ley pretende otorgar prioridad a la autonomía de la persona con discapacidad, y lo hace a través de medidas de apoyo voluntario: los poderes y mandatos preventivos y la autocuratela.

En todo caso, es necesario comprender que el espíritu de la reforma de la normativa de apoyos a la discapacidad ha tenido como motor el contenido de la Convención de Nueva York, del año 2006, ratificada por España, en cuyo artículo 12 se recoge la recomendación a los Estados firmantes para que estos adopten las medidas pertinentes para proporcionar a las personas con discapacidad el apoyo que necesiten a fin de que puedan ejercer su capacidad jurídica en igualdad de condiciones con las demás personas.

Cabe realizar una crítica en este punto al legislador, pues si bien se preocupó de reformar la normativa civil (en este sentido, la modificación introducida en el artículo 249 III CC), se olvidó por completo de reformar la normativa sanitaria al respecto, pues la Ley de Autonomía del Paciente continúa impregnada de referencias al representante legal y al paciente incapacitado legalmente (González Carrasco, 2021, p. 227).

Así, encontramos otro motivo más de reforma de la normativa sanitaria sobre derechos del paciente, puesto que ante el nuevo paradigma de apoyos a la discapacidad, no solo quedan en un terreno resbaladizo los derechos de los pacientes y las obligaciones del profesional sanitario cuando se presta la asistencia sanitaria en un entorno digital, sino también, y especialmente, si el paciente que potencialmente se va a someter a una terapia digital carece de las competencias para poder decidir por sí mismo.

De acuerdo con la Ley 8/2021, será el paciente quien decida en todo caso, idealmente apoyado por terceros en aquellos casos contemplados por las medidas de apoyo voluntario constituidas previamente por el interesado.

VII. VALORES AFECTADOS EN EL NUEVO CONTEXTO

En el nuevo contexto que ofrece la medicina personalizada de precisión asistida por sistemas de inteligencia artificial, se observa la afectación de valores clave que pueden suponer que en la asistencia sanitaria al paciente se tambalee: la confianza y la autonomía.

1. La confianza

La confianza constituye una sólida base de la relación asistencial. El profesional sanitario confía en que su paciente tomará en consideración las recomendaciones indicadas para que pueda mejorar su estado de salud y en que aquel le transmitirá una información veraz a partir de la cual poder trabajar. A la inversa, el paciente confía en las aptitudes del profesional y en que este utilizará todos los conocimientos que posee para ayudarle a reponer su estado de salud. Es cierto que el paciente no puede evaluar directamente las capacidades del profesional, sin embargo, existen factores que pueden informar la confianza que el paciente deposita en su profesional, como el nivel de exigencia de la carrera médica, o los estándares de formación del profesional a lo largo del tiempo. Gracias a estos mecanismos, los médicos han logrado un éxito extraordinario en el establecimiento de un profundo nivel de confianza en sus capacidades y competencias (Feldman *et al.*, 2019, p. 413).

La confianza se ha revelado como la piedra angular para el funcionamiento óptimo de un sistema sanitario (Dawson, 2015, p. 129; y Tranter *et al.*, 2022) y se ha convertido en la prerrogativa para una autonomía plenamente funcional por parte de los usuarios de los servicios sanitarios (Rambaran y Harmon, 2024, pp. 7 y 8).

Cuando en la relación asistencial se introduce un factor novedoso como es el empleo de sistemas de inteligencia artificial, surge la cuestión de la confianza hacia los mismos y hacia los resultados que estos arrojan. Es decir, del mismo modo que el paciente encuentra mecanismos para medir su confianza en el profesional, busca mecanismos para poder confiar en la tecnología o en el desarrollador de la misma. Sin embargo, la inexistencia de factores o mecanismos que sirvan al paciente para medir la confianza que le merece la tecnología hace que la difícil tarea de lograr que el paciente deposite confianza en ella, recaiga en el médico. Aquí, emerge un obstáculo difícil de sortear, que radica en el nivel de confianza que el propio médico deposite en la tecnología.

A lo largo de la historia, los médicos han conocido la introducción de nuevas tecnologías y terapias para mejorar y aumentar sus capacidad en el tratamiento a sus pacientes, y estos últimos esperan de su profesional que sea competente en el uso de esos nuevos conocimientos. En este contexto, merece la pena hacer una reflexión entre la relación que guardan la opacidad dentro de la medicina y dentro de la operabilidad de los sistemas de inteligencia artificial.

Aunque existen voluminosas cantidades de conocimiento acerca de cómo un medicamento funciona, aún existen grandes cuestiones por conocer sobre el funcionamiento del mismo. Actualmente se conoce que existen factores externos que pueden variar la eficacia del tratamiento, como la relación entre el cuerpo y la mente del paciente sometido a un tratamiento, si bien, se desconoce cómo funcionan y en qué grado pueden llegar a impactar en los resultados. Por ejemplo, se sabe que la confianza del paciente en que su tratamiento funciona correctamente puede derivar en un éxito o fracaso del mismo (es decir, el efecto placebo) (Hall *et al.*, 2001, p. 614). Sin embargo, a pesar de que puede existir información que aún no se conoce acerca del funcionamiento de todos los factores que intervienen en un proceso terapéutico, existe una confianza por parte de la comunidad médica en que dicho tratamiento funcionará con el paciente, y dicha confianza es transmitida a aquel, que decide someterse a una terapia en base a la confianza que le transmite su profesional (O'Neill, 2014).

Los sistemas de inteligencia artificial han sido puestos en el punto de mira de muchos investigadores debido a precisamente la falta de información sobre su funcionamiento. Se conoce que los resultados que arrojan son precisos, pero se desconoce qué mecanismos han operado en el proceso para arrojar esos resultados (Astromske *et al.*, 2021, p. 512; Nicholson, 2015). Es precisamente esa falta de conocimiento la que se ha erigido como una barrera significativa hacia la confianza en los sistemas de inteligencia artificial (Kuang, 2017).

¿Debería adoptarse entonces la misma postura de confianza que se adopta en la medicina a pesar de las *black boxes* inherentes en ella, hacia los sistemas de inteligencia artificial? Podría argumentarse que, del mismo modo que se adopta una postura de confianza hacia la ciencia médica a pesar del desconocimiento de ciertos mecanismos de interacción entre la biología del ser humano y un compuesto medicamentoso, debería adoptarse dicha postura de confianza hacia los sistemas de inteligencia artificial a pesar de no conocer los entresijos de su funcionamiento, puesto que sus resultados ofrecen múltiples beneficios en el cuidado de la salud. De otra forma, una negativa a la implementación de sistemas de inteligencia artificial basada en el desconocimiento de todos los aspectos de su funcionamiento conllevaría un estancamiento en la investigación y avance de la ciencia (Feldman, 2019, p. 419).

No obstante, cabe argumentar la postura contraria en la que se considere moralmente inaceptable el empleo de sistemas de inteligencia artificial si no se puede demostrar que las normas que informan su funcionamiento (algoritmos) cumplen unos estándares éticos mínimos (por ejemplo, una ausencia de sesgos implícitos que desemboquen en situaciones de discriminación para los individuos) (Wild *et al.*, 2019, p. 21).

A pesar de las similitudes entre las *black boxes* medicina y las *black boxes* presentes en los sistemas de inteligencia artificial, no puede exigirse a los ciudadanos que confíen ciegamente en algo que no comprenden, máxime, si dicha falta de información se traduce en una falta de confianza de los propios profesionales sanitarios (Feldman, 2019, p. 407).

Un primer paso para avanzar hacia un escenario que presente una confianza reforzada en los sistemas de inteligencia artificial o en el empleo de terapias digitales debería partir de la implementación de mecanismos como la elaboración de códigos éticos y de conducta estandarizados para los desarrolladores (similares al tradicional juramento hipocrático de los profesionales sanitarios), pues estos podrían favorecer la construcción de un terreno de señales sólidas que refuercen la confianza de profesionales y pacientes en su funcionamiento. Sin embargo, tanto en el caso de las entidades públicas como en el de las privadas, la sociedad tendría que hacer frente a la posibilidad de que la industria se apodere de las competencias éticas que han de estar presentes en los agentes que intervengan dentro del sector -una preocupación común a los organismos reguladores públicos y privados- y al riesgo de que la confianza perdida sea difícil de recuperar (Fieldman, 2019, p. 414).

2. *La autonomía*

A medida que más intervenciones sanitarias son informadas por sistemas de inteligencia artificial, más puede verse afectada la autonomía de los usuarios del sistema sanitario y consecuentemente, la posibilidad de una toma de decisiones compartidas asentada en el diálogo entre el profesional y el paciente (Vayena *et al.*, 2018, p. 3). Esto sucede en tanto que, a una sugerencia personalizada de un sistema de inteligencia artificial, le siguen otras alternativas personalizadas entre las que el paciente podrá elegir, reduciendo de esta forma el abanico de opciones que tendría el paciente de no ser por la operatividad del sistema de inteligencia artificial.

La falta de transparencia en las sugerencias arrojadas por los sistemas de inteligencia artificial tiene como consecuencia que el paciente no es consciente de que se están tomando decisiones sobre su salud de forma automatizada, por ejemplo, en la exclusión de potenciales tratamientos para su patología, lo que se traduce en una afectación de derechos fundamentales (como su derecho a la información o a decidir de acuerdo con sus propias convicciones y creencias), y, por ende, de su autonomía.

Asimismo, trasladar todo el conocimiento que puede arrojar un sistema de inteligencia artificial sobre el futuro estado de salud del paciente puede dar lugar a niveles de estrés difícil de gestionar (por ejemplo, información sobre un diagnóstico muy probable de desarrollo de un cáncer, una enfermedad genética, o una enfermedad no tratable). Por ello, de forma previa a utilizar este tipo de sistemas de inteligencia artificial conviene considerar el nivel de afectación que ello puede derivar en la esfera de autonomía del individuo y si ello es ético.

Por otro lado, existe una clara afectación de la autonomía si la elección de sometimiento a terapias digitales de monitorización del paciente o tratamientos que empleen sistemas de inteligencia artificial es consecuencia de presiones externas, como la condición de aseguramiento del paciente por parte de su aseguradora (Astromske *et al.*, 2021, p. 513) o la imposibilidad de acceder al tratamiento si no acepta los términos y condiciones de uso que no comparte (Klugman, 2019, p. 140).

VIII. CONCLUSIONES

Los sistemas de inteligencia artificial traen consigo una fuerza transformadora en la investigación biomédica y en el tratamiento de pacientes. La recogida masiva de datos y su análisis arroja una voluminosa cantidad de conocimiento nunca antes comprendida, permitiendo así avanzar hacia una medicina personalizada, predictiva, preventiva y participativa. Sin embargo, las características de este nuevo escenario están subrayando los nuevos retos a los que se enfrenta la relación asistencial, como la opacidad en el funcionamiento de los sistemas de inteligencia artificial o la práctica del consentimiento informado digital. Los desafíos a superar llaman a la comunidad jurista y bioética a realizar un análisis sobre la actualización de normativas y estándares deontológicos para garantizar que los pacientes puedan acceder de forma justa y transparente a un nuevo tipo de asistencia sanitaria, y asegurar que los profesionales sanitarios estén explotando el máximo provecho de las nuevas tecnologías de forma efectiva y segura.

IX. BIBLIOGRAFÍA

Álvarez Cienfuegos Suárez, José María. (1999). *La defensa de la intimidad de los ciudadanos y la tecnología informática.* Aranzadi.

Astromske, K, Peicius, E, Astromskis, P. (2021). Ethical and legal challenges of informed consent applying artificial intelligence in medical diagnostic consultations. *AI & Society*, 36, 509 – 520.

Bächle, Thomas Christian. (2019). On the ethical challenges of innovation in digital health. En T. C. Bächle, T. C. y A. Wernick, (eds.), *The futures of eHealth. Social, ethical and legal challenges* (pp. 47 – 55). Humboldt Institute for Internet and Society.

Brandeis, Louis y Warren, Samuel. (1890). The right of privacy. *Harvard Law Review.* 4 (5), pp. 193 – 220.

Broadbent, Elizabeth *et al.* (2023). Enhancing social connectedness with companion robots using AI. *Science Robots*, 8 (80), eadi6347.

Burrel, Jenna. (2016). How the machine 'thinks': Understanding opacity in machine learning algorithms. *Big Data & Society,* 3(1), 1 – 12.

Cirillo, Davide y Valencia, Alfonso. (2019). Big data analytics for personalized medicine. *Current opinion in Biotechnology*, 58, 161 – 167.

Clark, Michelle y Bailey, Sharon. (2024). Chatbots in Health Care: connecting patients to information, Canadian Journal of Health Technologies, 4 (1), 1 – 21.

Cobreros Mendazona, Edorta. (1988). *Los tratamientos sanitarios obligatorios y el derecho a la salud (estudio sistemático de los ordenamientos italiano y español).* Instituto Vasco de Administración Pública.

Collins, Francis y Varmus, Harold. (2015). A New Initiative on Precision Medicine. *The New England Journal of Medicine.* 737 (9), 703 – 795).

Cremin, Conor John, *et al.* (2022). Big data: Historic advances and emerging trends in biomedical research. *Current Research in Biotecnology.* 4, 138 – 151.

Dawson, Angus. (2015). Trust, trustworthiness and health. *Indian J Med Ethics.* 12 (3), 129-130.

Dias, *et al.* (2021). Artificial intelligence in cardiothoracic surgery, *Minerva Cardioangiol,* 68 (5), 532 – 588.

Dougherty, Tom. (2020). Informed Consent, Disclosure, and Understanding, *Philosophy & Public Affairs.* 48 (2), pp. 119 – 150.

Dzau, Victor *et al.* (2017). Realizing the Full Potential of Precision Medicine in Health and Health Care. En V. J. Dzau, M. B. McClellan, J. Michael McGinnis, y E. M. Finkelman (eds.), *Vital Directions for Health & Health Care* (pp. 249 – 268). National Academy of Medicine.

Erikainen, Sonja, *et al.* (2019). Patienthood and Participation in the Digital Era. *Digital Health,* 5, 1 – 10.

Feldman, Robin *et al.* (2019). Artificial Intelligence in the Health Care Space: how we can trust what we cannot know. Stanford Law & Policy Review. 30, pp. 399 – 419.

Figge, Helen. (2018). Deploying Artificial Intelligence Against Infectious Diseases. *US Pharmacist,* 43 (3), 21 – 24.

Ginsburg, Geoffrey. (2014). Gather and use genetic data in health care. *Nature.* 508, pp. 451 – 453.

González Carrasco, Mª del Carmen. (2021). La prestación del consentimiento informado en materia de salud en el nuevo sistema de apoyos al ejercicio de la capacidad. *Derecho privado y Constitución.* (39), pp. 213 – 247.

Hafezi, Hooman *et al.* (2015). An ingestible sensor for measuring medication adherence. *IEEE Transactions on Biomedical Engineering,* 62 (1), 99 – 109.

Hall *et al.* (2001). Mark A. Hall *et al.*, Trust in Physicians and Medical Institutions: What Is It, Can It Be Measured, and Does It Matter? *The Millbank Quarterly.* 7 (4), pp. 613 – 639.

Hill, Robin K. (2016). What an algorithm is. *Philosophy & Technology*, 29, 35 – 59.

Injelfinger, Franz. (1972). Informed (but Uneducated) Consent. *New England Journal of Medicine.* 278 (9), pp. 465 – 466.

Klugman, Craig M., *et al.* (2018). The Ethics of Smart Pills and Self-acting Devices: Autonomy, Truth-telling, and Trust at the Dawn of Digital Medicine. *American Journal of Bioethics.* 18 (9), pp. 38–47.

Kunag, Cliff. (2017). Can AI be taught to explain itself? *The New York Times Magazine.* https://www.nytimes.com/2017/11/21/magazine/can-ai-be-taught-to-explain-itself.html

Laranjo, Liliana, *et al.* (2018). Conversational agents in healthcare: A systematic review. *Journal of the American Medical Informatics Association,* 25 (9), 1248–1258.

McCarthy, John. (12 de noviembre de 2007). What is artificial intelligence? Standford University. https://www-formal.stanford.edu/jmc/whatisai.pdf

Michaud, Jean. (4 de abril de 1997). Informe explicativo del Convenio relativo a los derechos humanos y la biomedicina, autorizada su publicación por el Comité de Ministros del Consejo de Europa el 17 de Diciembre de 1996. *Diario Médico.* https://www.chospab.es/comite_eti¬ca/documentos/DOCUMENTOS_INTERNACIONALES/Informe_Ex-plicativo_Convenio_Oviedo.pdf.

Morla González, Marina. (2024). *Terapias digitales. Aspectos regulatorios y su impacto en el derecho a la salud.* Tirant Lo Blanch.

Myszczynska, Monika, *et al.* (2020). Applications of machine learning to diagnosis and treatment of neurodegenerative diseases. *Nature review. Neurology.* 16, 440 – 456.

Nicholson Price, W. (2015). Black-Box Medicine. *Harvard Journal of Law & Technology.* 28 (2), pp. 420 – 467.

O'Neill, O. (2014). Trust, Trustworthiness, and Accountability. In *Capital Failure: Rebuilding Trust in Financial Services.* Oxford University Press.

Pinto-Coelho, Luis. (2023). How Artificial Intelligence Is Shaping Medical Imaging Technology: A Survey of Innovations and Applications. *Bioengineering,* 10, 1 – 21.

Rambaran, Sereena y Harmon, Dominic. (2024). "Trust in Clinical Practice: A Systematic Review". *Pain Studies and Treatment.* 12, 1 – 11.

Robeo Casabona, Carlos María. (1981). *El médico y el Derecho Penal.* Bosch.

Román-Graván, Pedro *et al.* (2020). Envejecimiento activo y uso de internet para mejorar la calidad de vida de las personas mayores. *Revista de Medios y Educación,* 60, 109 – 134.

Roski, Joachim *et al.* (2022). How artificial intelligence is changing health and health care. En M. Matheny, S. Thadaney Israni, M. Ahmed, D. Whicher (eds.), *Artificial Intelligence in Health Care* (pp. 65 – 98). National Academy of Medicine.

Sánchez Caro, Javier y Abellán García, Fernando. (2003). *Derechos y deberes de los pacientes. Ley 41/2002 de 14 de noviembre: consentimiento informado, hisotira clínica, intimidad e instrucciones previas.* Comares.

Schönberger, Daniel. (2019). Artificial intelligence in healthcare: a critical analysis of the legal and ethical implications. *Internacional Journal of Law and Information Technology,* 27, 171 – 203.

Smuck, Matthew *et al.* (2021). The emerging clinical role of wearables: factors for successful implementation in healthcare. *NPJ Digital Medicine,* 4 (45), 1 – 8.

Tranter, Isaac. *et al.* (2022). Doctor! Did You *Google* My Symptoms? A Qualitative Study of Patient Perceptions of Doctors' Point-of-Care Information Seeking. *BMJ Open.* 12, e061090.

Urruela Mora, Asier *et al.* (2022). Investigaciones que implican procedimientos invasivos en seres humanos. En: C. M. Romeo Casabona (dir.), P. Nicolás Jiménez y S. Romeo Malanda (coords.), *Manual de Bioderecho* (pp. 575 – 602). Dykinson.

Van Dijk, Erwin *et al.* (2018). The Third Revolution in Sequencing Technology. *Trends in Genetics,* 34 (9), 666 – 681.

Vayenna, Effy *et al.* (2018). Machine learning in medicine: Addressing ethical challenges. *Plos Medicine.* 15 (11), pp e1002689.

Vuleta, Branka. (28 de octubre de 2021). How Much Data Is Created Every Day? +27 Staggering Stats. *Seed Scientific.* https://seedscientific.com/how-much-data-is-created-every-day/

Gestión de riesgos, protección de infraestructuras críticas e inteligencia artificial

CARLOS HEREDERO DEL CAMPO
Universidad de León, España

SUMARIO: I. CONTEXTUALIZACIÓN. II. LOS SERVICIOS ESENCIALES E INFRAESTRUCTURAS CRÍTICAS. III. SOCIEDAD DEL RIESGO. 1. El derecho regulatorio en la protección de infraestructuras críticas. 2. La gestión de riesgos. IV. INTELIGENCIA ARTIFICIAL: UNA TECNOLOGÍA EN CONSTANTE EVOLUCIÓN. 1. Un enfoque internacional. 2. Gestión de infraestructuras y mitigación de riesgos. 3. Nuevos desafíos emergentes. V. LA RESPONSABILIDAD DEL SECTOR PÚBLICO Y PRIVADO. VI. BIBLIOGRAFÍA.

I. CONTEXTUALIZACIÓN

En la actualidad, las instituciones, empresas y ciudadanos poseen una característica común: la absoluta y total dependencia de las infraestructuras que sustentan la profundamente industrializada y tecnificada sociedad en la que vivimos. Entendiendo por infraestructuras el conjunto de elementos y servicios necesarios para el establecimiento y funcionamiento de cualquier organización.

Por ello, es fundamental realizar un esfuerzo coordinado por parte de todos los actores involucrados para prevenir posibles fallos, ya sean de carácter intencional, natural o tecnológico, con el objetivo de reducir la vulnerabilidad y minimizar los daños y el tiempo de recuperación ante eventuales situaciones de crisis. Este enfoque exige abordar la protección de las infraestructuras desde una perspectiva global que contemple todos los tipos de riesgos, no solo los físicos, sino también los cibernéticos, los cuales revisten una importancia equiparable o incluso superior en una era donde la mayoría de los servicios se basan en tecnologías de la información como elemento fundamental.

La protección total frente a múltiples peligros potenciales, imprevisibles e inimaginables es una tarea prácticamente imposible. El desafío radica en proteger a la sociedad de riesgos y amenazas potencialmente ilimitados con recursos limitados. Por tanto, además de ser preciso reforzar la cooperación, compartir la información, evaluar los riesgos potenciales y la racional asignación de los recursos humanos, materiales y económicos existentes, se hace necesario recurrir a todas las nuevas tecnologías disponibles en las que podamos apoyarnos.

En este sentido, cabría preguntarnos el papel que puede jugar la cada vez más avanzada inteligencia artificial en la gestión de riesgos y, con ello, en la minimización de los daños y la consiguiente protección de las infraestructuras cuyo menoscabo, accidental o deliberado, puede suponer un grave impacto sobre el conjunto, o parte, de la sociedad.

II. LOS SERVICIOS ESENCIALES E INFRAESTRUCTURAS CRÍTICAS

La importancia de las infraestructuras para las organizaciones en una sociedad cada vez más digitalizada y dependiente del ciberespacio -tanto para las relaciones sociales como para actividades económicas- las convierten en un objetivo prioritario para acciones nocivas enfocadas en perjudicar o interrumpir su funcionamiento. Debido a los graves daños para los usuarios que pueden originarse, conviene detenerse en la problemática que se genera cuando, además, se trata de infraestructuras que prestan servicios esenciales y que, en la actualidad, han adquirido una relevancia y trascendencia capital en el normal funcionamiento de los mismos.

En primer lugar, debemos analizar qué son los servicios esenciales y dónde radica su importancia. Como punto de partida, hay que mencionar que la Constitución Española hace referencia a estos en el artículo 128.2 cuando reconoce la iniciativa pública en la actividad económica e indica que "mediante ley se podrá reservar al sector público recursos o servicios esenciales, especialmente en caso de monopolio, y asimismo acordar la intervención de empresas cuando así lo exigiere el interés general. Siendo este concepto desarrollado en una temprana Sentencia del Tribunal Constitucional (STC 26/1981, de 17 de julio de 1981) en relación con el derecho de huelga. Esta sentencia, a los efectos que aquí nos interesan, desarrolla en torno a los servicios esenciales una noción amplia al referirse a estos, no solo como los servicios necesarios para la mera supervivencia individual de los ciudadanos, sino como aquellos que, además, se tornan indispensables para el adecuado funcionamiento de la sociedad en su conjunto teniendo en cuenta las características y rasgos específicos del contexto tecnológico de cada época.

Por este motivo, cuando hacemos referencia al concepto de servicios esenciales, con carácter general, lo utilizamos estrechamente vinculado a situaciones de emergencia. Así, por ejemplo, se utilizó profusamente en la crisis sanitaria ocasionada por la reciente pandemia del coronavirus e, igualmente, podemos encontrarlo en numerosas normativas relacionadas con el ámbito de la seguridad.

Asimismo, el adecuado funcionamiento de estos servicios se encuentra ineludiblemente vinculado a una serie de infraestructuras, tanto físicas como digitales, que por la importancia de los servicios que prestan calificamos como críticas (Vanaclocha, 2013). Tienen un marcado carácter fundamental debido a que su operatividad es insustituible -no admite soluciones alternativas viables- y su perturbación o destrucción tendría consecuencias gravemente perjudiciales para la sociedad en su totalidad o para sectores significativos de la misma. Este escenario representa la contrapartida al elevado nivel de desarrollo que caracteriza a nuestra sociedad contemporánea. Una sociedad del riesgo (Beck, 1998).

De este modo, podemos remitirnos a la Ley 8/2011, de 28 de abril, por la que se establecen medidas para la protección de las infraestructuras críticas o a la Directiva (UE) 2022/2557 del Parlamento Europeo y del Consejo de 14 de diciembre de 2022 relativa a la resiliencia de las entidades críticas para encontrar una definición. En estos ámbitos, los servicios o actividades esenciales son aquellos servicios necesarios para el mantenimiento de las funciones sociales básicas (la salud, la seguridad, el bienestar social y económico de los ciudadanos), o el buen funcionamiento de las Instituciones del Estado y las Administraciones Públicas.

En suma, nos estamos refiriendo a áreas estratégicas vitales para la sociedad que requieren una gestión rigurosa y coordinada para asegurar su resiliencia y continuidad. Así, a modo ejemplificativo, cabe mencionar el sistema financiero y tributario, que incluye entidades bancarias y mercados de valores, crucial para la estabilidad económica; la Administración Pública, con sus servicios básicos e instalaciones, fundamental para una gobernanza eficiente; el sector del agua, abarcando embalses y redes de distribución, que asegura el suministro de este recurso esencial; la cadena alimentaria, desde la producción hasta la distribución, que garantiza la disponibilidad de alimentos; las infraestructuras energéticas, indispensables para la operatividad de otros muchos sectores; las instalaciones relacionadas con el espacio exterior, las centrales nucleares y la industria química que requieren supervisión rigurosa debido a los potenciales riesgos que pueden entrañar; el ámbito de la investigación para evitar riesgos biológicos, químicos o radiológicos; el sector salud, incluyendo infraestructuras sanitarias, fundamental para la asistencia médica y la respuesta ante emergencias; las tecnologías de la información y las comunicaciones, indispensables en la sociedad actual; y, el sector transporte, que incluye aeropuertos, puertos, ferrocarriles y redes de transporte público, esencial para la movilidad y el bienestar social.

III. SOCIEDAD DEL RIESGO

1. *El derecho regulatorio en la protección de infraestructuras críticas*

Esta característica esencial del servicio, a pesar de su importancia, no implica su reserva en exclusiva al Estado. En realidad, la gestión de muchos de estos servicios, así como el conocimiento científico y técnico asociado, recae frecuentemente en manos de sujetos privados que operan en un régimen de mercado, relegando al Estado a una posición de garante de los intereses generales.

La actual relación entre Estado y sociedad convierte a la actividad de regulación en un elemento clave para proteger las infraestructuras críticas y garantizar, a su vez, la propia seguridad de los ciudadanos al permitir que los servicios continúen operando sin interrupciones y al asegurar el correcto funcionamiento de aquellas estructuras, tanto nacionales como internacionales, que consideramos básicas.

Así, el Derecho de la regulación se adscribe a dos grandes frentes: por un lado, se vincula a grandes servicios de interés general -sectores económicos estratégicos- del todo necesarios y capitales para la vida y existencia tanto de personas como de colectividades en el mundo moderno (estos sectores incluyen transportes, energía, telecomunicaciones, servicios postales, mercados de valores, abastecimiento de agua, y la recogida y tratamiento de residuos, entre otros); por otro lado, también se manifiesta en la regulación de riesgos asociados con los avances tecnológicos y el desarrollo experimentado en las últimas décadas (esto es especialmente notable en sectores como el alimentario, farmacéutico, industrial, seguridad laboral, protección de datos y ciberseguridad), (Esteve Pardo, 2023).

2. La gestión de riesgos

La regulación del riesgo, por tanto, es consecuencia del desplazamiento del conocimiento científico y la innovación tecnológica hacia la órbita privada debido a la, cada vez mayor, industrialización de nuestra sociedad; en donde, las empresas, han advertido la rentabilidad de la inversión en innovación y conocimiento científico y técnico, superando, desde hace años, a la inversión pública e incrementándose gradualmente (Instituto Nacional de Estadística, 2023).

En este marco, el concepto de riesgo, como materia objeto de regulación, lo encontramos en oposición al de peligro. Este último tipo de evento, debido a su origen natural (desastres o catástrofes naturales), su alto grado de imprevisibilidad y el hecho de que no se ve influenciado por decisiones humanas, conlleva que no pueda ser objeto de regulación jurídica alguna, sin perjuicio de que la regulación de riesgos en las fases de gestión y de responsabilidad pueda tener efectos positivos sobre él (Arana *et al.*, 2018). En contra, la generación del riesgo implica una decisión e intervención humana susceptible de supervisión y control -siendo el riesgo aceptado el conocido como riesgo permitido-, donde la actividad de regulación adquiere especial relevancia, controlando a los potenciales generadores de riesgos: los operadores (Esteve Pardo, 2023).

La fijación de este riesgo corresponde a las instancias públicas –como veremos con la Ley de Inteligencia Artificial más adelante–, pues afectan a la comunidad, y seguirá, por tanto, los cauces ordinarios establecidos para la adopción de decisiones públicas. De este modo, la decisión de aceptación de un determinado riesgo entraña, a su vez, la necesidad de su gestión enfocada en reducirlo y, si es posible, eliminarlo por completo. Esta fase se centra, mediante diferentes técnicas jurídicas y regulatorias (López-Jurado, 2008), en ampliar el conocimiento existente sobre el mismo mediante su control, inspección y monitorización. La comprensión del riesgo puede conllevar tanto el incremento de las medidas regulatorias establecidas como, incluso, revocar la autorización en caso de considerarlo inadmisible.

De este modo, la incertidumbre y complicación que entrañan las decisiones sobre los riesgos estarán influenciadas fuertemente por los avances del conocimiento científico y técnico (Esteve Pardo, 2009, 2021). En este sentido, se impondrá a los titulares de las instalaciones autorizadas la conocida como "cláusula técnica", a saber, la obligación de introducir las futuras innovaciones tecnológicas que pudieran resultar eficaces tanto en la reducción de riesgos como en la corrección de los efectos negativos que pudieran llevar aparejados (Esteve Pardo, 1999).

IV. INTELIGENCIA ARTIFICIAL: UNA TECNOLOGÍA EN CONSTANTE EVOLUCIÓN

1. Un enfoque internacional

Es de interés primordial para la Unión Europea preservar su liderazgo tecnológico y asegurar, simultáneamente, que sus ciudadanos puedan beneficiarse de las nuevas tecnologías desarrolladas y operadas en consonancia con sus valores, derechos fundamentales y principios. De este modo, una de las prioridades de la Comisión Europea es la Estrategia digital de la Unión: Una Europa adaptada a la era digital (*A Europe fit for the digital age*); su objetivo es fortalecer la soberanía digital (Fuertes, 2021), a la par que refuerza las competencias en este ámbito de los Estados miembros con un claro enfoque en los datos, la tecnología y las infraestructuras.

En este contexto, la inteligencia artificial representa un conjunto de tecnologías en constante evolución con el potencial de generar significativos beneficios económicos y sociales en diversos sectores y actividades de gran relevancia donde su impacto puede ser decisivo para el progreso y sostenibilidad.

Por este motivo, en coherencia con estas políticas y enfocada en promover una tecnología al servicio de las personas, la Unión Europea ha introducido una nueva legislación conocida como Ley de Inteligencia Artificial (Unión Europea, 2024), que sienta las bases de su regulación y que supondrá una revisión tanto de los instrumentos internacionales como de las herramientas de planificación interna en nuestro país (Campos Acuña, 2022). Estableciendo, con ello, un espacio coherente, efectivo y proporcionado destinado a garantizar que la inteligencia artificial se pueda desarrollar plenamente.

En este sentido, la ley busca garantizar que estos sistemas de inteligencia artificial utilizados en el territorio comunitario sean seguros, transparentes, éticos e imparciales, mientras permanecen, en todo momento, bajo control humano. A su vez, clasifica las diferentes herramientas de inteligencia artificial en función del riesgo percibido, categorizándolas en cuatro niveles de riesgo (inaceptable, alto, limitado y mínimo), para que los gobiernos y empresas que utilicen estas herramientas apliquen las diferentes obligaciones pertinentes en función del mismo.

En el ámbito de las infraestructuras críticas, el Anexo III, con arreglo al artículo 6, apartado 2, nos indica que los sistemas de inteligencia artificial destinados a ser utilizados como componentes de seguridad en la gestión y el funcionamiento de determinados sectores críticos (como son las infraestructuras digitales críticas, del tráfico rodado o del suministro de agua, gas, calefacción o electricidad), serán considerados de alto riesgo. La motivación, según venimos avanzando y como nos recuerda el considerando 55, reside en que un fallo o defecto de funcionamiento de estos componentes puede comprometer gravemente la vida y la salud de las personas a gran escala, así como perturbar significativamente el normal desarrollo de las actividades sociales y económicas.

Sin embargo, cabe mencionar, de acuerdo con el apartado 3 del citado artículo 6, que podrá no ser considerado de alto riesgo cuando no plantee un riesgo importante de causar un perjuicio a la salud, la seguridad o los derechos fundamentales de las personas físicas, su influencia en la toma de decisiones no sea sustancial y se cumpla cualquiera de las siguientes condiciones: el sistema esté destinado a llevar a cabo una tarea de procedimiento limitada, a mejorar actividades humanas previamente realizadas, llevar a cabo tareas preparatorias o detectar patrones de toma de decisiones o desviaciones sin reemplazar la evaluación humana. Excepto cuando implique la elaboración de perfiles de personas físicas, en cuyo caso siempre se considerarán de alto riesgo.

2. Gestión de infraestructuras y mitigación de riesgos

Una de las aplicaciones más extendidas de la inteligencia artificial en la actualidad es el análisis de una amplia cantidad de información mediante el aprendizaje automático (*machine learning*). Estos modelos pueden detectar patrones y anomalías permitiendo la identificación de posibles amenazas y problemas de seguridad, así como la evaluación y cuantificación de los riesgos a los que se enfrentan (Sanz Yarritu, 2023, p. 38).

De esta manera, el uso de inteligencia artificial en la gestión de riesgos ofrece varios beneficios importantes para las organizaciones. No obstante, un análisis exhaustivo de su aplicación en este ámbito sería extremadamente complejo, pues debe tenerse en cuenta que las organizaciones basan la identificación de riesgos en función de su particular naturaleza y de la experiencia de los equipos encargados de la misma; considerando, además, la existencia de los conocidos como "cisnes negros", riesgos de baja probabilidad y alto impacto que no suelen incluirse en la gestión.

Por ello, en este estudio mencionaré, a modo ejemplificativo, aquellas áreas donde la inteligencia artificial ha demostrado su utilidad en la lucha y mitigación de riesgos.

En el ámbito de la detección y prevención temprana de amenazas informáticas es donde la inteligencia artificial cobra especial importancia, desempeñando un papel esencial, al proporcionar una respuesta rápida y efectiva que es capaz de mitigar los posibles daños. Esto se logra a través de la automatización de procesos y flujos de trabajo, lo que mejora significativamente la capacidad de réplica ante amenazas emergentes y logra reducir su impacto.

En consonancia con la naturaleza evolutiva de las amenazas contemporáneas (Becerril Gil, 2021, pp.17-18), las estrategias de gestión de riesgos deben adaptarse para cumplir con los objetivos de protección establecidos. La evaluación continua de riesgos en tiempo real, facilitada por la inteligencia artificial, es fundamental para mantenerse al día con las amenazas en constante cambio y los avances en el entorno operativo. En consecuencia, los modelos predictivos aplicados al sector de infraestructuras críticas adquieren un papel fundamental. La inteligencia artificial permite la constante recopilación y análisis de datos para establecer un modelo de gestión predictiva que, unido a la implementación de sistemas de monitorización en tiempo real y a la participación activa en redes de intercambio de información sobre amenazas, nos permite detectar y mitigar nuevas vulnerabilidades y ataques de manera proactiva. Se garantiza, de este modo, una protección más robusta y dinámica, pues permite actuar antes de que exista un impacto significativo en nuestras infraestructuras.

En conclusión, la capacidad de la inteligencia artificial para realizar meticulosos análisis de grandes volúmenes de datos con una mínima probabilidad de errores la presenta como una gran aliada en la gestión de riesgos para las organizaciones.

3. Nuevos desafíos emergentes

Sin embargo, los propios elementos y técnicas que promueven estos beneficios socioeconómicos también pueden generar nuevos riesgos y amenazas (Piñar Mañas, 2018), tales como imprevistos, accidentes o ataques intencionados, derivados del desarrollo y la utilización de la inteligencia artificial, tanto para individuos específicos como para la sociedad en su conjunto (Unión Europea, 2020).

Las principales tareas y funciones que permiten el mantenimiento de la vida cotidiana de Estados, sociedades, personas, instituciones y organizaciones -nacionales e internacionales, gubernamentales y no gubernamentales-, se llevan a cabo en la dimensión cibernética. Debemos tener en cuenta que la progresiva interconexión de sistemas y dispositivos en un entorno cada vez más digitalizado, junto con la interdependencia entre los diversos sectores y servicios que conforman nuestra sociedad, ha generado un incremento exponencial de las amenazas procedentes del ciberespacio, así como de los riesgos asociados a la seguridad de la información y una mayor vulnerabilidad ante ataques cibernéticos.

Aunque la mención a los numerosos riesgos existentes se realiza huyendo del discurso «ciberfatalista» que actualmente ha adquirido gran relevancia en la opinión pública de los países europeos (García Mexía, 2022), existen numerosos informes públicos que recogen estos preocupantes datos, por ejemplo: el equipo de respuesta ante emergencias informáticas, CERT (por sus siglas en inglés: *Computer Emergency Response Team*), del Centro Criptológico Nacional, CCN, en su informe CCN-CERT IA-35/23 Ciberamenazas y Tendencias de 13 de noviembre de 2023; o el informe anual de la Agencia de Ciberseguridad de la UE, ENISA, "ENISA *Threat Landscape*" de 19 de octubre de 2023.

En este marco, la protección de las infraestructuras críticas y la seguridad en las redes se ha convertido en una prioridad. La vulnerabilidad de las infraestructuras, fundamentales para el funcionamiento y desarrollo pleno de la sociedad y la economía, puede tener, como hemos aludido anteriormente, consecuencias graves que afecten a actividades esenciales y riesgos para la seguridad nacional. Del mismo modo, la integridad y seguridad en los sistemas de redes y de información son vitales para prevenir interrupciones en estos servicios y proteger la información sensible de los usuarios.

Por todo ello, la incorporación de la inteligencia artificial a estos sectores plantea retos significativos en términos de seguridad y además de requerir una regulación específica que aborde las implicaciones de su utilización -sentido en el que avanza la Unión Europea- es necesario, también, la implementación de mayores controles enfocados en la adecuada protección de la información para preservar la integridad de los mencionados sistemas críticos ante los nuevos desafíos emergentes.

V. LA RESPONSABILIDAD DEL SECTOR PÚBLICO Y PRIVADO

Con carácter general, las grandes crisis han puesto de manifiesto que la seguridad tanto en el espacio cibernético como físico, debido a las crecientes interdependencias de una red cada vez más interconectada y transfronteriza, es una tarea que incumbe tanto al sector público como al sector privado.

En el ámbito de las infraestructuras críticas encontramos un claro ejemplo de ello, pues estas, interconectadas con la tecnología de la información y, donde cualquier interrupción puede afectar al funcionamiento de la red, son particularmente susceptibles al sabotaje y al terrorismo. Sin olvidar, igualmente, que la propiedad, gestión y explotación corresponde, en gran parte, a empresas privadas.

Todo ello genera una gran preocupación por la gestión de la interdependencia de estos recursos y requiere la responsabilidad activa de los Estados en la adopción e implementación de medidas destinadas a mitigar riesgos y proteger a los ciudadanos. Es fundamental, además, que las prioridades de seguridad, tanto física como digital, no se sacrifiquen en la búsqueda de las empresas de maximizar los beneficios económicos.

Igualmente, el intercambio recíproco de información, tanto de experiencias como de estrategias, puede resultar beneficioso para poder hacer frente a un mayor espectro de riesgos. Conviene recordar que la corresponsabilidad y la colaboración privada han sido pilares fundamentales en la idea amplia de "cultura de seguridad" que ahora se ha trasladado al ciber espacio (Canals, 2021).

La utilización de la inteligencia artificial en la protección de infraestructuras críticas, abarcando desde la evaluación de riesgos hasta la gestión de incidentes, representa un gran desafío que requiere un enfoque multidisciplinar y continuo. A medida que la inteligencia artificial asume un rol cada vez más destacado en materia de seguridad, tanto empresas como gobiernos deben reforzar su cooperación, adaptarse y emplearla estratégicamente, dado que los delincuentes también intentarán aprovechar estas nuevas tecnologías en su beneficio.

VI. BIBLIOGRAFÍA

Arana García, E. (dir.), Conde Antequera, J. (coord.), Garrido Manrique, J. (coord.), Navarro Ortega, A. (coord.). (2018). *Riesgos naturales y derecho: una perspectiva interdisciplinar.* Dykinson.

Becerril Gil, A. A. (2021). Retos para la regulación jurídica de la Inteligencia Artificial en el ámbito de la Ciberseguridad. *Revista del Instituto de Ciencias Jurídicas de Puebla,* 48 (15), 9-34.

Beck, U. (1998) *La sociedad del riesgo. Hacia una nueva modernidad.* Paidós Ibérica.

Borja López-Jurado Escribano, F. (2008). Los procedimientos administrativos de gestión de riesgo. En J. Barnés (coord.) y E. Schmidt-Assmann (coord.), *La transformación del procedimiento administrativo,* (pp. 141-182). Editorial Derecho Global.

Campos Acuña, M. C. (2022). Inteligencia artificial en la gestión pública ¿de las tres leyes de Asimov a la anarquía desreguladora? En: G. Vestri (Dir.) *La disrupción tecnológica en la Administración Pública: retos y desafíos de la inteligencia artificial,* (pp. 23-40). Thomson Reuters Aranzadi.

Canals Ametller, D (2021). La seguridad en el entorno digital. En D. Canals Ametller (coord.), *Ciberseguridad. Un nuevo reto para el Estado y los gobiernos locales,* (pp. 61-88). Wolters Kluwer.

Esteve Pardo, J. (1999). La adaptación de las licencias a la mejor tecnología disponible. *Revista de administración pública,* 149, 37-62.

Esteve Pardo, J. (2009). *El desconcierto de Leviatán: política y derecho ante las incertidumbres de la ciencia.* Marcial Pons.

Esteve Pardo, J. (2021). La regulación de riesgos gestionar la incertidumbre. *El Cronista del Estado Social y Democrático de Derecho,* 96-97, 32-45.

Esteve Pardo, J. (2023). *Principios de Derecho regulatorio: Sectores económicos de interés general y regulación de riesgos.* Marcial Pons.

Fuertes López, M. (2021), Soberanía digital europea, *El Cronista del Estado Social y Democrático de Derecho,* 90-91, 56-71.

García Mexía, P. L. (2022), Contra el «ciberfatalismo». Beneficio y riesgo en la sociedad digital, *Revista de las Cortes Generales,* 114, 285-354.

Instituto Nacional de Estadística. (2023). Estadística sobre Actividades de I+D - Año 2022. https://www.ine.es/dyngs/INEbase/es/operacion.htm?c=Estadistica_C&cid=1254736176754&menu=ultiDatos&idp=1254735576669

Piñar Mañas, J. L. (2018). Derecho e innovación: retos de presente y futuro. En M. Vaquer Caballería (coord.); A. M. Moreno Molina (coord.) y A. Descalzo González (coord.), *Estudios de Derecho Público en homenaje a Luciano Parejo Alfonso,* (pp. 1071-1093) Tirant lo Blanch.

Unión Europea. (2024). Reglamento (UE) 2024/1689 del Parlamento Europeo y del Consejo, de 13 de junio de 2024, por el que se establecen normas armonizadas en materia de inteligencia artificial y por el que se modifican los Reglamentos (CE) n.° 300/2008, (UE) n.° 167/2013, (UE) n.° 168/2013, (UE) 2018/858, (UE) 2018/1139 y (UE) 2019/2144 y las Directivas 2014/90/UE, (UE) 2016/797 y (UE) 2020/1828 (Reglamento de Inteligencia Artificial). *Diario Oficial de la Unión Europea,* L1689, de 13 de junio de 2024. https://eur-lex.europa.eu/eli/reg/2024/1689/oj

Unión Europea. (2020). Libro Blanco sobre la inteligencia artificial. Un enfoque europeo orientado a la excelencia y la confianza. Comisión Europea, Dirección General de Redes de Comunicación, Contenido y Tecnologías. 19 de febrero de 2020.

Sanz Yarritu, J. M. (2023). BilbaoPort: protegiendo infraestructuras críticas en tiempo real. *Seguritecnia,* 503, 38-39.

Vanaclocha Bellver, F. J. (2013). La protección de infraestructuras críticas como espacio emergente de políticas públicas y gobernanza. En J. F. Vanaclocha Bellver (Dir.) *Marco legal y de gestión de la protección de las infraestructuras críticas en España,* (pp. 1-20). McGraw-Hill.

La tipificación del delito de acecho o stalking como una forma de abordar la violencia de género digital

BÁRBARA FRANCISCA VILLALOBOS JARAMILLO
Universidad Central de Chile

SUMARIO: I. VIOLENCIA DE GÉNERO DIGITAL. II. PROYECTO DE LEY QUE PROHÍBE CONDUCTAS DE VIOLENCIA DIGITAL. III. EL DELITO DE ACECHO O STALKING. IV. STALKING Y VIOLENCIA DE GÉNERO DIGITAL. V. CONCLUSIONES. VI. BIBLIOGRAFÍA.

I. VIOLENCIA DE GÉNERO DIGITAL

De acuerdo con la Convención Interamericana para Prevenir, Sancionar y Erradicar la Violencia contra la Mujer, se considera violencia contra la mujer cualquier acción o conducta, basada en su género, que cause muerte, daño o sufrimiento físico, sexual o psicológico a la mujer, tanto en el ámbito público como privado (CIPSEVM, 1995).

Los organismos internacionales concuerdan en que esta definición también entra dentro de lo que se entiende como violencia de género (CEDM, 2017), sólo que a diferencia de lo que plantea la Convención Belém do Pará, la violencia de género también puede aplicar a otro grupo de especial protección como lo es la comunidad LGBTIQA+ (ONU, 2023).

Para efectos de su estudio y regulación, la violencia de género admite clasificación en virtud de diversas categorías, tales como su origen, consecuencias o sujeto pasivo. Es así como se conceptualiza la violencia física, psicológica, sexual, obstétrica, laboral, entre otras. Con esta premisa, podemos entender que la violencia de género digital se caracteriza por el lugar en el que se efectúa, definiéndose como cualquier acto dañino dirigido hacia una persona o grupo de personas debido a su género y cometido o amplificado mediante el uso de tecnologías o herramientas digitales (ONU, 2020).

Por su parte, la OEA define esta conducta como "toda aquella agresión psicológica realizada por un hombre a través de las nuevas tecnologías contra una mujer con el único objetivo de discriminación, dominación o intromisión sin consentimiento de la víctima" (OEA, 2019). A partir de estas definiciones, se puede concluir que los aspectos centrales de la violencia de género digital radican en tres aspectos: 1.- el acto de violencia por razón de género; 2.- el uso del medio digital como soporte; y, 3.- la falta de consentimiento.

Este tipo de violencia, a su vez, puede manifestarse a través de las siguientes formas, las cuales pueden o no estar penalizadas:

Difusión no consentida de contenido íntimo: conocida como *Pornovenganza* o *pornografía no consensual*, se refiere a la acción de difundir por cualquier medio digital un registro audiovisual, real o simulado, de un desnudo total, parcial o con una connotación sexual, sin haber requerido y obtenido previamente el consentimiento de la víctima (PLPCVD, 2020). Actualmente no contempla sanción penal en Chile para personas mayores de edad, sin embargo, se sanciona la difusión de material de connotación sexual grabado en contexto de acoso sexual callejero (Ley 21.153, 2019).

Es de especial relevancia la delimitación de esta conducta en virtud de una situación cada vez más común en el espacio digital, consistente en la utilización de Inteligencia Artificial para la creación de videos pornográficos (*deepfakes*),(Okolie,

2023), en los cuales se introduce la apariencia de una persona que no ha entregado su consentimiento, para participar de un contexto sexual que posteriormente es difundido profusamente en internet. Esta acción mezcla la difusión no consentida de material íntimo junto con la suplantación de identidad.

Sextorsión: tipo de chantaje a través del cual se amenaza a una persona con revelar información íntima de carácter sexual, a cambio de nuevo material, dinero u otro requerimiento (Pastorini y Refi, 2017).

Amenazas: reguladas en el artículo 296 del Código Penal chileno, se definen como todas aquellas circunstancias en que se intimida seriamente a otro, su persona, su familia, honra o propiedad, ya sea de manera verbal o escrita, a un mal que constituya delito (CP, 1874).

Desacato: quien quebrante lo ordenado por un tribunal será sancionado con reclusión menor en su grado medio a máximo (CPC, 2022). Su relación con la violencia digital radica en aquellos casos en que se dicta la medida cautelar de prohibición de acercarse a víctimas de violencia de género y su familia (CPP, 2020), situación en la que la comunicación virtual puede configurar un quebrantamiento (STPPA, 2023).

Suplantación de identidad: en el contexto de redes sociales, la suplantación de identidad corresponde al robo de la identidad digital, es decir, del conjunto de características que una persona representa a través de internet y que forman parte de la identidad personal (Borghello y Temperini, 2012). Durante el uso de las nuevas tecnologías, estos rasgos pueden consistir en fotos, *nicknames*, *posts*, entre otros. Un ejemplo adecuado para representar la suplantación de identidad como forma de violencia de género digital es la creación de perfiles falsos en aplicaciones para adultos como *Onlyfans o Arsmate*, situación que proliferó en Chile durante el confinamiento.

Hostigamiento: efectuado a través de las tecnologías de la información y comunicación social (TICS), mediante mensajería compulsiva no deseada, o bien por la conjugación de las conductas definidas anteriormente de manera reiterativa y con el objetivo de producir temor o mal en la persona afectada.

Envío no consentido de material íntimo: conducta en la que un sujeto realiza el envío de material sexual a través de medios digitales a otra persona, quien no ha prestado su consentimiento para aquello.

II. PROYECTO DE LEY QUE PROHÍBE CONDUCTAS DE VIOLENCIA DIGITAL

La violencia de género en Chile ha tenido un tratamiento legislativo enfocado en leyes específicas para cada materia, toda vez que la ley integral contra la violencia hacia las mujeres ha sido publicada recientemente (Ley 21.675, 2024). Es así como se cuenta, por ejemplo, con una ley que sanciona el acoso callejero y el acoso sexual laboral (Ley 21.153, 2019; y, Ley 21.643, 2024).

Por su parte, en el ámbito de las TICS, el año 2022 se publicó la ley que establece normas sobre delitos informáticos y tipifica conductas como el acceso ilícito, falsificación y fraude informáticos (Ley 21.459, 2022).

No obstante lo anterior y como se adelantó en los párrafos anteriores, la Honorable Cámara de Diputados y Diputadas de la República admitió a tramitación y aprobó el día 09 de julio del año 2024 un proyecto de ley que pretende prohibir las siguientes conductas consideradas violencia digital: exhibición o difusión de datos personales, suplantación de identidad por medios digitales, envío o exhibición de contenido no solicitado, acoso digital y difusión no consentida de contenido íntimo.

Utilizando como fundamento la Convención Belém do Pará ratificada el año 1996 por Chile, el texto asevera que luego del inminente avance de las nuevas tecnologías, el espacio digital es una extensión del espacio público, contexto que como tal requiere una regulación que resarza los efectos negativos que produce en mujeres y niñas. Con esto como premisa, el proyecto tiene como objetivo prevenir, sancionar y erradicar la violencia digital, otorgando protección a víctimas de esta (PLPCVD, 2020).

En cuanto al reproche penal, el documento hace hincapié en que el consentimiento es la base para la comprensión de las conductas prohibidas, puesto que las conductas típicas no son lesivas en sí mismas, sino que lo son toda vez que no cuentan con el consentimiento de quien las recibe. Junto con esto, es interesante subrayar que los redactores afirman que asumen el compromiso de evitar las penas de cárcel para estos delitos, ya que la estrategia de encarcelación masiva no ha otorgado los resultados deseados en lo que respecta a violencia de género.

Por lo tanto, la pena asignada a este delito es de multa y asciende desde las veintiuna a las seiscientas unidades tributarias mensuales según la gravedad de la conducta.

A partir de lo planteado respecto a violencia de género digital, se puede concluir que, debido a la existencia de estatutos jurídicos individuales de protección ante la violencia de género y delitos informáticos, efectivamente la violencia de género digital está abordada someramente en Chile, sólo en casos específicos como la divulgación de material de connotación sexual captado en contexto de acoso callejero y las amenazas. Aquello no permite el abordaje integral que busca el proyecto de ley que sanciona estas conductas.

III. EL DELITO DE ACECHO O STALKING

El acecho se define como una conducta reiterativa, intencionada y obsesiva respecto de una persona, llevada a cabo en contra de su voluntad y que le crea aprensión o es susceptible de provocar un miedo razonable (Barcenilla, 2015). *Pastorini y Refi* sostienen que se verifica cuando una persona persigue a otra de forma obsesiva a través de medios informáticos (Pastorini y Refi, 2017).

Acecho y *stalking* son términos que con frecuencia son utilizados como sinónimos, sin embargo, hay autores que aceptan la distinción aseverando que el *stalking* es una conducta de acecho llevada a cabo a través de redes sociales. Para efectos de esta investigación, se utilizará en adelante el término *stalking* para mayor precisión (Boza, 2022).

El *stalking* es una conducta que puede afectar múltiples bienes jurídicos, tales como la integridad física, psíquica y el derecho a la honra. Sin embargo, la doctrina plantea que el principal bien jurídico afectado es la libertad de obrar, entendida como la facultad para actuar libremente (Boza, 2022).

Imagine el lector que es víctima de una situación de *stalking*. En virtud de esta, una persona desconocida utiliza medios digitales como *Instagram, X, Facebook* y correo electrónico para comunicarse obsesiva y reiteradamente con usted. En estos mensajes y comentarios, el agresor insiste en que sabe dónde vive, dónde trabaja y qué actividades lleva a cabo durante el día. En este caso, la libertad de obrar se ve frustrada al enfrentarse al miedo fundado de ser abordado por esta persona, de la cual no sabe sus intenciones ni expectativas.

Hay una alteración en la toma de decisiones diarias, de la rutina, de la sensación de seguridad y, por ende, de la libertad. Por lo tanto, al igual como ocurre con la configuración del delito de amenazas, el perjuicio para la víctima no sólo se produce con la realización del *stalking*, sino que también a través de la posibilidad de un mal futuro.

Para poder producir esta afectación de bienes jurídicos, el *stalking* tiene características fundamentales. En primera instancia, debe ser reiterativo y obsesivo (Boza, 2022; Barcenilla, 2015). No es posible ser configurado a partir de conductas aisladas o individuales, puesto que la propia definición lo exige. Hay una intención por parte del sujeto activo de invadir la privacidad de la víctima y que es concretada a través de esta reiteración.

Asimismo, es fundamental la falta de consentimiento. Esto, debido a que las conductas de *stalking* no siempre implican un perjuicio por sí mismas (Barcenilla, 2015). Ejemplo de esto son el envío reiterado de obsequios, mensajes o llamadas; circunstancias que pueden ser propias de una relación amorosa o familiar normal. La diferencia radica en la falta de conformidad con estas conductas, las cuales incluso pueden provenir de parte de una persona desconocida o que se oculta mediante un perfil falso o suplantado.

Finalmente, es relevante que la conducta efectuada sea susceptible de provocar un miedo razonable. Debe ser amenazante o intimidatoria, provocar temor, inquietud y/o angustia en la víctima e impedir el desarrollo normal de la vida (Barcenilla, 2015: Gómez, 2011). Los autores concuerdan en que aquel temor no tiene por qué llegar a realizarse para configurar *stalking*, puesto que es ese sentimiento de intranquilidad frente a un ataque el que permite la materialización de la conducta (Barcenilla, 2015; Gómez, 2011).

Son ejemplos de *stalking* las siguientes situaciones: llamadas reiterativas de teléfono, vigilancia en el hogar o en el trabajo, seguimiento en la calle, envío reiterativo de cartas o regalos, envío de paquetes con objetos extraños, amenazas de suicidio, allanamientos de morada y uso indebido de datos personales (Boza, 2022).

En el caso particular de las redes sociales, se puede presentar a través de la suplantación de identidad, creación de perfiles virtuales falsos para obtener comunicación con la víctima, envío reiterativo de mensajes, comentarios o reacciones, *hackeo*, entre otros.

En el panorama mundial, el delito de *stalking* ha tomado fuerza como una manera de controlar las consecuencias negativas de las redes sociales.

En el caso de España, el acecho es regulado en el artículo 172 ter del Código Penal y plantea que será castigado con la pena de prisión de tres meses a dos años o multa de seis a veinticuatro meses el que acose a una persona llevando a cabo de forma insistente y reiterada, y sin estar legalmente autorizado, alguna de las siguientes conductas que alteren gravemente el desarrollo de la vida cotidiana:

> "1° Vigilar, perseguir o buscar cercanía con la víctima; 2°Establecer o intentar establecer contacto con la persona a través de cualquier medio de comunicación o por medio de terceras personas; 3°Adquirir mercancías, productos, servicios o haga que terceras personas se pongan en contacto con ella a través del uso indebido de sus datos personales y 4° Atentar contra la libertad o patrimonio de la víctima o de una persona cercana a ella".

Según la Exposición de Motivos de esta Ley, este delito está destinado a obtener respuesta a conductas de ineludible gravedad que, en muchas ocasiones, no podían ser calificadas como coacciones o amenazas (Barcenilla, 2015).

Por su parte, Canadá regula estás conductas bajo el concepto de "acoso criminal", el cual comprende la actividad de acechar, asediar o perseguir a alguien, efectuando actos ilegítimos que otorgan motivos para temer por la seguridad personal. Contempla la sanción de cárcel hasta 10 años, la posibilidad de libertad bajo la condición de no acercarse o comunicarse con la víctima y multa fijada por el juez en virtud de diversos factores (MJC, 2004).

En Estados Unidos la historia del *stalking* es antigua y mediática. El año 1960 el Estado de California tipificó el delito luego del homicidio de la actriz Rebecca Schaeffer y otras cuatro mujeres del Condado de Orange bajo esta premisa de acoso (La Nación, 2022). Finalmente se extendió hacia todo el país figurando la de siguiente manera en el artículo 172 ter:

> "Será castigado con la pena de prisión de tres meses a dos años o multa de seis a veinticuatro meses el que acose a una persona llevando a cabo de forma insistente y reiterada, y sin estar legítimamente autorizado, alguna de las conductas siguientes y, de este modo, altere gravemente el desarrollo de su vida cotidiana:
>
> 1.ª La vigile, la persiga o busque su cercanía física.
>
> 2.ª Establezca o intente establecer contacto con ella a través de cualquier medio de comunicación, o por medio de terceras personas.
>
> 3.ª Mediante el uso indebido de sus datos personales, adquiera productos o mercancías, o contrate servicios, o haga que terceras personas se pongan en contacto con ella.
>
> 4.ª Atente contra su libertad o contra su patrimonio, o contra la libertad o patrimonio de otra persona próxima a ella." Es decir, en términos bastante similares que los contemplados en España.

Como conclusión de este apartado, se puede aseverar que el *stalking*, como conducta reiterativa, no consensuada y que genera un temor en la víctima, puede llevarse a cabo tanto de forma física como a través de redes sociales, existiendo diversos ejemplos para cada uno de los contextos. Asimismo, existe la tendencia en el derecho comparado de regular estas conductas como una forma de darle consecuencias jurídicas a hechos que no configuran amenazas u otros delitos informáticos.

IV. STALKING Y VIOLENCIA DE GÉNERO DIGITAL

Una vez delimitados los conceptos de *stalking* y violencia de género digital, procederemos a vincular estas nociones para dar respuesta a la pregunta de investigación.

Al tratarse el *stalking* de un comportamiento acosador o amenazante (Barnecilla, 2015), por supuesto que puede llevarse a cabo a través de medios digitales.

Y si estas conductas son realizadas con objeto de la identidad de género de la víctima (Pastorini y Refi, 2017), pueden también tener la calidad de violencia de género digital, como ocurre con la creación de perfiles falsos en aplicaciones para adultos, la sextorsión y el envío no consentido de material íntimo.

Con todo, es imperativo plantear que el *stalking* reviste de una amplitud diferente a la que demarca la violencia de género digital, puesto que se extiende no sólo a mujeres o diversidades sexuales, sino que a cualquier persona que recepte conductas reiterativas e intimidantes. Por lo tanto, su configuración no requiere la causal de género.

Esta misma amplitud típica que se describe en el párrafo anterior es la que permite al concepto de *stalking* abordar comportamientos que no son propios únicamente de este tipo penal, como lo son las conductas sancionadas bajo el delito de acoso callejero, amenazas o las sanciones respecto a acoso sexual laboral (Ley 21.153, 2019; Ley 21.643, 2024; CP, 1874). A estas alturas del razonamiento, es posible concluir que efectivamente el *stalking* contempla conductas consideradas violencia digital, sin embargo, este vínculo se establece siempre y cuando las conductas sean reiteradas y no consentidas.

Lo anteriormente planteado implica un problema para las víctimas de violencia digital, toda vez que basta sólo un hecho constitutivo de esta para ocasionar un grave perjuicio en la dignidad, honra y libertad de quien la vive, no es necesaria su reiteración. Por lo tanto, es imposible para esta autora aseverar que la tipificación del delito de *stalking* por sí solo otorgaría un abordaje cabal de las conductas y consecuencias de la violencia digital.

Dicho esto, aun así la tipificación del delito de *stalking* tiene importantes beneficios para los ordenamientos jurídicos, sobre todo desde la perspectiva de que puede incluir comportamientos que no sólo se llevan a cabo a través de las TICS, como el caso del acecho, la persecución, el espionaje, entre otros. Así las cosas, junto con la amplitud de categorías que otorga el *stalking*, es importante la perspectiva de género, prevención y reparación que aporta un proyecto de ley como el de Violencia Digital.

V. CONCLUSIONES

A partir de lo planteado, podemos realizar las siguientes conclusiones:

1.- El *stalking* puede definirse como una conducta reiterativa, intencionada y obsesiva respecto de una persona, llevada a cabo a través de medios digitales, en contra de su voluntad y que le crea aprensión o es susceptible de provocar un miedo razonable. En base a lo establecido por el derecho comparado, hay países que también permiten su configuración a partir de conductas de acecho, las cuales no necesariamente se ejecutan a través del uso de la tecnología.

2.- Por su parte, la violencia de género digital puede ser definida como cualquier acto dañino dirigido hacia una persona o grupo de personas debido a su género y cometido o amplificado mediante el uso de tecnologías o herramientas digitales, teniendo estos tres aspectos como centrales: a) el acto de violencia por razón de género; b) el uso del medio digital como soporte; y, c) la falta de consentimiento.

Junto con lo anterior, se plantearon y definieron como ejemplos de este tipo de violencia acciones como: La difusión no consentida de contenido íntimo, sextorsión, amenazas, desacato, suplantación de identidad, hostigamiento, envío no consentido de material íntimo, entre otros.

En cuanto al proyecto de ley creado en Chile, la pena que se asignaría a estos delitos correspondería a una multa, la cual asciende desde las veintiuna a las seiscientas unidades tributarias mensuales según la gravedad de la conducta. Así también, incluye la realización de medidas de prevención y protección para las víctimas de esta. En ese entendido, su diferencia con el *stalking* es que tiene una configuración más restringida, pues exige el componente de género para completarse.

3.- Con el punto anterior como premisa, se puede concluir que el *stalking* como tipo penal puede abarcar conductas de violencia digital sólo en la medida que estas sean reiteradas, implicando que quedan fuera de su delimitación todas aquellas conductas igualmente lesivas de la honra, dignidad y libertad de obrar de las víctimas de violencia de género digital y que son efectuadas en una ocasión.

Aun así, la tipificación del delito de *stalking*, debido a la amplitud de su configuración, permitiría abordar a víctimas sin distinción de género y también a víctimas de acecho u hostigamiento llevado a cabo fuera de la red, aspecto que también es beneficioso para el ordenamiento jurídico chileno.

4.- Así las cosas, esta investigación establece que la tipificación de ambos delitos abordados en esta investigación se presentaría como una valiosa opción para judicializar aquellos hechos de acoso y hostigamiento que tienen una regulación parcelada en Chile, y que, en virtud de la escasa normativa respecto a nuevas tecnologías, adoptan anonimato e impunidad.

5.- Sin embargo, es relevante para esta autora culminar con un desafío latente, como lo es el de regular los efectos maliciosos del uso de las redes sociales y la inteligencia artificial en Chile. Pues, así como la tecnología avanza, también los comportamientos lesivos que se producen con esta como plataforma, dejando obsoletos los cuerpos normativos vigentes respecto a violencia de género.

NORMATIVA E INSTRUMENTOS

CANADÁ, MINISTERIO DE JUSTICIA, Informe "Asediar a alguien es un delito llamado acoso criminal", (2004)

CHILE, CONGRESO NACIONAL, (CP) Código Penal de Chile (12/11/1874).

CHILE, CONGRESO NACIONAL, (CPC) Código de Procedimiento Civil de Chile (30/08/2022).

CHILE, CONGRESO NACIONAL, (CPP) Código Procesal Penal de Chile (12/10/2000).

CHILE, CONGRESO NACIONAL, (PLPCVD) Proyecto de ley que prohíbe conductas de violencia digital (2020).

CHILE CONGRESO NACIONAL, Ley N°21.153 (03/05/2019), que modifica el Código Penal para tipificar el delito de acoso sexual en espacios públicos.

CHILE, CONGRESO NACIONAL, Ley N°21.675 (14/06/2024), que estatuye medidas para prevenir, sancionar y erradicar la violencia contra las mujeres, en razón de su género.

CHILE, CONGRESO NACIONAL, Ley N°21.643 (15/01/2024), que modifica el código del trabajo y otros cuerpos legales, en materia de prevención, investigación y sanción del acoso laboral, sexual o de violencia en el trabajo.

CHILE, CONGRESO NACIONAL, Ley N°21.459 (20/06/2022), que establece normas sobre delitos informáticos, deroga la ley N°19.223 y modifica otros cuerpos legales con el objeto de adecuarlos al convenio de Budapest.

FUNDACIÓN DATOS PROTEGIDOS, Informe "Violencia de género en internet en Chile", (2018).

ONU COMITÉ PARA LA ELIMINACIÓN DE LA DISCRIMINACIÓN CONTRA LA MUJER (CEDAW), Recomendación General nº 35 (2017).

ONU Mujeres, "Declaración día internacional contra la homofobia, la bifobia, intersexofobia y la transfobia", (17/05/2023).

ONU Mujeres, "Violencia contra mujeres y niñas en el espacio digital. Lo que es virtual también es real", (2020).

ORGANIZACIÓN DE ESTADOS AMERICANOS (OEA), Convención Iberoamericana para prevenir, sancionar y erradicar la violencia contra la mujer (CIPSEVM), Belém do Pará, (14/08/1995).

VI. BIBLIOGRAFÍA

Barcenilla, Lorenzo Silvia (2015): "Stalking" Disponible en: https://openaccess.uoc.edu/bitstream/10609/44681/6/slorenzobaTFM-0615memoria.pdf Fecha de consulta: 25 de febrero de 2024.

Borghello, Cristian; TEMPERINI, Marcelo G.I (2012): "Suplantación de Identidad Digital como delito informático en Argentina". Sinopsio Argentino de Informática y Derecho. Disponible en: http://sedici.unlp.edu.ar/bitstream/handle/10915/124395/Documento_completo.pdf-PDFA.pdf?sequence=1

Boza Moreno, Elena (2022): "Estudio jurídico-criminológico del delito de stalking". *Diario la Ley*. Disponible en: https://www.icaoviedo.es/res/comun/biblioteca/4758/ARTICULO%20%20stalking.pdf

Pastorini, Joselina; REFI, Mariano (2020): "Violencia de género digital: Nuevos desafíos para el Sistema Penal Argentino". *Revista Perspectivas*. Vol. 3. Disponible en: https://revistas.ucalp.edu.ar/index.php/Perspectivas/article/view/146/115

Okolie, Chidera (2023): "Artificial Intelligence-Altered Videos (*Deepfakes*), Image-Based Sexual Abuse, and Data Privacy Concerns" Disponible en: https://vc.bridgew.edu/jiws/vol25/iss2/11/

JURISPRUDENCIA:

Sentencia del Tribunal Oral en lo Penal de Puente Alto (RIT 181-2023).

NOTICIAS:

Lex Latin: "Robo de cuentas y suplantación de identidad: los *OnlyFans* falsos que constituyen violencia contra las mujeres". Disponible en:

https://lexlatin.com/reportajes/robo-cuentas-suplantacion-de-identidad-onlyfans-falsos

La Nación: "La trágica muerte de Rebecca Schaeffer, la actriz que iba a protagonizar mujer bonita y que fue asesinada por un fan". Disponible en:

https://www.lanacion.com.ar/espectaculos/personajes/la-tragica-muerte-de-rebecca-schaeffer-la-actriz-que-iba-a-protagonizar-mujer-bonita-y-que-fue-nid19082022/

La inteligencia artificial y el "deepfakes": vulnerando derechos fundamentales

STEPHANIE ACOSTA ÁLVAREZ
Universidad Bernardo O´Higgins, Chile

SUMARIO: I. INTRODUCCIÓN. II. COMPORTAMIENTO DE LAS *DEPPFAKES*. III. TRATAMIENTO LEGAL DE LAS *DEEPFAKES* EN EL ORDENAMIENTO JURIDICO CHILENO. IV. *DEEPFAKES* EN EL DERECHO COMPARADO. V. CONCLUSIONES. VI. BIBLIOGRAFÍA.

I. INTRODUCCIÓN

Desde hace ya varios años se advierte la presencia y avance apresurado de la inteligencia artificial en la vida de las personas, antes solo era común verla en películas de ficción, sin que pudiéramos ni si quiera imaginar la centralidad que ha adquirido hoy en día: páginas *webs* que realizan trabajos académicos, teléfonos y plataformas digitales que logran alterar fotografías, modificar las voces y un sin fin de actividades que plantean el dilema de que la humanidad sea reemplazada por el uso de la inteligencia artificial, hasta el punto, incluso, de llegar a contemplarse la posibilidad de "extinción de la humanidad". Determinados usos de la inteligencia artificial, como el que nos proponemos analizar en esta colaboración, ponen en riesgo derechos fundamentales, como el derecho a la privacidad, honor y propia imagen, entre otros.

En Chile en estos últimos años, se ha presenciado como el rápido avance de la tecnología, ha tomado un protagonismo abismante, en cuando a la aplicación del uso de inteligencia artificial, ocasionando con ello una divergencia social, tanto por los beneficios que presenta para la industria, medicina, la educación y el desarrollo de los países, como los daños para la existencia humana derivada de la vulneración de derechos que el mal uso de la inteligencia artificial genera en las personas y sus derechos fundamentales.

Resulta, pues, necesario analizar y proponer un régimen normativo que regule el uso de la inteligencia artificial, para evitar que genere un grave daño para las personas y cualquier vulneración de sus derechos. Por ello es necesario en una primera parte desarrollar lo que se entiende por inteligencia artificial y *deepfakes*.

Si bien no existe una definición universal al respecto, se han realizado algunas aproximaciones.

El diccionario de la Real Academia de la Leingua Española (RAE) la define como: "Disciplina científica que se ocupa de crear programas informáticos que ejecutan operaciones comparables a las que realiza la mente humana, como el aprendizaje o el razonamiento lógico".

Los Sistemas de Inteligencia Artificial pueden ser definidos como: los "programas informáticos (y posiblemente también equipos informáticos) diseñados por seres humanos que, dado un objetivo complejo. Actúan en la dimensión física o digital mediante la percepción de su entorno mediante la adquisición de datos, la interpretación de los datos estructurados o no estructurados, el razonamiento sobre el conocimiento o el tratamiento de la información, fruto de estos datos y la decisión de las mejores acciones que se llevarán a cabo para alcanzar el objetivo fijado" (Comisión Europea).

Así mismo los países miembros de la Organización para la Cooperación y el Desarrollo Económicos (OCDE) en Paris año 2019, dentro de los cuales se encuentra Chile, establecieron los principios sobre inteligencia artificial, mencionando que

> "es una tecnología de propósito general que tiene el potencial de: mejorar el bienestar de las personas, contribuir a una actividad económica global positiva y sostenible, aumentar la innovación y la productividad, y ayudar a responder a desafíos globales clave. Se utiliza en muchos sectores, desde la producción, las finanzas y el transporte hasta la atención sanitaria y la seguridad."

Ha de hacerse notar que la Inteligencia Artificial es una tecnología que propone mejorar el bienestar de las personas, asimilando su comportamiento al de la mente humana. Sin embargo, podemos llegar a cuestionar hasta qué punto ayuda al bienestar humano, ya que trae consigo un costo humano quizás irreparable, un costo ético, en cuanto a la transgresión de derechos fundamentales como la privacidad y la honra de las personas, logrando en muchos casos llegar a suplantar la identidad de las personas, y acceder a información personal, suponiendo un claro desafío para la ciberseguridad, y el Derecho.

Otro térrmino esencial a nuestros efectos es el de *deepfakes*; imágenes, videos o audios, que logran ser similares a las reales, pero que son creadas con inteligencia artificial. La palabra proviene de la combinación de las dos expresiones anglosajonas: *Deep learning* y *fakes*, es decir, el aprendizaje profundo que altera la realidad para representar algo falso.

Los *deepfakes* existen desde la década de los noventa del siglo pasado, pero comienzan a tener más presencia a partir del año 2017 aproximadamente, en publicaciones que se realizaron a través de *Reddit*, en la cual se publicaron videos falsos con la imagen de actrices famosas, generando un impacto notorio, siendo utilizado para fines pornográficos.

Es importante entender cómo funcionan los *Deepfakes*. La IA utiliza redes generativas adversas conocidas por sus siglas GAN, es una arquitectura que utiliza dos modelos de inteligencia artificial: una red neuronal generativa y otra discriminatoria. Los datos de entrenamiento son miles de imágenes de caras, a partir de los cuales la primera red intentará dibujarlas, mientras la segunda deberá discernir entre las imágenes reales y las falsas o generadas. A medida que avanzan los cálculos, ambas redes aprenden la una de la otra y perfeccionan su función, hasta el punto en que el sistema es capaz de generar caras de manera hiperrealista (UNITED UNKNOWN, Guerrilla visual), (Fundación Telefónica, 2017).

A lo largo de los últimos tiempos encontramos ejemplos de cómo se ha utilizado esta tecnología, por ejemplo, la imagen del papa Francisco con una chaqueta blanca de Balenciaga; o para hacer parodias, revivir personajes que ya no están. La pregunta que debemos hacernos es: ¿Qué sucede cuando esa libertad de expresión y creación de contenido falso, traspasa, la esfera de esta libertad de expresión vulnerando los derechos, el uso sin autorización de su imagen o voz, vulnerando derechos como la imagen, la honra, la privacidad, el derecho de propiedad intelectual?.

II. COMPORTAMIENTO DE LAS *DEPPFAKES*

En la constitución política de la República de Chile, en su artículo 19 N°4 se consagra “El respeto y protección a la vida privada y a la honra de la persona y su familia, y, asimismo, la protección de sus datos personales. El tratamiento y protección de estos datos se efectuará en la forma y condiciones que determine la ley”, razón por la que se hace necesario analizar si la inteligencia artificial puede suponer un menoscabo al derecho a la privacidad.

El problema radica en cómo el uso de la inteligencia artificial, lleva a que, a través del almacenamiento de datos se logra vulnerar dicha privacidad, como por ejemplo usar la identidad de las personas, generando con su rostro imágenes de personas desnudas, siendo distribuidas a través de la redes y plataformas digitales.

En este sentido, destaca la noticia en España en la que se publicaron imágenes de niñas al desnudo en donde se mostraba la imagen de los cuerpos modificados, y publicadas sin su consentimiento, alteradas mediante IA, en la cual había menores de edad (El País, 2024), demostrando la magnitud del uso indiscriminado de la inteligencia artificial, sobresale, en este caso, el concepto antes apuntado de *deepfakes* o ultra falso, siendo utilizado, en este supuesto, como material pornográficos, suponiendo un grave atentado contra la intimidad de las personas.

En el caso de España, los derechos al honor, a la intimidad personal y familiar y a la propia imagen son derechos fundamentales y se reconocen en el artículo 18 de la Constitución Española. Este mismo texto legal estipula al efecto que la ley "limitará el uso de la informática para garantizar el honor y la intimidad personal y familiar de los ciudadanos y el pleno ejercicio de sus derechos".

En Chile, el capitán de la Sección Ciberdelitos OS9 de Carabineros, don Gabriel Bustamante, informó al periódico nacional *La Tercera*, que los delincuentes están utilizando como un nuevo modelo delictual, la imitación de rostros y voces para cometer fraude, a través del método de *Deepfakes.*

En el contexto chileno, según un reporte de inteligencia de amenazas de *Iproov*, en el cual se expone el impacto de la IA generativa en la verificación remota de la identidad, se acredita un incremento del 704 % en los ataques de intercambio de rostros reportados a medida que el uso de *deepfakes* se dispara (Iproov, 2024).

Generalmente su potencial impacto se aprecia, en la circulación de videos o imágenes falsas a través de las redes sociales, siendo calificada por la organización de las naciones unidas (ONU) como grave y urgente.

Otro indicador es que muchas veces los mismos que cometen delitos a través de la utilización de la inteligencia artificial, son menores de edad, que tienen acceso a todas las plataformas con las que pueden actuar mediante *deepfakes.*

Uno de los casos más llamativos en los últimos tiempos en Chile se produjo en un colegio de la capital en el que unos estudiantes crearon imágenes de sus compañeras desnudas a través de esta técnica de *deepfakes.* Se inició una investigación por posibles delitos de trato degradante a menores de edad y distribución de pornografía infantil. Se vulneraron derechos, como derecho a la honra, consagrado en el articulo 19 n°4 de la constitución política de la república, así como el derecho a la integridad psíquica de la persona consagrado en el articulo 19 N°1 de la Constitución Politica de la República. Se hace, pues, necesario reflexionar en torno a la efectividad del vigente sistema sancionatorio si se tiene en cuenta el apresurado avance de las tecnologías y los medios con los que se cometen los ilícitos.

En la siguiente imagen se puede observar el efecto en cascada de las *deepfakes,* mencionado en el informe del Servicio de Estudios del Parlamento europeo de julio de 2021, en el que se recogen varias medidas para hacer frente a las *deepfakes.*

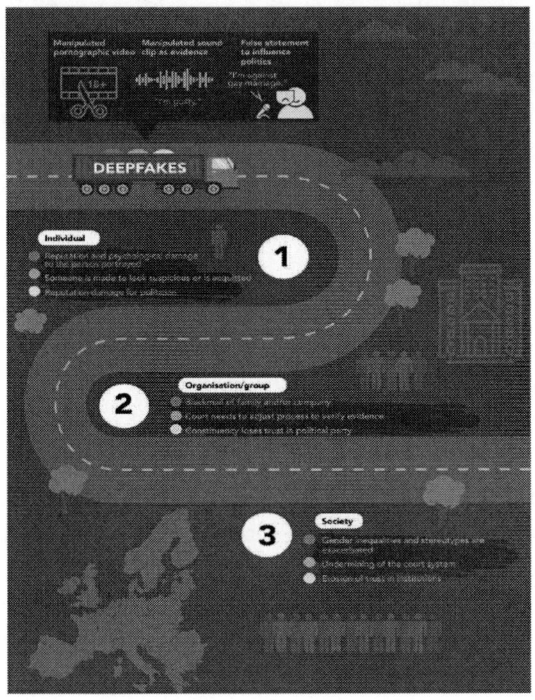

Imagen creada en Rathenau Instituut y publicada en informe del Servicio de Estudios del Parlamento europeo de julio de 2021

III. TRATAMIENTO LEGAL DE LAS *DEEPFAKES* EN EL ORDENAMIENTO JURIDICO CHILENO

En Chile se están tramitando alrededor de 17 proyectos de ley en torno a la ciberseguridad, protección de la información, y proyectos de modificación del código penal, para dotar de mayor seguridad al uso de la información en el contexto actual habida cuenta de las implicaciones que para los derechos fundamentales de las personas puede generar el uso de herramientas disruptivas.

El 8 de abril del presente año, se publicó en Chile una Ley marco de ciberseguridad, que fija unos requisitos de prevención, contención, resolución y respuesta a los incidentes de ciberseguridad. Lo anterior se refuerza con la creación de una Agencia Nacional de Ciberseguridad (ANCI) entre otros organismos encargados de dar respuesta a los incidentes de seguridad de la información (Chile, Ley 21.663, 2024).

La norma instaura la base y principios rectores en materia de ciberseguridad pero no proporciona, a mi parecer,soluciones efectivas y concretas a estas nuevas clases de delitos , pues las *deepfakes* generan una nueva forma de cometerlo, y es ahí donde debe haber modificaciones en materia penal y en materia civil, por ejemplo, con la propiedad intelectual.

Asimismo, destaca a nuestros efectos el Proyecto de Ley que regula los sistemas de inteligencia artificial, la robótica y las tecnologías conexas en sus distintos ámbitos de aplicación en el cual lo que se busca es proteger los derechos fundamentales garantizados por el Estado de Chile, en la distribución, comercialización de los sistemas de inteligencia artificial.

Chile todavía demanda un marco legislativo en materia de ciberseguridad, de protección de la utilización de uso ético y responsable de los sistemas de inteligencia artificial, y de establecer nuevas propuestas normativas que tengan en cuenta los posibles delitos derivados del uso de las herramientas disruptivas.

IV. *DEEPFAKES* EN EL DERECHO COMPARADO

En virtud de todos estos avances en materia tecnológica, tanto en Chile como en el resto del mundo, se está trabajando en un marco completo que regule el uso de inteligencia artificial. No cabe duda de que en Europa y específicamente en España, van un paso más adelantado en materia de ciberseguridad

ridad, gracias a la aprobación de la Ley de inteligencia artificial de la Unión Europea del año 2021.

Destaca, en el ordenamiento español, la propuesta de Ley Orgánica de regulación de las simulaciones de imágenes y voces de personas generadas por medio de la inteligencia artificial, en la cual hace mención explícita a los *deepfakes*.

Se establece esta tecnología como de alto riesgo y en sus primeros artículos propone modificar las leyes ya vigentes como la ley general de comunicación audiovisual, o su artículo 2 de modificación de la ley de protección civil del derecho al honor, a la intimidad personal y familiar y a la propia imagen (España, 2023), donde se establece como intromisión ilegítima la difusión y uso de *deepfakes* sin autorización. Además, modifica el Código penal tipificando como delito de injuria cualquier creación mediante la utilización de las *deepfakes*, entre otras.

1. Jurisprudencia

Destaca, a nuestros efectos, el fallo de la Corte Suprema en materia de neuro derechos, que se presentó en contra de una empresa de bioformatica, *Emotiv*, que comercializaba dispositivos cerebrales, distribuidos en Chile, que permitía tener acceso a toda nuestra información, y copiar patrones, obteniendo datos como gestos, movimientos, preferencias, y toda la actividad cognitiva de quien lo usa.

La Corte Suprema de Chile consideró que este tipo de actividad atenta contra las garantías constitucionales contenidas en los numerales 1 y 4 de la constitución política de La República, esto es el derecho a la vida y la integridad física y psíquica de las personas, y el respeto y protección a la vida privada y a la honra de la persona y su familia (SCS, 2023).

Es, de momento, el único fallo jurisprudencial que sanciona el uso de nuevas tecnologías que vulneran derechos fundamentales. Pese a que no se refiere a las *deepfakes*, se trata de una sentencia ejemplificadora de cómo la inteligencia artificial, puede generar grandes daños en las personas,debiendo el Derecho prever, proteger y sancionar las actividades maliciosas realizadas a través de la inteligencia artificial.

V. CONCLUSIONES

Del análisis anterior se concluye que tanto en Chile como en España y en la Unión Europea, se está trabajando firmemente, tanto en materia legislativa como ética sobre inteligencia artificial. Además, en Chile se están realizando avances en torno a la ciberseguridad e institucionalidad para las nuevas tecnologías y su prevención, pero falta aun ir especificando las nuevas formas de comisión de delitos y sus sanciones.

Sin duda, la inteligencia artificial ha venido a revolucionar el desarrollo humano, a generar desafíos éticos y legislativos, promover un desarrollo tecnológico superior, y claramente no debemos verlo desde un prisma negativo. De hecho, el buen uso de esta inteligencia y de las nuevas tecnologías genera muchos beneficios para el desarrollo económico, industrial, entre otros. Resulta clave disponer de una adecuada regulación legal en esta materia, especificar las nuevas formas de delitos, establecer un régimen sancionatorioy, en fin, crear organismos técnicos expertos que permitan poder identificar lo real de lo falso.

VI. BIBLIOGRAFÍA

Chile, Ley Marco de Ciberseguridad [Ley n° 21663], de 8 de abril de 2024.

Comisión Europea. "Directrices éticas para una IA fiable". Dirección General de Redes de Comunicación, Contenido y Tecnologías, Oficina de Publicaciones. (Disponible en: https://data.europa.eu/doi/10.2759/14078).

El País (2024, 19 de febrero). "Cinco menores investigados por modificar fotos con IA y difundir falsos desnudos de 17 mujeres, 13 de ellas menores". Valencia, España.

España, Boletín Oficial de las Cortes Generales de los Diputados. [122/000011] proposición de ley orgánica de regulación de las simulaciones de imágenes y voces de personas generadas por medio de la inteligencia artificial.

Fundación Telefónica (2017, 26 de octubre). Revista Telos. https://telos.fundaciontelefonica.com/revista/

Iproov (2024). "Informe de Inteligencia de Amenazas 2024: El impacto de la IA generativa en la verificación remota de la identidad". https://www.iproov.com/es/reports/iproov-threat-intelligence-report-2024

La Tercera (2024, 2 de marzo). "Deepfake: advierten que delincuentes realizan estafas falseando rostros de famosos con Inteligencia Artificial". https://www.latercera.com/nacional/noticia/consdeepfake-advierten-que-delincuentes-realizan-estafas-falseando-rostros-de-famosos-con-inteligencia-artificial/MTKMTBJCSRGLDHSKSGGNSGLDAA/#

Lavanda Oliva, M. (2022). Deepfake: Cuando la inteligencia artificial amenaza el Derecho y la Democracia. LAWGIC. Revista de Derecho y Tecnología, (2), 84-95.

Ponce-Cedeño, A. D., Robles-Zambrano, G. K.; y, Díaz-Basurto, I. J. (2023). La inteligencia artificial y el derecho a la intimidad-privacidad. Iustitia Socialis, 8 (1), 84–93.

Sánchez Vásquez, C. y Toro-Valencia, J. (2021). El derecho al control humano: Una respuesta jurídica a la inteligencia artificial. Revista Chilena de Derecho y Tecnología, 10 (2).

Sentencia Corte Suprema de Chile (2023). Rol 105.065-2023.

Aspectos jurídicos de la inteligencia artificial generativa: un nuevo paradigma

MARÍA GUADALUPE GARCÍA MENDIOLA
Universidad de León, España

SUMARIO: I. INTRODUCCIÓN. II. EL PRESENTE DE LA ABOGACÍA. III. INTELIGENCIA ARTIFICIAL GENERATIVA Y SU RELEVANCIA EN EL ÁMBITO JURÍDICO. IV. INTELIGENCIA ARTIFICIAL GENERATIVA Y LA PROPIEDAD INTELECTUAL. V. RESPONSABILIDAD CIVIL Y PENAL. VI. EL PROBLEMA DE LAS NOTICIAS FALSAS (*DEEP FAKES*). VII. AMENAZAS A LA PROTECCIÓN DE DATOS PERSONALES. VIII. CIBERSEGURIDAD. IX. ÉTICA A LA INTELIGENCIA ARTIFICIAL. X. CONCLUSIÓN. XI. BIBLIOGRAFÍA.

I. INTRODUCCIÓN

Las revoluciones industriales se han caracterizado por ser grandes procesos de transformación históricos. La primera revolución industrial es recordada como aquella que marcó el cambio de la producción manual a la mecanizada gracias a la invención del motor de vapor entre 1760 y 1830. La segunda revolución industrial, introdujo la electricidad, lo que permitió la fabricación masiva de productos, además de la invención del teléfono y la radio alrededor de 1850. La tercera revolución industrial se caracteriza por la llegada de la electrónica y las tecnologías de la información y comunicación a mediados del siglo XX (Aguilar, 2017). Este ha sido el desenlace hasta llegar a la cuarta revolución industrial, la cual se distingue por un profundo cambio digital, promovido por redes inteligentes interconectadas que unen procesos industriales, tecnológicos y sociales, transformando la producción, el empleo y las interacciones humanas mediante la automatización sofisticada y el análisis masivo de datos. Surge así una industria basada en fábricas inteligentes.

Este momento revolucionario, en el que el trabajo manual humano es sustituido por inteligencias artificiales alimentadas por millones de datos, es un cambio significativo y trascendental. Al igual que en las previas revoluciones industriales, sugiere un proceso automatizado y rápido que minimiza el esfuerzo físico y en esta ocasión, también se ve reducida la necesidad de un esfuerzo mental. Esta revolución está liderada por la Inteligencia Artificial (IA), que ha propiciado avances tecnológicos a un ritmo impresionante, nunca antes presenciado.

La Inteligencia Artificial abarca numerosos campos, entre ellos el aprendizaje automático (*machine learning*), el aprendizaje profundo (*deep learning*) y las redes neuronales, por mencionar algunos. Además, recientemente se ha visto en auge el desarrollo de una tecnología de IA que ha captado la atención especial de los expertos de casi todas las disciplinas, incluyendo las artes, la informática, las ciencias jurídicas y más. Este campo en desarrollo es la Inteligencia Artificial Generativa (IAgen), la cual tiene la capacidad de generar contenido nuevo y original, basado en los datos con los que se ha entrenado. La IA generativa está cambiando muchos aspectos de la industria, algunos afirman que su evolución es comparable a lo que fue el advenimiento de la electricidad en su momento. Al respecto, Ferrís Gil menciona:

> "Vivimos tiempos apasionantes, aunque no muchas personas sean conscientes de ello. En 2022, hemos asistido a una grandiosa prueba de concepto de un mundo en el que los sistemas de inteligencia artificial (IA) serán la nueva electricidad, que todo lo transforme hasta olvidarnos finalmente en unas pocas

> décadas de que los estamos usando, como pasó con aquélla. (Gil, 2023)".

La Inteligencia Artificial generativa es una tecnología de impacto considerable que ha provocado no solo el reemplazo físico del trabajo humano, sino también el creativo e intelectual en muchos aspectos. Por primera vez, disponemos de una tecnología tan avanzada con la que podemos interactuar de manera fluida y con menos errores. Esta tecnología ha maravillado al mundo entero, haciendo que la visión futurista representada en las películas de ciencia ficción, en la que la convivencia entre humanos y máquinas es algo natural, se sienta cada vez más palpable:

> "... hace un año presenciamos un salto significativo en la tecnología de la IA Generativa, lo que marcó un hito en cómo las máquinas aprenden y crean contenido, algo que fue siempre dominio exclusivo de las personas. Desde el arte o la música, hasta textos y códigos de programación, la IA Generativa está transformando e impulsando nuevas formas de creatividad y redefinido el panorama tecnológico". (Lukowski, 2024).

Es un hecho que la IA generativa tiene el potencial de reemplazar muchos trabajos. Sin embargo, la historia de las revoluciones industriales anteriores nos ha enseñado que, aunque algunos empleos desaparecen, otros surgen o se reinventan, y al mismo tiempo, se crean nuevas necesidades y oportunidades, lo cual es aplicable para todas las disciplinas, en especial la jurídica.

Esta cuarta revolución industrial representa la primera vez que los juristas cuestionan tan de cerca la utilidad de su trabajo y la idea de una posible sustitución por máquinas inteligentes o robots juristas. Esta visión futurista se ha convertido en una incertidumbre del presente. Sin embargo, no todo está perdido. La llegada de la Inteligencia Artificial, especialmente la Inteligencia Artificial Generativa, puede parecer una amenaza, pero también representa un mundo de oportunidades.

A pesar de que podemos sentirnos amenazados, también tenemos la posibilidad de convertirnos en los abogados más eficientes de la historia si sabemos aprovechar los beneficios de la tecnología e involucrarnos en el campo de las nuevas necesidades legales. Estos avances complementan y mejoran nuestras capacidades, permitiendo formas de innovación y creación completamente nuevas.

El objetivo de este capítulo es destacar esas oportunidades. En especial en los campos que se ven más afectados con la IA gen como son: la propiedad intelectual, la responsabilidad civil y penal, privacidad y protección de datos, ciberseguridad y, finalmente, la ética. Esta incertidumbre es aplicable a cualquier campo del Derecho y no sólo los que se van a tratar en el presente capítulo. Sin embargo, se invita al lector a reflexionar sobre cómo la IA generativa puede afectar a su área específica de especialización. Esperamos que esta lectura sirva como una fuente de inspiración y un punto de partida para tales reflexiones.

II. EL PRESENTE DE LA ABOGACÍA

Las revoluciones industriales anteriores nos han enseñado que, durante estos periodos de cambio, siempre existirán dos opiniones divididas: aquellos que rechazan el cambio y ven desaparecer poco a poco su trabajo, y aquellos que buscan reinventarse, aprender y adaptarse a las oleadas futuristas. Es innegable que, en ambos casos, la situación es particularmente difícil debido a la incertidumbre y la circunstancia histórica en la que se está viviendo. Sin embargo, la experiencia histórica nos ha demostrado que no tenemos opción, el cambio sucederá, por más que nos resistamos a aceptarlo.

La Inteligencia Artificial, que lidera esta cuarta ola de cambio, ha cerrado numerosas puertas en el mundo laboral, pero también ha abierto nuevas oportunidades que muchos abogados todavía no logran apreciar en su totalidad. Contrariamente a lo que se ha pensado, la IA no viene a suplantar nuestra labor, sino que ha venido a sumarnos más: escenarios inéditos, incertidumbre jurídica en ámbitos tecnológicos, riesgos asociados al uso de IA, responsabilidad de sistemas inteligentes, desafíos en ciberseguridad, la aparición de nuevos delitos, un nuevo concepto de autoría, entre otros. Es inevitable que un abogado, por más alejado que se sienta del campo tecnológico, termine enfrentándose a un tema que involucre aspectos de tecnología. Este razonamiento se extiende a cualquier profesión en la actualidad: economistas, tecnólogos, politólogos, escritores, diseñadores, artistas e incluso filósofos, todos estamos destinados a adoptar este cambio inevitable.

Para este estudio, es crucial distinguir dos aspectos de la tecnología en la práctica jurídica. Por un lado, tenemos las implicaciones legales derivadas del uso de la tecnología, que abarcan áreas como la propiedad intelectual, la responsabilidad civil y penal, la protección de datos, la ciberseguridad, la ética, entre otras. Por otro lado, está la integración de herramientas tecnológicas en la práctica jurídica, como el campo del *legaltech* y el *legal design thinking*, que están reinventando la labor jurídica. En ambos contextos, existen desafíos y oportunidades que los abogados, independientemente de su especialización, deben considerar para adaptarse y prosperar en la era digital. No obstante, el presente estudio sólo abordará lo referente a las implicaciones legales derivadas del uso de la tecnología.

A continuación, se describen algunos de los campos donde la Inteligencia Artificial Generativa tiene mayor impacto en el ámbito legal. El escenario jurídico actual es incierto y aún no existen respuestas definitivas a todas las preguntas planteadas. Sin embargo, esperamos que al exponer estas problemáticas, se genere conciencia sobre la demanda de trabajo en la práctica jurídica y se motive a los expertos a investigar estas cuestiones para resolver este escenario de incertidumbre legal.

III. INTELIGENCIA ARTIFICIAL GENERATIVA Y SU RELEVANCIA EN EL ÁMBITO JURÍDICO

La Inteligencia Artificial Generativa, también conocida como IAgen, es una rama de la Inteligencia Artificial, "que se enfoca en la creación de contenido nuevo y original a partir de datos existentes" (Gutiérrez, 2024, p. 29). Estos datos les fueron proporcionados en su entrenamiento, "esta tecnología utiliza algoritmos y redes neuronales avanzadas para aprender textos, imágenes, audios o vídeos, y luego generar contenido nuevo y único"(Gutiérrez, 2024, p. 29).

Esta tecnología, si bien no es completamente nueva, alcanzó una reciente popularización a partir de una herramienta que fue lanzada en 2022, por la compañía tecnológica *OpenAI*, la herramienta fue denominada *ChatGPT*, por referirse a una tecnología llamada *transformer* que le hace funcionar.

> *ChatGPT* es un modelo de lenguaje de gran escala desarrollado por *OpenAI* que puede generar texto humano similar a través de la retroalimentación de datos. Esto significa que cuanto más se alimenta al modelo con información, mejor se vuelve en la generación de texto coherente y natural (Marinas, 2023, p.7).

En este sentido, es relevante aclarar que, los términos "*ChatGPT*" e "Inteligencia Artificial generativa" no son sinónimos. *ChatGPT* es una herramienta que utiliza IA generativa, pero no es una IA generativa en sí misma. *ChatGPT* emplea modelos de lenguaje generativo, diseñados específicamente para entender y generar texto a partir de las entradas que recibe. Por otro lado, la IA generativa como concepto comprende una gama más amplia de tecnologías, las cuales incluyen la generación de texto, creación de imágenes, música y otros tipos de contenido digital utilizando diversas técnicas y modelos de IA. Por lo tanto, *ChatGPT* es un ejemplo de IA generativa, pero no abarca todo el campo de la IA generativa.

Es importante distinguir esto, ya que con posterioridad a su lanzamiento hubo una "fiebre" de *ChatGPT*, llegando a ser utilizada por millones de usuarios en cuestión de días, como dato, "*Facebook* tardó un año en conseguir su primer millón de usuarios y *ChatGPT* lo ha conseguido en solo 5 días" (Gutiérrez, 2024, p.6). La atención se concentró en *ChatGPT* cuando los titulares comenzaron a describirlo como un nuevo problema o peligro debido a infracciones al Reglamento General de Protección de Datos (RGPD). Incluso Italia fue el primer país en prohibir a *ChatGPT* (Haughey, 2023), pero pronto se hizo evidente que prohibir esta herramienta no eliminaba los riesgos asociados con otras aplicaciones que utilizan IA generativa. Esto llevó a un reconocimiento más amplio de que los desafíos legales no se limitan solo a *ChatGPT*, sino a la inteligencia artificial generativa en su conjunto, necesitando abordajes más comprensivos en el ámbito legal.

La IA generativa puede crear contenido nuevo en diferentes formatos, como texto, visual, audio, video y audiovisual. Esta herramienta funciona a partir de las instrucciones proporcionada por el usuario, también conocidas como *prompts*.

> En el modelo de lenguaje *ChatGPT*, el *prompt* es una cadena de texto que se utiliza para iniciar una conversación o dar un contexto a una pregunta o solicitud. El prompt puede incluir una o varias frases que expresen el objetivo de la conversación o una pregunta que se desea responder (Hoppe, Ahumada Luyando, & Sánchez Ahumada, 2024, p.234).

El usuario proporciona los *prompts* y la herramienta entrega lo solicitado. Por ejemplo, el usuario puede solicitar un poema y la herramienta lo generará en segundos. Lo más impresionante es que el poema será único y no tendrá indicios de ser contenido protegido por derechos de autor. Esta herramienta ha venido a revolucionar la creatividad como la conocemos, pues lo mismo ocurre con las IA's generativas para imágenes, videos y audios. Se crea contenido nuevo a partir de la instrucción del usuario y basándose en los datos con los que los desarrolladores pre-entrenaron la herramienta. "Nunca antes el uso de una Inteligencia Artificial pre-entrenada había sido tan accesible, aportando unos resultados de evidente utilidad práctica. Estamos ante la democratización del acceso a la Inteligencia artificial" (Retana, 2023, p. 7).

El uso de esta tecnología es fascinante y nos hace sentir como protagonistas de películas de ciencia ficción que representan la interacción humano-computadora. Esta realidad se vuelve cada vez más cercana, llegando al punto de generar empatía entre la máquina y la persona. Esta empatía se evidencia cuando los humanos tienden a pedir las cosas por favor o dan las gracias a una herramienta de IA después de recibir lo que solicitaron.

> Asimismo, y aunque nos parezca que estamos dialogando con una persona humana, la realidad es que estos modelos extensos de lenguaje (LLM) son exclusivamente eso, unos modelos lingüísticos extremadamente avanzados y pre entrenados con multitud de fuentes de información, cuyas construcciones sintácticas y gramaticales, en el caso de generar texto, son impecables y tienen apariencia de haber sido creadas por una persona (Retana, 2023, p.12).

La IA nos ha asombrado, pero gradualmente están emergiendo los desafíos jurídicos a los que nos enfrentamos, lo que nos lleva a una ola de incertidumbre legal.

Con la solicitud de un poema a nuestro agente de IA, podemos anticipar las primeras cuestiones jurídicas, sin ser necesariamente conocedor de leyes: ¿Podemos utilizar el resultado sin restricciones? ¿Es completamente original? ¿Podemos usarlo sin infringir los derechos de autor?. Si nos adentramos más en el campo especializado jurídico, ya podemos preguntarnos: ¿A quién pertenece la autoría? ¿Es legal pre entrenar estas tecnologías con información protegida por derechos de autor? ¿Qué pasa con la información confidencial? ¿Hasta qué punto hay privacidad? ¿Quién es responsable del contenido generado? ¿Hasta dónde existe un uso ético? Estas son solo algunas de las preguntas que pueden surgir de una simple solicitud. Para ilustrar los grandes dilemas de diferentes ramas del Derecho, procedemos a mencionar algunos.

IV. INTELIGENCIA ARTIFICIAL GENERATIVA Y LA PROPIEDAD INTELECTUAL

La propiedad intelectual es posiblemente la rama del derecho más afectada por la IAgen. Los desafíos abarcan desde el dilema de la originalidad, preguntando si un contenido generado por una IA puede ser original o creativo, hasta determinar quién es el autor de la obra. Aunque el debate sobre la autoría ya ha surgido anteriormente, la IA ha reavivado las discusiones sobre si una IA puede ser el autor de una obra artística, si debería ser el programador de la IA, o el usuario que solicita la creación. Sin duda, corresponderá a los estudiosos y jueces empezar a establecer precedentes que puedan adaptar la normativa a la situación actual, o en su caso, adaptarnos a la normativa existente.

Otro aspecto controvertido relacionado con la Propiedad Intelectual es la insatisfacción de los autores al notar que sus obras se utilizan para el entrenamiento de las Inteligencias Artificiales Generativas. Aunque las empresas sostienen que se nutren de información proveniente de las redes y de la proporcionada por sus usuarios, no existe un control o filtro efectivo que excluya material protegido por derechos de autor. Esto resulta perjudicial para los autores, quienes no reciben compensación por el uso de sus obras en el entrenamiento de IA. Aunque el contenido generado por la IA puede ser novedoso, este se basa a menudo en obras protegidas, dejando a los autores en un estado de desprotección.

A esta problemática, se le suma el hecho de que los artistas intérpretes se han visto afectados por el "robo de sus voces", pues con la IA generativa, pueden crear música, canciones, tomando prestadas sus voces y hasta sus rostros. Este fue el caso del cantante *Bad Bunny,* quien publicó un álbum.

> Aunque se ha mantenido dentro del gusto de sus fanáticos, el artista no alcanzó las recientes listas de popularidad por su nueva colección, sino por la canción "NostalgIA". El problema radica en que dicha canción no fue escrita, compuesta, producida, interpretada o ejecutada por el propio artista o quienes "participan" en ella, Justin Bieber y Daddy Yankie. La obra musical fue publicada por el usuario de Tiktok y Youtube FlowGPT, gracias al uso de IA generativa. El artista humano, Bad Bunny, ya se manifestó expresamente contra la obra, sin embargo, afirmó que sus abogados le han indicado que se quedó desprotegido desde el universo de los derechos de autor (Limón, 2023, pp.19- 20).

Esta es una vulneración directa hacia los artistas que no han prestado su consentimiento para que puedan utilizar su voz y su imagen en creaciones no autorizadas, sin embargo, no existe en la actualidad control alguno para que estas herramientas se limiten únicamente a un uso moral. Esto provoca que los artistas puedan quedarse en un limbo del derecho.

Sumado a las problemáticas anteriores, se encuentra el debate ético sobre que tan adecuado es registrar una obra creada por IA generativa y registrarla como propia sin admitir o reconocer el apoyo de IA. Además, dentro de los concursos artísticos como creaciones literarias, ¿sería ético usar herramientas como *ChatGPT*?. En concursos de diseño digital, ¿es ético apoyarse de éstas herramientas como fuentes de inspiración?. Mientras no exista uniformidad de criterio, las inconformidades seguirán apareciendo por parte de los artistas que consideran que el arte es una disciplina que no debe tocar la IA.

Este fue el caso de la escritora japonesa Rie Kudan, quien ganó el prestigioso *Premio Akutagawa* con su novela *Tokyo Sym-*

pathy Tower, que admitió haber utilizado *ChatGPT* para generar aproximadamente el 5% del texto. La obra explora dilemas éticos en un contexto futurista y ha suscitado un debate sobre el uso de la inteligencia artificial en la creatividad. Aunque su uso de IA generativa fue aceptado por el jurado del premio, ha generado discusiones en la comunidad literaria sobre la ética de usar tales tecnologías en las artes (Christy Choi, 2024).

La interacción entre la inteligencia artificial generativa y la propiedad intelectual introduce múltiples interrogantes legales y éticos. Entre los desafíos se encuentran la determinación de la autoría y la originalidad de las obras generadas por IA, la protección de los derechos de los autores cuyas obras se usan para entrenar estas tecnologías, así como el manejo del uso no consentido de las voces e imágenes de los artistas. La ausencia de regulaciones adecuadas coloca a muchos creadores en un limbo legal. Conforme la IA se infiltra más en el campo creativo, estos problemas requieren una mayor consideración y posibles reformas legislativas para salvaguardar tanto la innovación como los derechos de los creadores convencionales.

V. RESPONSABILIDAD CIVIL Y PENAL

Como hemos visto, los sistemas de IA generativa pueden producir obras artísticas, literarias y científicas basadas en patrones aprendidos de un conjunto de datos. No obstante, su autonomía plantea una pregunta fundamental: ¿quién es responsable cuando la IA crea contenido que infringe derechos de terceros, causa daños o incluso delitos?

Determinar la autoría es fundamental en la ley de responsabilidad civil, pero el panorama se complica cuando nos percatamos que las obras son generadas por algoritmos y no directamente por humanos, por lo que la falta de una entidad humana, desafía los principios tradicionales de atribución.

Al considerar la responsabilidad de los productos defectuosos que son generados por la IA, la situación se vuelve más compleja. Normalmente, la responsabilidad de un producto defectuoso recae en el fabricante. Sin embargo, cuando el producto es generado por IA, determinar qué se considera un defecto y quién es responsable de este puede ser problemático. Hay tres posibles responsables a considerar: el desarrollador del algoritmo de IA, el usuario de la IA, o la propia IA. Esta es una zona gris en la que las leyes actuales pueden no ser suficientes o adecuadas, y puede requerir nuevas regulaciones o interpretaciones legales.

Existe una urgente necesidad de estandarizar la regulación de la IA. Sin un marco legal, resulta complicado para las víctimas de daños o delitos buscar reparación. Además, es esencial que los creadores y usuarios de la IA comprendan sus responsabilidades y riesgos legales.

Sírvase, como ejemplo, un usuario que utiliza un modelo de IAgen para crear texto difamatorio hacia una persona o empresa. Debido a la naturaleza generativa del modelo, el contenido podría ser altamente persuasivo y convincente, pero no está claro quién es responsable legalmente: ¿el usuario que ingresó las instrucciones, el desarrollador del modelo de IA o el proveedor de la plataforma donde se ejecuta el modelo?

De la misma manera, si un sistema de IA genera contenido desinformativo que afecta la opinión pública o el resultado de un evento político, ¿cómo se atribuye la responsabilidad? Esto se complica aún más si el sistema fue alimentado con datos falsos o sesgados, tema que se abordará a continuación.

Estos ejemplos ilustran cómo la naturaleza autónoma y generativa de los sistemas de inteligencia artificial pueden dificultar la atribución clara de responsabilidad legal. La falta de legislación específica y precedentes jurídicos claros en muchos países también contribuye a la complejidad de estos casos.

VI. EL PROBLEMA DE LAS NOTICIAS FALSAS (*FAKE NEWS*)

En el artículo publicado por Jesús Díaz, titulado "Esta fotografía es el certificado de defunción de nuestra realidad" (Díaz, 2024), nos expone que la IA ha acabado con nuestra percepción de la realidad, al punto en que no logramos distinguir entre una cosa generada por IA y la generada por un humano. Este artículo nos narra como descalificaron "una fotografía real después de ganar un concurso de imágenes de inteligencia artificial, confirmando que hemos perdido la habilidad de discernir entre realidad y ficción" (Díaz, 2024).

El artículo explora cómo la inteligencia artificial está confundiendo nuestra percepción de la realidad, ilustrándolo con la fotografía "*Flamingone*" de Miles Astray. Aunque era una imagen real, fue descalificada de un concurso de fotografía de IA porque se esperaba que las entradas fueran generadas artificialmente. Este incidente pone de relieve la dificultad de distinguir entre lo auténtico y lo fabricado, subrayando cómo la IA está transformando nuestra comprensión de lo visual y evidenciando que nos adentramos en una era donde discernir la verdad visual se vuelve un desafío mayor (Díaz, 2024).

Este caso está enteramente relacionado con las noticias falsas, que han alcanzado una nueva dimensión de sofisticación y alcance gracias a los avances de la IA, especialmente la generativa. En estos momentos, la IA se enfrenta a un dilema ético: la capacidad de generar contenido engañoso de manera automática y convincente. Esta tecnología nos demuestra su capacidad de producir texto que es casi indistinguible del generado por humanos, al punto en que se han creado herramientas de IA para comprobar el porcentaje de probabilidad de que un texto haya sido generado por una IA o un humano. Además, se han desarrollado herramientas de "humanización", que como su nombre indica, son utilizadas para parecer que un texto es producido por un humano, a pesar de que haya sido generado por una IA.

No es de asombrarse que estas herramientas sean aprovechadas por individuos mal intencionados para crear noticias falsas, diseñadas para manipular la opinión pública o desacreditar figuras públicas. Esta situación, merece una especial atención, ya que puede tener consecuencias catastróficas en términos de desestabilización social y política.

Así mismo, nos enfrentamos a la problemática de la velocidad con que se crean y difunden estas noticias falsas. Los sistemas de IA pueden crear diversas narrativas en un instante, saturando el espacio digital con información falsa antes de que los mecanismos de verificación y moderación puedan actuar. Esto pone en tela de juicio la habilidad de las plataformas tecnológicas para controlar el contenido y salvaguardar la fiabilidad de la información que consumimos.

> La IA generativa es utilizada asimismo para la creación de *Deep fake* o contenido sintético falso. Cada vez es más difícil detectar lo que es real de lo que no lo es. Se simula la imagen, se crean voces y traducciones que imitan perfectamente la voz de una persona concreta, por tanto, también hay que ser precavidos con los contenidos legales que se generan con esta tecnología, si la fuente de información no es fiable (Retana, 2023, p.13).

Las consecuencias de las noticias falsas generadas por IA, van más allá del engaño a los lectores, también puede influir en decisiones políticas, polarizar comunidades y socavar la confianza de medios de comunicación convencionales. La desinformación puede fomentar conductas hostiles y magnificar prejuicios existentes agravando las divisiones sociales y culturales.

La convergencia de la inteligencia artificial y la desinformación representa un reto importante para nuestra sociedad. Aunque la IA proporciona posibilidades innovadoras, también genera serios riesgos éticos y sociales que necesitan ser atendidos de manera inmediata y conjunta. Resulta esencial conseguir un equilibrio entre la innovación tecnológica y la responsabilidad social para garantizar que la IA se utilice de forma ética y responsable en la creación y difusión de información. Esto demandará el esfuerzo conjunto de todos los participantes, desde los creadores de tecnología hasta los reguladores y los usuarios, para reducir los efectos negativos de las noticias falsas generadas por IA y fomentar un ambiente digital más seguro y confiable para todos.

Finalmente, y a modo de ilustrar esta sección, se informa al lector que el contenido de esta sección (*el problema de las noticias falsas*), fue desarrollado en su mayoría por IA generativa, con la finalidad de que pueda comprobar la hipótesis de que ya no hay distinción entre el trabajo humano y el de una IA.

VII. AMENAZAS A LA PROTECCIÓN DE DATOS PERSONALES

La Inteligencia Artificial opera con base a los datos que le fueron integrados, lo que significa que para ser funcional, es necesaria una recopilación masiva de datos, sin distinción de que sean personales o no. “Como toda la inteligencia artificial, la IA generativa funciona mediante modelos de *machine learning* (ML), que son modelos muy grandes que se entrenan previamente con grandes cantidades de datos” (Amazon Web Services, s.f.).

Cuantos más datos maneje la IA, mejor será su rendimiento. El problema surge del tipo de datos almacenados y procesados para el funcionamiento de los sistemas inteligentes. Estos datos pueden incluir información personal, sensible, financiera, de salud y comportamental. Si este tipo de datos caen en manos equivocadas, como las de los ciberdelincuentes, pueden causar daños significativos. Además, no se ha generado conciencia suficiente en los usuarios sobre el problema de compartir datos personales, lo que agrava la problemática, regalando información o datos personales a las compañías de tecnología, que los usan para finalidades muchas veces desconocidas.

> El uso de redes neuronales en el marketing también plantea importantes consideraciones éticas. Uno de los principales riesgos es la privacidad de los datos. Las redes neuronales necesitan grandes cantidades de datos para ser entrenadas, y estos datos a menudo incluyen información personal de los consumidores. Si los datos son mal utilizados o caen en manos equivocadas, pueden ser utilizados para cometer fraudes o violar la privacidad de los consumidores (Hoppe, Ahumada Luyando, & Sánchez Ahumada, 2024, p.195).

Los gobiernos y las organizaciones privadas pueden usar este tipo de datos para sus operaciones, llevándonos a otro problema potencial: la vigilancia masiva. La vigilancia constante y permanente puede tener serias implicaciones para la privacidad y la libertad. Es trabajo de los legisladores y los gobiernos crear regulaciones que garanticen la privacidad y aseguren que la IA se use de manera ética y responsable. Sin embargo, también es nuestra responsabilidad como ciudadanos ser conscientes de los peligros de compartir nuestra información en línea cuando es innecesario.

Por otra parte, la IAgen presenta retos en cuanto a transparencia y responsabilidad. Los algoritmos que funcionan en estos modelos son a menudo vistos como cajas negras, lo que significa que los procesos internos que deciden cómo se generan los datos y qué datos se utilizan pueden ser incomprensibles para los usuarios y los reguladores. Esto obstaculiza la capacidad de asegurar que el procesamiento de datos se realice de manera ética y de acuerdo con las normativas de protección de datos.

Adicionalmente, el principio de consentimiento informado y la minimización de datos en la protección de datos pueden ser problemáticos en la IA generativa. El primero, que requiere que los individuos estén conscientes y den su consentimiento explícito para el uso de sus datos personales, puede ser difícil de aplicar debido a la generación automatizada y autónoma de contenido. El segundo, que limita la recopilación y el procesamiento de datos a lo estrictamente necesario, puede verse desafiado por la capacidad de la IA de utilizar grandes volúmenes de datos, lo que puede provocar un uso excesivo o innecesario de datos personales y riesgos adicionales para la privacidad.

> Hay que extremar las cautelas en clave de protección de datos, pues este sistema puede dejar al descubierto información que afecte a la privacidad y confidencialidad de las personas. Las plataformas de IA generativa que se usen en un entorno legal, deben ser infraestructuras seguras y fiables, para evitar esa brecha de seguridad (Retana, 2023, p.13).

Desde el punto de vista legal y regulatorio, es crucial adaptar las regulaciones actuales de protección de datos para manejar las complejidades que surgen con la IA generativa. Esto implica mejorar los mecanismos de consentimiento informado, fomentar la transparencia algorítmica y asegurar una aplicación efectiva de los principios de minimización y finalidad en el marco de la inteligencia artificial. El problema es claro, la solución y la puesta en marcha es lo que nos mantiene aún detenidos, clara evidencia de que la tecnología, en muchas ocasiones, rebasa la adecuación de las leyes.

VIII. CIBERSEGURIDAD

La IA también ha beneficiado a la ciberseguridad, siendo uno de sus principales usos el fortalecimiento de la seguridad de la información. Las técnicas de aprendizaje automático se pueden aplicar para detectar patrones sospechosos en grandes conjuntos de datos, ayudando a identificar posibles amenazas.

> La inteligencia artificial (IA) ha demostrado ser una herramienta invaluable en la ciberseguridad al proporcionar una detec-

> ción más precisa y rápida de amenazas. A través de algoritmos avanzados y técnicas de aprendizaje automático, la IA puede analizar grandes volúmenes de datos en tiempo real (isms forum, 2024, p.69).

La IA también puede usarse para detectar ciberataques, desde la detección de *phishing* hasta ataques más complejos como los ataques a infraestructuras. Los algoritmos de IA pueden aprender de ataques pasados y prevenir futuros, fortaleciendo las defensas de las organizaciones. "Además, la IA puede aprender de patrones previos y amenazas conocidas para mejorar aún más su capacidad de detección" (isms forum, 2024, p. 69).

> Por otra parte, la IA puede ser una herramienta poderosa en manos equivocadas. Los ciberdelincuentes pueden usar la IAgen para crear ataques más sofisticados y difíciles de detectar, como usar la IA para crear *malware* (*software* malicioso) o escalar ataques de *phishing*.

Por norma habitual, las campañas de *phishing* masivo generan los correos de manera automática y empleando palabras clave, por ejemplo, relacionadas con la urgencia en realizar una acción. En una primera iteración es posible usar una red generativa, tipo *ChatGPT*, para que analice es cuerpo del mensaje e indique si ha sido generado automáticamente y si detecta palabras clave en email de *phishing* (isms forum, 2024, p. 75).

La IAgen también puede ser utilizada para detectar vulnerabilidades en los sistemas de seguridad, crear ataques más convincentes y difundir *deepfakes*. Así, la IA puede ser una amenaza emergente en ciberseguridad, siendo crucial que las organizaciones tomen medidas adecuadas para protegerse.

Sin duda, la IA es una herramienta transformadora para la humanidad, pero siempre debemos recordar que también está redefiniendo los contornos de nuestra sociedad de maneras que apenas comenzamos a entender. "Los modelos generativos actuales como *ChatGPT* han abierto un abanico de posibilidades y ya se están reentrenando con información específica de ciberseguridad" (isms forum, 2024, p. 72).

Los riesgos éticos asociados con su implementación, las amenazas a la privacidad y el mal uso en ciberseguridad son solo algunas de las muchas preocupaciones que debemos considerar al explorar este nuevo terreno. A medida que la IA se vuelve más indispensable en nuestras vidas y omnipresente, es imperativo que nosotros, como sociedad, estemos informados y preparados para enfrentar nuevos desafíos.

IX. ÉTICA A LA INTELIGENCIA ARTIFICIAL

Luego del presente estudio, podemos percatarnos que la ética es la piedra angular de las soluciones que acarrea las problemáticas de la IA generativa. No es de extrañarse que los titulares recientes hagan mucho hincapié sobre la necesidad de crear estándares de ética.

La humanidad no ha vivido lo suficiente como para alcanzar un consenso general sobre la definición de ética. Si nosotros, como humanos, no hemos acordado qué es la ética, ¿estamos listos para "programar" la ética en la IA? Esta incapacidad para "unificar" un estándar ético seguirá causando problemas a nivel social y tecnológico.

Los sistemas de IA tienen el potencial de perpetuar y amplificar los sesgos existentes a través de los datos sesgados con los que se entrenan. Por ejemplo, si un sistema de IA se entrena con datos de empleo que reflejan una preferencia histórica por contratar hombres en procesos de selección, perpetuará la desigualdad de género en el algoritmo. Este fenómeno se puede aplicar a varios campos como la concesión de créditos, la predicción de delitos, los servicios de salud y más.

Uno de los retos a enfrentar es la transparencia y la capacidad de explicar cómo funcionan los algoritmos. Algunos de estos algoritmos son tan complejos que resultan difíciles de entender para las personas que los usan, característica a la que se le denomina "caja negra". "La Inteligencia Artificial Generativa ha sido desarrollada y diseñada por personas humanas que pueden trasladar, no intencionadamente, ciertos sesgos en el modelo" (Retana, 2023, p. 11).

Esto dificulta comprender cómo se toman las decisiones. Actualmente, los especialistas están trabajando para resolver estos problemas y garantizar un uso ético y responsable de la Inteligencia Artificial. Sin duda, es una tarea desafiante que probablemente tomará muchos años para lograr un equilibrio entre ética y tecnología.

La reflexión sobre la ética en el contexto de la inteligencia artificial generativa plantea un desafío fundamental no solo para juristas y gobiernos, sino para todos los ciudadanos. La evolución rápida de estas tecnologías ha superado en muchos aspectos nuestra capacidad de establecer consensos claros sobre qué es ético y qué no lo es.

Primero, debemos actuar con integridad y respeto hacia las normas establecidas, evitando acciones que puedan dañar a otros. Esto incluye ser transparentes cuando utilizamos herramientas de IA generativa, reconociendo y asumiendo la responsabilidad por su uso. Al mismo tiempo, debemos ser conscientes de que estas tecnologías no determinan automáticamente la moralidad de sus resultados; la responsabilidad última sobre cómo se aplican y los efectos que tienen, recae en quienes las utilizan.

Es esencial recordar que la ética no es estática, sino que evoluciona con el tiempo y las circunstancias. Como sociedad, debemos estar preparados para adaptar nuestras normas éticas a medida que la tecnología avanza y transforma nuestras vidas. En última instancia, nuestra responsabilidad como ciudadanos es mantenernos vigilantes, éticamente comprometidos y conscientes de las implicaciones de nuestras acciones en un mundo cada vez más interconectado por la inteligencia artificial.

Se podría concluir que nuestra responsabilidad, no solo como juristas, sino también como ciudadanos, es actuar siempre respetando el orden preestablecido que no dañe a terceros y ser transparentes al utilizar herramientas de IA generativa. Debemos reconocer que se utiliza como lo que es: una herramienta. Ninguna tecnología garantiza un uso ético; el resultado está en nuestras manos. Después de todo, hasta que la tecnología no se meta completamente en nuestros pensamientos, podemos actuar de manera autónoma y sincera, reconociendo nuestra colaboración con la Inteligencia Artificial. De cualquier manera, esto no nos hace menos humanos y tampoco, menos inteligentes.

X. CONCLUSIÓN

La abogacía enfrenta cambios importantes debido a la inteligencia artificial generativa, lo cual presenta tanto desafíos como oportunidades para los abogados que estén dispuestos a adaptarse y explorar nuevas herramientas tecnológicas. La IA generativa ha transformado la creación e interacción con el contenido, pero también ha traído consigo importantes retos legales y éticos, como los relacionados con la autoría y la privacidad, que la sociedad debe manejar con cuidado. Los desafíos de la IA generativa para la propiedad intelectual son significativos, especialmente en lo que respecta a la autoría y los derechos de las obras generadas por IA. Aún falta regulación adecuada, lo cual deja a muchos creadores en un limbo legal.

La IA generativa implica desafíos y oportunidades para el derecho de responsabilidad civil. La adaptación y creación de leyes nuevas son esenciales para manejar los riesgos y aprovechar los beneficios de esta tecnología disruptiva. Las *deepfakes* representan riesgos como la creación de noticias falsas y manipulación de opiniones, lo que requiere de normativas y controles efectivos para combatir su uso indebido. Además, los sistemas inteligentes necesitan manejar grandes cantidades de datos personales, lo que puede llevar a violaciones de privacidad y exceso en el uso de datos. Es crucial fomentar la transparencia y regulaciones adecuadas para proteger la privacidad.

Por otro lado, la IA generativa también plantea desafíos en ciberseguridad, ya que puede ser usada por ciberdelincuentes para ataques más sofisticados. Es esencial estar preparados y proteger nuestros sistemas y datos. A medida que la tecnología avanza, los usuarios deben actuar con integridad y respeto, siendo responsables del uso de herramientas de IA y conscientes de las implicaciones éticas y sociales de sus acciones. La interacción entre la tecnología y el Derecho es inevitable, y es fundamental que los abogados, al igual que otros profesionales, se adapten y estén al tanto de los cambios para poder enfrentar los desafíos y aprovechar las oportunidades que esta revolución tecnológica nos presenta.

XI. BIBLIOGRAFÍA

Aguilar, L. J. (2017). *Industria 4.0 La cuarta revolución industrial.* México: Alfaomega.

Amazon Web Services. (s.f.). *AWS.* Recuperado el 29 de junio de 2024, de ¿Qué es la Inteligencia Artificial Generativa?: https://aws.amazon.com/es/what-is/generative-ai/

Azzollini, V. (21 de abril de 2023). *El Grand Continent.* Recuperado el 2024 de junio de 26, de ¿Por qué Italia ha bloqueado *ChatGPT*?: https://legrandcontinent.eu/es/2023/04/21/por-que-italia-ha-bloqueado-*ChatGPT*/

Christy Choi, F. A. (19 de enero de 2024). *CNN.* Obtenido de La ganadora de un prestigioso premio literario japonés confirmó que una inteligencia artificial le ayudó a escribir su libro: https://cnnespanol.cnn.com/2024/01/19/ganadora-premio-literario-japones-inteligencia-artificial-*ChatGPT*-trax/

Díaz, J. (15 de junio de 2024). *El confidencial.* Obtenido de Esta fotografía es el certificado de defunción de nuestra realidad: https://www.elconfidencial.com/tecnologia/novaceno/2024-06-15/inteligencia-artificial-fin-de-la-realidad-ficcion_3903127/

Gil, S. F. (27 de enero de 2023). *Autels insights.* Recuperado el 28 de junio de 2024, de *ChatGPT,* ¿ha llegado la nueva electricidad?: https://autelsinsights.es/*ChatGPT*/

Gutiérrez, R. G. (2024). *El Libro Fácil de la Inteligencia Artificial y su Ciberseguridad* (Versión Kindle ed.). Independently published.

Haughey, M. T. (31 de marzo de 2023). *elEconomista.es.* Recuperado el 26 de junio de 2024, de Italia se convierte en el primer país en prohibir *ChatGPT*: este es el motivo: https://www.eleconomista.es/tecnologia/noticias/12212123/03/23/Italia-se-convierte-en-el-primer-pais-en-prohibir-*ChatGPT*-este-es-el-motivo-.html#:~:text=%C3%97-,Italia%20se%20convierte%20en%20el%20primer%20pa%C3%ADs,*ChatGPT*%3A%20este%20es%20el%20motivo&te

Hoppe, E. L., Ahumada Luyando, S., & Sánchez Ahumada, M. (2024). *Inteligencia Artificial para el Marketing cómo la tecnología revolucionará tu estrategia.* Madrid: esic.

isms forum. (enero de 2024). *Inteligencia Artificial y Ciberseguridad.* Recuperado el 8 de julio de 2024, de https://www.ismsforum.es/ficheros/descargas/isms-gt-ia-021707141605.pdf

Limón, J. D. (2023). El día que la inteligencia artificial generativa sustituyó a Lennon. *Foro Jurídico,* 18-22.

Lukowski, J. (30 de mayo de 2024). *Linkedin.* Recuperado el 28 de junio de 2024, de GenAI, 15 lecciones aprendidas: a un año del tsunami transformador: https://www.linkedin.com/pulse/mercado-e-inversi%C3%B3n-ia-y-genai-jorge-lukowski-eyqqf/

Marinas, G. d. (2023). *¿Por qué Chat GPT va a cambiar el mundo? ... y cómo aprovecharlo.* (Kindle, Ed.)

Retana, C. (2023). Riesgos y oportunidades de la Inteligencia Artificial Generativa en el Sector Legal. *Aranzadi La Ley,* 23.

La inteligencia artificial en el derecho de la competencia: riesgos y beneficios

RAFAEL PASTOR BESOAÍN
Universidad Central de Chile

I. INTRODUCCIÓN

La inteligencia artificial (IA) ha emergido como una tecnología que está impactando en la manera en que operan los mercados y la sociedad en general (OCDE, 2019), y su influencia sobre el derecho de la competencia no es una excepción (OCDE, 2024). Mercados que en el pasado incentivaban conductas más o menos competitivas y predecibles de acuerdo con sus estructuras tradicionales (desde el monopolio a la competencia perfecta), se han visto alterados por el advenimiento de los mercados digitales, donde con la IA y los algoritmos, junto con el Internet, las plataformas en línea, el *big data*, y la red 5G, han condicionado el funcionamiento de la economía digital, donde las empresas compiten de forma distinta, como también cometen ilícitos anticompetitivos novedosos.

Los efectos de la IA y los algoritmos sobre la competencia han sido considerados positivos para empresas y consumidores, como en el caso de la promoción de entornos más competitivos en línea (posibilidad de comparar precios y calidad de productos en Internet), o negativos como el surgimiento de nuevos compartimentos anticompetitivos, especialmente vinculados con la colusión algorítmica y el abuso de posición dominante en mercados digitales (Ezrachi & Stucke, 2016).

Desde el contexto descrito, se aborda primeramente el concepto de la IA y los algoritmos que esta tecnología utiliza para identificar los beneficios y riesgos más relevantes asociados a esta tecnología para el derecho de la competencia, analizándolos particularmente en el contexto de los mercados digitales donde las plataformas en línea actúan como intermediarios entre dos o más mercados, gestionando datos de agentes de ambos o más lados, como en el caso de UBER, NETFLIX o AMAZON, entre otros[1]. Todas estas plataformas interconectadas generan un ecosistema digital especialmente propenso a la colusión algorítmica (Gorab *et al.*, 2019; Espinoza, 2021).

A continuación, se revisan los ilícitos anticompetitivos vinculados por la IA, como la colusión algorítmica y el abuso de posición dominante, para luego analizar jurisprudencia administrativa dictada en la Unión Europea (UE) y Estados Unidos.

Finalmente, se explica cómo la incorporación en los mercados digitales de la IA y los algoritmos han condicionado su funcionamiento, incentivando conductas anticompetitivas similares a los que tienden a surgir de los oligopolios, y haciendo que su identificación por las autoridades de promoción y defensa de la libre competencia sea mucho más compleja.

II. IA Y ALGORITMOS

La IA es la capacidad de una máquina para imitar la inteligencia humana, realizando tareas como el aprendizaje, el razonamiento, la percepción y la toma de decisiones. Los algoritmos, por otro lado, son secuencias de instrucciones o reglas que una computadora sigue para resolver problemas o tomar decisiones. Como puede verse, los algoritmos y la IA pueden parecer equivalentes, pero en realidad distan mucho de serlo, ya que la segunda requiere de los primeros para existir y funcionar adecuadamente. Es decir, la IA requiere una serie de instrucciones específicas (estructura algorítmica: una entrada, conocida como *input* y una salida, conocida como *output,* y en el intermedio, están las instrucciones o secuencia de pasos a seguir) que guíen a la máquina en la ejecución de tareas y la resolución de problemas. Solo a través de esta secuencia de instrucciones, la IA puede operar de manera efectiva y resultar útil (Navas, 2017, en: Labbé, 2021).

Por su parte, el aprendizaje automático (*machine learning*) se considera una subdisciplina específica de la IA, que se enfoca en desarrollar máquinas inteligentes mediante el uso de algoritmos que aprenden de manera iterativa a partir del análisis de grandes cantidades de datos y experiencias previas. Dentro del aprendizaje automático, se encuentra el aprendizaje profundo (*deep learning*), que es otra subdisciplina que simula el funcionamiento de las neuronas del cerebro humano utilizando redes neuronales artificiales (OCDE, 2017).

El aprendizaje automático se puede clasificar en tres tipos principales: supervisado, no supervisado y por refuerzo. En el aprendizaje supervisado, el algoritmo aprende a partir de datos de entrenamiento (incorporación de indicaciones o *prompts*), los cuales establecen una relación entre las entradas y las salidas existentes, con el fin de predecir una salida utilizando nuevos datos de entrada. En contraste, el aprendizaje no supervisado implica que el algoritmo descubra una estructura directamente a partir de los datos de entrada, como, por ejemplo, agrupando los datos en diferentes categorías. En este mismo sentido, el aprendizaje por refuerzo utiliza un enfoque de "prueba y error", modificando los valores de entrada y observando el resultado de una función de recompensa, con el objetivo de maximizar dicha recompensa (OCDE, 2022).

El aprendizaje profundo tiene la capacidad de automatizar esta selección de características, lo que reduce el tiempo y los costos asociados a este proceso (OCDE, 2017). No obstante, esta automatización dificulta la comprensión de las características específicas que el modelo ha utilizado, lo que reduce la interpretabilidad, la transparencia y la explicabilidad del modelo. Esta falta de claridad hace que los algoritmos de aprendizaje profundo sean generalmente más difíciles de auditar, replicar y entender (Araya, 2021).

Además de los algoritmos tradicionales y la IA generativa, existen sistemas mixtos que combinan diferentes tipos de IA para abordar problemas complejos. Estos sistemas pueden integrar algoritmos de aprendizaje supervisado, no supervisado y de refuerzo con técnicas de IA generativa para mejorar el rendimiento y la versatilidad de las soluciones. Los sistemas mixtos son especialmente útiles en aplicaciones como la conducción autónoma de automóviles, donde se requiere la combinación de múltiples fuentes de información y tipos de análisis para tomar decisiones en tiempo real (Ezrachi & Stucke, 2017).

III. CARACTERÍSTICAS DE LA ECONOMÍA DIGITAL

La economía digital, condicionada por la IA y los algoritmos, ha introducido transformaciones profundas en la manera en que las empresas interactúan, compiten y colaboran, generando ecosistemas digitales transparentes, interconectados y dependientes (interoperables), que definen la estructura de este nuevo entorno económico. Los agentas de los mercados ya no operan de manera aislada, sino que forman parte de redes extensas que incluyen relaciones tanto horizontales como verticales. Esto significa que la competencia no solo ocurre entre empresas que ofrecen productos similares, sino también a lo largo de toda la cadena de valor, donde las empresas pueden estar integradas y ser competidores al mismo tiempo (Jedličková, 2019).

Dentro de estos ecosistemas digitales, la interdependencia se ha convertido en una característica fundamental. Las empresas, los consumidores, los proveedores y otros actores del mercado están profundamente interconectados, creando una red de relaciones que puede ser difícil de desentrañar. Esta interdependencia puede ser beneficiosa al permitir una mayor colaboración y eficiencia entre distintos lados de las plataformas que sostienen estos ecosistemas, pero también puede facilitar comportamientos colusivos, donde las empresas ajustan sus estrategias en función de las acciones de sus competidores sin necesidad de comunicación directa (Ezrachi & Stucke, 2016).

Para Ezrachi & Stucke (2016, p. 27), estos mercados digitales son ecosistemas controlados puesto que

> "las nuevas tecnologías están cambiando la dinámica de la competencia tal como la conocemos y están dando lugar a un nuevo entorno, que presenta las características de los mercados competitivos pero es impulsado por fuerzas diferentes. La buena y vieja mano invisible de la competencia, que protegía nuestro bienestar cuando comprábamos en nuestro mercado local de frutas, está siendo desplazada por la mano digitalizada".

La transparencia es otro pilar central de la economía digital, puesto que, en un mundo globalizado y conectado, la información se vuelve accesible de manera casi instantánea. Los datos sobre precios, disponibilidad de productos, y tendencias del mercado están al alcance de todos, permitiendo a las empresas y consumidores tomar decisiones informadas. Sin embargo, esta transparencia también puede ser una espada de doble filo, ya que facilita la vigilancia mutua entre competidores y puede conducir a prácticas anticompetitivas más sutiles, como también más difíciles de detectar. La competencia en la economía digital difiere significativamente de la competencia en los mercados tradicionales. Una característica notable es la integración vertical, donde las empresas pueden vincularse directamente con los consumidores logrando eliminar intermediarios y vender productos o servicios a través de plataformas propias. Esta estrategia no solo reduce costos, sino que también permite a las empresas tener un control total sobre la experiencia del cliente, desde la producción hasta la entrega final (Jedličková, 2019).

Además, la competencia en la economía digital es intrínsecamente más compleja debido a la necesidad de operar en ecosistemas interdependientes. Las empresas deben gestionar múltiples roles dentro del mercado, actuando como proveedores, competidores y socios en diferentes contextos. Esta complejidad requiere una comprensión profunda del mercado y una capacidad para adaptarse rápidamente a los cambios. La interconexión entre diferentes actores también implica que las decisiones estratégicas deben considerar no solo la reacción de los competidores directos sino también de otros actores relevantes en el ecosistema. Los algoritmos juegan un papel crucial en este entorno competitivo al permitir a las empresas analizar grandes volúmenes de datos y ajustar sus estrategias en tiempo real. Los algoritmos pueden determinar precios, predecir la demanda, como también optimizar la logística con una precisión y velocidad que sería imposible de lograr manualmente. Sin embargo, esta capacidad también abre la puerta a conductas paralelas y colusivas, donde las empresas pueden coordinar sus acciones sin necesidad de acuerdos explícitos, simplemente siguiendo patrones similares de comportamiento dictados por sus algoritmos (Montero *et al.*, 2021).

Consiguientemente, los algoritmos se han convertido en herramientas indispensables para la gestión de las operaciones empresariales en los mercados digitales. Por ejemplo, los algoritmos de fijación de precios pueden adaptar los precios de los productos en respuesta a la demanda del mercado, la competencia y otros factores relevantes casi instantáneamente (OECD, 2023).

La interdependencia resulta ser otra característica central de los ecosistemas digitales, donde las empresas, consumidores, proveedores y otros actores están vinculados de manera compleja y dinámica, lo que permite una mayor colaboración y eficiencia, pero también puede facilitar comportamientos colusivos. Esta interdependencia significa que las acciones de una empresa pueden tener repercusiones significativas en todo el ecosistema, afectando a múltiples actores de manera directa o indirecta. En este contexto, la interdependencia se ve reforzada por la transparencia que ofrecen los algoritmos. Los datos sobre precios, inventarios y comportamiento del consumidor están disponibles en tiempo real, permitiendo a las empresas ajustar sus estrategias de manera sincronizada. Esta capacidad de adaptación rápida y precisa puede llevar a una mayor eficiencia en el mercado, pero también puede resultar en prácticas colusivas, donde las empresas ajustan sus comportamientos en función de las acciones de sus competidores sin necesidad de acuerdos explícitos, lo que emula un paralelismo consciente o colusión tácita (Beneke & Mackenrodt, 2021).

En definitiva, tal como concluye Jedličková (2019), la IA y los algoritmos estarían facilitado que todos los mercados digitales compartan características e incentivos de las estructuras de mercados oligopólicos, lo que incentiva que los agentes (conociendo o debiendo conocer esta posibilidad *ex ante*), lleven a cabo conductas paralelas o colusiones tácitas.

IV. ILÍCITOS ANTICOMPETITIVOS VINCULADOS POR LA IA

La colusión es un acuerdo entre empresas competidoras en un mismo mercado para aumentar o fijar precios, reducir la producción, repartirse el mercado o dificultar la entrada de nuevos competidores, todo con el fin de incrementar los beneficios de las empresas involucradas (OCDE, 1993).

En la mayoría de las jurisdicciones, se considera que la colusión para aumentar o fijar precios y reducir la producción es una de las violaciones más graves de las leyes de competencia. Esto anula los beneficios derivados de la competencia entre empresas, que es el motor para que los consumidores puedan disfrutar de precios más bajos, una mayor variedad y una mejor calidad en los bienes y servicios que consumen. La colusión es una práctica antigua, observada desde hace mucho tiempo en los mercados, y ha sido fuertemente perseguida desde la implementación de leyes antimonopolio a finales del siglo XIX (González, 2011).

La regulación de la colusión varía entre jurisdicciones. En la Unión Europea, por ejemplo, se considera que ciertos acuerdos colusorios pueden ser ilícitos por su objeto, independientemente de sus efectos reales en el mercado. Esto contrasta con la normativa chilena, donde se discute si algunos acuerdos pueden no ser considerados ilícitos *per se*, siempre que no generen efectos anticompetitivos concretos o potenciales. La jurisprudencia chilena[2], al igual que la de Estados Unidos, ha enfatizado que los carteles duros son considerados ilícitos *per se* sin necesidad de demostrar efectos en el mercado, lo que resalta la importancia de la forma en que los agentes económicos se coordinan.

En Chile los ilícitos anticompetitivos colusorios se encuentran establecidos en el inciso segundo del artículo tercero letra a) del Decreto Ley 211, que considera, entre otros, como hechos, actos o convenciones que impiden, restringen o entorpecen la libre competencia o que tienden a producir dichos efectos, los siguientes:

> "a) Los acuerdos o prácticas concertadas que involucren a competidores entre sí, y que consistan en fijar precios de venta o de compra, limitar la producción, asignarse zonas o cuotas de mercado o afectar el resultado de procesos de licitación, así como los acuerdos o prácticas concertadas que, confiriéndoles poder de mercado a los competidores, consistan en determinar

> condiciones de comercialización o excluir a actuales o potenciales competidores".

De la norma antes citadas se colige que en Chile se sancionan tanto los acuerdos como las prácticas concertadas (ilícitos colusorios), tal como ocurre en la Unión Europea (UE), toda vez que el artículo 101 del Tratado de Funcionamiento de la UE prescribe lo siguiente:

> "1. Serán incompatibles con el mercado interior y quedarán prohibidos todos los acuerdos entre empresas, las decisiones de asociaciones de empresas y las prácticas concertadas que puedan afectar al comercio entre los Estados miembros y que tengan por objeto o efecto impedir, restringir o falsear el juego de la competencia dentro del mercado interior y, en particular, los que consistan en: a) fijar directa o indirectamente los precios de compra o de venta u otras condiciones de transacción; b) limitar o controlar la producción, el mercado, el desarrollo técnico o las inversiones; c) repartirse los mercados o las fuentes de abastecimiento; d) aplicar a terceros contratantes condiciones desiguales para prestaciones equivalentes, que ocasionen a éstos una desventaja competitiva; e) subordinar la celebración de contratos a la aceptación, por los otros contratantes, de prestaciones suplementarias que, por su naturaleza o según los usos mercantiles, no guarden relación alguna con el objeto de dichos contratos".

Dentro de las conductas colusivas encontramos aquellas conocidas como cartel y que exigen un acuerdo (colusión expresa) y las prácticas concertadas o colusión tácita que no requieren una decisión o acuerdo formal, pero donde sí existe una cooperación informal. Cada una de estas prácticas tiene implicaciones distintas en términos de su legalidad y sus efectos en el mercado.

Desde la perspectiva económica se ha argumentado que la colusión puede ser sostenida en el tiempo a través de estrategias específicas que afectan variables competitivas como el precio, la calidad y la cantidad de bienes o servicios. Sin embargo, el derecho se centra en la forma de comunicación entre competidores y en la identificación de prácticas que puedan ser consideradas anticompetitivas. En este sentido, la jurisprudencia ha desarrollado conceptos como el "paralelismo consciente", que, aunque no es sancionable en la actualidad, ha generado un debate significativo en la literatura (Juppet y Morales, 2018).

En la UE el término "prácticas concertadas" se utiliza cuando no se establece un acuerdo formal entre las partes, pero sí hay un entendimiento mutuo para colaborar en lugar de competir. Faull y Nikpay (2014) identifican tres componentes clave para validar la existencia de tales prácticas. Primero, es imprescindible que haya algún tipo de interacción entre las empresas, que puede ser débil o indirecta. Segundo, las partes deben compartir un consenso respecto a la cooperación en lugar de la rivalidad. Por último, se requiere observar un comportamiento consecuente en el mercado que pueda vincularse causalmente con el entendimiento previo entre las partes. Sin embargo, en algunos casos el resultado colusivo no necesariamente depende de un entendimiento o comunicación directa entre las empresas (Comisión Europea, 2002), como ocurre con la colusión tácita.

En mercados oligopólicos, las empresas generalmente son interdependientes en sus decisiones de precios y producción, de manera que las acciones de una empresa influyen en las decisiones de las demás. En este contexto, las empresas en un oligopolio pueden considerar las decisiones de sus competidoras y ajustar sus propias acciones de manera estratégica, similar a cómo lo harían en un cartel, sin que sea necesario un acuerdo explícito. Este comportamiento, que se da de manera coordinada, es lo que se conoce como colusión tácita o paralelismo consciente. Este paralelismo consciente, a diferencia de las otras formas de colusión que implican al menos alguna indicación de un entendimiento bilateral, no es considerado ilegal dentro del ámbito de la libre competencia, por ejemplo, en Estados Unidos, la UE o en Chile[3].

La discusión sobre el uso de algoritmos en la competencia económica presenta un debate complejo y en evolución, ya que este fenómeno plantea desafíos significativos para las autoridades de competencia debido a que los algoritmos pueden facilitar prácticas colusorias sin la necesidad de acuerdos explícitos entre competidores. Estos peligros de la colusión algorítmica fueron destacados por Ezrachi & Stucke (2016), quienes expusieron los peligros de la colusión algorítmica, al considerar este asunto de máxima gravedad, destacando que las herramientas actuales de la política de competencia son insuficientes para frenar eficazmente, sobre todo, la colusión tácita facilitada por algoritmos y la discriminación conductual. En el extremo opuesto, Schrepel (2020) argumenta que la colusión algorítmica es irrelevante para el derecho de la competencia, sosteniendo que es una manifestación sofisticada de prácticas anticompetitivas que han existido durante siglos. Aunque estas dos posturas parecen estar en conflicto irreconciliable, ambas contribuyen a una comprensión más profunda de la situación actual y a la evaluación de las herramientas necesarias para enfrentar los desafíos que plantea esta tecnología emergente.

La categorización de las prácticas competitivas facilitadas por algoritmos, como la coordinación expresa, el esquema de *hub-and-spoke*[4] y la colusión tácita automática, destaca la necesidad de adaptar herramientas regulatorias. Es fundamental explorar nuevas definiciones de prácticas concertadas y responsabilidades empresariales para abordar estas formas emergentes de colusión. La atribución de responsabilidad plantea desafíos adicionales, dado que los algoritmos pueden operar de manera autónoma una vez programados, complicando la identificación de intenciones anticompetitivas existentes (Ezrachi & Stucke, 2016).

Las herramientas de detección son esenciales para abordar la colusión algorítmica. Aunque las auditorías de algoritmos y las pautas de cumplimiento desde el diseño pueden ser útiles, la complejidad de los algoritmos de aprendizaje automático y la autoadaptación plantean desafíos significativos para las autoridades reguladoras (Ezrachi & Stucke, 2016). Parece crucial entonces que las agencias de competencia desarrollen capacidades para monitorear y entender estas tecnologías para combatir eficazmente la colusión.

Por su parte, las propuestas regulatorias deben evolucionar para abordar específicamente los riesgos asociados con los algoritmos en la competencia económica. Esto implica revisar y posiblemente ampliar las definiciones de prácticas anticompetitivas, así como fortalecer las capacidades de monitoreo y aplicación de la ley frente a la colusión algorítmica (Ezrachi & Stucke, 2016). La adaptación de la normativa actual para abordar estas nuevas realidades será determinante para mantener mercados competitivos y proteger el bienestar del consumidor en la era digital.

Joseph Harrington también reconoce los riesgos anticompetitivos de los algoritmos de precios, diferenciando entre aquellos que están programados para coludirse y los algoritmos inteligentes que aprenden a coludirse por sí mismos (Harrington, 2017, p. 650). Rod Sims comparte esta preocupación, señalando que las decisiones actuales en los mercados se basan en datos procesados por algoritmos capaces de aprender, lo que podría llevar a una colusión sin participación humana, planteando dudas sobre su conformidad con la legislación vigente (Sims, 2017).

Otros autores, como Francisco Beneke y Mark-Oliver Mackenrodt (2017), también sostienen que el uso de algoritmos especializados aumenta las posibilidades de colusión, abriendo nuevas formas de prácticas anticompetitivas sin necesidad de acuerdos explícitos entre competidores. Sin embargo, algunos académicos como Antonio Robles y Suzanne Rab ven menos daño potencial, argumentando que la digitalización de los mercados y el uso de tecnologías como el *multi-homing* pueden fomentar la competencia y dificultar la colusión, aunque reconocen que la evolución tecnológica podría eventualmente eliminar la necesidad de coordinación humana en estos casos (Robles, 2017; Rab, 2017).

A continuación, recurrimos a Sossa (2022) para individualizar algunos casos de ilícitos anticompetitivos, en los que se usó la IA y los algoritmos.

Caso US vs Airlines

Este caso se remonta a la década de 1990, cuando varias aerolíneas en Estados Unidos fueron investigadas por prácticas anticompetitivas. La *Airline Tariff Publishing Company* (ATP) actuaba como un intermediario que facilitaba la publicación y el intercambio de tarifas entre las aerolíneas. Este sistema permitió a las aerolíneas coordinar sus precios de manera que se eliminaran descuentos y se establecieran tarifas más altas de forma concertada.

La investigación fue llevada a cabo por el Tribunal del Distrito de Columbia, que analizó cómo las aerolíneas utilizaron la plataforma ATP para compartir información sobre tarifas. Se descubrió que las aerolíneas no solo compartían datos, sino que también se beneficiaban de un sistema que les permitía actuar de manera concertada, lo que resultó en un aumento de precios para los consumidores.

Las conclusiones de la investigación indicaron que las aerolíneas habían violado las leyes antimonopolio al coordinar sus precios a través de un proveedor común. Esto llevó a sanciones y a un mayor escrutinio sobre las prácticas de fijación de precios en la industria de la aviación. El caso se convirtió en un referente sobre cómo las plataformas tecnológicas pueden facilitar la colusión entre competidores.

El caso sentó un precedente importante en la aplicación de las leyes de competencia en el contexto de la tecnología.

Se destacó la necesidad de que las agencias de competencia comprendieran cómo las plataformas digitales pueden ser utilizadas para facilitar prácticas anticompetitivas, lo que llevó a un enfoque más riguroso en la regulación de estas plataformas.

US vs Airlines a su vez subrayó la importancia de la transparencia en la fijación de precios y la necesidad de que las empresas operen de manera independiente. También resaltó la responsabilidad de las plataformas tecnológicas en la supervisión de las interacciones entre sus usuarios para prevenir la colusión.

Caso de Uber

Este conflicto jurídico se centra en la plataforma de transporte *Uber*, que ha revolucionado la forma en que las personas se desplazan en las ciudades. Sin embargo, su modelo de negocio ha sido objeto de controversia, especialmente en relación con la fijación de precios. Spencer Meyer, un conductor de *Uber*, presentó una demanda colectiva argumentando que la plataforma había orquestado una conspiración para fijar precios.

La demanda sostenía que los conductores de *Uber* no tenían la libertad de fijar sus propios precios, ya que la plataforma determinaba automáticamente las tarifas basadas en algoritmos. Esto, según el demandante, implicaba que existía un acuerdo de precios entre los conductores, lo que violaba las leyes de competencia. La falta de negociación directa entre consumidores y proveedores también fue un punto clave en la argumentación.

El caso es particularmente controvertido porque plantea preguntas sobre la naturaleza de la competencia en plataformas digitales. La defensa de *Uber* argumentó que su modelo de negocio no constituía una colusión, ya que los precios eran determinados por un algoritmo que respondía a la oferta y la demanda. Esto llevó a un debate sobre si la fijación de precios algorítmica puede considerarse una práctica anticompetitiva.

Por otra parte, este caso ha generado un debate más amplio sobre cómo las plataformas digitales deben ser reguladas en términos de competencia. Las decisiones judiciales en este caso podrían sentar un precedente para otros servicios basados en algoritmos, afectando cómo se interpretan las leyes de competencia en el contexto de la economía digital. También revela la necesidad de que las leyes de competencia evolucionen para abordar los desafíos que presentan las nuevas tecnologías. A medida que más empresas adoptan modelos de negocio basados en algoritmos, será crucial que las autoridades de competencia desarrollen un marco que permita la innovación sin sacrificar la equidad en el mercado.

Caso US vs. Topkins

David Topkins, quien dirigía una empresa de venta de afiches y posters en línea, fue declarado culpable de fijación de precios horizontales por un tribunal en el Distrito Norte de California. La investigación reveló que Topkins y otros competidores acordaron los precios de posters, grabados y artes enmarcados que se venderían en Amazon. Para facilitar este acuerdo, utilizaron un *software* de fijación de precios que les permitió recopilar información sobre los precios de la competencia. Este *software* fue manipulado para ajustar los precios de acuerdo con los parámetros previamente discutidos entre los competidores.

El uso del algoritmo permitió que los precios no fueran determinados por las dinámicas normales de oferta y demanda, resultando en precios artificiales que no reflejaban las condiciones del mercado. Además, el algoritmo actuó como un sustituto de la interacción humana, coordinando los precios entre los competidores de manera más eficiente. Esto permitió que el algoritmo identificara rápidamente cualquier desviación de los precios acordados, facilitando así la fijación de precios concertada.

Caso Consumer Electronics

La Comisión Europea decidió sancionar con multas significativas a varias empresas, incluyendo *Asus*, *Denon & Marantz*, *Philips* y *Pioneer*, por haber fijado e impuesto precios de reventa fijos o mínimos a los minoristas en las ventas en línea de productos electrónicos de consumo. Las empresas involucradas utilizaron algoritmos para monitorear y controlar los precios de sus productos, lo que les permitió asegurarse de que los minoristas cumplieran con los precios mínimos establecidos.

Este tipo de comportamiento fue considerado anticompetitivo porque limita la capacidad de los minoristas para fijar sus propios precios y reduce la competencia en el mercado. Las empresas que participaron en este acuerdo colusorio se beneficiaron al mantener precios artificialmente altos, lo que perjudicó a los consumidores al limitar sus opciones y aumentar los precios de los productos. La utilización de algoritmos en este contexto facilitó la coordinación de precios y la vigilancia del cumplimiento de los acuerdos, lo que llevó a la Comisión Europea a tomar medidas enérgicas contra estas prácticas.

En conclusión, cabe destacar que cada uno de los casos revisados ilustra cómo los algoritmos pueden ser utilizados para facilitar conductas anticompetitivas y cómo las autoridades de competencia pueden intervenir para sancionar estas prácticas. La clave para determinar la responsabilidad radica en la intención detrás del uso de los algoritmos y en la capacidad de demostrar que fueron diseñados y utilizados para coordinar precios o tarifas de manera anticompetitiva.

V. LA IA Y EL ABUSO DE POSICIÓN

En los mercados digitales que exhiben características que tienden a la concentración y el poder de mercado, como los fuertes efectos de red, las grandes discrepancias en el acceso a los datos y los costos de cambio para los consumidores; las estrategias competitivas agresivas empleadas por la IA podrían, de hecho, incentivar la conducta abusiva. Las leyes de competencia generalmente prohíben ciertos tipos de conductas abusivas por parte de empresas consideradas "dominantes" (es decir, que poseen un poder de mercado significativo), o intentos de obtener o retener una posición monopólica. La aplicación de estas prohibiciones generalmente implica una evaluación de los efectos de la conducta en cuestión, a diferencia de los casos de colusión por objeto o *per se*, que no requieren dicha evaluación (OECD, 2021).

Los mercados en los que la IA juega un papel significativo en la toma de decisiones competitivas y el diseño de productos pueden, al igual que muchos mercados digitales, exhibir ciertas características que hacen más comunes las posiciones dominantes. Las inversiones en IA implican importantes economías de escala y alcance, dados los datos y la capacidad técnica requeridos. Cuando la IA es parte del producto ofrecido a los consumidores, también es probable que exhiba efectos de red, ya que un mayor número de usuarios puede mejorar la calidad de los algoritmos involucrados. Por lo tanto, las aplicaciones de IA, así como los flujos de datos y los activos intangibles utilizados para operarlas, pueden ser una fuente de ventaja competitiva y barreras de entrada, permitiendo la aparición de poder de mercado y potencialmente dominancia (OECD, 2021).

Berlingieri *et al.* (2020) sugieren que estos efectos han llevado a mayores barreras para la difusión de tecnología y una disminución en el dinamismo empresarial. La IA, debido a su capacidad para mejorar la eficiencia y la capacidad de respuesta de las empresas, también puede ser utilizada de manera que resulte en conductas de exclusión o explotación, que pueden ser consideradas abusivas bajo las leyes de competencia. La inteligencia artificial (IA) puede ser utilizada por empresas con posiciones dominantes para desarrollar o implementar estrategias anticompetitivas. Estas estrategias pueden incluir el diseño anticompetitivo de la IA de cara al consumidor, mediante el cual las empresas pueden diseñar sus sistemas de IA para manipular las decisiones de los consumidores de manera que beneficien desproporcionadamente al operador dominante. Esto puede implicar el uso de algoritmos para priorizar ciertos productos o servicios, o para personalizar las experiencias de los usuarios de una manera que reduce la competencia. A su vez pueden incluir la fijación de precios personalizada, atendido a que la IA permite a las empresas establecer precios personalizados basados en el análisis de datos detallados sobre las preferencias y disposición a pagar de los consumidores. Si bien esto puede mejorar la eficiencia económica en algunos casos, también puede ser utilizado para explotar a los consumidores, especialmente cuando hay una falta de competencia efectiva (OECD, 2021).

En relación con el ilícito de abuso de posición dominante mediante el uso de la IA, resulta ilustrativo destacar que, en junio de 2017, la Comisión Europea[5] multó a *Google* con 2.42 mil millones de euros por abusar de su posición dominante en el mercado de búsqueda general, favoreciendo su propio servicio de comparación de compras en su página de resultados de búsqueda. La Comisión encontró que *Google* otorgó una "ventaja ilegal" a su servicio de comparación de compras al relegar a los rivales y presentar su propio servicio en una posición más favorable en los resultados de búsqueda. La conducta de autopreferencia de *Google* cerró el mercado a sitios de comparación de compras competidores, reduciendo la elección del consumidor.

A su vez, la autoridad alemana de competencia (*Bundeskartellamt*) investigó a *Facebook* por abuso explotativo de su posición dominante, dictaminando que *Facebook* había abusado de su posición dominante al imponer términos de negocio explotadores en relación con el procesamiento de datos de los usuarios. Se determinó que *Facebook* usaba su posición dominante para recopilar datos extensivos de usuarios sin su consentimiento adecuado, y esto fue considerado una práctica anticompetitiva.

En definitiva, estos casos son una muestra de cómo la IA puede propiciar conductas que facilitan el abuso de posición dominante, y cómo las autoridades de competencia están comenzando a abordar estos desafíos en el contexto de mercados digitales donde se usa la IA y los algoritmos.

VI. RESPONSABILIDAD POR ILÍCITOS ANTICOMPETITIVOS POR EL USO DE LA IA Y ALGORITMOS

Como se ha expresado *supra*, en el contexto de los monopolios digitales, los algoritmos desempeñan un papel crucial al automatizar las acciones y decisiones humanas, lo que conduce a comportamientos paralelos. Esto introduce desafíos únicos para el derecho de la competencia, ya que los marcos de responsabilidad tradicionales se basan en la toma de decisiones humanas, que implican diferentes grados de intención y suelen depender de acuerdos explícitos o tácitos entre las partes (grados de cooperación). Sin embargo, los algoritmos alteran este modelo al cambiar tanto el proceso de toma de decisiones como las acciones en sí debido a su naturaleza artificial.

Los algoritmos exhiben una forma de autonomía artificial que, a diferencia de la autonomía humana, está moldeada por decisiones humanas iniciales. Esto amplía el alcance de la responsabilidad potencial para incluir no solo a los programadores, sino también a sus instructores o gerentes, quienes dictan las funciones de los algoritmos. En consecuencia, determinar la responsabilidad de estos ilícitos anticompetitivos requiere identificar a las personas o entidades detrás de los algoritmos.

La cuestión principal para determinar la anticompetitividad y la responsabilidad gira en torno a la intención del algoritmo. Debe evaluarse si el algoritmo fue diseñado para competir o para coludir. La responsabilidad depende del conocimiento y la intención detrás del diseño del algoritmo, debido a que pueden configurarse algoritmos diseñados para coludirse, lo que exige conocimiento y una intención clara para llevar a cabo esta conducta. También se pueden crear algoritmos que razonablemente se espera que conduzcan a la colusión, aunque no estén diseñados para ese propósito. Otra posibilidad correspondería a algoritmos que conducen a la colusión accidentalmente debido a la IA y al aprendizaje automático, sin previsibilidad razonable.

Establecer la responsabilidad, por tanto, implica de acuerdo a JedliÊková (2019) examinar el grado de conocimiento sobre la conducta sancionada y, en este sentido, los algoritmos pueden: i) facilitar el comportamiento paralelo cuando son expresamente diseñados para coludirse, ii) sea razonablemente previsible que éstos tiendan a la colusión, o iii) conduzcan a la colusión accidentalmente sin previsibilidad. El primer escenario exige un conocimiento e intención clara, lo que permitiría sancionar a los competidores que utilizan algoritmos para coludir. Sin embargo, también puede involucrar a plataformas cuyos algoritmos inducen a la colusión, haciendo que la plataforma sea responsable si los que la gestionan tiene conocimiento de este riesgo y mantiene el sistema anticompetitivo.

Debido a la naturaleza artificial de los algoritmos, establecer la responsabilidad sin la existencia del conocimiento humano directo sobre lo que éste efectúa es un gran desafío. Las leyes pueden necesitar evolucionar para requerir cambios a los algorítmicos que prevengan colusión algorítmica o abuso de posición dominante. La responsabilidad se establecería entonces solo si los algoritmos no se ajustan para evitar al máximo el riesgo de la conducta anticompetitiva. Esta adaptación en el derecho de la competencia resultaría necesaria para abordar las características y desafíos únicos que presenta la economía digital.

VII. COMENTARIOS FINALES

Como se ha descrito a lo largo de este artículo, la colusión tácita en la economía digital representa un desafío significativo para el derecho de competencia. Los algoritmos pueden generar condiciones que facilitan la cooperación anticompetitiva de manera similar a los oligopolios naturales, pero sin la necesidad de acuerdos explícitos. Las empresas pueden utilizar algoritmos para ajustar sus estrategias de precios y producción de manera que coincidan con las de sus competidores, creando un entorno de colusión tácita difícil de detectar y sancionar.

Frente a las prácticas concertadas en los mercados digitales parte de la literatura revisada propone una adaptación del marco legal para abordar las nuevas realidades creadas por los algoritmos. La naturaleza artificial y autónoma de estos sistemas plantea preguntas sobre la responsabilidad y la rendición de cuentas. ¿Quién es responsable cuando los algoritmos se coluden? ¿Los programadores, las empresas que los utilizan, o los propios algoritmos? Las respuestas a estas preguntas son cruciales para desarrollar una regulación efectiva que pueda prevenir y sancionar las prácticas colusivas sin inhibir la innovación tecnológica. Estas preguntas también son aplicables para el caso del abuso de posición dominante que la IA y los algoritmos incentivan en los mercados digitales.

En ausencia de conocimiento humano directo, puede ser desafiante justificar la responsabilidad infraccional de la empresa o de sus responsables. Sin embargo, la ley podría exigir cambios en los algoritmos para evitar la colusión o las conductas paralelas, sin necesariamente generar una responsabilidad infraccional sobre individuos específicos. Esto implica un enfoque regulador más proactivo, donde se imponen requisitos o condiciones sobre la formulación y el uso de algoritmos para asegurar que no faciliten comportamientos anticompetitivos.

En definitiva, la adaptación del derecho de competencia a la economía digital y al uso de algoritmos es clave para garantizar un mercado competitivo. Las autoridades deben desarrollar nuevas herramientas para detectar y sancionar la colusión tácita y las prácticas concertadas facilitadas por los algoritmos, también el abuso de posición dominante. Al mismo tiempo, deben equilibrar la necesidad de regulación con la promoción de la innovación y la eficiencia en el mercado digital, asegurando que las empresas puedan seguir utilizando tecnologías avanzadas para mejorar sus operaciones sin incurrir en prácticas anticompetitivas.

REFERENCIAS

1 Para una descripción conceptual de mercados de dos lados ver Ceco (2024), en: https://centrocompetencia.com/mercado-de-dos-lados//

2 Esta postura no es unánime en el Tribunal de Defensa de la Libre Competencia de Chile, como se confirmas de la prevención de los Ministros Domper y Paredes en la Sentencia N°175/2020 del Tribunal de Defensa de la Libre Competencia de Chile. Disponible en: https://www.tdlc.cl/wp-content/uploads/2020/12/SENTENCIA_N_175.pdf

3 Ver caso ANIC: Sentencia de la CJUE, Anic Partecipazioni SpA, C-49/92 P, ECLI:EU:C:1999:356, disponible en: https://curia.europa.eu/juris/liste.jsf?language=en&num=C-49/92. En Chile el Tribunal de Defensa de la Libre Competencia ha establecido que la colusión tácita no es sancionable en la sentencia N° 57/2007, caso *Isapres*, considerando setenta y cinco.

4 "Las colusiones *hub-and-spoke* son un tipo de cartel en el que los competidores se coordinan a través de sus relaciones verticales, es decir, a través de actores que se encuentran aguas arriba (proveedores) o aguas abajo (distribuidores o clientes). En estos casos, el proveedor

o distribuidor común opera como un intermediario o "mensajero" entre los actores cartelizados" (CECO, 2024).

5 Decisión Comisión Europea Caso AT.39740. 27 Junio 2017, disponible en: https://ec.europa.eu/competition/antitrust/cases/dec_docs/39740/39740_14996_3.pdf.

6 *Bundeskartellamt* (2019), *Case Summary: Facebook, Exploitative business terms pursuant to Section 19(1) GWB for inadequate data processing,* https://www.bundeskartellamt.de/SharedDocs/Entscheidung/EN/Fallberichte/Missbrauchsaufs icht/2019/B6-22-16.pdf?__blob=publicationFile&v=4.

VII. BIBLIOGRAFÍA

Araya Paz, Carlos. (2021). Transparencia algorítmica ¿un problema normativo o tecnológico? CUHSO (Temuco), 31(2), 306-334.

Beneke, Francisco, Mackenrodt, Mark-Oliver. (2021) Remedies for algorithmic tacit collusion, *Journal of Antitrust Enforcement,* Volume 9, Issue 1, March 2021, 152–176.

Beneke, F., Mackenrodt. (2019) Artificial Intelligence and Collusion. IIC 50, 109–134.

Berlingierii, G., Calligarisi, S., Criscuoloi, C., y Verlhac, R. (2020), Last but not least: laggard firms, technology diffusion and its structural and policy determinants, OECD, https://www.oecd-ilibrary.org/science-andtechnology/laggard-firms-technology-diffusion-and-its-structural-and-policydeterminants_281bd7a9-en.

Ceco (2024). Obtenido de: https://centrocompetencia.com/mercado-de-dos-lados/. (19/07/2024).

De Bruyne, J., & Vanleenhove, C. (Eds.). (2021). Artificial Intelligence and the Law. Intersentia.

Espinosa, J. (2022). El desarrollo de la inteligencia artificial en el marco del derecho de la competencia en la UE. *Revista de Direito Brasileira,* 29(11), 452-465.

European Commission, Directorate-General for Competition, (2002). Glossary of terms used in EU competition policy: antitrust and control of concentrations, Publications Office, 9.

Ezrachi, Ariel & Maurice E. Stucke (2016). Virtual Competition. The promise and perils of the algorithm-driven economy. Cambridge, Massachusetts: Harvard University Press.

Faull, J., Kjolbye, L., Leupold, H., y Nikpay, Ali (2014). Article 101, en: Faull, Jonathan y Nikpay, Ali (Eds.), The EU Law of Competition, 3ª edición (Oxford, Oxford University Press), 183-328.

Goodfellow, I.J., Pouget-Abadie, J., Mirza, M, *et al.* (2014) Generative Adversarial Nets. Proceedings of the 27th International Conference on Neural Information Processing Systems, Volume 2, 2672-2680.

González, A. (2011). Prácticas Colusivas. La libre competencia en el Chile del Bicentenario, 143-160.

Gorab, D y Greene, E. (2019). Colusión: Interacción entre la Economía y el Derecho. Desafíos de la libre competencia en iberoamérica, 213–252.

Harrington Jr, Joseph E., Developing Competition Law for Collusion by Autonomous Price-Setting Agents (August 22, 2017). Disponible en: SSRN: https://ssrn.com/abstract=3037818 or http://dx.doi.org/10.2139/ssrn.3037818

Jedliêková, Barbora. (2019) 'Digital Polyopoly'. World Competition 42, no. 3: 309– 334.

Khemani, R. S. (1993). Glossary of industrial organisation economics and competition law. Organisation for Economic Co-operation and Development; Washington, DC: OECD Publications and Information Centre.

Labbé Figueroa, María Francisca (2021) "¿Colusión, yo? No señor, mi algoritmo fue". *Actualidad Jurídica,* N° 44, 131-140.

Montero, Diego, Tepper, Richard, & Viñuela, Pilar (2012). Colusión y Algoritmos: Nuevos Desafíos. Programa UC – Libre Competencia, Antitrust Position Papers – N° 4, 6-8.

Morales, Joaquín y Juppet, María Fernanda (2018): La colusión en Chile, Análisis Doctrinario y Jurisprudencial (Santiago, Thomson Reuters).

OECD, Algorithmic Competition, OECD Competition Policy Roundtable BackgroundNote10-11(2023), https://www.oecd.org/daf/competition/algorithmic-competition-2023.pdf

OECD (18 de julio de 2021), *Business and Finance Outlook,* https://www.oecd-ilibrary.org/docserver/3acbe1cd-en.pdf?expires=1721730031&id=id&accname=guest&checksum=4B08DC6A12FBA22981C54C7C273C3F0A

OECD (2019), Artificial Intelligence in Society (Summary in Spanish), OECD Publishing, Paris, https://doi.org/10.1787/603ce8a2-es., 47-80.

OECD (2024), "Artificial intelligence, data and competition", OECD Artificial Intelligence Papers, No. 18, OECD Publishing, Paris, https://doi.org/10.1787/e7e88884-en.

Rab, Suzanne (2019). "Artificial intelligence, algorithms and antitrust". *Competition Law Journal*,18 (4). DOI:10.4337/clj.2019.04.02

Robles Martín-Laborda, Antonio, Cuando el cartelista es un robot. Colusión en mercados digitales mediante algoritmos de precios (When the Cartelist Is a Robot. Pricing Algortihms and Collusion in Digital Markets) (April 27, 2018). Actas de Derecho Industrial, Tomo 38 (2017-2018), págs. 77-103, Disponible en: https://ssrn.com/abstract=3170631

Sims, Rod (2017). "Can robots collude?". Conferencia "The ACCC's approach to colluding robots", en calidad de presidente de la Australian Competition and Consumer Commission. Obtenido de: www.accc.gov.au/speech/the-accc%E2%80%99sapproach-to-colluding-robots

La inteligencia artificial y su impacto en el mundo del trabajo

MARCELA GÓMEZ GÓMEZ
Universidad del Atlántico, Colombia

I. INTRODUCCIÓN

La importancia del trabajo y sus elementos radica en permitir con plenitud el desarrollo de toda sociedad y conservar sus condiciones. Así mismo, se establecen las facultades, derechos y deberes requeridos para garantizar la existencia digna de las potencialidades y las capacidades que ejercen en las labores los seres humanos. Por ello, su ejercicio debe de gozar de una obligatoria regulación y defensa. El trabajo, como actividad, requiere una base de protección para los trabajadores. En este contexto, la globalización que enfrentan los trabajadores debe contemplar condiciones mínimas que les permitan desarrollar su trabajo y garantizar su permanencia.

En materia laboral, se ha forjado un gran debate que debemos de explorar: el efecto que ha generado la inteligencia artificial en el mundo del trabajo actual. Este está permeado por controversias respecto al uso de estas tecnologías en el campo laboral y los choques que han generado en diversos sectores sociales. Se analiza, desde la perspectiva de la capacidad de las máquinas para replicar las funciones humanas, el fenómeno denominado automatización de los puestos de trabajo, que puede observarse como un desafío o como una oportunidad que surge con la integración de la inteligencia artificial en el ámbito laboral.

A ello se añade el debate sobre el impacto de la sistematización de tareas en el ámbito de los recursos humanos, lo cual afecta no solo su utilidad y capacidad operativa, sino que también plantea serios riesgos de pérdida de empleos, especialmente en sectores rutinarios o automatizables. Esta transformación suscita profundos cuestionamientos éticos y socioeconómicos relacionados con la equidad en la distribución del trabajo, el acceso desigual a oportunidades de profesionalización y empleo digno, y la creciente brecha digital. En este contexto, resulta indispensable precisar qué se entiende por inteligencia artificial:

> La IA es la capacidad de las máquinas para usar algoritmos, aprender de los datos y utilizar lo aprendido en la toma de decisiones tal y como lo haría un ser humano. Sin embargo, a diferencia de las personas, los dispositivos basados en IA no necesitan descansar y pueden analizar grandes volúmenes de información a la vez. Así, mismo la proporción de errores es significativamente menor en las máquinas que realizan las mismas tareas que sus contrapartes humanas (Rouhiainen, 2018).

Las transformaciones digitales exigen una reorganización profunda y estratégica de las áreas laborales, con el propósito de preparar adecuadamente al talento humano frente a los cambios vertiginosos y permanentes del mercado laboral global. No se trata únicamente de adquirir nuevas competencias técnicas, sino también de desarrollar habilidades adaptativas, cognitivas y sociales para afrontar entornos cada vez más automatizados. A lo largo de la historia, cada etapa de la revolución industrial ha generado rupturas significativas en las condiciones laborales existentes, obligando a empresas, gobiernos y trabajadores a replantear sus modelos de organización y producción. Como lo señala Marchán en su artículo *Relaciones laborales y recursos humanos, la creciente automatización de los puestos de trabajo,* "una revolución en el empleo supone una alteración para la sociedad y en concreto para los empleados, que tienen que lidiar con esta situación y en algunos sectores en mayor proporción y en otros menos".

La sistematización laboral contribuye a la modernización de los procedimientos internos en las organizaciones, mediante la implementación de herramientas tecnológicas que optimizan y simplifican los protocolos operativos y administrativos. Este proceso puede complementar la labor del recurso humano, incrementando su eficiencia y productividad; sin embargo, también puede llegar a reemplazar ciertas funciones, especialmente aquellas rutinarias o repetitivas. Esta dualidad genera incertidumbre y temor frente a las nuevas dinámicas del trabajo, sus implicaciones para la estabilidad laboral y los desafíos que plantea en materia de regulación, derechos laborales y formación profesional.

En la actualidad, no es concebible una área de trabajo que no esté conectada con algún tipo de tecnología. Esta conexión se manifiesta desde la búsqueda y postulación a empleos, pasando por los procesos de selección automatizados mediante redes sociales y plataformas digitales, hasta la realización cotidiana de las funciones laborales, donde herramientas tecnológicas optimizan tiempos, mejoran la productividad y transforman profundamente las dinámicas organizacionales (Marchán Cabrera, 2016).

El propósito de este artículo es analizar los efectos de la inteligencia artificial IA en el campo laboral, tomando como referente las afectaciones y circunstancias de las etapas de las revoluciones industriales, y como estas han modificado o desplazado áreas laborales de las mujeres y los hombres.

II. DESAFÍOS Y OPORTUNIDADES EN LA INTEGRACIÓN DE LA INTELIGENCIA ARTIFICIAL

¿La inteligencia artificial nos quita las opciones de trabajo? o es un ¿nuevo horizonte laboral al crear nuevas oportunidades laborales? definitivamente se plantea la adquisición de nuevas habilidades profesionales para competir en este mercado, que se encuentra en constante transformación. Lejos de ser solo una amenaza, la IA también puede ser una oportunidad que impulsa a muchas personas a replantearse su elección de carrera o profesión. La transformación del mercado laboral provocada por la IA es profunda y afecta, de manera desigual, a distintos sectores. Es evidente que actualmente algunas ocupaciones están en mayor riesgo de desaparecer, mientras que otras emergen como oportunidades valiosas, especialmente para quienes antes tenían opciones limitadas. Es cierto que la IA está eliminando ciertos puestos, como los de traductores y periodistas, especialmente en el caso de la IA generativa, es decir, aquella que es capaz de producir texto e imágenes de manera autónoma.

Los avances tecnológicos impulsados por la inteligencia artificial son considerados necesarios por diversos sectores, ya que representan una herramienta clave para mejorar la eficiencia y competitividad en múltiples ámbitos. Los sistemas informáticos actuales están diseñados para aprender, adaptarse y tomar decisiones autónomas, lo cual permite optimizar servicios en áreas como el aprendizaje automático, el procesamiento del lenguaje natural, la atención médica, la gestión empresarial y la automatización industrial. Estas tecnologías no solo agilizan procesos complejos, sino que también pueden liberar a los trabajadores de labores repetitivas y extenuantes, permitiéndoles enfocarse en tareas estratégicas, creativas o que requieren juicio humano y pensamiento crítico.

El desplazamiento de áreas laborales como consecuencia del uso creciente de herramientas basadas en inteligencia artificial genera una preocupación legítima en distintos sectores. Un estudio realizado por la empresa O'Reilly en el año 2023 sobre la inversión en tecnologías de IA destacó la implementación de chatbots, vehículos autónomos, sistemas de computación cognitiva, procesamiento de imágenes mediante aprendizaje profundo y comprensión del lenguaje natural. Estas tecnologías avanzadas permiten manipular y analizar grandes volúmenes de datos con gran precisión, lo que las convierte en recursos altamente valiosos para optimizar procesos en sectores como la salud, la industria, el comercio y los servicios (O'Reilly, 2023).

Dado que, esta industria en específica, utiliza las IA tomando la inteligencia y el conocimiento de los humanos, aplicándolas a diversos sectores, como el mercadeo, donde se utilizan datos como etiquetas asociadas a imágenes para clasificarlas, buscarlas o analizarlas de manera más precisa. También se ha incorporado en campos como el turismo, el retail y la industria automotriz, desde vehículos con capacidad de conducción autónoma hasta sistemas que reconocen objetos visuales en tiempo real (Zaforas, 2017). Además, la recopilación de grandes volúmenes de datos, conocida como big data, permite entrenar algoritmos para predecir capacidades laborales, supervisar el desempeño de los trabajadores, fijar objetivos, establecer interacciones entre empleados y clientes, e incluso interpretar señales emocionales, optimizando así la toma de decisiones organizacionales.

> Big data, que se utiliza para entrenar algoritmos capaces de realizar predicciones relacionadas con el talento y la capacidad de los trabajadores y los candidatos; para supervisar, evaluar y estimular el rendimiento; para fijar objetivos y valorar los resultados del trabajo; para poner en contacto a los trabajadores con los clientes; para juzgar estados de ánimo y

> emociones; proporcionar formación modular en el lugar de producción; encontrar patrones de comportamiento (Moore, 2020, pág. 4).

Cada vez más se requieren anotadores, clasificadores y filtradores de datos, actividades que están creciendo en países como India, Argentina y Kenya. Estas labores permiten el trabajo remoto, promoviendo la inclusión laboral de personas en regiones con baja empleabilidad, conflicto o desastres naturales. Así, personas marginadas acceden a empleos en el sector formal.

Este tipo de trabajo, permite ejecutarse en diferentes países, sin estar presentes en un país determinado, lo que facilita la deslocalización de los puestos de trabajo, permitiendo trabajar desde cualquier lugar y con cualquier dispositivo, de forma segura. Permite poder trabajar en países con poca posibilidad de empleo formal (ya sea por pobreza o ubicación, conflictos internos y desastres naturales), a personas que no tienen opciones laborales en su país, siendo una gran opción para grupos marginados en el sector formal del trabajo.

Este tipo de trabajos, aporta en mayor medida a la integración laboral de las mujeres y a las personas con discapacidad, promoviendo entornos más inclusivos y equitativos. No obstante, aún existen restricciones, especialmente para quienes presentan dificultades de movilidad. Brindar las mismas oportunidades laborales a las personas con discapacidad permite identificar sus verdaderas limitaciones, adaptar adecuadamente los entornos de trabajo y reconocer que incluso quienes no presentan discapacidades evidentes también enfrentan barreras. Si se lograra comprender esta realidad, el diseño de los puestos laborales estaría orientado a garantizar que cualquier persona, con o sin discapacidad, pueda desempeñarse dignamente en igualdad de condiciones (Quintana & Rosas Aguilar, 2020).

Un aspecto clave, que pone en riesgo estas posibilidades de inclusión y otros puestos laborales es el factor de discriminación algorítmica que están implementando grandes y medianas compañías, mediante la utilización de sistemas de IA que proporcionan datos para la toma de decisiones sobre el desempeño y la recepción de empleados, las cuales posiblemente generen, a corto o largo plazo, exclusión y un sistema de desigualdades dentro del mercado laboral.

> La discriminación algorítmica es un fenómeno que se produce cuando los sistemas de inteligencia artificial utilizan algoritmos y técnicas de aprendizaje automático para tomar decisiones que afectan a las personas, pero que resultan discriminatorias (Iturmendi Rubia, 2023, pág. 260).

Estas formas de discriminación conllevan vulneraciones a los derechos humanos y laborales de las personas. Los algoritmos utilizados para la toma de decisiones suelen estar cargados de sesgos que dificultan el acceso a puestos de trabajo, especialmente por condiciones como la migratoria, étnica o de género. En las áreas financieras también se están implementando este tipo de IA para determinar el acceso a servicios crediticios, donde se evidencian sesgos en la medición de los recursos económicos, lugar de vivienda y género. Asimismo, otras áreas como la medicina y los sistemas judiciales están implementando estas tecnologías, presentando las mismas dificultades estructurales.

A lo que dice (Moore, 2020) el análisis de recursos humanos "es una práctica que cada vez es más popular y utilizan los macrodatos y las herramientas digitales para medir, comunicar y entender el rendimiento de los trabajadores, ciertos aspectos relacionados con la planificación del personal".

III. RIESGOS DEL RECURSO HUMANO POR LA INTELIGENCIA ARTIFICIAL

Es posible que el impacto en el recurso humano incrementa el debate sobre la pérdida de empleos provocada por la automatización de las tareas y las reestructuraciones de las labores, así como la creciente necesidad de adquirir nuevas habilidades y competencias para adaptarse a un entorno laboral que está siendo progresivamente transformado por el avance de las inteligencias artificiales. La complejidad de este fenómeno se manifiesta en cada coyuntura histórica de la sociedad, en particular, en los cambios estructurales en el mundo laboral: "las causas de esto son debidas a la existencia de un mercado globalizado y la competencia en general que hacen que deban producirse nuevas tecnologías continuamente y que, por lo tanto, las empresas del siglo XXI busquen la innovación en todo momento" (Marchán Cabrera, 2016).

Es necesario destacar, que si bien la modernización de la sociedad genera ventajas para el mejoramiento de la calidad de vida de los seres humanos, así mismo en materia laboral representa un riesgo, puesto la carencia de control en este campo, puede generar directa o indirectamente la eliminación de la mano de obra y la vulneración de los derechos laborales.

Quienes desempeñan labores como anotadores, clasificadores y moderadores de datos, a menudo lo hacen bajo condiciones laborales precarias, con bajos ingresos, escasa estabilidad y sin garantías adecuadas de protección social. Esta situación se hizo más visible durante la pandemia de 2020, cuando muchos Estados optaron por regular el teletrabajo como medida temporal para enfrentar la emergencia sanitaria. En Colombia, la Ley 1221 de 2008 define esta modalidad como el desarrollo de actividades remuneradas o la prestación de servicios a terceros mediante tecnologías de la información y la comunicación (TIC), sin que sea necesaria la presencia física del trabajador en un lugar específico (TIC, 2022).

La automatización de los entornos laborales, es consecuencia del auge de la tecnología y la forma como esta ha permeado la totalidad de hábitos presentes en el comportamiento humano, siendo necesaria una modernización de las empresas y las actividades que conforman la misma, este cambio genera beneficios y desventajas en el interior de los procesos laborales, puesto, que si bien facilita y hace más segura, eficaz y diligente el cumplimiento de determinadas tareas, así mismo puede generar desempleo o reducción de plazas laborales.

Cuanto más sofisticada se vuelva la IA, más se necesitará la intervención del ser humano. Los trabajadores no se volverán obsoletos mientras se mantengan actualizados, se adapten a estos cambios tecnológicos e incluso consideren cambiar de actividad laboral. Aún existen tareas que la IA no puede realizar por completo, como las que desempeñan los moderadores humanos de contenido, quienes resultan esenciales para garantizar la seguridad en Internet. Son verdaderos "limpiadores digitales", ya que filtran violencia, abusos, mensajes de odio, pornografía infantil, entre otros. Gracias a su trabajo, las plataformas pueden funcionar sin estas amenazas. Ellos deben verificar si las denuncias son justificadas, como ocurre al revisar vídeos de decapitaciones y aplicar correctamente las políticas de contenido sobre mutilaciones (Vive UNIR, 2024).

Los procesos laborales, desde el punto de vista sociológico, pueden ilustrarse a través de un concepto ampliamente debatido: el término deskilling. Este se utiliza para describir el proceso mediante el cual el trabajador es despojado de manera progresiva de sus habilidades, o incluso de la necesidad de poseerlas, con el objetivo de facilitar su explotación y debilitar su base remunerativa. Con el paso del tiempo, este concepto ha sido ampliado, matizado o refutado por diversos autores, especialmente ante la irrupción de nuevos escenarios laborales y tecnologías de la información y la computación, que obligan a superar las pautas de la llamada "industria dura", contexto del cual emergió originalmente la teoría del deskilling o desprofesionalización (Braverman, 1974).

En efecto, la descualificación es el proceso mediante el cual se elimina de la industria o de la economía el trabajo cualificado, a través de la introducción de tecnologías que pueden ser operadas por trabajadores semicualificados o sin cualificación formal. Este proceso permite a las empresas reducir costos, ya que disminuye la inversión en capital humano y reduce las barreras de entrada, debilitando así el poder de negociación de los trabajadores calificados. No obstante, el mundo laboral contemporáneo trasciende la mera descualificación de los trabajadores. La tesis del deskilling sugiere la existencia de otros mecanismos de producción laboral que, sin considerar las capacidades individuales ni los puestos específicos, priorizan el flujo de capital como eje del sistema productivo. Esta dinámica ha transformado la figura clásica del capitalista.

Hoy en día, la propiedad del capital no se representa exclusivamente en la fábrica tradicional, sino también en grandes corporaciones tecnológicas como Meta, Microsoft, Amazon, Apple, Alphabet (Google), así como en plataformas de videojuegos, música y servicios de streaming, que ejercen un enorme poder económico a nivel mundial.

Como bien se ha lado, no se puede concebir el mundo laboral sin la presencia de la tecnología Sin embargo, también es un hecho evidente que este fenómeno no puede analizarse sin una perspectiva social que incorpore consideraciones técnicas, éticas y socioeconómicas con el fin de evidenciar tanto sus efectos positivos como sus implicaciones negativas, "la humanidad está viviendo el paradigma tecnológico conducido por las tecnologías de la información y comunicación cuya base es el uso del conocimiento e información para generar nuevos conocimientos, nuevas tecnologías y procesamientos de nueva información" (Carrillo Punina, 2017, pág. 276).

IV. LAS REVOLUCIONES INDUSTRIALES EN EL CAMPO LABORAL UNA PERSPECTIVA HISTÓRICA

Las revoluciones industriales han marcado cambios fundamentales en la historia laboral económica y social de la humanidad. Uno de los aspectos más destacados de estas transformaciones ha sido el impacto estructural sobre el trabajo de las mujeres y los hombres. A medida que las sociedades han atravesado procesos de cambio tecnológico y reorganización productiva, se han generado modificaciones sustanciales en la forma de trabajar, en las ocupaciones existentes y en los desafíos que enfrentan los trabajadores. Las evoluciones en los sistemas de producción, la organización del trabajo y las condiciones laborales han tenido efectos significativos en el sector económico.

"El devenir del capitalismo es la historia de cómo los trabajadores, que en un momento inicial tenían el conocimiento el proceso de producción y la fuerza laboral, paulatinamente van cediendo sus conocimientos y se van enajenados de todo el proceso de producción" (Lastra, 2018). Este análisis permite resaltar cómo, a lo largo de las distintas etapas de la Revolución Industrial, la función del trabajador se ha ido transformando. En el contexto actual, como se ha mencionado anteriormente, la figura del capitalista ha cambiado: hoy la fuerza del capital no se representa únicamente en la fábrica tradicional, sino también en grandes corporaciones tecnológicas que concentran otras empresas de alto valor económico y ejercen poderosas influencias políticas, dispuestas a moldear el entorno según sus intereses.

1. La Primera Revolución Industrial y su impacto en el trabajo del hombre

Las transformaciones en las condiciones laborales y enlas relaciones dentro de los espacios de trabajo con la llegada de las máquinas, generaron profundos efectos sociales y económicos. Estos cambios estuvieron marcados por la aparición de la maquinaria a vapor, que representó el punto de partida del desarrollo industrial, especialmente en la producción mecánica textil. Estos avances produjeron modificaciones estructurales en el trabajo de hombres y mujeres, cuyas vidas comenzaron a cambiar incluso en la forma en que habitaban sus entornos.

Surgida en el siglo XVIII, marcó el comienzo de la mecanización de los procesos de producción y la utilización de nuevas fuentes de energía. Esto tuvo un impacto profundo en la organización del trabajo, pues muchas actividades artesanales y agrícolas se vieron reemplazadas por maquinaria. Se produjeron desplazamientos laborales y la aparición de nuevas ocupaciones relacionadas con la operación y mantenimiento de estas nuevas tecnologías en este contexto, la revolución se caracterizó por sustituir la destreza humana -anteriormente la principal fuente de energía productiva- por fuerza mecanizada, que también desplazó a la energía animal. Esta transformación marcó el paso hacia una economía moderna basada en la eficiencia y la producción industrial a gran escala..

> Una sociedad industrial es aquella que sabe aprovechar el desarrollo tecnológico para sustituir la energía proporcionada por músculos humanos o animales, o también turbinas, por la proporcionada por máquinas. Evidentemente, un cambio de esa magnitud tuvo unas consecuencias enormes por diferentes razones: los hombres y los animales sólo pueden trabajar un determinado número de horas diarias; el viento puede no soplar; y una turbina deja de girar si el caudal de agua se seca en verano o se hiela en invierno. En contrapartida, una máquina puede funcionar todo el día sin descanso y su duración puede ser, si se cuida debidamente, muchos años. La diferencia, pues, es extraordinaria: una máquina puede producir más energía

> que cualquier número disponible de animales (Chaves Palacios, 2004, pág. 96).

Los cambios en las condiciones laborales se produjeron con la aparición de la maquinaria y la manufactura en masa, descomponiendo las labores que anteriormente se realizaban de forma manual o artesanal. Muchas personas que trabajaban en espacios domiciliarios o abiertos se vieron obligadas a trasladarse a espacios industriales, donde se requería la división de los espacios laborales, en estos nuevos entornos, las ocupaciones se definían, según las destrezas y prácticas específicas que requería cada actividad productiva.

En ese contexto, la actividad laboral y la relación con el creciente espacio laboral industrial, se transformó significativamente. Se pasó de una labor manual e individualizada a procesos mediados por maquinaria, lo que obligó a los trabajadores a adaptarse a una nueva lógica de producción basada en la interacción entre espacio físico y tecnología. Esta transformación generó nuevas perspectivas sobre la organización del trabajo, convirtiendo lo particular en general.

A nivel social y económico, estos cambios implicaron la modificación de las condiciones de vida. Las construcciones urbanas debieron responder a las consecuencias de la industrialización, como el aumento de enfermedades respiratorias y el desplazamiento masivo de poblaciones rurales hacia zonas industriales en busca de empleo y mejores condiciones materiales.

Procesos que incidieron, en la aparición movimientos laborales y sindicales producto de las inestables condiciones en los espacios laborales, que se veían expuestos; hombres, mujeres y niños con jornadas extensas y poco salarios dejando en total indefensión a las personas.

2. La Segunda Revolución Industrial y la organización laboral

Referirse a la Segunda Revolución Industrial implica señalar profundas transformaciones, especialmente en el plano socioeconómico, desarrolladas entre finales del siglo XIX y los inicios de la Primera Guerra Mundial. El principal fundamento de esta revolución industrial "fue la expansión de la tecnología eléctrica, manifestación de una de las principales forma de energía permitió métodos de producción en masa y tecnologías de comunicación mucho más eficientes" (Richmond Vale Academy, 2022). Aunque la electricidad comenzó a implementarse con anterioridad, fue en esta etapa cuando posibilitó la ampliación y construcción de fábricas que llevaron la producción a gran escala, junto con la implementación de tecnologías de comunicación como el teléfono y la radio.

A medida que se expandía el desarrollo industrial, también se producían importantes cambios en la vida social y en el ámbito laboral. La industrialización provocó desplazamientos masivos de la población rural hacia las ciudades en busca de empleo, generando la necesidad urgente de nuevos espacios habitacionales. Surgieron así problemas como el hacinamiento, la contaminación y la propagación de enfermedades. En respuesta, se construyeron edificaciones urbanas como edificios de vivienda y otras estructuras adaptadas a las nuevas realidades sociales. De igual manera, se desarrollaron sistemas de transporte urbano que facilitaron el desplazamiento del personal hacia las zonas industriales, generando modificaciones estructurales en el funcionamiento y diseño de las ciudades modernas.

En segundo lugar, el trabajo tuvo transformaciones, la producción aumento la inclusión de la tecnología permitió producir mayor mercancías y manejar mayor capital "la inversión fija en las fábricas y maquinaria experimentó un salto tal que alteró por completo los procesos productivos del conjunto de las actividades económicas, desde la agricultura al transporte, de la minería a la construcción, por supuesto a la industria". "Los cambios económicos trajeron consigo no menos importantes transformaciones en la sociedad, las mentalidades y la organización política" (Íñigo Fernández, 2012, pág. 20).

Este período se caracterizó por la aparición de nuevas clases, en especial la obrera, figura que, en esta etapa, tiene un rol importante; la llegada de nuevas formas de trabajo en la industria; la falta de reconocimiento de la figura del trabajador: se presentan fenómenos como las extensas horas laborales, salarios bajos, entre otras carencias en la protección del trabajador.

> Entre 1769 hasta 1848, nace y se consolida como una nueva clase social: la clase obrera, este se desarrolló en Inglaterra, también pasó por Bélgica, Francia, Holanda, Alemania, y así se fue expandiendo por toda Europa. Era un grupo de miles y miles de hombres obligados a trabajar por un bajo salarios (López, Quiroga, & Hernández, 2016).

En énfasis, el auge de las fábricas y la incorporación de maquinaria en los procesos productivos condujo también a la explotación sistemática de los trabajadores, quienes eran sometidos a condiciones laborales inhumanas, llegando a laborar entre 12 y 15 horas diarias. El crecimiento acelerado de las ciudades trajo consigo fenómenos como el hacinamiento, la falta de infraestructura básica y malas condiciones sanitarias, lo que favoreció la propagación de enfermedades. Asimismo, se acentuaron las distinciones sociales: mientras los dueños del capital acumulaban más riqueza, los trabajadores permanecían en condiciones precarias. Esta fase de la Revolución Industrial resulta determinante para el surgimiento de los primeros reclamos por los derechos laborales y el inicio de la era de la globalización.

3. La Tercera Revolución Industrial y las condiciones de trabajo

En materia laboral, el hombre ha tenido que superar determinadas barreras para impedir su derogación, similar conflicto se presentó durante la revolución industrial, en el cual múltiples maquinas complementaron y reemplazaron la función cumplida por la mano de obra.

En la actualidad la informática y las herramientas virtuales tienen un papel decisivo al momento de modernizar las costumbres humanas, sin embargo, su implementación en determinados sectores genera una inevitable tensión, en lo referente a los entornos laborales, la incorporación de herramientas y aplicaciones virtuales indudablemente facilitan los procedimientos y el cumplimiento de las funciones en el interior de la empresa, a medida que el miedo aumenta referente al reemplazo de la mano de obra y la disminución de empleos.

La Tercera Revolución Industrial se caracteriza por su enfoque en la innovación y la implementación de las Tecnologías de la Información y la Comunicación (TIC). La era digital ha generado transformaciones significativas en la manera en que las personas interactúan con la tecnología, permitiendo crear, producir bienes y servicios, y facilitar múltiples aspectos de la vida cotidiana. En esta etapa convergen tres pilares fundamentales: la digitalización, la automatización y la conectividad, los cuales han provocado un profundo impacto en la economía, la sociedad y el medio ambiente.

El concepto de Tercera Revolución Industrial, también denominado Revolución de la Inteligencia, fue aprobado por el Parlamento Europeo en 2007 y surge del pensamiento de Jeremy Rifkin. Esta idea parte de la convergencia entre las nuevas tecnologías digitales y los innovadores mecanismos de generación de energía. Como resultado, más de cien empresas líderes en energías renovables se unieron para fundar la iniciativa: *Third Industrial Revolution* (Lastra J. M., 2017).

Por consiguiente, esta revolución tecnológica ha traído consigo transformaciones que impulsan aspectos clave relacionados con las tecnologías digitales y la automatización de la producción, los cuales han redefinido la eficiencia operativa mediante la optimización de procesos y la reducción significativa de los costos operativos. Estos avances se desarrollan de forma interconectada con diversas herramientas y programas tecnológicos que operan bajo esquemas previamente programados.

En este contexto, la interconexión entre dispositivos inteligentes y el intercambio de datos en tiempo real, han generado nuevos enfoques en la gestión de la cadena de suministros, el monitoreo y la toma de decisiones estratégicas. La digitalización ha transformado espacios tradicionalmente manejados por la acción humana, como los modelos de negocios; dando paso al surgimiento de nuevas modalidades de comercio como el electrónico, las plataformas de colaboración, que han modificado la interactividad entre las empresas y los clientes, generando beneficios de eficiencia y productividad como, por ejemplo: la desmaterialización del punto de compra o negociación, que no se necesita ser físico, o la reducción del tiempo de entrega.

Otro aspecto de gran alcance que fundamenta la Tercera Revolución Industrial es el desarrollo y la implementación de nuevas fuentes de energía, lo cual permite avanzar progresivamente hacia la transición energética, alejándose del uso de combustibles fósiles, que actualmente enfrentan múltiples dificultades y disyuntivas, "el petróleo y otros combustibles, que definieron el modo de vida industrial, han entrado en un irreversible declive, y las tecnologías construidas y alimentadas con esas fuentes de energía son anticuadas" (Lastra J. M., 2017). "El potencial de cambio que se consigue mediante la convergencia de las nuevas tecnologías en materia de comunicación y energía" (Economipedia, 2016), ha transformado tanto los espacios comerciales tradicionales como los emergentes, los cuales requieren cada vez más de estas tecnologías para garantizar un mayor nivel de sostenibilidad a través de la optimización de procesos productivos y operativos.

El economista Jeremy Rifkin (2011) señala que los fundamentos que orientan esta nueva etapa corresponden al inicio del capitalismo distribuido, sustentado en el desarrollo del internet, el uso de energías renovables y la incorporación de tecnologías como las impresoras 3D, elementos que, según el autor, marcan el rumbo de los procesos económicos y sociales actuales, como se observa en la Tabla 1.

Tabla. 1. **Pilares de la tercera revolución industrial.**

La transformación de las energías renovables.
Utilización de grandes edificios en microcentrales para generar energía renovable.
Utilizar internet para transformar la red eléctrica a nivel mundial en una red de energía que actúe como la conexión a internet.
Transición de los vehículos que utilizan combustibles fósiles hacia los vehículos eléctricos con alimentación a la red y de celdas de combustible que pueden comprar y vender electricidad ecológica mediante un sistema de red eléctrica inteligente, continental e interactivo

Nota. Elaborado por información obtenida de Rifkin, Jeremy, La Tercera Revolución Industrial.

> el siglo XXI se consolida como la sociedad de la información que se caracteriza por la amplia cobertura de computadoras en manos de usuarios, así como también el desarrollo del Smartphone que combina la telefonía con la computadora. Del mismo modo, surgen descubrimientos trascendentales y característicos de la era virtual (Carrillo Punina, 2017, pág. 275).

La vida cotidiana de las personas en este punto se ve directamente intervenida con las innovaciones, cuentan con gran importancia económica, entre ellas, podemos mencionar el internet, la fibra óptica y los avances en nanotecnología. Como todo cambio socioeconómico trae retos, riesgos y coyunturas, los retos en este momento de la realidad social es reducir las brechas en el acceso a la red "internet", facilitar la llegada y el acceso a los que no cuentan con la facilidad de obtenerla y mantenerla.

Las Tecnologías de la Información y la Comunicación (TIC), junto con las redes sociales y la comercialización de servicios en la nube, han traído consigo beneficios significativos en sectores como la medicina, la educación y la comunicación. Estos avances representan nuevas rutas hacia modelos de negocio innovadores y se constituyen como generadores de empleo. No obstante, también existen riesgos asociados, como la automatización de puestos laborales, el incremento de las brechas digitales y la creciente amenaza de los delitos cibernéticos. La ciberseguridad, en particular, se ha convertido en un fenómeno emergente que no solo plantea desafíos, sino que abre oportunidades laborales en el ámbito de la protección digital empresarial.

4. La Cuarta Revolución Industrial y la interconexión de sistemas. La Revolución 4.0

Diversas opiniones se han manifestado en torno al tratamiento que debe darse a la inteligencia artificial en el ámbito laboral. Mientras algunos sostienen, con una visión fatalista, que estas herramientas sustituirán por completo las funciones desempeñadas por el ser humano, otros insisten en la necesidad de modernizar las estructuras laborales y actualizar la planta de personal para hacerla compatible con los nuevos procedimientos tecnológicos contemporáneos.

Esta etapa se caracteriza por la digitalización y la interconexión de sistemas, lo que conlleva un aumento significativo en la capacidad de procesamiento de datos y la toma de decisiones automatizada. La inteligencia artificial y la robótica, por ejemplo, permiten la automatización de tareas rutinarias y repetitivas, generando un impacto directo en algunos sectores laborales. Los economistas han denominado esta transformación como la Cuarta Revolución Industrial, un proceso marcado por la convergencia de tecnologías digitales, físicas y biológicas, que redefine no solo la producción, sino también las relaciones sociales, laborales y económicas.

La Revolución 4.0 puede entenderse desde diversos conceptos ampliamente utilizados en la actualidad, dado que convivimos constantemente con múltiples elementos que forman parte de este proceso transformador. Los conceptos clave que sustentan la tesis de la Industria 4.0 giran en torno a las fábricas inteligentes (*Smart Factory*) y las tecnologías inteligentes (*Smart Intelligence*). En palabras de Gasca y Machuca (2019), "la RV 4.0 se centra en el establecimiento de productos inteligentes y procesos de producción. Por lo tanto, es necesario buscar alternativas para hacer frente a la necesidad de un rápido desarrollo de productos" (Gasca & Machuca, 2019).

Esta revolución ha sido definida por numerosos expertos como un fenómeno que afectará profundamente "el mercado del empleo, el futuro del trabajo, la desigualdad en el ingreso", con impactos adicionales sobre la seguridad geopolítica y los marcos éticos que regulan la convivencia global (Perasso, 2016). Como toda revolución, trae consigo transformaciones estructurales en la sociedad, y esta etapa no es la excepción. La Revolución 4.0 representa un hecho real, cuyas ondas de impacto ya comienzan a generar serias dificultades y desafíos: movimientos migratorios, conflictos laborales, despidos masivos, cierres de áreas productivas y la vulneración de derechos fundamentales de los trabajadores.

En ese sentido, Oliván Cortés (2014) afirma que "la historia nos dice que todo avance tecnológico, a la larga, es positivo. Lo que resulta inédito de estos tiempos es la velocidad de los acontecimientos" (p. 103). Esta aceleración sin precedentes genera consecuencias particularmente severas en zonas vulnerables, estableciendo nuevos focos de conflicto geopolítico que exigen soluciones de alcance internacional. La transición, por tanto, será compleja y dolorosa. El escenario que se perfila es el del desempleo estructural, la precarización del trabajo y una creciente dualización: una brecha entre quienes logren adaptarse rápidamente y dominar las nuevas tecnologías, y quienes realicen tareas tan poco cualificadas que ni siquiera resulte rentable sustituirlos por máquinas.

En síntesis, la Revolución 4.0 se plantea como un avance del capital económico impulsado por la tecnología. No obstante, cada etapa de la revolución industrial ha implicado una pérdida para el ser humano como trabajador, transformando sus competencias y condiciones laborales. Este proceso ha afectado también los espacios de vida y el entorno socioeconómico, debilitando progresivamente los derechos laborales de hombres y mujeres.

V. REFLEXIONES FINALES

La inteligencia artificial (IA) representa una herramienta tecnológica de última generación, diseñada para simular, imitar y, en algunos casos, superar las capacidades humanas en la ejecución de tareas, toma de decisiones y procesamiento de información. Su creciente presencia en los entornos laborales ha generado una recepción ambivalente: por un lado, se valora su capacidad para optimizar procesos, reducir costos y facilitar la vida cotidiana; por otro, despierta temores relacionados con la automatización, el desplazamiento laboral y el aumento de desigualdades sociales.

Como ha ocurrido con cada etapa de las revoluciones industriales, la irrupción de la IA en el mundo del trabajo no está exenta de tensiones. La historia nos demuestra que toda innovación tecnológica transforma las dinámicas laborales: se reconfiguran las competencias, cambian las relaciones entre empleador y trabajador, y se generan nuevas estructuras organizativas. La IA no es la excepción. Esta revolución digital se caracteriza por la integración de sistemas inteligentes, robótica, análisis de datos, automatización y aprendizaje automático, elementos que, combinados, están redefiniendo los modelos de producción y gestión.

Frente a esta realidad, resulta indispensable que las organizaciones, gobiernos y trabajadores asuman un papel activo en la transición tecnológica. Se requiere fomentar una cultura organizacional que no tema a la tecnología, sino que promueva la formación constante, la actualización de competencias digitales y la inclusión social. Al mismo tiempo, es fundamental garantizar marcos normativos que protejan los derechos laborales y prevengan nuevas formas de exclusión.

En última instancia, la IA no sustituye por completo al ser humano, sino que lo desafía a evolucionar con ella. Aunque estas tecnologías pueden realizar tareas con mayor rapidez y precisión, siguen dependiendo del diseño, supervisión y valores éticos aportados por las personas.

Como reflexión final: ¿La inteligencia artificial redefinirá los puestos de trabajo o reforzará las desigualdades existentes? ¿Será una herramienta democratizadora del conocimiento o un privilegio de unos pocos?

VI. BIBLIOGRAFÍA

Braverman, H. (1974). Labor and monopoly capital. New York: Monthly Review Press. Recuperado de http://digamo.free.fr/breverman.pdf

Carrillo Punina, L. (2017). Globalización: revolución industrial y sociedad de la información. Revista Ciencia, 19, 269–284. Recuperado de https://journal.espe.edu.ec/ojs/index.php/ciencia/article/view/535/448

Chaves Palacios, J. (2004). Desarrollo tecnológico en la primera revolución. Norba. Revista de Historia, 93–109. Recuperado de https://www.pdffiller.com/jsfiller-desk10/?flat_pdf_quality=low&source=1

Economipedia. (2016). Tercera revolución industrial. Recuperado de https://economipedia.com/definiciones/tercera-revolucion-industrial.html

Gasca, G., & Machuca, L. (2019). Era de la cuarta revolución industrial. Revista Ibérica de Sistemas y Tecnologías de la Información (RISTI), 34, 15–22. https://doi.org/10.17013/risti.34.0

Íñigo Fernández, L. (2012). Breve historia de la revolución industrial. Madrid: Ediciones Nowtilus. Recuperado de https://books.google.com.co/books?id=K6pvEAAAQBAJ

Iturmendi Rubia, J. M. (2023). La discriminación algorítmica y su impacto en la dignidad de la persona y los derechos humanos. Revista Deusto de Derechos Humanos, 12, 257–284. Recuperado de https://djhr.revistas.deusto.es/article/view/2910/3510

Lastra, F. (2018). Entre la descalificación, el trabajo inmaterial y la intelectualización: ¿hacia dónde va la clase trabajadora? Trabajo y Sociedad, (31), 223–241. Recuperado de http://www.scielo.org.ar/pdf/tys/n31/1514-6871-tys-31-223.pdf

Lastra, J. M. (2017). Rifkin, Jeremy, La tercera revolución industrial. Boletín Mexicano de Derecho Comparado, 50(150), 1457–1462. Recuperado de https://www.scielo.org.mx/scielo.php?script=sci_arttext&pid=S0041-86332017000301457

López, A., Quiroga, J., & Hernández, L. (2016, julio). La clase social obrera: origen y condiciones de vida durante la revolución industrial. Grafías Disciplinares de la UCP, (34), 7–12.

Marchán Cabrera, E. (2016). Relaciones laborales y recursos humanos: la creciente automatización de los puestos de trabajo. Repositorio Universidad Miguel Hernández, 1–58.

Moore, P. (2020). Inteligencia artificial en el entorno laboral. En El trabajo en la era de los datos (pp. 3–16). OpenMind BBVA.

Oliván Cortés, R. (2014). La cuarta revolución industrial, un relato desde el materialismo cultural. URBS. Revista de Estudios Urbanos y Ciencias Sociales, 6(2), 101–111. Recuperado de: https://dialnet.unirioja.es/descarga/articulo/5741821.pdf

O'Reilly Media. (2023). AI Adoption in the Enterprise 2023. Recuperado de: https://www.oreilly.com/radar/ai-adoption-in-the-enterprise-2023/

Perasso, V. (2026, 12 de octubre) ¿Qué es la cuarta revolución industrial? BBC Mundo. Recuperado de: https://www.bbc.com/mundo/noticias-37631834

Quintana, A., & Rosas Aguilar, E. (2020) Resumen y recomendaciones para generar condiciones favorables para la inclusión laboral de personas con discapacidad con énfasis en las mujeres. Lima: UNESCO, OIT, UNFPA. Recuperado de: https://www.ilo.org/es/media/393796/download

Richmond Vale Academy. (2022, 26 de mayo). La segunda revolución industrial: la revolución tecnológica. Recuperado de: https://richmondvale.org/es/la-segunda-revolucion-industrial-la-revolucion-tecnologica

Rouhianen, L.P. (2018). Inteligencia artificial: 101 cosas que debes saber hoy sobre nuestro futuro. Madrid: Editorial Planeta.

TIC, Ministerio de. (2022, 27 de junio). Estos son los aspectos legales que más les interesa a los teletrabajadores en Colombia. Recuperado de: https://teletrabajo.gov.co/814/w3-article-237561.html

Vive UNIR. (2024, 29 de marzo) ¿Qué hace un moderador de contenido? Revista UNIR. Recuperado de: https://www.unir.net/marketing-comunicacion/revista/moderador-contenido

Zaforas, M. (2017, 20 de noviembre). Inteligencia artificial como servicio: reconocimiento de imágenes. [Paradigmadigital.com]. Recuperado de: https://www.paradigmadigital.com/techbiz/inteligencia-artificial-servicio-reconocimiento-imagenes/

Responsabilidad civil extracontractual por daños causados por productos y servicios que incorporan sistemas de inteligencia artificial

MARÍA GONZÁLEZ-GARCÍA VIÑUELA
Universidad de Valladolid, España

I. INTRODUCCIÓN

Para garantizar la seguridad, fomentar la confianza y facilitar la adopción de productos y servicios que integren sistemas de inteligencia artificial, los daños causados por este tipo de productos o servicios deben ofrecer un nivel de protección equivalente al de los provocados por productos que no integran este tipo de sistemas (Jorqui Azofra, 2023, p. 25).

Los intentos normativos de regulación de la inteligencia artificial y la determinación de la responsabilidad por daños extracontractuales de productos y servicios que incorporan inteligencia artificial se circunscriben, hasta el momento, al ámbito de la Unión Europea. Estamos ante una materia de gran complejidad en la que inciden diversas realidades transversales (Ortiz Fernández, 2021, p. 20). La nueva regulación europea persigue dos fines: a) crear las condiciones necesarias para proteger a los ciudadanos y a los valores de la Unión frente a los riesgos y peligros derivados del uso de la inteligencia artificial, y b) hacerlo entorpeciendo lo menos posible la inversión e innovación en esta tecnología (Peña López, 2023, p. 49).

El desarrollo e implementación de la inteligencia artificial en diversos sectores como, por ejemplo, los vehículos autónomos, drones o robots sanitarios, nos hace plantearnos el modelo de responsabilidad que debe seguirse en caso de que causen daños (Ortiz Fernández, 2021, pp. 9-12). El objeto de este trabajo es dar respuesta a diversas cuestiones controvertidas: (1) si son aplicables los regímenes de responsabilidad extracontractual tradicionales a los productos y servicios que incorporan sistemas de inteligencia artificial o si, por el contrario, es más apropiado aprobar un nuevo régimen de responsabilidad que se adapte a las características específicas de tales productos y servicios; (2) si debe aplicarse una regulación general común a todo tipo de daños causados por productos que incorporan inteligencia artificial o sería más idóneo contar con una normativa sectorial específica, teniendo en cuenta el tipo de producto y servicio de que se trate; y (3) si para exigir la responsabilidad por estos daños se debe optar por regímenes de responsabilidad objetiva o subjetiva, y quiénes deben responder de esos daños.

II. MARCO NORMATIVO

Inicialmente, la cuestión de la inteligencia artificial ha sido abordada desde un enfoque exclusivamente ético, a través de recomendaciones contenidas en documentos no vinculantes como el *Libro blanco de inteligencia artificial*, de 2020, y diversas resoluciones sobre cuestiones específicas. En los últimos años, se consideran insuficientes esas normas éticas o de *soft law* y, cada vez más necesaria, una regulación jurídica de mínimos que se proyecte sobre las distintas áreas en las que interviene la inteligencia artificial, como la responsabilidad por daños causados por productos que incorporan inteligencia artificial, en aras a una mayor confianza de las personas en su uso.

1. Precedentes

La Resolución del Parlamento Europeo, de 16 de febrero de 2017, aborda la cuestión de si la normativa general sobre responsabilidad es suficiente para dar respuesta a los problemas que plantea la inteligencia artificial. Esta Resolución, relativa a la responsabilidad de los robots, introduce la posibilidad de basar la responsabilidad en un enfoque objetivo. Solo se requiere probar el daño y la existencia del nexo causal entre el daño y el hecho causante del mismo para exigir responsabilidad. También incorpora la posibilidad de introducir el seguro obligatorio de daños (Díez Royo, 2023, p. 255).

La Resolución del Parlamento Europeo sobre el régimen de responsabilidad en materia de inteligencia artificial, de 20 de octubre de 2020, diferencia entre sistemas de alto riesgo y de no alto riesgo. Para los de alto riesgo establece sistemas de responsabilidad objetiva para proporcionar una mayor protección y seguridad a los usuarios. El fundamento de esta responsabilidad se basa en el riesgo inherente a la actividad que causa el daño, de manera que la persona responsable tiene un grado de control sobre el sistema de inteligencia artificial mediante las instrucciones que le da (Díez Royo, 2023, p. 258). Los sistemas que no son de alto riesgo quedan sometidos a los regímenes nacionales, que en su mayoría contemplan una responsabilidad subjetiva.

2. Regulación

La regulación en materia de inteligencia artificial se ha ido aprobando de forma paulatina y está en constante cambio. En 2021, el Parlamento Europeo y el Consejo presentaron una Propuesta de Reglamento por el que se establecen normas armonizadas en materia de inteligencia artificial (Ley de inteligencia artificial). En 2022, presentaron dos Propuestas de Directiva en materia de responsabilidad: (a) una sobre responsabilidad en materia de inteligencia artificial (en adelante PDIA), con la que se pretende adaptar la prueba de la responsabilidad extracontractual a los requerimientos de la inteligencia artificial y, (b) otra sobre responsabilidad por productos defectuosos.

Estas propuestas iniciales han sido objeto de debate comunitario hasta la aprobación en 2024 de dos textos: (1) Reglamento de inteligencia artificial, de 13 de junio (en adelante RIA) y (2) Directiva sobre responsabilidad por daños causados por productos defectuosos, de 23 de octubre (en adelante, DirPD).

Con la aprobación de estas normas se espera que tenga lugar el denominado «efecto Bruselas», es decir, la externalización de estas regulaciones mediante mecanismos globalizadores del mercado, de manera que acabe influyendo, decisivamente, en la regulación mundial en materia de inteligencia artificial (Martín Casals, 2023, pp. 58-59).

Se pretende una armonización de las legislaciones de todos los Estados miembros para evitar la fragmentación del mercado interior y reducir la inseguridad jurídica de los operadores que desarrollan, importan o utilizan sistemas de inteligencia artificial, al mismo tiempo que se ofrezca un nivel elevado de protección de la salud, la seguridad y los derechos fundamentales. De esta manera, el establecimiento de una legislación común facilita la circulación de este tipo de productos. Además, se establece un régimen unitario general para los productos que integran inteligencia artificial, sin perjuicio de la aplicación de la normativa sectorial a determinados productos, como los juguetes, ascensores, embarcaciones de recreo o productos sanitarios, entre otros.

III. EL ENFOQUE DE LOS RIESGO EN EL REGLAMENTO DE INTELIGENCIA ARTIFICIAL. ESPECIAL REFERENCIA A LOS SISTEMAS «DE ALTO RIESGO»

El Reglamento de inteligencia artificial define los «sistemas de inteligencia artificial» como aquellos que cumple los siguientes requisitos: (1) estar basados en una máquina, (2) haber sido diseñados para funcionar con distintos niveles de autonomía, y (3) tener capacidad de adaptación. Los sistemas de inteligencia artificial pueden funcionar en distintos niveles de autonomía (art. 3.1), por lo que se requiere que exista un cierto grado de independencia respecto a los controles humanos y a la capacidad para operar sin intervención de estos (Martín Casals, 2023, p. 61).

La normativa adopta un enfoque basado en los riesgos en función de su alcance e intensidad distinguiendo entre: (1) sistemas de riesgo inaceptable, que están prohibidos; (2) sistemas de alto riesgo, para los que el Reglamento define los requisitos y obligaciones que deben cumplir para su comercialización; y, (3) sistemas de riesgo moderado, para los que se prevén unos códigos de conducta combinados con determinadas exigencias de transparencia. En el presente estudio me voy a centrar, por el interés que presentan, en el análisis de la responsabilidad que afecta a los sistemas de alto riesgo.

1. Características

Este tipo de tecnologías se caracterizan por su complejidad, opacidad, interconectividad y, por su capacidad de aprendizaje y de actuar de manera autónoma. Son *complejas* debido a que en su funcionamiento intervienen una pluralidad de sujetos (diseñadores del algoritmo, proveedores de los datos, fabricantes del producto, operadores del sistema, fabricantes de los componentes), lo que dificulta la identificación y delimitación del sujeto causante del daño. La *opacidad* lleva consigo que los datos en que se basan las decisiones son desconocidos debido a que los sistemas inteligentes carecen de transparencia, es decir, no permiten conocer la razón por la que el sistema actúa de una determinada forma, aportando, por tanto, escasos datos sobre cuál es la causa del daño. La *interconectividad* significa que existe un intercambio constante de datos con otros dispositivos con los que está conectado, lo que hace que resulte muy complicado conocer y comprender cómo y por qué se ha ocasionado el daño. Finalmente, la *capacidad de aprendizaje* y de actuar de manera *autónoma* permite a los sistemas inteligentes «aprender» de la experiencia y reaccionar de manera diferente en función de los *inputs* recibidos, adoptando decisiones a partir de los datos que recibe del entorno, de manera totalmente autónoma, e incluso, inexplicable para sus propios creadores.

Estas características acarrean, desde el punto de vista jurídico, que exista una total «imprevisibilidad» en relación con las decisiones adoptadas por el sistema inteligente, así como una «disociación» con la supervisión humana, con los problemas que ello plantea a la hora de decidir quién ha de responder por los daños causados (Atienza Navarro, 2023, pp. 3-4).

2. Clasificación

Los «sistemas de inteligencia artificial de alto riesgo» pueden ser de dos tipos: (a) componentes de seguridad de productos o productos en sí mismos, y (b) sistemas de inteligencia artificial independientes.

La evaluación de conformidad de los componentes de seguridad de productos o productos en sí mismos debe ser realizada por un tercero y se rige por la normativa sectorial. Son de este tipo los previstos en el anexo I RIA como, por ejemplo, máquinas, juguetes, embarcaciones de recreo, ascensores y componentes de seguridad para ascensores, productos sanitarios o productos sanitarios para diagnóstico *in vitro* (considerando 50 RIA).

El hecho de clasificar un sistema de inteligencia artificial como «de alto riesgo» no supone que el producto del que sea componente de seguridad o que el propio sistema de inteligencia artificial como producto sea «de alto riesgo» (considerando 51 RIA).

Los sistemas de inteligencia artificial independientes, es decir, aquéllos que no son componentes de seguridad de productos o productos en sí mismos, como *ChatGPT*, son «de alto riesgo» porque pueden ser perjudiciales para la salud, la seguridad o los derechos fundamentales, teniendo en cuenta dos factores: (1) la gravedad del posible perjuicio y (2) la probabilidad de que se produzca (considerando 52 RIA).

3. Obligaciones

Para paliar los riesgos que suponen los sistemas de inteligencia artificial de alto riego que se comercializan o ponen en servicio, y para garantizar un elevado nivel de fiabilidad, este tipo de sistemas deben cumplir ciertas obligaciones de transparencia y evaluación de conformidad. Su comercialización requiere de controles *ex ante* y *ex post* que varían en función del tipo. Cuando se trate de sistemas de inteligencia artificial que son componentes de seguridad de productos o que son productos en sí mismos se regulan por la normativa sectorial y, los sistemas de inteligencia artificial independientes, por lo previsto en el Reglamento de inteligencia artificial.

3.1. Transparencia

A fin de mitigar las preocupaciones relacionadas con la opacidad y complejidad que presentan los sistemas de inteligencia artificial de alto riesgo, antes de su comercialización o puesta en servicio, deben cumplir unos requisitos de transparencia. Estos sistemas han de ser diseñados de manera que los responsables del despliegue puedan comprender su funcionamiento, evaluar su funcionalidad y conocer sus fortalezas y limitaciones. También deben ir acompañados de la información adecuada en forma de instrucciones de uso, donde se especifiquen de manera concisa, clara, correcta y concreta las características, capacidades y limitaciones del funcionamiento del sistema de inteligencia artificial (considerando 72 RIA).

Las instrucciones de uso deben contener, al menos, la información relativa a: (a) la identidad y datos de contacto del proveedor o de su representante autorizado; (b) las características, capacidades y limitaciones del funcionamiento del sistema de inteligencia artificial de alto riesgo, que han de comprender, entre otra, la información relativa a: la finalidad; el nivel de precisión, solidez y ciberseguridad del sistema de inteligencia artificial; las circunstancias, conocidas o previsibles, que puedan generar riesgos para la salud, seguridad o derechos fundamentales; las capacidades y características técnicas del sistema de inteligencia artificial que proporcionen información acerca de los resultados de salida; y, su funcionamiento en relación con su uso por determinadas personas o colectivos; (c) los cambios en el sistema de inteligencia artificial de alto riesgo y de su funcionamiento; (d) las medidas de supervisión humanas; y, (e) las medidas de mantenimiento y cuidado para garantizar el correcto funcionamiento del sistemas (art. 13 RIA).

3.2. La «evaluación de conformidad»

La «evaluación de conformidad» se define como aquel proceso mediante el cual se demuestra si un sistema de inteligencia artificial de alto riesgo cumple con los requisitos establecidos en el Reglamento (art. 3.20 RIA).

Tanto el Reglamento de inteligencia artificial como las normativas sectoriales de productos que incorporan inteligencia artificial establecen dos tipos de controles: (1) controles *a priori*, que son necesarios para la autorización de la comercialización del producto; y, (2) controles *a posteriori*, que permiten verificar los efectos y evaluar los posibles riesgos una vez que el producto ya se ha puesto en el mercado.

El RIA contiene una regulación de la «evaluación de conformidad» antes de su introducción en el mercado o de su puesta en servicio, con el objetivo de garantizar que los sistemas de inteligencia artificial de alto riesgo sean fiables (considerando 123 RIA). Cuando se trate de sistemas de inteligencia artificial de alto riesgo asociados a productos sujetos a legislación de armonización vigente en la Unión Europea, para evitar la duplicidad de controles, la «evaluación de conformidad» se realiza de acuerdo con la legislación sectorial (considerando 124 RIA)

Por tanto, en el caso de productos que integran sistemas de inteligencia artificial este control se realiza no solo del producto en sí, sino también del propio sistema de inteligencia artificial. Para evitar una duplicidad de evaluaciones será necesario determinar el alcance de la misma y el encargado o encargados de realizarla.

Dada la complejidad de estos sistemas de inteligencia artificial de alto riesgo y los riesgos inherentes, es importante desarrollar un sistema adecuado para el procedimiento de la evaluación de conformidad en el que participen organismos notificados («evaluación externa de la conformidad»). Los sistemas de inteligencia artificial de alto riesgo deben llevar el marcado CE para demostrar su conformidad y poder circular libremente por el mercado interior (considerando 129 RIA).

3.2.1. Régimen general del Reglamento de inteligencia artificial

El art. 43.1 RIA establece que la «evaluación de conformidad» de los sistemas de inteligencia artificial de alto riesgo se efectúa por el proveedor, que puede optar: (1) por un procedimiento fundamentado en el control interno, o (2) por un procedimiento basado en la evaluación del sistema de gestión de la calidad y evaluación de la documentación técnica con la participación de un organismo notificado (control externo).

En el procedimiento de control interno el proveedor examina la información contenida en la documentación técnica para evaluar la conformidad del sistema, y comprueba que el proceso de diseño y desarrollo del sistema de inteligencia artificial y su vigilancia, una vez comercializado, son coherentes con la documentación técnica (anexo VI RIA). En el procedimiento de conformidad basado en la evaluación del sistema de gestión de la calidad y evaluación de la documentación técnica, la solicitud de conformidad se realiza por el proveedor o por el representante autorizado. Debe incluir: el nombre y dirección del proveedor y, en su caso, del representante autorizado; una lista de los sistemas de inteligencia artificial a los que se aplica el mismo sistema de gestión de la calidad; la documentación técnica y la relativa al sistema de gestión de la calidad del sistema de inteligencia artificial; una descripción de los procedimientos que garantice que el sistema de gestión es adecuado y eficaz; y, una declaración por escrito de que no se ha presentado la misma solicitud ante otro organismo notificado. En este caso, la evaluación se realiza por el organismo notificado.

La decisión final debe incluir las conclusiones de la evaluación de la documentación técnica y una decisión motivada sobre la evaluación. Si el sistema de inteligencia artificial cumple los requisitos de los sistemas de alto riesgo previstos en el Reglamento, expide el certificado de evaluación de conformidad. Dicho certificado y sus anexos deben contener la información necesaria para permitir el control del sistema cuando proceda, mientras esté en uso. Si no se cumplen los requisitos, el organismo notificado deniega la expedición del certificado informando al solicitante mediante decisión motivada (anexo VII RIA).

Se prevé, asimismo, un nuevo procedimiento de evaluación de la conformidad cuando se produzca una modificación sustancial del sistema de inteligencia artificial de alto riesgo. Este control debe realizarse aunque la distribución posterior del sistema modificado se realice por el responsable del despliegue actual (art. 43.4 RIA).

El art. 46 del Reglamento también prevé algunas exenciones a este procedimiento de «evaluación de la conformidad». Tras la debida solicitud motivada cualquier autoridad de vigilancia del mercado puede autorizar, temporalmente, la introducción en el mercado o puesta en servicio de un sistema de inteligencia artificial de alto riesgo cuando concurran motivos excepcionales de seguridad pública o para proteger la vida y la salud de las personas, el medio ambiente o activos fundamentales de la industria y de las infraestructuras. En situaciones de emergencia y cuando concurran los motivos excepcionales anteriormente mencionados, las autoridades garantes del cumplimiento del Derecho o las autoridades de protección civil pueden poner en servicio un específico sistema de inteligencia artificial de alto riesgo sin la referida autorización, que debe solicitarse durante o después de la utilización del sistema y sin demora indebida. Si la autorización se deniega, se suspende el uso del sistema con efectos inmediatos y quedan sin efecto los resultados alcanzados.

Contra la autorización temporal expedida por una autoridad de vigilancia del mercado de un Estado miembro cualquier otro puede formular objeciones en el plazo de 15 días naturales, en cuyo caso, la Comisión decide si la autorización es o no justificada. Si considera que no está justificada la autorización, la autoridad de vigilancia del mercado del Estado miembro de que se trate debe retirarla. Si no se formulan objeciones, la autorización se considera justificada, salvo que la Comisión considere que vulnera el Derecho de la Unión.

3.2.2. Inteligencia artificial incorporada a productos y servicios sometidos a normativa sectorial

El art. 43.3 del Reglamento de inteligencia artificial dispone que la «evaluación de conformidad» de productos que integran sistemas de inteligencia artificial de alto riesgo regulados por actos legislativos de armonización de la Unión Europea se ajusta al procedimiento establecido en el acto legislativo.

Cuando estos sistemas estén destinados a ser usados como componentes de seguridad de productos regulados por la legislación del nuevo marco legislativo, como los juguetes, ascensores, productos sanitarios o productos sanitarios para diagnóstico *in vitro,* entre otros, están sujetos a los mismos mecanismos de cumplimiento y aplicación, es decir, deben someterse a una evaluación de conformidad tanto *ex ante* como *ex post,* al igual que los productos de los que forman parte, con la única precisión de que en estos casos tales mecanismos deben cumplir los requisitos previstos en la legislación sectorial y en el propio Reglamento de inteligencia artificial. Solo se pueden aplicar las exenciones de evaluación de la conformidad que estén recogidas en los actos legislativos de armonización (art. 46.7 RIA).

3.2.2.1. Ascensores y componentes de seguridad para ascensores

El procedimiento de «evaluación de conformidad» de los ascensores y componentes de seguridad para ascensores está sometido a lo previsto en la Directiva 2014/33, de 26 de febrero de 2014, sobre la armonización de las legislaciones de los Estados miembros en materia de ascensores y componentes de seguridad para ascensores, y en la normativa española de trasposición de la Directiva, es decir, en el Real Decreto 203/2016, de 20 de mayo, por el que se establecen los requisitos esenciales de seguridad para la comercialización de ascensores y componentes de seguridad para ascensores. La Directiva considera que el fabricante y el instalador son quienes disponen de los conocimientos detallados acerca del diseño y producción del ascensor o componente de seguridad del mismo y, por tanto, las personas más idóneas para efectuar la «evaluación de conformidad», sin perjuicio de que se precisa la intervención de un organismo de evaluación de la conformidad.

Recoge un procedimiento para la evaluación de conformidad diferente según se trate de componentes de seguridad para ascensores (art. 15 Directiva 2014/33) o de ascensores (art. 16 Directiva 2014/33).

El art. 15, en concordancia con los anexos IV, VI, VII y IX, de la Directiva establece que los componentes de seguridad para ascensores pueden someterse a uno de los siguientes procedimientos de evaluación de conformidad: (1) examen del diseño técnico del componente de seguridad por un organismo notificado que certifique que cumple con los requisitos esenciales de salud y seguridad realizando controles aleatorios de los componentes de seguridad para garantizar la conformidad; (2) examen del diseño técnico del componente de seguridad por un organismo notificado que certifique que cumple con los requisitos esenciales de salud y seguridad sometido al aseguramiento de la calidad del producto para componentes de seguridad mediante la realización de ensayos adecuados, la vigilancia por el organismo notificado que debe realizar auditorías periódicas y puede realizar visitas inesperadas; o, (3) evaluación de la conformidad mediante el pleno aseguramiento de la calidad por un organismo notificado que debe efectuar auditorías periódicas facilitando un informe de auditoría y puede realizar visitas inesperadas.

El art. 16, en relación con los anexos IV, V, X y XII, de la Directiva dispone que los ascensores se pueden someter a un procedimiento de evaluación de la conformidad diferente según se trate de: (1) ascensores diseñados y fabricados de conformidad con un modelo sometido a examen UE de tipo, en cuyo caso se requiere: (a) una inspección final, (b) la conformidad con el tipo basada en el aseguramiento de la calidad del producto y (c) la conformidad con el tipo basada en el aseguramiento de la calidad de la producción; (2) ascensores diseñados y fabricados de acuerdo con un sistema de calidad, que establece los mismos requisitos que el anterior; (3) procedimiento de la conformidad basada en el aseguramiento de la calidad del producto para ascensores; o, (4) procedimiento de la conformidad basada en el pleno aseguramiento de la calidad y en un examen del diseño.

3.2.2.2. Productos sanitarios

El procedimiento de la «evaluación de conformidad» de los productos sanitarios que incorporan sistemas de inteligencia artificial de alto riesgo debe realizare de conformidad con lo establecido en el Reglamento 2017/745, sobre productos sanitarios. En el ordenamiento jurídico español también será de aplicación el Real Decreto 192/2023, de 21 de marzo, por el que se regulan los productos sanitarios.

El Reglamento 2017/745 establece que los productos sanitarios solo podrán ser introducidos en el mercado o puestos en servicio cuando cumplan los requisitos de seguridad y funcionamiento que les sean aplicables de acuerdo con la finalidad prevista (art. 5). La adecuación a esos requisitos generales de seguridad y funcionamiento debe incluir una evaluación clínica realizada con arreglo a los requisitos previstos en los art. 61 y 62.

El procedimiento de «evaluación de la conformidad» de los productos y servicios sanitarios está previsto en el art. 52. Con carácter previo a la introducción del producto en el mercado o de su puesta en servicio, sus fabricantes deben realizar una evaluación de conformidad de acuerdo con lo previsto en los anexos IX a XI del Reglamento; sin perjuicio de que en algunos supuestos el procedimiento de «evaluación de conformidad» exija la participación de un organismo notificado.

Tratándose de productos sanitarios que incorporen sistemas de inteligencia artificial este control de conformidad, tanto *ex ante* como *ex post* se debe realizar de manera conjunta, aludiendo a los riesgos del producto y a los propios del sistema de inteligencia artificial (Tarodo Soria, 2025, p. 412).

La declaración de conformidad persigue garantizar que se cumplen los requisitos específicos exigidos conforme al Reglamento (art. 19 Reglamento 2017/745). La declaración debe contener, como mínimo, la siguiente información: el nombre, nombre comercial o marca registrada del fabricante, y en caso de haberse asignado, el número de registro único (SNR); la afirmación de que la declaración UE de conformidad se emite bajo la exclusiva responsabilidad del fabricante; el identificador único del producto (UDI-DI); la denominación y nombre comercial del producto, código, número de catálogo u otra referencia inequívoca que permita la identificación y trazabilidad del producto objeto de la declaración UE de conformidad y su finalidad prevista; la clase de riesgo que entraña el producto de acuerdo con las reglas de clasificación que se recogen en el anexo VIII del Reglamento; la afirmación de que el producto objeto de la declaración es conforme con el propio Reglamento y, cuando así se requiera, con cualquier otra legislación de la Unión que establezca la emisión de una declaración UE de conformidad; las referencias a las especificaciones comunes utilizadas y a aquéllas en relación con las cuales se declara la conformidad; y, en su caso, el nombre y número de identificación del organismo notificado, la descripción del procedimiento de evaluación de la conformidad llevado a cabo y la identificación del certificado o certificados emitidos, así como, la información complementaria; y el lugar, fecha, nombre y cargo, y firma de emisión de la declaración (Anexo IV Reglamento 2017/745). Los productos que sean conformes al Reglamento y que no sean productos a medida o en investigación, están provistos del «marcado CE de conformidad» (art. 20 Reglamento 2017/745).

Una vez que el producto se ha introducido en el mercado, el fabricante debe realizar un seguimiento, vigilancia y control del mismo adecuado para recabar, conservar y analizar los datos oportunos relativos a la calidad, funcionamiento y seguridad del producto, así como, aplicar cualquier medida preventiva y correctiva (arts. 83 y siguientes Reglamento 2017/745).

3.2.2.3. Productos sanitarios para diagnóstico in vitro

Finalmente, el procedimiento de evaluación de conformidad de los productos sanitarios para diagnóstico *in vitro* está regulado en el art. 48 del Reglamento 2017/746, de 5 de abril de 2017, sobre los productos sanitarios para diagnóstico *in vi-*

tro. Para realizar esta evaluación, el Reglamento clasifica los productos en cuatro clases de riesgo en atención a la finalidad prevista del producto y a sus riesgos inherentes: (1) para los de «clase A», que presentan un riesgo bajo para los pacientes, el control será de responsabilidad exclusiva del fabricante; (2) mientras que para los de las clases «B», «C» y «D» es obligatoria la intervención de un organismo notificado.

IV. RÉGIMEN DE RESPONSABILIDAD POR DAÑOS

La progresiva incorporación de la inteligencia artificial a los productos hace cuestionarse la suficiencia de los modelos tradicionales de responsabilidad civil para regular y resolver los conflictos que plantean los eventuales daños causados por productos y servicios en los que se recurre a este tipo de tecnología disruptiva. La inteligencia artificial, dada su complejidad, autonomía y opacidad puede dificultar o hacer excesivamente costosa la reclamación de la responsabilidad.

Los productos que integran sistemas de inteligencia artificial, a pesar de los controles que deben superar para su comercialización o puesta en servicio, pueden causar daños. Ese resultado dañoso puede deberse: (1) a que el producto no ha sido fabricado de acuerdo con las especificaciones de su diseño, considerándolo un producto defectuoso; o, (2) al uso incorrecto por falta de una información adecuada y suficiente.

1. Aplicabilidad de los sistemas tradicionales de responsabilidad

El modelo tradicional de responsabilidad civil extracontractual exige una acción u omisión ilícita que cause un daño, y que exista una relación de causalidad entre la acción u omisión y el daño.

Las legislaciones nacionales, como la española, establecen, con carácter general, sistemas de responsabilidad subjetiva o por culpa. Sin embargo, en las últimas décadas son cada vez más numerosas las regulaciones sectoriales que incorporan sistemas de responsabilidad objetiva o sin culpa como la navegación aérea, daños nucleares o producidos por materiales radiactivos, caza, circulación de vehículos a motor o responsabilidad medioambiental.

La regulación de la responsabilidad por daños se recoge, en el ordenamiento jurídico español, en los arts. 1902 y siguientes del Código Civil, que contempla: la responsabilidad por el hecho propio, por el hecho ajeno, por los daños causados por animales, responsabilidad del «cabeza de familia» y la responsabilidad por defectos de la construcción.

Algunos autores defienden que la generalidad característica de las formulaciones del Código Civil facilita su capacidad para adaptarse a los cambios sociales. Como consecuencia, el régimen previsto en estos preceptos, con algún matiz, es aplicable a la responsabilidad por daños causados por sistemas inteligentes (Ataz López, 2020, p. 212).

La responsabilidad por el hecho propio requiere que el causante del daño sea una persona, en consecuencia, la exigencia de responsabilidad queda supeditada al reconocimiento de personalidad jurídica a los sistemas de inteligencia artificial, hecho que aún no se ha producido. Sin embargo, algunos autores defienden que, a pesar de que los sistemas de inteligencia artificial no tengan personalidad jurídica, la persona física llamada a responder por los daños causados por el sistema inteligente debe hacerlo por la inobservancia de los deberes de conducta que le son exigibles. Distinguen tres tipos de culpa: (1) la culpa *in faciendo,* que tiene lugar cuando el sistema de inteligencia artificial adolece de algún defecto, sin perjuicio de que en este caso también se pueda exigir una responsabilidad objetiva de acuerdo con la normativa de productos defectuosos; (2) la culpa *in curando* cuando no se cumplan de manera correcta los deberes de cuidado y mantenimiento imputables al propietario del sistema inteligente (Ataz López, 2020, p. 232); y, (3) la culpa *in codificando* atribuida a la existencia de errores de código en la programación algorítmica, atribuibles a los programadores del sistema de inteligencia artificial (Atienza Navarro, 2022, pp. 229-241). Aplicar la teoría de la responsabilidad por el hecho propio a la inteligencia artificial generativa, en la que el propio sistema de inteligencia artificial tiene facultades de autoaprendizaje que, a menudo, escapan del control del fabricante o desarrollador, plantea algunas cuestiones problemáticas: ¿hasta dónde podría exigirse responsabilidad a cada uno de los operadores que intervienen en la creación y mantenimiento del producto y cómo se distribuye esa responsabilidad?

En la responsabilidad extracontractual por el hecho ajeno se atribuye la responsabilidad a una persona diferente de aquella que ha realizado la acción u omisión que ha causado el daño. En estos casos, la responsabilidad se fundamenta en la culpa *in educando, in eligendo* o *in vigilando* del sujeto al que se imputa la responsabilidad. Son los programadores, diseñadores o formadores de sistemas inteligentes los que asumen la responsabilidad por ser quienes los «educan o entrenan», se benefician de ellos y los utilizan y, por tanto, quienes en caso de que se produzca un daño, se presume que han incumplido los deberes de vigilancia exigibles (Atienza Navarro, 2022, pp. 9-10). Algunos autores consideran que la aplicación de las reglas de la responsabilidad por el hecho ajeno no está condicionada al reconocimiento de personalidad jurídica a los sistemas inteligentes (Cerdeira Bravo de Mansilla, 2021, p. 27), exigiendo la responsabilidad por los daños causados a quien se sirve del sistema inteligente (Cerdeira Bravo de Mansilla, 2021, p. 40). Otros, en cambio, consideran que los sistemas de inteligencia artificial no son sujetos de derecho y, por tanto, no pueden ser jurídicamente responsables, aplicando una responsabilidad vicaria, es decir, que el principal (persona física) responde por los hechos del auxiliar (sistema inteligente autónomo) (Navas Navarro, 2022, pp. 57-59).

Finalmente, otros autores consideran que, al igual que sucede con los drones, son de aplicación las reglas de la responsabilidad por daños causados por animales, haciéndolo extensible, por analogía, a este tipo de sistemas (Castells I Marqués, 2017, pp. 98-99). En aplicación del art. 1905 CC se atribuye la responsabilidad al poseedor del sistema inteligente o al que se sirve de él. Se considera poseedor o propietario a quien asume el control del sistema inteligente, que genera el riesgo de producción de un daño y que, además, disfruta de su uso. Sin embargo, esto supone aplicar un régimen de responsabilidad objetiva en el que el poseedor o propietario del sistema de inteligencia artificial responde con independencia de la diligencia en su actuación.

La responsabilidad objetiva se justifica, salvo en casos excepcionales, por la realización de una «actividad anormalmente peligrosa». Se entiende por «actividad anormalmente peligrosa» aquélla que cumple los presupuestos que establece el art. 5:101 de los Principios de Derecho Europeo de Responsabilidad Civil. Puede entonces cuestionarse si el empleo de productos que incorporan sistemas de inteligencia artificial se debe considerar, como regla general, peligroso, es decir, si realmente incrementa el riesgo de producción del daño. En mi opinión, el mero uso de un sistema de inteligencia artificial no crea *per se* un riesgo previsible y significativo de producción del daño.

Sobre la base de lo expuesto anteriormente, considero que el régimen tradicional de responsabilidad del Código Civil en el que mejor encaja la responsabilidad por daños causados por sistemas de inteligencia artificial es el de daños causados por animales. Sin embargo, dadas las características de la inteligencia artificial, entiendo que esta regulación no es suficiente para dar respuesta a los daños causados por este tipo de sistemas.

La intervención de una pluralidad de personas, su opacidad y su capacidad de autoaprendizaje dificultan la delimitación subjetiva y temporal de la responsabilidad. Así, una vez comercializado el producto, ¿se debe exigir la responsabilidad de manera solidaria a todos los operadores jurídicos que han contribuido a causar el daño, o se les debe exigir en función de su contribución a la causación del mismo? Delimitar la responsabilidad de cada operador jurídico en la producción del resultado dañoso es extremadamente dificultoso. Parece que lo más conveniente es establecer una responsabilidad solidaria. Esta es la opción elegida en la normativa europea en materia de daños.

2. *Régimen de responsabilidad contemplado en la normativa europea*

La regulación europea sobre responsabilidad por daños ha sido proyectada por la Unión Europea como un «paquete normativo» formado por el Reglamento de inteligencia artificial, que fue definitivamente aprobado el 13 de junio de 2024 y dos Directivas: (1) la Propuesta de Directiva sobre adaptación de las normas de responsabilidad civil extracontractual a la inteligencia artificial, que aún no ha sido aprobada; y (2) la Directiva sobre responsabilidad por los daños causados por productos defectuosos, aprobada el 23 de septiembre de 2024; que se remiten a lo dispuesto en el Reglamento formando un paquete normativo.

El hecho de que la responsabilidad por daños se regule mediante Directivas obliga a los Estados miembros a transponerlas a sus ordenamientos jurídicos internos. Se les deja un margen más amplio de decisión, si bien condicionados por los objetivos y ajustándose a unos límites fijados por la propia normativa europea.

2.1. Propuesta inicial de regulación de la responsabilidad

La proyectada regulación de esta materia en dos Directivas plantea algunas cuestiones controvertidas acerca del ámbito de aplicación de cada una de ellas.

2.1.1. Propuesta de Directiva sobre adaptación de las normas de responsabilidad civil extracontractual a la inteligencia artificial: responsabilidad subjetiva con atenuación de la carga de la prueba y reglas específicas de exhibición de la prueba

La aprobación de la normativa europea proyectada daría lugar a un régimen de enorme complejidad. La PDIA contempla una regulación de mínimos. Se permite a los Estados miembros mantener las normas nacionales que regulan esta materia, siempre que sean compatibles con el Derecho de la Unión Europea, o adoptar otras normas. La exigencia de responsabilidad por daños causados por sistemas de inteligencia artificial obliga no solo a conocer y aplicar la normativa europea sino también la de los Estados miembros.

El régimen de responsabilidad que se fija en la PDIA es muy amplio, no solo por lo que se refiere al sujeto responsable, sino también por el objeto. Esto es una garantía para el usuario de los productos y servicios que incorporan inteligencia artificial, que puede ejercitar su acción de resarcimiento por el daño causado frente a cualquier operador jurídico que haya contribuido causalmente al resultado dañoso. Prevé como resarcibles todo tipo de daños, incluidas las intromisiones en los derechos fundamentales y en los derechos de la personalidad, así como el daño patrimonial puro; y se pueden reclamar contra quien cause el daño ya sea el fabricante, proveedor, usuario, consumidor, etc.

Una de las finalidades de la PDIA es proporcionar medios eficaces para identificar a los sujetos potencialmente responsables y aliviar la carga de la prueba mediante el establecimiento de unas presunciones *iuris tantum* y la previsión de reglas específicas para la exhibición de la prueba. Estas herramientas no son nuevas, ya que se pueden encontrar en los sistemas de responsabilidad nacionales.

Cuando se sospeche que un sistema de inteligencia artificial de alto riesgo ha causado un daño, cualquier órgano jurisdiccional puede ordenar la exhibición de las pruebas pertinentes y necesarias para fundamentar la demanda, de conformidad con lo previsto en el art. 3 PDIA. Esta orden se dirige, como regla general, al proveedor del sistema de inteligencia artificial. La limitación de la obligación de exhibir o conservar las pruebas a aquellas que se consideren necesarias tiene por objeto garantizar la proporcionalidad y equilibrio entre los derechos del demandante y los intereses legítimos de las partes interesadas, como los secretos comerciales y la información confidencial.

Asimismo, se contemplan otras garantías que se basan en el sistema de presunción de la relación de causalidad por culpa cuando se produzca un incumplimiento de cualesquiera de los deberes de diligencia previstos (art. 4), con la excepción de los sistemas de inteligencia artificial de alto riesgo. Cuando se trate de sistemas de alto riesgo la presunción de causalidad se aplica, únicamente, cuando el demandado demuestre que el demandante puede acceder «razonablemente» a pruebas y conocimientos especializados suficientes para demostrar la existencia del nexo causal. La previsión de una presunción de causalidad específica en relación con el nexo causal, susceptible de ser refutada, se considera la medida menos gravosa para dar respuesta a la necesidad de una indemnización justa para la víctima. Corresponde al demandante probar la culpa con arreglo a las normas nacionales o de la Unión Europea aplicables.

Una vez comercializados, están sujetos a la obligación de revisión de su impacto. En el caso de sistemas de alto riesgo que puedan afectar a los derechos fundamentales a la vida, a la salud o a la propiedad, esa evaluación puede dar lugar a la adopción de regímenes de responsabilidad estricta, incluyendo aquéllos productos o servicios que aún no están disponibles en el mercado (art. 5), estableciendo unas mayores garantías y, por tanto, adoptando un régimen de responsabilidad más próximo a la responsabilidad objetiva, con posibilidad de seguro obligatorio.

El régimen de responsabilidad parte de las reglas de responsabilidad subjetiva por culpa, previstas en las legislaciones de los Estados miembros y no depende de la clasificación del sistema como de alto riesgo o no alto riesgo. Según el art. 1.2 esta Propuesta de Directiva es de aplicación a las «demandas de responsabilidad civil extracontractual subjetiva» (basadas en la culpa) por las que se solicita indemnización de los daños y perjuicios causados por la inteligencia artificial. No obstante, a pesar de establecer como régimen inicial la aplicación de sistemas de responsabilidad por culpa, no excluye que se puedan aplicar regímenes objetivos de responsabilidad como se deduce del art. 1.4 que establece que los Estados miembros pueden adoptar normas más favorables o mantener las que tienen. Finalmente, las normas contenidas en la PDIA no se aplican de manera retroactiva, sino solo a las demandas de indemnización por daños causados a partir de la fecha de su transposición.

2.1.2. *Directiva de productos defectuosos: adaptación de la normativa sobre productos defectuosos a la inteligencia artificial*

La DirPD establece un concepto más amplio de «producto» respecto al acogido por la Directiva de 1985. Considera «producto» cualquier bien mueble, aun cuando esté incorporado a otro bien mueble o a un inmueble o interconectado con ellos, e incluye expresamente en la definición: la electricidad, los archivos de fabricación digital, las materias primas y los programas informáticos. Se aplica a los daños causados por todo tipo de productos defectuosos y no solo a los causados por sistemas de inteligencia artificial. La responsabilidad se puede ejercitar contra el fabricante y otros «operadores económicos» de la cadena de suministro, si bien solo serán resarcibles los daños personales, los daños a las cosas y la pérdida de datos que incorporan los productos que integran sistemas de inteligencia artificial.

También introduce un mecanismo para facilitar la carga de la prueba del defecto y de la existencia de la relación de causalidad. Una vez que se ha probado el defecto, la prueba de la aptitud del defecto para producir el daño es suficiente para dar lugar a una presunción *iuris tantum* de causalidad específica para establecer el nexo causal. Este es uno de los cambios más relevante en materia de responsabilidad por productos defectuosos.

2.1.3. Cuestiones comunes a los regímenes previstos en las dos Directivas.

La normativa europea, contenida en la PDIA y la DirPD, prevé un régimen de responsabilidad solidaria, de acuerdo con el cual la responsabilidad será exigible a cualquier operador que contribuya a la producción del resultado dañoso. Tratándose de productos y servicios que incorporan sistemas de inteligencia artificial dada su capacidad de autoaprendizaje y autonomía, exigir una responsabilidad proporcional a la contribución de cada operador al resultado dañoso supone un esfuerzo desproporcionado, resultando incluso, en la mayoría de los casos, imposible esa determinación. Para compensar esta desproporción, la normativa de productos defectuosos establece supuestos tasados de exoneración de la responsabilidad.

Estas Directivas constituyen un paquete destinado a adaptar las normas de responsabilidad a la era digital y a la inteligencia artificial (Tarodo Soria, 2025, p. 412), garantizando la necesaria armonización entres los dos instrumentos jurídicos, que son complementarios, y que deben ser interpretados a la luz del RIA.

Algunos autores consideran que la aplicación conjunta de ambas Directivas plantea contradicciones debido a que la PDIA establece una responsabilidad subjetiva (por culpa) y la DirPD, objetiva (Gómez Ligüerre, 2022, p. 5). En mi opinión no existe esta contradicción ni son incompatibles entre sí. La PDIA se aplica cuando un producto que incorpora un sistema de inteligencia artificial calificado como «de alto riesgo», que no presenta ningún defecto de diseño, fabricación o información, causa un daño; mientras que la DirPD se aplica cuando el producto sea defectuoso, entendiendo por «producto defectuosos» aquel que no ofrece la seguridad que cabe esperar teniendo en cuenta una serie de circunstancias entre las que se incluyen la presentación y características del producto, el uso razonablemente previsible, el momento en que fue introducido en el mercado o los requisitos de seguridad del producto (art. 7 DirPD).

2.2. «Reevaluación» del régimen inicial

La comercialización de productos y servicios que incorporan inteligencia artificial es aún muy incipiente. En este contexto, la regulación europea no quiere frenar el desarrollo de estos productos y busca un equilibrio entre la protección del consumidor y el desarrollo, implementación y explotación económica de este tipo de avances. No obstante, teniendo en cuenta la transcendencia de los bienes jurídicos a proteger en los casos en que se trate de sistemas de inteligencia artificial de alto riesgo, la normativa obliga a llevar a cabo una reevaluación del régimen de responsabilidad inicial.

La previsión de un sistema de responsabilidad subjetiva para los daños causados por sistemas que incorporan inteligencia artificial es una «solución provisional». El art. 5 de la PDIA establece un sistema de responsabilidad civil «en evaluación»: (1) la primera fase, que comprende los primeros 5 años desde su aprobación, contempla un enfoque mínimamente invasivo que incorpora dos novedades: la obligación de exhibición de prueba y un sistema de presunciones *iuris tantum,* que admiten prueba en contrario; y (2) la segunda fase, que se inicia una vez transcurridos los primeros 5 años desde la finalización del período de transposición, en los que se debe llevar a cabo una reevaluación, a la luz de los cambios tecnológicos que hayan tenido lugar y de los siniestros producidos. El resultado de esa «evaluación», podría llevar a establecer, tal y como advierte la propia propuesta de Directiva, una responsabilidad objetiva acompañada, en su caso, de un seguro obligatorio.

Prever desde el inicio una responsabilidad objetiva comportaría considerar que los bienes y servicios que incorporan sistemas de inteligencia artificial son potencialmente peligrosos *per se,* lo que supondría un obstáculo infundado al desarrollo y comercialización de dichos productos. Además, en un mercado en el no existe un marco jurídico global, hubiera causado perjuicios a desarrolladores y empresas europeas.

La DirPD también establece un sistema de evaluación del modelo previsto. La primera revisión tendrá lugar a los 6 años, contados desde la fecha de entrada en vigor (9 de diciembre de 2024) y las sucesivas se realizarán cada 5 años.

En resumen, el régimen inicialmente previsto es el de responsabilidad subjetiva con prueba atenuada para los productos y servicios que incorporan inteligencia artificial; y el de responsabilidad objetiva, también con prueba atenuada, para productos defectuosos, que se debe revisar transcurrido el plazo previsto en cada caso en la correspondiente Directiva para que, en caso de que el propio desarrollo tecnológico lo aconseje o la aplicación del régimen inicialmente contemplado no produzca los efectos que se espera, se produzca un cambio en la regulación.

V. BREVES CONSIDERACIONES CONCLUSIVAS

La legislación en materia de responsabilidad por daños causados por sistemas de inteligencia artificial presenta una enorme dificultad. El paquete normativo europeo previsto para su regulación consta de una pluralidad de normas de diferente rango: un Reglamento de 13 de junio de 2024, cuya entrada en vigor tuvo lugar a los 20 días de su publicación en el Diario Oficial de la Unión Europea (DOUE) y aplicable con carácter general a partir del 2 de febrero de 2026, salvo las excepciones a que refiere el art. 113 RIA, obligatorio en todos sus elementos y directamente aplicable; la Propuesta de Directiva de inteligencia artificial, que aún no ha sido aprobada; y la DirPD, de 23 de octubre de 2024, que debe ser transpuesta a la normativa interna de los Estados miembros en el plazo de 2 años desde su entrada en vigor (art. 22 DirPD). El Reglamento regula las cuestiones generales en materia de inteligencia artificial, que se ha de aplicar de manera trasversal y complementaria a la regulación específica de cada campo en el que intervenga la inteligencia artificial, como la responsabilidad por daños, regulada en la PDIA y la DirPD.

La complejidad normativa se manifiesta también en que el sistema de responsabilidad de la Unión Europea no se agota en sí mismo. La regulación proyectada contempla la aplicación a aspectos concretos de la responsabilidad por daños, de los regímenes nacionales de responsabilidad, que, como regla general, establecen una responsabilidad subjetiva. Por tanto, para dar una adecuada respuesta a los daños causados por sistemas de inteligencia artificial es necesario conocer no solo la normativa europea, sino también, las legislaciones nacionales de cada Estado miembro.

El principal objetivo de esta regulación es garantizar los derechos del consumidor sin perjudicar el desarrollo tecnológico y económico de la Unión. Se considera que este tipo de tecnologías son *per se* peligrosas. Sin embargo, no está demostrado que generen un riesgo mayor de causar un daño que los que no incorporan inteligencia artificial. Este equilibrio se pone de manifiesto en el mantenimiento del régimen de responsabilidad subjetiva, que exige la concurrencia de culpa, que debe ser probada por el demandante; y, en la incorporación de algunas garantías, que consisten en: (1) el alivio de la carga de la prueba mediante la previsión de unas presunciones *iuris tantum;* y, (2) la exhibición de prueba.

El establecimiento de una responsabilidad solidaria constituye otra garantía para el consumidor, ya que podrá ejercitar la acción de resarcimiento por los daños que se le causen frente a cualquiera de los operadores jurídicos que intervengan en la fabricación, comercialización o mantenimiento del producto que incorpora inteligencia artificial.

La pluralidad normativa plantea, asimismo, controversias sobre la norma aplicable a los supuestos de responsabilidad. Es necesario delimitar cuando se debe aplicar cada una de las Directivas, toda vez que la PDIA establece una responsabilidad subjetiva y la DirPD objetiva. Esta última deroga la anterior Directiva de 1985 y será de aplicación a los daños causados por productos defectuosos, con independencia de que integren o no sistemas inteligentes; mientras que la PDIA se aplicará, exclusivamente, a los daños causados por sistemas de inteligencia artificial. La controversia surge cuando el producto defectuoso que causa el daño incorpora sistemas de inteligencia artificial. En este caso, cabe plantearse cuál de las dos Directiva debe aplicarse, ya que, como se ha señalado anteriormente, prevén regímenes diferentes. En mi opinión se debe aplicar a estos supuestos la DirPD, ya que contempla expresamente los daños causados por productos defectuosos, sin perjuicio de las remisiones al RIA y de la aplicación de las disposiciones de la PDIA (cuando haya sido aprobada) compatibles con la regulación establecida en la DirPD. Este es también el modelo de responsabilidad extracontractual previsto en la normativa española, aplicando las reglas del Código Civil a la responsabilidad extracontractual por daños y el Texto Refundido de la Ley General de Consumidores y Usuarios, cuando el daño se haya causado por un defecto del producto.

Dado que se trata de productos que aún no han adquirido toda la comercialización potencial que tienen y, por ende, no nos han permitido conocer sus efectos, las Directivas establecen una preceptiva revisión de la normativa inicialmente prevista del régimen de responsabilidad inicialmente aplicable, atendiendo al desarrollo tecnológico y a los siniestros acaecidos. Esto supone la posibilidad de adoptar un régimen de responsabilidad objetiva por los daños causados por sistemas de inteligencia artificial, que es el modelo acogido por la normativa sectorial española en materia de navegación aérea, daños nucleares o producidos por materiales radiactivos, caza, circulación de vehículos a motor o responsabilidad medioambiental; o subjetiva, en el caso de daños causados por productos defectuosos. Lo expuesto hace surgir la cuestión de si es suficiente una regulación común para los daños causados por sistemas que integran inteligencia artificial. En mi opinión, una regulación general no es suficiente para todo tipo de productos que integran este tipo de tecnología. Los productos sanitarios que incorporen IA, por ejemplo, por la transcendencia de los bienes jurídicos que se pueden ver afectados por los daños que se causen en su uso (como son la vida o la salud humana), deben contar con su propia regulación en materia de responsabilidad, que complete y complemente el régimen general en esta materia.

Teniendo en cuenta las anteriores conclusiones alcanzadas se puede dar respuesta a la conclusión general que me planteo en este trabajo, que es si el paquete normativo previsto por la Unión Europea para regular los daños causados por sistemas de inteligencia artificial es suficiente para proteger de manera adecuada a los consumidores sin obstaculizar el progreso social, económico y tecnológico de la Unión y de cada uno de sus Estados miembros. En mi opinión la regulación comunitaria proyectada cumple con este propósito al contemplar un régimen inicial de responsabilidad subjetiva, sin perjuicio de la preceptiva revisión periódica a la que queda sometida la propia regulación.

VI. BIBLIOGRAFÍA

1. Referencias Doctrinales

Ataz López, J. (2020). Daños causados por las cosas: una nueva visión a raíz de la robótica y de la inteligencia artificial". En M.J. Herrador Guardia (dir.), *Derecho de daños (cuestiones actuales)*, Lefebvre, pp. 199-236.

Atienza Navarro, M.L. (2023). La responsabilidad civil por daños causados por inteligencia artificial. Estado de la cuestión. En R. Evangelio Llorca (coord.), *Responsabilidad extracontractual e inteligencia artificial*, XXII Jornadas de la Asociación de Profesores de Derecho Civil, Granada, pp. 2-44.

Atienza Navarro, M.L. (2022). *Daños causados por inteligencia artificial y responsabilidad civil*, Atelier.

Castells i Marqués, M. (2017). Drones Civiles. En S. Navas Navarro (dir.), *Inteligencia artificial, tecnología, derecho*, Tirant lo Blanch, pp. 73-99.

Cerdeira Bravo de Mansilla, G. (2021). Entre personas y cosas: animales y robots, *Actualidad Jurídica Iberoamericana*, 14, pp. 14-53. https://www.revista-aji.com/wp-content/uploads/2021/03/AJI_14_ok-1.pdf

Díez Royo, M. (2023). Cuestiones de responsabilidad civil de los sistemas de Inteligencia Artificial en las Propuestas de Directivas europeas de 28 de septiembre de 2022, *Revista de Estudios Jurídicos y Criminológicos*,

8, pp. 253-275. https://revistas.uca.es/index.php/rejucrim/article/view/10337

Gómez Ligüerre, C. (2022). La Propuesta de Directiva sobre responsabilidad por daños causados por productos defectuosos, *InDret*, 4, pp. 1-7. https://raco.cat/index.php/InDret/article/view/406110

Jorqui Azofra, M. (2023). *Responsabilidad por los daños causados por productos y sistemas de inteligencia artificial*, (1ª ed.), Dykinson.

Martín Casals, M. (2023). Las propuestas de la Unión Europea para regular la responsabilidad civil por los daños causados por sistemas de inteligencia artificial, *InDret: Revista para el análisis del Derecho*, 3, pp. 55-100. https://doi.org/10.31009/InDret.2023.i3.02

Navas Navarro, S. (2022). *Daños ocasionados por sistemas de inteligencia artificial. Especial atención a su futura regulación*, Comares.

Ortiz Fernández, M. (2021). *La responsabilidad civil derivada de los daños causados por sistemas de inteligencia artificial y su aseguramiento: análisis del tratamiento ofrecido por la Unión Europea*, Dykinson.

Peña López, F. (2023). Responsabilidad objetiva y subjetiva en las propuestas legislativas europeas sobre responsabilidad civil aplicables a la inteligencia artificial (provisional 03/10/2023). En R. Evangelio Llorca (coord.), *Responsabilidad extracontractual e inteligencia artificial*, XXII Jornadas de la Asociación de Profesores de Derecho Civil, Granada, pp. 45-98.

Tarodo Soria, S. (2025). Patient autonomy in the context of digital medicine, *Bioethics*, Special issue 5 (39), pp. 404-413. DOI: 10.1111/bioe.13410

2. Normativa

Directiva (UE) 33 de 2014 [Parlamento Europeo y Consejo], sobre la armonización de las legislaciones de los Estados miembros en materia de ascensores y componentes de seguridad para ascensores, de 26 de febrero de 2014. http://data.europa.eu/eli/dir/2014/33/oj

Directiva (UE) 2853 de 2024 [Parlamento Europeo y Consejo], sobre responsabilidad por los daños causados por productos defectuosos y por la que se deroga la Directiva 83/374/CEE del Consejo, de 23 de octubre de 2024. https://eur-lex.europa.eu/legal-content/es/ALL/?uri=CELEX:32024L2853

Libro Blanco sobre la inteligencia artificial: en enfoque europeo a la excelencia y la confianza, de 19 de febrero, COM (2020) 65, https://commission.europa.eu/document/download/d2ec4039-c5be-423a-81ef-b9e44e79825b_es?filename=commission-white-paper-artificial-intelligence-feb2020_es.pdf

Propuesta de Reglamento 206 de 2021 [Parlamento Europeo y Consejo] por el que se establecen normas armonizadas en materia de inteligencia artificia (Ley de inteligencia artificial) y se modifican determinados actos legislativos de la Unión, 2021/0106, de 21 de abril de 2021. https://eur-lex.europa.eu/legal-content/ES/TXT/?uri=celex%3A52021PC0206

Propuesta de Directiva 495 de 2022 [Parlamento Europeo y Consejo] sobre responsabilidad por los daños causados por productos defectuosos, 2022/0302 de 28 de septiembre de 2022. https://eur-lex.europa.eu/legal-content/ES/TXT/?uri=CELEX%3A52022PC0495

Propuesta de Directiva 496 de 2022 [Parlamento Europeo y Consejo] relativa a la adaptación de las normas de responsabilidad civil extracontractual a la inteligencia artificial (Directiva sobre responsabilidad en materia de IA), 2022/0303, de 28 de septiembre de 2022. https://eur-lex.europa.eu/legal-content/ES/TXT/?uri=CELEX%3A52022PC0496

Real Decreto, de 24 de julio de 1889, por el que se publica el Código Civil, BOE 206. https://www.boe.es/eli/es/rd/1889/07/24/(1)/con

Real Decreto Legislativo 1 de 2007, por el que se aprueba el texto refundido de la Ley General para la Defensa de los Consumidores y Usuarios y otras leyes complementarias, de 16 de noviembre, BOE 287. https://www.boe.es/eli/es/rdlg/2007/11/16/1/con

Real Decreto 203 de 2016, por el que se establecen los requisitos esenciales de seguridad para la comercialización de ascensores y componentes de seguridad para ascensores, de 20 de mayo. https://www.boe.es/eli/es/rd/2016/05/20/203

Real Decreto 192 de 2023, por el que se regulan los productos sanitarios, de 21 de marzo. https://www.boe.es/eli/es/rd/2023/03/21/192

Reglamento (UE) 745 de 2017 [Parlamento Europeo y Consejo], sobre los productos sanitarios, por el que se modifican la Directiva 2001/83/CE, el Reglamento (CE) n.° 178/2002 y el Reglamento (CE) n.° 1223/2009 y por el que se derogan las Directivas 90/385/CEE y 93/42/CEE del Consejo, de 5 de abril de 2017. http://data.europa.eu/eli/reg/2017/745/oj

Reglamento (UE) 746 de 2017 [Parlamento Europeo y Consejo], sobre los productos sanitarios para diagnóstico in vitro y por el que se derogan la Directiva 98/79/CE y la Decisión 2010/227/UE de la Comisión, de 5 de abril de 2017. http://data.europa.eu/eli/reg/2017/746/oj

Reglamento (UE) 1689 de 2024 [Parlamento Europeo y Consejo], por el que se establecen normas armonizadas en materia de inteligencia artificial y por el que se modifican los Reglamentos (CE) nº 300/2008, (UE) nº 167/2013, (UE) nº 168/2013, (UE) 2018/858, (UE) 2018/1139 y (UE) 2019/2144 y las Directivas 2014/90/UE, (UE) 2016/797 y (UE) 2020/1828 (Reglamento de Inteligencia Artificial), de 13 de junio de 2024. http://data.europa.eu/eli/reg/2024/1689/oj

Resolución 0051 de 2017 [Parlamento Europeo], con recomendaciones destinadas a la Comisión sobre normas de Derecho civil sobre robótica, de 16 de febrero de 2017, (2015/2103(INL)). https://www.europarl.europa.eu/doceo/document/TA-8-2017-0051_ES.pdf

Resolución 0276 de 2020 [Parlamento Europeo], con recomendaciones destinadas a la Comisión sobre un régimen de responsabilidad civil en materia de inteligencia artificial, de 20 de octubre de 2020. (2020/2014(INL)). https://www.europarl.europa.eu/doceo/document/TA-9-2020-0276_ES.html

Inteligencia artificial y justicia en Portugal

CATARINA SARMENTO E CASTRO
Universidad de Coimbra, Portugal

SUMARIO: I. INTRODUCCIÓN. II. LA UTILIZACIÓN DE LA INTELIGENCIA ARTIFICIAL. 1. ¿Para qué utilizar la Inteligencia Artificial?. 1.1. Buscando resolver las necesidades de los ciudadanos y de las empresas. 1.2. Buscando comunicar mejor con los ciudadanos y las empresas. 1.3. Apoyando o asistiendo la decisión administrativa o la decisión judicial. 1.4. ¿Se puede utilizar la Inteligencia Artificial para suplantar la decisión humana? 2. Los límites al funcionamiento de la Inteligencia Artificial en el ámbito de la Justicia. III. NOTAS FINALES: GOBERNANZA Y SESGOS. IV. BIBLIOGRAFÍA

I. INTRODUCCIÓN

La transformación digital de la Justicia en Portugal ha empezado hace más de veinte años. Portugal fue uno de los pioneros en la digitalización de los servicios de Justicia[1].

En los tribunales, la digitalización comienza con *Habilus*; más tarde con *Citius* (plataforma de los tribunales comunes) y *Sitaf* (plataforma de los tribunales administrativos y fiscales); y, después de 2023, con *eTribunal*, un nuevo paradigma tecnológico, agregador, creado colaborativamente con todos los usuarios de los tribunales, internos y externos. En 2023, también

---

[1] Para una visión histórica y jurídica, puede leerse: Sarmento e Castro, Catarina, www.administraçãopública.pt, Coimbra, 2019.

fue lanzada, por primera vez, una plataforma para los medios de resolución alternativa de litigios, la *Plataforma RAL+*[2].

Los resultados de la transformación digital son bien visibles: hace 10 años estaban esperando decisión en primera instancia 1.7 millones de procesos; actualmente, menos de 600.000.

Hoy la digitalización es una realidad no solamente en los tribunales, sino también en otros dominios de la Justicia: registros (ciclo de vida de los ciudadanos, ciclo de vida de la empresa, ciclo de vida de la propiedad, ciclo de vida de los bienes móviles), investigación criminal, ciencias forenses, propiedad industrial, medios de resolución alternativa de litigios, sistema de información catastral…

Este proceso está culminando en iniciativas que afectan de forma estructural a la Administración Pública, como, en 2006, el SIMplex[3], primer Programa de simplificación administrativa, y, más recientemente, en el Programa *Justiça + Próxima* (2015-2019/2020-2021)[4] y el Programa *Justiça+* (2022-2024)[5], así como la primera *Estrategia GovTech de Justicia* (con inicio en 2023), una estrategia participada por *startups*, universidades, centros de investigación y administración, dirigida a la innovación y transformación digital de la Justicia[6].

---

2 RAL+ | Justiça.gov.pt (justica.gov.pt)

3 Un análisis de lo Programa SIMplex puede ser encontrado en OECD (2008), *Making Life Easy for Citizens and Businesses in Portugal: Administrative Simplification and e-Government,* OECD Publishing, Paris, https://doi.org/10.1787/9789264048263-en.

4 https://dgpj.justica.gov.pt/Planeamento-e-Politica-Legislativa/M;dernizacao-da-Justica/Plano-Justica-Proxima

5 Los Planos y sus concretizaciones estuvieron disponibles en: mais. justica.gov.pt, mas ya no están disponibles para consulta en su sitio oficial , desde abril de 2024.

6 https://govtech.justica.gov.pt/?pk_vid=684bdf4ca1559a381721407456a4968e

Su implementación está contando, para impulsarla, desde 2022, con fondos del *Plan de Recuperación y Resiliencia* de la Unión Europea[7], destinados a 51 proyectos (50 proyectos de componente C18 – Justicia económica y ambiente de negocios; 1 proyecto de Componente C8 – Florestas), habiendo sido posible poner en marcha 172 medidas de modernización, simplificación y digitalización de los servicios de Justicia.

El impulso inicial de digitalización en los tribunales estaba dirigido a la gestión de procesos en secretaria, pero pronto se trasladó al trabajo de magistrados, fiscalía, abogados, procuradores... Hoy, los tribunales están siendo dotados de nuevas arquitecturas – el *eTribunal* – centrado en sus usuarios, adaptado a las necesidades de diferentes operadores jurídicos, desenvuelto en modo colaborativo.

Para mejorar y acelerar los servicios de justicia, para incrementar su eficiencia, no es suficiente transformar átomos en *bits*, no basta desmaterializar, eliminando el papel, minimizando su consumo y las emisiones de carbono.

Claro que es importante la desmaterialización de los procesos judiciales, permitiendo, por ejemplo, su consulta a distancia, en formato digital – hoy, el 60% de las consultas de procesos judiciales en los medios *online* se producen fuera del

---

7 Dos años de *Plan de Recuperación y Resiliencia*: publicado en: https://mais.justica.gov.pt/wp-content/uploads/2024/03/TransformacaoDigitaldaJustica_2-anosdePRR_marco2024_2.pdf. La OCDE ha realizado dos estudios sobre la «ambiciosa agenda para transformar la Justicia» en Portugal: OECD (2020), *Justice Transformation in Portugal: Building on Successes and Challenges*, OECD Publishing, Paris, https://doi.org/10.1787/184acf59-en; y el más reciente, que hace referencia a la existencia en los documentos estruturantes de la Justicia portuguesa, de una estrategia alineada con los objetivos de OCDE y Naciones Unidas.

horario de secretaria, significando que ha cambiado la relación de los intervinientes con la Justicia.

La tecnología también ha posibilitado el acceso en *streaming* a las piezas procesales en audio[8], incluso a los abogados – con este acceso remoto se estima que se ha ahorrado, anualmente, 6000 horas de trabajo de funcionarios de los tribunales, que antes se gastaba efectuando grabaciones para consulta.

En los tribunales administrativos, la entrega digital de piezas procesales fue ampliada hasta 10MB, en noviembre de 2023, permitiendo que, hasta el final del año, 3 mil piezas hayan sido recibidas[9].

La nueva *interface* de mandatarios, que forma parte de *eTribunal*, agrega información que antes era presentada en diferentes plataformas, añadiendo eficiencia y ahorrando tiempo: las notificaciones son consultadas en un solo sitio electrónico. En tres meses, más de 16 mil notificaciones habían sido consultadas.

En simultaneo, se está mejorando la inmediación: las grabaciones de audio de las sesiones, que en el año 2023 han empezado a estar disponibles en *streaming* para abogados, a partir de 2024 incluyen la grabación de imagen y la grabación audio en perfil separado, de cada interviniente, fundamental, además, para implementar la búsqueda inteligente en audio y video.

Con el trabajo desarrollado en la plataforma PERTO, del *Banco de Portugal*, se han digitalizado las demandas de información de la Justicia a la banca, automatizando las respuestas y reduciendo los plazos de respuesta.

---

8 Desde el 22 julio 2023.

9 Consideraciones acerca de la digitalización de los Tribunales Administrativos pueden consultarse en: Tomlinson, Joe, *Justice in the Digital State*, Policy Press, Bristol, 2019

Determinante para la creación de una nueva relación entre los ciudadanos y empresas y la Justicia fue, también, la reciente Plataforma de los Medios de Resolución Alternativa de Litigios, adecuada para garantizar la presentación de una demanda desmaterializada en un juzgado de paz (medio de resolución alternativa de litigios) en formato digital, reduciendo la tramitación procesal[10].

O, además de desmaterializar y digitalizar los contenidos vertidos en papel, aun siendo esto muy positivo, también es imprescindible simplificar procedimientos y reorganizar trabajo, realizando tareas de gestión, algunas más prácticas, como reserva de salas, otras estructurales. La digitalización es importante también porque desarrolla herramientas que permiten, por ejemplo, hacer la gestión de la productividad de los tribunales, asignando recursos[11].

Con este objetivo se encuentra en fase experimental, en la Comarca Lisboa Oeste, un *dashboard* en la plataforma *eTribunal*, que hace posible el acompañamiento de los procesos en jurisdicción común, en todas sus fases procesales, para mejorar la gestión de los órganos de administración del tribunal.

En la jurisdicción administrativa funciona ya un *dashboard* que permite realizar el acompañamiento de todos los procesos, en todas sus fases, extrayendo información significativa, para una gestión eficiente, pero también identificar situaciones excepcionales (*outliers*) que requieren medidas correctivas excepcionales. Su implementación integra medidas desarrolladas en el ámbito del Plan Estratégico de los Tribunales Administrativos y Fiscales de 2023 del Ministerio de Justicia, incluyendo

---

[10] Desde el 3 mayo 2023.

[11] Sobre la combinación de digitalización y simplificación: Sarmento e Castro, Catarina, Telematic Administrative Procedures in Portugal – an overview, Boletim da Faculdade de Direito de Coimbra, Vol. 84, 2008, p. 741-759.

variadas medidas legislativas para refuerzo de la autonomía de gestión de la jurisdicción administrativa y fiscal[12].

La Plataforma de los Medios de Resolución Alternativa de Litigios incorpora, igualmente, herramientas de gestión, con indicadores en tiempo real. La gestión sustentada en datos es crucial para el futuro de la Justicia.

Ejemplo de simplificación ocurrió también recientemente en algunos de los procedimientos administrativos digitales en la Justicia – para solicitar la nacionalidad, por ejemplo, con el funcionamiento de la nueva Plataforma de Nacionalidad, en 2023. La integración de momentos procesales y la simplificación ha permitido resolver 23 mil procesos de atribución de nacionalidad de una sola vez.

La simplificación puede también ser dirigida al lenguaje de comunicación jurídica: en resultado de trabajo colaborativo, han sido propuestos 30 nuevos modelos de notificación simplificada en *eTribunal*. La experiencia ha demostrado que la utilización de notificaciones simples mejora su comprensión y facilita el cumplimiento de las obligaciones.

También es importante personalizar interacciones, desarrollando *interfaces* específicas para los distintos intervinientes, y personalizables para cada usuario, adecuándose a sus necesidades. Permite automatizar las tareas repetitivas (como las comunicaciones o la distribución de procesos judiciales), o incrementar la interoperabilidad entre organismos de justicia (tribunales, fiscalía, policías, seguridad social, organismos de administración pública).

---

12 Algunas concreciones: Decreto-Lei n.º 31/2023, del 31 de mayo; Decreto-Lei n.º 74-B/2023, del 28 de agosto.

Actualmente, hay más de cincuenta interoperabilidades en la Justicia, que conectan 15 entidades y 29 sistemas de información.

Una de las más significativas y recientes relaciones de interoperabilidad vio firmado su protocolo entre policías y tribunales para el envío electrónico de datos. Eso permitió que llegasen al Tribunal más de 230.000 autos policiales. Son medidas de desmaterialización de comunicaciones entre los tribunales, los servicios de la fiscalía y las policías –reduciendo, así, costes de personal, desplazamientos, papel, espacio de almacenamiento; y libertando personas para tareas más cualificadas, en los tribunales y en las policías–, medidas que siguen siendo desarrolladas.

La interoperabilidad es también utilizada para simplificar la inscripción de recién nacidos en registro civil: desde el 1 de junio de 2023, el registro de nacimientos es realizado con la colaboración de los servicios de salud, desde el hospital, mediante una comunicación automatizada de datos de salud a los registros. Los progenitores hacen la declaración de nacimiento de su descendiente en el momento del nacimiento, ante el funcionario de salud, sin necesitar desplazarse a otro servicio público proporcionando la información, cumpliendo el principio *only once.* Este es ejemplo de un procedimiento repensado con auxilio de las tecnologías, dispensando al ciudadano de la exigencia de proporcionar varias veces la misma información a los servicios públicos.

La recopilación única, y posterior utilización, de los datos biométricos, sea para pasaporte, sea para documento nacional de identificación, respectando el principio *only once,* deberá estar implantada en diciembre de 2024.

Significativa es, igualmente, la interoperabilidad de organismos públicos de áreas conexas con los servicios de justicia, utilizándose los datos a nivel transversal: un ejemplo reciente es la interoperabilidad que posibilita la asistencia jurídica electrónica gratuita para personas de menores recursos económicos para quienes acrediten carecer de recursos económicos suficientes, que fue recientemente creada. Desde marzo de 2023 hasta diciembre 2023 fueran recibidas 30 mil solicitudes por medio electrónico: la ayuda es solicitada *online* y las administraciones (autoridad fiscal, seguridad social, tribunales) se comunican directamente por medios electrónicos, para contar con los datos necesarios para decidir su concesión, sin que sea necesario obligar a duplicar la documentación ya existente en la Administración.

La interoperabilidad desarrollada entre servicios de registro criminal y otros organismos públicos, por ejemplo, las escuelas, o los servicios de extranjeros, ha permitido desmaterializar la comunicación de información, haciendo funcionar el principio *only once,* dispensando a 2,8 millones de personas de pedir el certificado de antecedentes penales, en los casos en los que la propia administración lo requiere.

Igualmente a nivel europeo, la interoperabilidad resulta fundamental, implicando la utilización transversal de información. El sistema nacional de registro criminal es ejemplo de servicio que fue capacitado para la interoperabilidad con el Sistema Europeo de Información de Registros Criminales (*eE-cris*), asegurando la comunicación compatible, célere y uniforme de información acerca de condenas[13].

Es condición para el funcionamiento de la interoperabilidad, el establecimiento de protocolos para la estandarización, la utilización de metadados y padrones de datos facilitadores de la integración de la información. Para este fin, está siendo desarrollada una nueva Plataforma de Interoperabilidad del Ministerio de Justicia.

---

13 European Criminal Records Information System (ECRIS) - European Commission (europa.eu)

La digitalización de la Justicia es todo eso y más: construir un sistema *digital by design* en la Justicia, abandonar el concepto de *servicio one size fits all,* para ofrecer experiencias personalizadas a sus usuarios, acomodadas a las necesidades específicas de los destinatarios, pero también para aquellos que trabajan en la Justicia, implementar la presencia *omnicanal* para mejorar el servicio a los ciudadanos y empresas, cumplir el principio *only once* - para que el ciudadano ceda información una sola vez a la Administración Pública, o a los tribunales, siendo los datos aprovechados en varias ocasiones e procedimientos -, son retos importantes[14].

Actualmente, la utilización de tecnologías transformadoras, como la inteligencia artificial, es otro poderoso instrumento, generador de nuevas oportunidades y desafíos.

II. LA UTILIZACIÓN DE LA INTELIGENCIA ARTIFICIAL

La utilización de la inteligencia artificial es algo más que digitalización, es un plus.

La inteligencia artificial es una herramienta automatizada disruptiva, dotada de características de autonomía y adaptabilidad, aun en grados muy distintos en cada mecanismo, que, basada en información, infiere de los datos suministrados, predicciones, contenidos, recomendaciones o decisiones, que pueden influir en entornos físicos o virtuales (artículo 3 de lo Reglamento Europeo); transformando las organizaciones,

---

[14] Una explicación en: Sarmento e Castro, Catarina, *Telematic Administrative Procedures in Portugal – an overview,* Boletim da Faculdade de Direito de Coimbra, Vol. 84, 2008, p. 741-749.

impactando, directa o indirectamente, en la vida de personas físicas o jurídicas[15].

Actualmente, Portugal integra el uso de inteligencia artificial en diversos dominios de la Justicia. Todavía, siempre hay un ser humano decidiendo sobre el fondo del asunto. Son sistemas auxiliares, herramientas meramente asistenciales, que incorporando la inteligencia artificial a la actuación de las organizaciones en el ámbito de la Justicia, mejoran las capacidades humanas, ganando celeridad y ahorrando tiempo, incrementando conexiones, evitando errores, sustituyendo acciones rutinarias…

El uso de la Inteligencia Artificial está, en muchas ocasiones, asociado a la tecnología de *big data* o al lenguaje natural.

1. ¿Para qué utilizar la Inteligencia Artificial?

En sus aplicaciones más destacadas, la incorporación de la inteligencia artificial en la Justicia procura anticipar las necesidades de los ciudadanos y de las empresas, trata de mejorar la comunicación con los ciudadanos y empresas, y de apoyar la decisión administrativa o la decisión judicial.

---

15 Cotino Hueso, Lorenzo, «Riesgos e impactos del Big Data, la Inteligencia Artificial y la Robótica. Enfoques, modelos y Principios de la Respuesta del Derecho», *Revista General de Derecho Administrativo*, 50, 2019; Solar Cayón, José Ignacio, «Inteligencia artificial en la aplicación de Justicia», *Teoría Jurídica Contemporânea*, Vol 6, 2021.

1.1. Buscando resolver las necesidades de los ciudadanos y de las empresas

Existen ya ejemplos de utilizaciones para optimizar la eficiencia y accesibilidad de los servicios de Justicia, con reflejo directo en la vida de los ciudadanos y empresas[16].

Desde 2023, los servicios de registros de justicia en Portugal están utilizando inteligencia artificial para verificar la autenticidad de documentos, por ejemplo, en procedimientos de atribución de nacionalidad, en la nueva plataforma de adquisición de la nacionalidad. La demanda es ahora digital, con componente automatizado e inteligente: el sistema realiza la verificación de los documentos enviados por vía digital, lo que ha conseguido automatizar la demanda. Eso permite al servicio administrativo aumentar la eficiencia y capacidad de respuesta, ahorrar tiempo y personal, comunicar internamente la información, consultarla a distancia, evitando el desplazamiento de los ciudadanos, evitando costos, y, simultáneamente, cuidando del medio ambiente.

Asimismo, fue creada la plataforma de la Ventanilla única de la propiedad rústica (BUPI – *Balcão Único do Prédio*), para efetos de identificar las coordenadas geográficas y registrar gratuitamente la propiedad rustica[17]. La plataforma es la con-

---

16 Otros ejemplos en la Administración Pública Portuguesa: *Guia para uma Inteligência Artificial Ética, Transparente e Responsável na Administração Pública*, Agência para a Modernização Administrativa, Lisboa, available at: https://bussola.gov.pt/Guias%20Prticos/Guia%20para%20a%20Intelig%C3%AAncia%20Artificial%20na%20Administra%C3%A7%C3%A3o%20P%C3%BAblica.pdf.

17 Accessible en: BUPi - Balcão Único do Prédio. Sobre la Plataforma puede lerse: Sarmento e Castro, Catarina, *Informação cadastral, Administração Pública eletrónica e proteção de dados pessoais: notas a pretexto da Lei n.º 65/2019 (sistema de informação cadastral simplificada para prédios rústicos ou mistos)*, *Constitucionalismos e (con)temporaneidade: estudos em*

fluencia de la gobernanza del territorio y el empleo de mecanismos inteligentes de tratamiento de información, y va a permitir la utilización de un número único de la propiedad rústica, impidiendo desfases en la información en poder de diferentes organismos, que es importante evitar.

La idea fundamental es la de proteger la propiedad contra los fuegos rurales, de incentivar la inversión en la propiedad rural para impulsar su mantenimiento, de propiciar que se unan propiedades para incrementar su valor. Paralelamente, se crea información espacial de valor añadido, que puede estar disponible para otros servicios públicos (por ejemplo, reforzando la sostenibilidad, la ordenación del territorio, o los servicios de agricultura, la protección y seguridad de los pueblos); o privados, para crear negocios. La plataforma de BUPI es fundamental para el desarrollo de los territorios inteligentes: áreas rurales inteligentes, áreas protegidas inteligentes, destinos turísticos inteligentes, pueblos inteligentes…

También se creó una *App* que cada propietario rural puede utilizar para hacer el levantamiento de coordenadas geoespaciales, pudiendo desplazarse en su propriedad utilizando tecnología GPS, comunicándolas directamente a la Plataforma de la Ventanilla única de la propiedad rústica.

Al mismo tiempo, se ha creado un visualizador avanzado, en 3D, accesible *online*, que incorpora inteligencia artificial, utilizando diferentes capas de información disponibles en diferentes autoridades y servicios. El visualizador, presentado en enero de 2024, utiliza la inteligencia artificial para presentar una propuesta de localización y de configuración de los polígonos, tridimensional, acelerando el proceso de identificación de la propiedad, y su consecuente catastro y registro. El sistema

---

homenagem ao Professor Doutor Manuel Afonso Vaz, Universidade Católica Editora Porto, Porto, 2020, p. 77-99.

también fue dotado de un algoritmo de ajuste automatizado de propiedades inmobiliarias, limpiando datos, eliminando ausencias de información, cumpliendo los criterios determinados en la ley.

Con este proceso, más de dos millones y trescientas mil propiedades han sido ya identificadas.

La Justicia portuguesa utiliza Inteligencia Artificial para tratar cantidades descomunales de datos, acelerando la conexión de información, y creando valor añadido.

Eso permite, por ejemplo, a la *Policía Judicial* garantizar una investigación más veloz, significando eso, un ejercicio de justicia más eficiente. Lo hacen con sistemas de reconocimiento de balística, por ejemplo.

La Inteligencia Artificial se utiliza, también, para definir un nombre para empresas creadas *online*. El algoritmo concibe diversos nombres, apropiados a los diferentes sectores de actividad económica, reunidos en una lista de nombres, que puede ser utilizada para constituir una empresa totalmente *online*, empleando solamente diez minutos en su constitución, en virtud de una mayor automatización de tareas e interoperabilidad[18].

---

[18] Criar Empresa (justica.gov.pt). La OCDE, em 2008, reconocía la importancia de la reducción de tiempo para constituir una empresa de meses, o semanas, en 1 hora: OECD (2008), *Making Life Easy for Citizens and Businesses in Portugal: Administrative Simplification and e-Government*, OECD Publishing, Paris, https://doi.org/10.1787/9789264048263-en. En 2024, hace referencia al avanzo de 2023: reducción para 10 minutos.

1.2. Buscando comunicar mejor con los ciudadanos y empresas

En Portugal, lo más relevante en materia de comunicación empleando Inteligencia artificial en asuntos de justicia es el uso de un mecanismo similar al *ChatGPT* –la Guía Practica de Acceso a la justicia– formulando preguntas en lenguaje natural y obteniendo respuestas sobre casamiento y divorcio, constitución de empresas, registro criminal *online* y mecanismos de resolución alternativa de litigios[19].

La versión del GPJ esta basada en el modelo de lenguaje GPT 4.0, creado por *OpenAI* y por *Microsoft*, y disponible en la plataforma *Microsoft Azure OpenAI*.

Este mecanismo *chatbot* utiliza solamente datos/documentos internos de la justicia, no busca información externa en toda la web. La Guía Práctica de Acceso a la Justicia, informa de modo expedito y simplificado, y conduce a los ciudadanos a las soluciones, garantizando una ruta más rápida. Un año después de su entrada en funcionamiento había mantenido 44 mil conversaciones en lenguaje natural.

Desde la herramienta informativa se puede conectar con la Plataforma de Atención a Distancia para reservar cita informativa. Después de octubre de 2022, hasta abril de 2024, fue posible utilizarse la Plataforma para atención y para decisión administrativa, por ejemplo, en divorcio *online*, habilitación de herederos o compra de propriedades.

Esta herramienta también permitió aumentar la capacidad de respuesta de los servicios públicos, como instrumento de gestión.

---

19 https://justica.gov.pt/Guias/Guia-Pratico-da-Justica

1.3. Apoyando o asistiendo la decisión administrativa o la decisión judicial

En los Tribunales ya se está utilizando inteligencia artificial para anonimizar las decisiones, con algoritmo extractor de entidades nominales. El algoritmo puede detectar las distintas categorías de entidades nominales identificadas dentro de los documentos judiciales, yhacer sugerencias de anonimización, garantizando también la transparencia. El Magistrado revisa las sugerencias presentadas y, al mismo tiempo que decide, retroalimenta el motor de IA, enseñándolo.

La inteligencia artificial también puede ser utilizada para gestionar el trabajo de organización y de secretaria: para la reserva automática de salas de vistas, para fijar diligencias y audiencias, para las alertas de *términos* de plazo, para las comunicaciones y notificaciones.

Actualmente, en los tribunales portugueses, con la tecnología asociada a la nueva infraestructura de *eTribunal*, la inteligencia artificial se utilizará también por los magistrados, como ayuda para preparar o fundamentar la decisión, y eliminar tareas rutinarias, optimizando los recursos humanos: para búsquedas inteligentes de legislación, o dentro del expediente del proceso, para localizar intervinientes procesales u otros aspectos relevantes en el proceso digital; pero también para realizar búsquedas inteligentes de texto, vídeo y audio que permitan la selección de documentación relevante para decidir; para destacar fechas y ordenar de modo cronológico; para identificar la identidad entre personas involucradas en diferentes procesos; o para anonimizar decisiones judiciales, permitiendo su plena disponibilidad, dando cumplimento al principio de publicidad de las actuaciones judiciales, incrementado la transparencia, el acceso a la justicia, y facilitando el trabajo de los intervinientes en el proceso.

El sistema presentado en enero de 2024 permitirá la transcripción y los sumarios automáticos, funcionando como asistente judicial algorítmico. También presentará propuesta de jurisprudencia en casos similares, sea del magistrado o de otro decisor, acelerando el proceso de decisión. Está siendo desarrollado un prototipo de servicio para la síntesis de resumen, que permitirá generar un borrador de sumario de la decisión judicial. Conseguido este logro, se puede avanzar en una propuesta de tratamiento de hechos, de pruebas[20], o propuesta de sentencia creada artificialmente. El borrador siempre podrá ser rechazado o modificado por el Juez, que ser asistido por la inteligencia artificial, nunca sustituido.

La inteligencia artificial contribuye a aumentar las capacidades cognitivas de los intervinientes: policías de investigación, abogados, magistrados -creando una realidad judicial aumentada-.

1.4. ¿Se puede utilizar la Inteligencia Artificial para suplantar la decisión humana?

Los ejemplos anteriormente aportados tienen en común algun grado de autonomía y adaptabilidad de los mecanismos electrónicos.

¿Sin embargo, podrá una resolución jurisdiccional de un Tribunal, basarse en una decisión autónoma de una máquina?[21]

---

[20] El Tribunal de Cuentas portugués recibe los documentos en su Plataforma. Es su algoritmo el que verifica preliminarmente algunos de los requisitos, decidiendo sobre su conformidad para avanzar procesalmente. También se utiliza para análisis de riegos en actuación de fiscalización.

[21] Sobre esta temática: Rodrigues, Anabela Miranda, «Inteligência Artificial no Direito Penal – Justiça preditiva entre a americanização e a europeização», *A Inteligência Artificial no Direito Penal*, Almedina,

En Francia y Estonia dos modelos de utilización de Inteligencia Artificial fueran propuestos, pero no avanzaran. Eran sistemas algorítmicos para decisión automática de conflictos de bajo valor, de forma automatizada[22].

La decisión judicial de fondo última siempre restará humana. Eso resulta de la propia Constitución Portuguesa, que al atribuir la función jurisdiccional al Tribunal, considerado órgano soberano, requiere inmediación de un Juez humano, que juzga con capacidades humanas[23]. Permanece la necesidad de inmediación humana para la decisión final.

Juicios de equidad, valoración de emociones y con emoción y empatía humanas, no son suplantables. El parecer humano del Juez se deberá mantener responsable y decisivo frente a la decisión propuesta por la máquina. Los Jueces siempre deben conservar su libertad final o su responsabilidad como agentes morales. Eso lo exige la Constitución portuguesa.

La decisión humana es tanto más importante cuando se pueda admitir decisiones administrativas plenamente automatizadas, sobre las cuales puede existir un conflicto entre el ciudadano y el Estado -Administración. O cuando el Juez se plantea una decisión en conflictos con trascendencia penal, por ejemplo.

Los denominados juicios probabilísticos, de *risk assessment* para sentencias, auxiliares, también deben ser cuidadosamente ponderados: un sistema de *common law*, basado en juicios

---

Coimbra, 2022, p. 11-48; Sampaio, Elisa Alfaia/Gomes, Paulo Jorge, «A Inteligência Artificial como Auxiliar das Decisões Judiciais», Direito e Inteligência Artificial, Almedina, 2023, p. 203-227.

22 Projet de loi de programmation pour la justice 2018-2022, presentado par Emmanuel Macron en avril 2018. En Estonia: «Can AI Be a Fair Judge in Court? Estonia Thinks So», WIRED, marzo 2015.

23 Artículo 202.º da la Constitución de la República Portuguesa.

precedentes, como el americano o inglés, que utiliza sistemas algoritmos predictivos (COMPAS o HART, por ejemplo) que calculan la reincidencia o prognosis de peligrosidad, aunque equilibrado con intervención humana final; es muy diverso de los sistemas romano-germánicos, caracterizados por la plena independencia de análisis del Juez en cada caso concreto *sub judice*[24]. Estos sistemas suscitan grandes preocupaciones de transparencia y de garantías de no discriminación, que afectan incluso a los datos que alimentan el algoritmo.

No se trata de rechazar la utilización auxiliar de la inteligencia artificial, en la tramitación procesal, ejecutando automatismos, trabajando información con herramientas de análisis, incluso para auxiliar a la investigación, o anonimizando información; analizando, tratando, clasificando e gestionando documentos; compilando jurisprudencia, textos jurídicos y legales, con motores de bsqueda, con *chatbots* de información jurídica; haciendo propuestas de textos básicos, potenciando la calidad y la eficiencia, siempre respetando la igualdad en la utilización de mecanismos entre las partes procesales[25].

También la reciente regulación europea fija límites a la utilización de la inteligencia artificial en el ámbito de la Justicia.

Sin embargo, la decisión puramente administrativa, nada impide que pueda valerse de *software* para decidir, incluso en el área de justica (registros, nacionalidad...), siempre que existan circunstancias predefinidas, y que se respeten las garantías.

---

24 Rodrigues, Anabela Miranda, «Inteligência Artificial no Direito Penal – Justiça preditiva entre a americanização e a europeização», *A Inteligência Artificial no Direito Penal*, Almedina, Coimbra, 2022, p. 11-48.

25 La *Carta Portuguesa de Direitos Humanos na Era Digital*, aprobada en la Lei n.º 27/2021, de 17 de mayo, artículo 9, establece principios y derechos en el uso de la inteligencia artificial.

Ya es una realidad el recurso a la Inteligencia Artificial para la toma de decisiones administrativas automatizadas de intervención humana cero. Por ejemplo, para automatizar la atribución de un beneficio, determinándose que todos aquelles que reciben una determinada prestación social hasta un determinado importe deben tener acceso automático a otra prestación, sin tener que solicitarla. Así se constituye una decisión administrativa de impulso cero, o un acto administrativo de impulso cero, que no necesita ser requerido, ni ser decidido en cada caso, por un humano. La intervención humana también existe, pero siempre es anterior, condicionando la fijación del algoritmo. Mas aún cuando estamos frente a cuestiones de ejercicio de poder administrativo automatizado[26].

En todo caso, siempre debe existir la posibilidad de recurso a un individuo humano, al menos para resolver un conflicto, al final del proceso cuando encontramos ante soluciones de simple automatización de una decisión administrativa vinculada.

Debe también puntualizarse que la inteligencia artificial tampoco puede sustituir a la decisión política y a la responsabilidad de los actores políticos en su discrecionalidad.

A continuación, destacaremos algunos límites al funcionamiento de la inteligencia artificial en el ámbito judicial.

2. *Los límites al funcionamiento de la Inteligencia Artificial en el ámbito de la Justicia*

En septiembre de 2024, ha sido firmado el Convenio Marco sobre Inteligencia Artificial del Consejo de Europa, el primer tratado internacional jurídicamente vinculante en materia de IA, en consonancia con la primera normativa global sobre inte-

---

26 Más información en: Sarmento e Castro, Catarina, www.administraçãopública.pt, Coimbra, 2019.

ligencia artificial, la Ley de inteligencia artificial de la UE. Este tratado incorpora el enfoque basado en el riesgo, en la transparencia y respecto de los derechos humanos, prohibición de discriminación, garantía de supervisión humana e identificación de los contenidos.

También el reciente Reglamento europeo de inteligencia artificial de la Unión Europea, de 13 de junio de 2024, establece normativa para que todos los sistemas sean seguros y respetuosos con los derechos humanos, estableciendo exclusiones de utilización, rango de riesgos y mecanismos de evaluación. El Reglamento es un marco jurídico uniforme, que instituye normas comunes para la introducción en el mercado, la puesta en servicio y la utilización de los sistemas de inteligencia artificial, estableciendo requisitos para sistemas de inteligencia artificial de alto riesgo y obligaciones a su operador o responsable del despliegue, armonizando normas de transparencia, o prohibiendo determinadas prácticas[27].

El ejercicio de funciones jurisdiccionales realizado con sistemas de inteligentes no es considerado en lo Reglamento europeo una de esas excepciones de utilización totalmente prohibida de la inteligencia artificial (de riesgo inaceptable).

El uso de herramientas inteligentes en el ámbito de la actividad jurisdiccional de los tribunales es considerado de alto riesgo (Anexo III, punto 8).

---

27 Reglamento (UE) 2024/1689 del Parlamento Europeo y del Consejo, de 13 de junio de 2024, por el que se establecen normas armonizadas en materia de inteligencia artificial y por el que se modifican los Reglamentos (CE) nº 300/2008, (UE) nº 167/2013, (UE) nº 168/2013, (UE) 2018/858, (UE) 2018/1139 y (UE) 2019/2144 y las Directivas 2014/90/UE, (UE) 2016/797 y (UE) 2020/1828 (Reglamento de Inteligencia Artificial).

Los «Sistemas de IA destinados a ser utilizados por una autoridad judicial, o en su nombre, para ayudar a una autoridad judicial en la investigación e interpretación de hechos y de la ley, así como en la garantía del cumplimiento del Derecho a un conjunto concreto de hechos» (Anexo 3, punto 8) son sistemas de alto riesgo, ya que pueden hacer peligrar los derechos fundamentales a la tutela judicial efectiva, al juez independiente, al derecho a la defensa y presunción de inocencia, y, en general, a las libertades individuales (Preámbulo, punto 61).

El Reglamento establece el deber de asegurar garantías más fuertes siempre que se utilicen herramientas de inteligencia artificial en los tribunales: se imponen requisitos obligatorios que garanticen su fiabilidad, siendo sometidos a procedimientos de evaluación de conformidad antes de su introducción (artículo 43 de lo Reglamento), con el objetivo de proteger derechos fundamentales frente a los riegos derivados de la opacidad, complejidad, dependencia de datos y comportamiento autónomo de los sistemas de inteligencia artificial.

Para garantizar que la herramienta inteligente es confiable, la evaluación de conformidad, realizada *ex ante*, verifica si lo sistema de alto riesgo cumple los requisitos obligatorios:

- Se exige la verificación de existencia de documentación técnica actualizada para demonstrar el cumplimiento de los requisitos siempre que sea necesario (artículo 11 del Reglamento); y la trazabilidad, mediante la obligación de conservación de registros de eventos (artículo 12 del Reglamento);
- A los sistemas de alto riesgo se les impone la exigencia de supervisión humana (artículo 14 del Reglamento). Así, la vigilancia efectiva por personas físicas será siempre imprescindible cuando sea utilizado un sistema auxiliar para tribunales, en el ámbito decisorio. La supervisión humana obliga a que exista poder para cambiar decisiones de máquinas, interrumpir su funcionamien-

to, descartar, invalidar o revertir los resultados; solución además, también exigida por el artículo 22 del Reglamento General de Protección de Datos, que garantiza que ninguna persona sea objeto de decisión automatizada que produzca efectos jurídicos en ella, o le afecte significativamente.

Otro requisito especialmente importante es la explicabilidad de los sistemas de Inteligencia Artificial. A los usuarios y destinatarios debe garantizárseles que las decisiones tomadas pueden ser escrutadas, también como forma de garantizar una vía de recurso efectiva (Preámbulo, punto 59, del Reglamento)[28].

Consecuentemente, se rechaza la utilización de sistemas que no permiten garantizarlo –ya que, en algunas situaciones-cerrar guión, ni siquiera sus propios creadores acompañan su evolución: son los denominados algoritmos de caja negra (*blackbox*, de *Deep learning*). Algunas veces, incluso los que crean el algoritmo tendrán dificultades para comprender su funcionamiento. Lo que perjudicaría, por ejemplo, la fundamentación que debe acompañar una sentencia, explicando correlaciones algorítmicas.

Aunque se admita en virtud de la legislación interna, el Reglamento señala el carácter problemático del uso de los polígrafos y otras herramientas similares utilizadas para evaluar la fiabilidad de las pruebas durante la investigación, para evaluar los riegos de que alguien cometa un delito, o el enjuiciamiento penal. Los sistemas destinados a evaluar personas, o construir perfiles, impactan en sus derechos de defensa cuando

---

28 Sobre transparencia algorítmica: Orofino, Angelo Giuseppe, «The Implementation of the Transparency Principle in the Development of Electronic Administration», *European Review of Digital Administration and Law* - ERDAL, Vol 1, n.º 1 y 2, junio-diciembre, 2020, p. 123-142.

se verifica que existe dificultad para obtener información explicativa sobre su funcionamiento (Preámbulo, punto 59, del Reglamento)[29].

Los sistemas de Justicia deben basarse en reglas claras identificables, por eso siempre deben considerarse excluidos aquellos otros sistemas que sean opacos.

La normativa europea tiene también por objetivo (artículo 15) la precisión del sistema (la mayor resistencia posible a errores, fallos o incoherencias), su solidez (mecanismos de redundancia técnica), ciberseguridad (resistencia a los intentos de modificación de terceros), y privacidad (respeto a la normativa de protección de datos).

Además, se determina la implementación de un sistema de gestión de la calidad (artículo 17 de lo Reglamento): de la calidad del algoritmo, y de la calidad de los datos.

Para garantizar la conformidad de los sistemas con los requisitos, y reducir los riesgos, se impone que sean implementados sistemas de gestión de la calidad y de los riesgos, en proceso iterativo y continuo, durante todo el ciclo de vida el sistema (artículo 9 del Reglamento).

---

[29] Para la realidad portuguesa: Rodrigues, Anabela Miranda, «Inteligência Artificial no Direito Penal – Justiça preditiva entre a americanização e a europeização», *A Inteligência Artificial no Direito Penal*, Almedina, Coimbra, 2022, p. 11-48; Sousa, Susana Aires de, «Não fui eu, foi a máquina": Teoria do crime, responsabilidade e inteligência artificial», *A Inteligência Artificial no Direito Penal*, Almedina, Coimbra, 2022, p. 59-93; Fidalgo, Sónia, «A utilização da Inteligência artificial no âmbito da prova digital – Direitos Fundamentais (ainda mais) em perigo», *A Inteligência Artificial no Direito Penal*, Almedina, Coimbra, 2022, p. 129-161.

Los sistemas de inteligencia artificial de alto riesgo deberán registrarse en una base de datos pública de la UE (artículos 49 y 71 del Reglamento).

También deben considerarse de alto riesgo los sistemas de Inteligencia Artificial destinados a ser utilizados por los organismos de resolución alternativa de litigios con esos fines, cuando los resultados de estos procesos surtan efectos jurídicos para las partes (Anexo III, punto 8)[30].

Para todos los sistemas, independiente del rango del riesgo, es importante la transparencia. Ella resulta de varios factores como la trazabilidad, la explicabilidad, y asimismo, debe hacer «que las personas sean conscientes de que se comunican o interactúan con un sistema de IA e informe debidamente a los responsables del despliegue acerca de las capacidades y limitaciones de dicho sistema de IA y a las personas afectadas acerca de sus derechos» (Preámbulo, punto 134). En algunos casos se obliga, por ejemplo, cuando se altera una imagen, audio o video, a hacer público que tal contenido fue manipulado.

Las obligaciones precedentes tienen por objetivo garantizar la confianza de los ciudadanos en la utilización de la inteligencia artificial, su fiabilidad, la protección de los derechos fundamentales, del interés público y también, el camino de la innovación.

---

30 Hay algunas experiencias de sistemas digitales utilizados para resolución alternativa de litigios en línea, para conflictos de bajo valor: la más antigua, sin intervención humana, de Países Bajos, fue abandonada. La mayor parte son meramente plataformas de comunicación.

III. NOTAS FINALES: GOBERNANZA Y SESGOS

Como se ha mencionado, Portugal ya está incorporando mecanismos de inteligencia artificial en la Justicia, sea en los servicios administrativos, sea en los tribunales.

Todavía, en el ámbito jurisdiccional, su utilización está restringida a los sistemas de soporte en la toma de decisiones. Estos sistemas, aunque considerados de alto riesgo en la normativa europea, son admisibles cuando cumplan requisitos destinados a garantizar su fiabilidad y respecto de los derechos humanos. Las decisiones jurisdiccionales finales, pudiendo ser apoyadas por Inteligencia Artificial, deben seguir siendo una actividad humana. La última decisión de fondo será siempre del Juez, que continúa teniendo la responsabilidad, y no de la máquina auxiliar.

La Inteligencia Artificial es una herramienta dotada de características de autonomía y adaptabilidad, que, basada en información, realiza inferencias que influyen en la vida de organizaciones privadas y públicas, incluso en órganos de soberanía, y, desde luego, en los destinatarios de su acción: personas y empresas.

Cotidianamente, los organismos de Administración Pública en el ámbito de la Justicia y de los Tribunales, recogen y trabajan intensivamente grandes cantidades de datos, materia prima que puede utilizarse para buscar soluciones inteligentes. Los datos se constituyen como fuente esencial al funcionamiento de la inteligencia artificial. La calidad de una decisión siempre depende de la calidad de los datos. Su tratamiento, y gestión adecuada, su integridad, perfección, solidez, ausencia de errores, sistematización y transversalidad, son de relevancia determinante para la incorporación de mecanismos fiables de inteligencia artificial en la actuación de la Administración Pública y de los tribunales en materia de Justicia. En esos datos se basará el aprendizaje de las herramientas inteligentes. Los datos de lo que aprende la inteligencia artificial condicionan los resultados de su actuación. Y de ellos resultaran consecuencias, algunas de importancia cardinal en la vida de ciudadanos y empresas.

Así, se reserva las notas finales para destacar la importancia de la definición de una estrategia de gobernanza de datos, que asume protagonismo capital en el futuro de la inteligencia artificial en el ámbito de la Justicia[31].

Al mismo tiempo, se hace notar que la calidad de esa materia prima informacional, su recogida y tratamiento posterior, puede impactar en el resultado final. La calidad de los datos es fundamental, también por impactar en la calidad del algoritmo[32].

A los que piensan que la máquina puede ser más recta que el ser humano, y más imparcial, lo que será una ventaja de su utilización; han de recordar que la máquina también puede tener prejuicios, sea por los datos inseridos –que determinan la solución adoptada– sea por que el algoritmo valora algunos aspectos y descuida otros. Los sesgos humanos pueden transmitirse a la máquina, al *software*, condicionando su concepción y, consecuentemente, los resultados de su acción.

Un ejemplo: es esencial garantizar la participación de las mujeres en la construcción de tecnologías, asegurando que la inteligencia artificial no es concebida solamente en función de lo masculino. Siendo igualmente fundamentales los datos utili-

---

31 En 2023, fue reforzado el *Portal Nacional de Datos Abiertos*, en: dados.gov, plataforma para datos públicos, con más 63 nuevos conjuntos de datos libremente consultables, por ejemplo, la duración media de los procesos.

32 También así: Marongiu, Daniele, «L'intelligenza artificial "istituzionale: limiti (attuali) e potenzialità», *European Review of Digital Administration and Law* - ERDAL, Vol 1, n.º 1 y 2, junio-deciembre, 2020, p. 37-53.

zados, ya que, en realidad, muchos de los datos utilizados en la base de construcción de *software* no consideran la especificidad femenina[33].

Consecuentemente, todos los sistemas deben garantizar la no discriminación, y la igualdad de género, y cumplir las normativas de protección de datos.

Las garantías son particularmente importantes para que del diseño o de la calidad de los datos empleados, del desarrollo y de la utilización de inteligencia artificial, no resulte discriminación algorítmica (artículo 10 del Reglamento).

---

[33] Se puede ler: Criado Pérez, Carolina (2019), *Invisible Women: Exposing Data Bias in a World Designed for Men*, Chatto & Windus, Abrams.

Inteligencia artificial y derechos humanos en México

GUSTAVO AGUILERA IZAGUIRRE
Universidad Autónoma del Estado de México

I. INTRODUCCIÓN

La inteligencia artificial (IA) ha transformado muchos aspectos de la vida moderna, desde la automatización de tareas rutinarias hasta la creación de sistemas inteligentes capaces de tomar decisiones complejas. La IA abarca una amplia gama de tecnologías, incluyendo aprendizaje automático, procesamiento de lenguaje natural y robótica, entre otras. Estas tecnologías han generado un impacto significativo en diversos sectores, tales como la medicina, la educación, la industria y el entretenimiento.

Sin embargo, con el avance de la IA también surgen importantes consideraciones éticas y legales, especialmente en relación con los derechos humanos. Los derechos humanos son principios fundamentales que garantizan la dignidad y el respeto de todas las personas, independientemente de su nacionalidad, sexo, origen étnico, religión o cualquier otra condición.

II. ORIGEN DE LA IA

En 1956, durante la Conferencia de Dartmouth, en Hanover, New Hampshire, Estados Unidos, John McCarthy acuñó el término 'inteligencia artificial (IA)' y se convirtió en el padre de esta rama de la ciencia. La IA es definida como "la capacidad de las máquinas para usar algoritmos, aprender de los datos y utilizar lo aprendido en la toma de decisiones tal y como lo haría un ser humano", y se le conoce como la ciencia de los datos, ya que estos son su insumo fundamental (Legislativo, 2024)

III. CONCEPTO DE INTELIGENCIA ARTIFICIAL (IA)

La mayoría de los autores coinciden que no siempre está claro cuando se aborda lo referente a la IA ya que se han proporcionado diferentes definiciones al respecto. Por ello se sugiere que en primer término establezcamos una definición acerca de lo que significa o abarca el concepto de IA.

El concepto de "inteligencia artificial" (IA) alude a la simulación de procesos de inteligencia humana por parte de máquinas y programas informáticos. Estos sistemas están desarrollados para realizar tareas que, si las llevara a cabo el ser humano requerirían el uso de inteligencia, como el aprendizaje, la toma de decisiones, el reconocimiento de patrones y la resolución de problemas. Por ejemplo, gestionar enormes cantidades de datos estadísticos, detectar tendencias y aventurar recomendaciones según las mismas o, incluso, llevarlas a cabo (Iberdrola, 2024).

Según la Organización Mundial de la Propiedad Intelectual (OMPI), la IA se considera generalmente un campo dentro de la informática que tiene como objetivo desarrollar máquinas y sistemas capaces de realizar tareas que normalmente requieren inteligencia humana, como percepción, interacción con el lenguaje o resolución de problemas. La IA se basa en algoritmos, que se traducen en código informático que contiene instrucciones para el análisis rápido y la transformación de datos en conclusiones, información u otros resultados (ONU, 2024).

Ahora bien, a partir de las definiciones señaladas anteriormente, nos damos cuenta que la IA tiene el potencial de proporcionar enormes beneficios para la humanidad. Podría mejorar las previsiones estratégicas, democratizar el acceso al conocimiento, incrementar el ritmo de los avances científicos, y aumentar la capacidad para poder procesar enormes cantidades de información. Pero, para poder aprovechar todo este potencial, hemos de asegurarnos de que las ventajas pesan más que los riesgos, y además, necesitamos imponer límites.

IV. DERECHOS HUMANOS E IA

Teniendo en cuenta el enorme impacto que puede tener la inteligencia artificial en nuestra sociedad y la necesidad de que suscite confianza, resulta clave que la inteligencia artificial europea se asiente en nuestros valores y derechos fundamentales, como la dignidad humana y la protección de la privacidad.

Como señaló Philip Alston, relator especial para la pobreza extrema en 2019 ante el secretario general de las Naciones Unidas, necesitamos trabajar para que las herramientas tecnológicas no sean las nuevas causantes de más desigualdad entre quienes menos tienen en el mundo (UNESCO, 2024).

La paradoja es evidente y la oportunidad para actuar es una cuestión de discusión global. Tenemos pruebas sobre el rumbo que podría tomar la inteligencia artificial si no se gestiona adecuadamente, con numerosos ejemplos: personas consideradas más propensas a delinquir debido a algoritmos de inteligencia artificial sesgados contra afrodescendientes o latinos; sistemas de reconocimiento facial basados en estereotipos; amenazas a la democracia, sus procesos electorales y la confianza en sus instituciones debido a la desinformación, la difusión de discursos de odio y la cibervigilancia.

Necesitamos un marco ético que impida la manipulación de comportamientos sociales, la exacerbación de las desigualdades, la profundización de los sesgos, el fomento del extremismo y la radicalización, el daño a la diversidad y la erosión de los derechos humanos y las libertades fundamentales que sustentan nuestras democracias.

En 2021, la UNESCO, por encargo de sus 193 Estados Miembros, aprobó el primer instrumento normativo global titulado "Recomendación sobre la Ética de la Inteligencia Artificial". La Conferencia General de la Organización de las Naciones Unidas para la Educación, la Ciencia y la Cultura (UNESCO), reunida en París del 9 al 24 de noviembre de 2021, en su 41ª reunión, señala que las tecnologías de la IA pueden ser de gran utilidad para la humanidad y que todos los países pueden beneficiarse de ellas, pero que también suscitan preocupaciones éticas fundamentales, por ejemplo, en relación con los sesgos que pueden incorporar y exacerbar, lo que puede llegar a provocar discriminación, desigualdad, brechas digitales y exclusión y suponer una amenaza para la diversidad cultural, social y biológica, así como generar divisiones sociales o económicas; la necesidad de transparencia e inteligibilidad del funcionamiento de los algoritmos y los datos con los que han sido entrenados; y su posible impacto en, entre otros, la dignidad humana, los derechos humanos y las libertades fundamentales, la igualdad de género, la democracia, los procesos sociales, económicos, políticos y culturales, las prácticas científicas y de ingeniería, el bienestar animal y el medio ambiente y los ecosistemas (UNESCO, Recomendación sobre la Etica en la Inteligencia Artifical, 2022).

Al mismo tiempo, reconoce que las tecnologías de la IA también pueden agravar las divisiones y desigualdades existentes en el mundo, dentro de los países y entre ellos. Es preciso defender la justicia, la confianza y la equidad para que ningún país y ninguna persona se queden atrás, ya sea mediante el acceso equitativo a las tecnologías de la IA y el disfrute de los beneficios que aportan o mediante la protección contra sus consecuencias negativas, reconociendo, al mismo tiempo, las diferentes circunstancias de los distintos países y respetando el deseo de algunas personas de no participar en todos los avances tecnológicos.

En virtud de lo anterior y a partir de este documento se recomienda que los Estados Miembros apliquen, de manera voluntaria, las disposiciones de la Recomendación mediante la adopción de las medidas adecuadas, en particular las medidas legislativas o de otra índole que puedan ser necesarias, de acuerdo con la práctica constitucional y las estructuras de gobierno de cada Estado, con el fin de dar efecto en sus respectivas jurisdicciones a los principios y normas enunciados en la Recomendación, de conformidad con el derecho internacional, incluido el derecho internacional de los derechos humanos.

Asimismo, recomienda también a los Estados Miembros que hagan partícipes a todas las partes interesadas, incluidas las empresas, para asegurarse de que desempeñan sus respectivas funciones en la aplicación de la Recomendación y que la señalen a la atención de las autoridades, organismos, organizaciones universitarias y de investigación, instituciones y organizaciones de los sectores público, privado y de la sociedad civil que participan en las tecnologías de la IA, para que el desarrollo y la utilización de esas tecnologías se guíen tanto por una investigación científica sólida como por un análisis y una evaluación éticos.

Dentro de los objetivos de esta recomendación esta precisamente proteger, promover y respetar los derechos humanos y las libertades fundamentales, la dignidad humana y la igualdad, incluida la igualdad de género; salvaguardar los intereses de las generaciones presentes y futuras; preservar el medio ambiente, la biodiversidad y los ecosistemas; y respetar la diversidad cultural en todas las etapas del ciclo de vida de los sistemas de IA (UNESCO, Recomendación sobre la Etica en la Inteligencia Artifical, 2022).

V. REGULACIÓN DE LA IA EN EUROPA

La UE es, en muchos sentidos, pionera en la regulación del ámbito digital desde una perspectiva garantista y de defensa del consumidor. Su Reglamento General de Protección de Datos (GDPR, por sus siglas en inglés), que entró en vigor en 2018, sentó un precedente para la regulación de datos a nivel global[2], puesto que inspiró otra legislación similar en Estados Unidos y China. Del mismo modo, la Ley de Inteligencia Artificial (*AI Act*), presentada por la Comisión Europea en 2021 y aún en negociación, constituye uno de los esfuerzos regulatorios más avanzados en este ámbito que puede marcar un nuevo estándar global (CIDOB, 2024).

Esta propuesta legislativa debe entenderse en el contexto de otras iniciativas que forman parte de la política europea en materia de inteligencia artificial, iniciada en 2018. Estas incluyen, entre otras, la Estrategia Europea de Inteligencia Artificial (2018), las Directrices Éticas para una IA Fiable (2019), elaboradas por el Grupo de Expertos de Alto Nivel sobre IA; y, el Libro Blanco de la UE sobre IA (2020).

Actualmente, la Ley de Inteligencia Artificial, acordada en negociaciones con los Estados miembros en diciembre de 2023, fue respaldada por la Eurocámara con 523 votos a favor, 46 en contra y 49 abstenciones. Su propósito es proteger los derechos fundamentales, la democracia, el Estado de derecho y la sostenibilidad medioambiental frente a la IA de alto riesgo, al mismo tiempo que impulsa la innovación y posiciona a Europa como líder del sector. El Reglamento establece una serie de obligaciones para la IA basadas en sus riesgos potenciales y su nivel de impacto. Entró en vigor en 2024 y representa una regulación innovadora basada en el riesgo asociado a la IA. Junto con la Ley de Mercados Digitales (DMA) y la Ley de Servicios Digitales (DSA), conforman un enfoque integral sobre cómo las autoridades buscan gobernar el uso de la IA y la tecnología de la información en la sociedad (Europeo, 2024).

Específicamente, la Ley de la IA persigue dos objetivos fundamentales: a) regular los usos de la IA con el fin de abordar los beneficios y riesgos de esta tecnología, y b) crear un espacio seguro para la innovación en IA que cumpla con un alto nivel de protección del interés público, la seguridad y los derechos y libertades fundamentales. Asimismo, persigue la conformación de un ecosistema de confianza que fomente la adopción de servicios de IA. Para ello, sigue un enfoque regulatorio basado en el riesgo; es decir, la ley aplica determinadas obligaciones y restricciones en función de cuatro niveles de riesgo derivados del uso de la IA (CIDOB, 2024).

VI. LA IA EN MÉXICO

En México, en el año 2013, se crea la Estrategia Digital Nacional, como el plan de acción que se implementó para construir un México Digital, en el que la tecnología y la innovación contribuyan a alcanzar las grandes metas de desarrollo del país. Los avances en diversas tecnologías disruptivas, representan oportunidades importantes para la generación de crecimiento económico, eficiencia en el gobierno y creación de valor social. Una de estas tecnologías es la Inteligencia Artificial.

Dentro del marco de la Estrategia Digital Nacional, la Estrategia de Inteligencia Artificial ocupa un lugar preponderante para encauzar las ventajas de su uso a fin de generar un mayor valor a cada mexicano y construir mecanismos de cooperación con la industria, sociedad civil, y la academia para establecerse como puntal en su adopción.

En el caso de México, se considera a la inteligencia artificial como un grupo de tecnologías digitales que permiten a las máquinas llevar a cabo tareas complejas que normalmente requieren inteligencia humana; y en lo general, puede dividirse en dos grandes campos:

- Inteligencia Artificial General, aquella en la que las máquinas son capaces de replicar por completo las capacidades intelectuales humanas, y hasta exhibir rasgos de conciencia. Dependiendo de los autores que se consulte, podría estar disponible en el periodo de 30, hasta 100 años.
- Inteligencia Artificial Específica, en donde tecnologías y técnicas como la minería de datos, aprendizaje profundo, aprendizaje de máquinas o redes neuronales artificiales son utilizadas para realizar acciones específicas, y que ya están disponibles para su uso en etapas iniciales (México, 2024).

VII. REGULACIÓN DE LA IA EN MÉXICO

Con el propósito de tratar los temas relacionados con la inteligencia artificial y la tecnología digital, se han hecho modificaciones al marco jurídico existente. En 2013, se incorporó al Artículo 6° de la Constitución Política de los Estados Unidos Mexicanos (CPEUM), el párrafo que establece que "el Estado garantizará el derecho de acceso a las tecnologías de la información y comunicación, así como a los servicios de radiodifusión y telecomunicaciones, incluido el de banda ancha e internet". Además, la Ley Federal de Telecomunicaciones y Radiodifusión retoma la política de inclusión digital universal, cuyo objetivo es brindar acceso a las tecnologías de la información y la comunicación, para cerrar la brecha digital existente entre individuos, hogares, empresas y áreas geográficas de distinto nivel socioeconómico (Diputados, 2024).

En un contexto donde el mal uso de la IA está entre una de las cuatro principales preocupaciones mundiales, los expertos aseguran que es urgente agilizar las discusiones en México para diseñar políticas públicas correctas que permitan tener una regulación que garantice la protección de los derechos humanos sin que la innovación y los ingresos, que esta tecnología podría generar en el país durante 2024, se vean afectados (Financiero, 2024).

El Congreso de la Unión ha promovido algunos foros de discusión en materia de IA. Una iniciativa surgida en el Congreso es la Alianza Nacional de Inteligencia Artificial (ANIA) que fue presentada en abril de 2023 en el Senado como un mecanismo multifactorial que tiene como objetivo los retos, beneficios e impactos de la IA para el diseño de políticas públicas, regulación y modelo de gobernanza, el cual tiene conformadas mesas de trabajo.

Actualmente, existen 31 iniciativas en el Senado para regular la Inteligencia Artificial, sin embargo, 28 de ellas están relacionadas con la tipificación de delitos que se puedan cometer mediante esta tecnología y, sólo dos, plantean reformas constitucionales para regular la IA (Autor, 2024).

En cuanto a iniciativas legislativas, identificamos iniciativas de diputados de la LXV Legislatura en materia de IA, entre ellas resulta pertinente mencionar, para la presente recomendación, la que fue turnada, en marzo de 2023, a la Cámara de Diputados, con un Proyecto de Decreto por el que se expide la Ley de Regulación Ética de la Inteligencia Artificial y la Robótica. En dicho proyecto, integrado por 17 artículos, se propone establecer lineamientos de políticas públicas para la regulación ética de la IA y la Robótica en México, la creación del Consejo Mexicano de Ética para la Inteligencia Artificial y la Robótica conformado con 14 ciudadanos mexicanos, y la creación de la Red Nacional de Estadística de uso y monitoreo de Inteligencia Artificial y Robótica. Además, dentro del objeto del Proyecto de Ley se incluye promover la creación de normas oficiales mexicanas basadas en principios éticos, para el buen uso de la IA y la Robótica en beneficio de la sociedad mexicana respetando los derechos humanos, paridad de géneros y sin discriminación (Diputados, 2024).

Dicho proyecto de Decreto por el que se expide la Ley para la Regulación Ética de la Inteligencia Artificial y la Robótica consta de 19 artículos distribuidos en tres capítulos: I Disposiciones Generales, II Del Consejo Mexicano de Ética para la Inteligencia Artificial y la Robótica, y III De la Ética en el Desarrollo, Creación y Uso de la Inteligencia Artificial y la Robótica en los Estados Unidos Mexicanos, así como dos artículos Transitorios (Gobernación, 2024).

VIII. CONCLUSIONES

La inteligencia artificial tiene el potencial de transformar significativamente diversos sectores en México, incluyendo la medicina, la educación y la administración de justicia. Sin embargo, su implementación también plantea serios desafíos éticos y legales, especialmente en relación con los derechos humanos. Es esencial abordar estos desafíos de manera crítica para asegurar que la IA beneficie a todos sin generar nuevas formas de desigualdad o discriminación.

La regulación de la IA debe ser robusta y estar orientada a proteger los derechos fundamentales. La UNESCO y la Unión Europea han tomado pasos importantes en este sentido, estableciendo recomendaciones y leyes que buscan regular el uso de la IA en función de su riesgo. México también necesita desarrollar e implementar un marco ético y legal que garantice que la IA se use de manera justa y equitativa.

La experiencia europea, con su enfoque pionero en la regulación digital, puede servir como modelo para México. La

Ley de Inteligencia Artificial de la UE establece obligaciones basadas en el riesgo y busca equilibrar la protección de los derechos fundamentales con la promoción de la innovación. México puede aprender de este enfoque para desarrollar su propia regulación efectiva de la IA.

México ha comenzado a abordar la regulación de la IA mediante iniciativas legislativas y la creación de estrategias nacionales. Sin embargo, estas iniciativas aún están en etapas iniciales y enfrentan desafíos, como la necesidad de agilizar las discusiones políticas y diseñar políticas públicas adecuadas que protejan los derechos humanos sin frenar la innovación.

El Proyecto de Ley en México que propone la creación del Consejo Mexicano de Ética para la Inteligencia Artificial y la Robótica es un paso positivo. Este proyecto busca establecer lineamientos éticos y promover normas oficiales mexicanas que aseguren el uso responsable de la IA, respetando los derechos humanos y la igualdad de género.

Es crucial que las tecnologías de la IA no exacerben las divisiones y desigualdades existentes. La regulación debe asegurar el acceso equitativo a estas tecnologías y proteger a todos los sectores de la sociedad de sus posibles consecuencias negativas. La participación de todas las partes interesadas, incluidas las empresas y la sociedad civil, es vital para el desarrollo y la implementación de estas regulaciones.

Con un marco regulatorio adecuado, México tiene la oportunidad de posicionarse como un líder en la adopción ética y responsable de la IA. Esto requiere un compromiso continuo para equilibrar la innovación tecnológica con la protección de los derechos humanos y la promoción de la igualdad y la justicia social.

IX. BIBLIOGRAFÍA

Autor, I. (mayo de 2024). Obtenido de https://institutoautor.org/mexico-la-alianza-nacional-de-inteligencia-artificial-publica-su-propuesta-sobre-inteligencia-artificial-para-el-periodo-2024-2030/

CIDOB. (05 de 2024). Obtenido de https://www.cidob.org/publicaciones/inteligencia-artificial-y-ciudades-la-carrera-global-hacia-la-regulacion-de-los

Diputados, C. d. (mayo de 2024). Obtenido de https://comunicacionsocial.diputados.gob.mx/index.php/boletines/impulsan-iniciativa-para-expedir-la-ley-de-regulacion-tica-de-la-inteligencia-artificial-y-la-robotica

Diputados, C. d. (2024). Obtenido de https://www.diputados.gob.mx/LeyesBiblio/pdf/LFTR.pdf

Europeo, P. (mayo de 2024). Obtenido de https://www.europarl.europa.eu/news/es/press-room/20240308IPR19015/la-eurocamara-aprueba-una-ley-historica-para-regular-la-inteligencia-artificial

Financiero, E. (2024). Obtenido de https://www.elfinanciero.com.mx/empresas/2024/02/06/urgen-regular-ia-en-mexico-antes-de-que-termine-el-sexenio/

Geographic, N. (mayo de 2024). *national geographic.* Obtenido de https://www.nationalgeographic.com.es/ciencia/breve-historia-visual-inteligencia-artificial_14419

Gobernación. (junio de 2024). Obtenido de http://sil.gobernacion.gob.mx/Archivos/Documentos/2023/04/asun_4543395_20230413_1680209417.pdf

Iberdrola. (junio de 2024). *Iberdrola.* Obtenido de https://www.iberdrola.com/innovacion/historia-inteligencia-artificial

Legislativo, C. P. (2024). Obtenido de https://comunicacionsocial.diputados.gob.mx/revista/index.php/nuestros-centros/acciones-legislativas-sobre-inteligencia-artificial

México, G. d. (05 de 2024). Obtenido de https://www.gob.mx/epn/articulos/objetivos-de-la-estrategia-digital-nacional

ONU, C. R. (05 de 2024). *UNRIC.* Obtenido de https://unric.org/es/el-debate-de-la-inteligencia-artificial-en-la-onu/

UNESCO. (2022). *Recomendación sobre la Etica en la Inteligencia Artifical.* París: UNESCO.

UNESCO. (05 de 2024). *UNESCO.* Obtenido de https://www.unesco.org/es/articles/hacia-una-inteligencia-artificial-desde-un-enfoque-de-derechos-humanos-articulo-de-opinion

La necesidad de una regulación internacional de los algoritmos y la inteligencia artificial en la era digital

CAMINO ÁLVAREZ DE TOLEDO VAQUERO
Universidad de León, España

I. FENÓMENOS TECNOLÓGICOS EMERGENTES

La proliferación de Internet y el uso generalizado de nuevas tecnologías de vanguardia, entre las cuales se incluyen desde sistemas de procesamiento *big data* hasta la Inteligencia Artificial, han transformado profundamente nuestra realidad. Han supuesto una auténtica revolución respecto a la manera en la que las personas nos comunicamos y conectamos, la inmediatez con la que accedemos a la información, la rapidez de los mensajes y el valor que otorgamos a la información recibida de nuestros contactos.

En un contexto donde la información irrelevante abunda (Harari, 2018), cada día se vuelve más fácil descontextualizar lo que leemos y compartimos (Dumortier, 2010), dentro de una estructura en red, sin jerarquías. Esto plantea interrogantes sobre la aplicación de las normas, criterios y principios que tradicionalmente han permitido a los actores jurídicos abordar complejos desafíos en los que entran en conflicto diferentes bienes jurídico-constitucionales que merecen protección (Simón, 2021.

La expansión de nuevas técnicas de recogida, interpretación y procesamiento de datos a gran escala, tanto personales como no personales, y su aplicación mediante sistemas expertos que emulan el pensamiento y comportamiento humano o que siguen una lógica racional (Kaplan, 2017), plantea desafíos significativos. En este escenario, los algoritmos y la Inteligencia Artificial están cada vez más integrados en diversas áreas de la actividad humana, creando un desafío urgente para garantizar que su desarrollo y aplicación respeten los derechos fundamentales.

Esta necesidad ha creado y alimentado una carrera global entre superpotencias, foros y organizaciones internacionales, empresas, organizaciones públicas y organizaciones privadas; para establecer y desarrollar estándares que gobiernen y regulen los fenómenos algorítmicos y tecnológicos emergentes.

II. BREVE APROXIMACIÓN A LOS ALGORITMOS Y A LA INTELIGENCIA ARTIFICIAL

A modo introductorio, las predicciones algorítmicas han reemplazado a los juicios de valor emitidos por expertos debido a su mayor capacidad para adaptarse a los cambios sociales en comparación con las personas. Por esta razón, la mayor aplicación de los algoritmos se encuentra en el sector privado, como en el cálculo de los índices de siniestralidad con la finalidad de determinar la cuantía de las primas de seguros, la personalización de recomendaciones en tiendas *online* ofreciendo productos concretos a sus clientes o el análisis de riesgos bancarios en la concesión de préstamos hipotecarios por parte de entidades financieras (Huergo, 2020).

Como consecuencia de todo ello, su implementación plantea desafíos éticos y legales relacionados con la transparencia y la equidad. Específicamente, en el ámbito del Derecho han sido empleados con notable fortuna en procesos de análisis de datos legales, predicciones de resultados de casos y asistencia legal automatizada, o el establecimiento de reglas lógicas para alcanzar una respuesta que emule, como decía, la forma de pensar o actuar de los humanos. Algunos autores sostienen que *somos ya esclavos de la tiranía de los algoritmos* (Edwards & Veale, 2017).

Debido a este rico contenido, es complicado enumerar las características legales de los algoritmos, ya que son diferentes entre sí. Sin embargo, sabemos que son únicamente un tipo de algoritmo aquellas predicciones algorítmicas que plantean problemas específicos, y desde el punto de vista de las implicaciones derivadas de su materialización y su capacidad performativa, la figura del algoritmo se convierte en crucial al integrar características fundamentales para la economía, la acción colectiva y el trabajo social, la gestión de las redes de gobernanza y las relaciones humanas; siendo todos estos valores importantes para comprender cómo influye la figura en nuestra cultura, política y gobernanza.

Más allá de todo ello, como consecuencia de que los algoritmos jueguen un papel cada vez más importante en las interacciones entre individuos y organizaciones, la proliferación de su uso está afectando de forma directa a principios esenciales para el buen funcionamiento de nuestras instituciones democráticas, como la justicia, la equidad, la igualdad y la democracia misma (Lazer, 2015). En este contexto, es posible admitir que los algoritmos afectan a la acción de gobernar, siendo fundamental entender el potencial de los algoritmos y sus fortalezas para posteriormente conocer las áreas en las que influyen directamente en la sociedad y la gobernanza pública (Criado *et al.*, 2020b).

Por otra parte, la Inteligencia Artificial, considerada como un sistema que procesa datos humanos para producir subdatos artificiales (Becerra, J; Ortega Ruiz, L.G., 2022), se enfoca en el desarrollo de algoritmos que soporten máquinas inteligentes basadas en el comportamiento de individuos y grupos -no únicamente de los seres humanos-, a través de la automatización de actividades, estudiando su aprendizaje y desarrollo, y mejorando las operaciones y resultados sin necesidad de requerir ayuda humana alguna. Las mencionadas definiciones tienen en cuenta el carácter científico del término y su lugar en el campo del conocimiento (Criado J. I., *et al.*, 2020 a).

Si a esto le sumamos la capacidad de incluir agoritmos en diferentes áreas de la vida de las personas con la finalidad de obtener datos con los que predecir determinados comportamientoa Inteligencia Artificial pasa a convertirse, juntos con todas sus aplicaciones, en la pieza central de los procesos de digitalización de un gran número de sociedades actuales y futuras.

III. RELACIÓN ENTRE LOS ALGORITMOS Y LA INTELIGENCIA ARTIFICIAL

Indudablemente, existe una estrecha relación entre la Inteligencia Artificial y los algoritmos que le dan vida, aunque la atención que se ha puesto a estos últimos desde el punto de vista de sus implicaciones ha sido muy escasa, especialmente en el ámbito de las Administraciones Públicas. De forma genérica, el propósito del algoritmo es aprovechar las ventajas de obtener y recopilar información de fuentes diversas y adaptarla para lograr resultados específicos (Janssen, M., y Kuk, G., 2016). Según la doctrina de estos autores, es necesario entender una característica esencial de los algoritmos para entender el concepto y su potencial: los algoritmos están diseñados para trabajar con datos, sistemas y personas en ámbitos socio-técnicos complejos, y co-evolucionan gracias a los mismos.

Como consecuencia de dicho potencial y de las capacidades mejoradas de ambas tecnologías para combinar datos y cambiar constantemente, se espera que los resultados, rendimientos e implicaciones de la Inteligencia Artificial y de los algoritmos superen a otras tecnologías anteriores.

La capacidad de adaptación y la adopción de estas tecnologías serán determinantes en la manera en que enfrentemos los desafíos y aprovechemos las oportunidades que nos ofrece este nuevo panorama tecnológico. En este contexto, es posiblefirmar, en primer lugar, que la generalización del uso de algoritmos para automatizar actuaciones en el ámbito jurídico ha impulsado una aceleración de estos cambios y, en segundo lugar, que la Inteligencia Artificial ha surgido en el mundo de las nuevas tecnologías y la digitalización como una nueva tendencia que altera profundamente la forma en que interactuamos, trabajamos y nos comunicamos en nuestra vida diaria.

Su impacto se hace evidente en la automatización de tareas, la personalización de servicios y la optimización de procesos, creando un entorno en constante cambio y adaptación. En este sentido, es posible afirmar que el derecho debe adaptarse constantemente a una realidad tecnológica que evoluciona velozmente.

Sin embargo, estas tecnologías, aunque beneficiosas, presentan riesgos que requieren un marco regulatorio robusto y coordinado a nivel internacional que se adapte a las necesidades de todos los individuos. A medida que la Inteligencia Artificial se integra cada vez más en la toma de decisiones críticas, desde el ámbito empresarial hasta el gubernamental, es crucial garantizar que su implementación se realice de manera justa, transparente y conforme a los derechos fundamentales de los ciudadanos.

Consecuentemente, sin desplazar la innovación y el desarrollo tecnológico como motores del progreso económico y social, es esencial reconocer el crecimiento exponencial y la influencia que los algoritmos y la Inteligencia Artificial han tenido en casi todas las sociedades actuales.

IV. TECNOLOGÍA Y NORMATIVIDAD

Cualquier debate sobre la Inteligencia Artificial y su gobernanza debe necesariamente tomar en consideración a las entidades u organizaciones que la diseñan, desarrollan, implementan y supervisan, así como a los individuos y relaciones sociales que se ven afectados por su uso.

Asimismo, es imprescindible que las deliberaciones sobre la regulación de esta tecnología aborden implicaciones técnicas, jurídicas y éticas, ya que el uso de la IA puede amenazar derechos fundamentales como el derecho a la privacidad, derecho a la no discriminación y el derecho a la protección de datos, además de tener potenciales impactos negativos sobre la democracia y el Estado de derecho, especialmente, en términos de su capacidad para influir en el discurso sociopolítico, manipular la opinión pública, limitar el acceso a la información y crear nuevas desigualdades.

En este escenario, se hace cada vez más imperativo que los gobiernos no solo fomenten políticas que impulsen la innovación en IA y nuevas tecnologías, sino que también implementen *medidas que les protejan contra las amenazas que plantea esta tecnología revolucionaria*, que se ha convertido en un componente crucial ocupando un lugar destacado en las estrategias de seguridad nacional de muchos países.

A nivel internacional, el *impulso competitivo por el liderazgo en el desarrollo de la Inteligencia Artificial* ha intensificado más aún las dinámicas competitivas en una "*carrera global*" entre grandes potencias, foros y organizaciones internacionales, así como empresas y organismos públicos y privados, por fijar los estándares que deben gobernar y regular el fenómeno de los algoritmos y las nuevas tecnologías. La misma se refleja en declaraciones de figuras prominentes como Elon Musk, fundador de las empresas *Tesla* y *SpaceX*, quien ha advertido en repetidas ocasiones respecto a los riesgos que esta tecnología podría representar para la humanidad si no se gestiona de manera adecuada, describiéndola como "*la mayor amenaza para nuestra existencia*", comparándola con "*invocar al demonio*", y abogando por una regulación proactiva a nivel mundial[1].

En consecuencia, junto a la *"carrera global por el desarrollo de la Inteligencia Artificial"*, se ha iniciado en la actualidad una *"carrera global por regular la Inteligencia Artificial"* en la que asumir el liderazgo en la implementación de regulaciones proporciona una ventaja competitiva significativa, ventaja nada despreciable.

Es fundamental reconocer que la implementación de regulaciones en el ámbito de la Inteligencia Artificial no solo permite asegurar un uso ético y responsable de esta tecnología, sino que también constituye una oportunidad para promover la confianza de la sociedad en su aplicación. Por lo tanto, siendo un imperativo proteger la privacidad y los derechos fundamentales de las personas en el tratamiento de datos personales, la normativa

---

1 *El año exacto en el que la Inteligencia Artificial superará al humano: lo confesó ELON MUSK.*" ECC. *El Cronista.* 22 de abril de 2024. *Online.* Disponible en https://www.cronista.com/infotechnology/Elon-Musk [Consultado el 6 de junio de 2024]. Elon Musk admitió en una entrevista celebrada en Abril de 2024 con Nicolai Tangen, director ejecutivo de Norges Bank Investment Management, que falta muy poco para que la tecnología se vuelva más inteligente que los humanos y las máquinas superen a los humanos tanto en tareas intelectuales como profesionales, concretamente su conjetura cierra la fecha a finales del año 2025.

internacional en materia de protección de datos es de obligado cumplimiento.

En este contexto, se abordará brevemente un análisis de la regulación de los algoritmos y la Inteligencia Artificial desde una perspectiva europea, evaluando los principios y normas que deben regular las aplicaciones de la IA, destacando la necesidad de un enfoque basado en los derechos humanos y en la ética.

V. MARCO NORMATIVO REGULATORIO EN MATERIA DE CIBERSEGURIDAD

Lo que antes podía considerarse una innovación emergente se ha convertido en una parte integral de la vida cotidiana, requiriendo una reflexión profunda y una adaptación del ordenamiento jurídico a esta nueva realidad tecnológica. En este contexto, el proceso de adaptación legislativa a la era de la Inteligencia Artificial y los algoritmos ha sido y continuará siendo complejo y conflictivo. Los legisladores no pueden ignorar la realidad tecnológica; sin embargo, enfrentan grandes desafíos para crear un marco regulatorio armonioso y coherente que aborde tanto las oportunidades como los riesgos asociados con estas tecnologías

La falta de una regulación unificada y clara a nivel global ha creado un mosaico de normativas que, aunque intentan abordar problemas o desafíos similares, ofrecen soluciones diversas y, en ocasiones, desembocan en una red confusa y a menudo contradictoria de disposiciones legales. Surge así la urgente necesidad de establecer una normativa legal integral y armonizada que coordine y unifique las diferentes regulaciones existentes relativas a la Inteligencia Artificial y a los algoritmos.

1. Legislación Internacional

El panorama global fragmentado que caracteriza la situación actual es, sin duda, atribuible a varios factores, entre los cuales destaca, en primer lugar, los múltiples significados ya analizados del propio concepto de *Inteligencia Artificial*. En segundo lugar, al igual que otras áreas de la gobernanza tecnológica global, este escenario fragmentado encuentra su causa en el hecho de que persisten diferencias ideológicas fundamentales entre los modelos de gobernanza tecnológica promovidos por los principales bloques regionales del planeta: China, Estados Unidos y la Unión Europea, con respecto a la regulación de datos y la gobernanza de la Inteligencia Artificial.

La confrontación entre estos modelos del mundo tiene importantes consecuencias geopolíticas, las cuales influyen de forma significativa en las iniciativas de otros actores del sistema internacional (Galceran-Vercher, M. 2023). En consecuencia, es importante comprender las diferencias clave entre estos enfoques, que pueden describirse en términos generales como el autoritarismo tecnológico chino, la autorregulación capitalistastadounidense y las regulaciones integrales garantistas de la UE. Todo ello debe de ser tomado en consideración junto con la ausencia de un marco regulatorio global promovido por organizaciones internacionales, ausencia que se debe a la dificultad para armonizar los intereses, normas y códigos de conducta entre las principales desarrolladoras de esta tecnología -las corporaciones privadas-, el gobierno y la ciudadanía.

Consecuentemente, en este contexto global caracterizado por la fragmentación, la gobernanza internacional de los algoritmos y la Inteligencia Artificial se organiza a través de una variedad de marcos legales e iniciativas dispersas y heterogéneas, promovidas por una multiplicidad de actores.

Hasta hoy en día, la totalidad de grandes potencias han publicado sus estrategias nacionales con el objetivo de promover el uso y desarrollo de la Inteligencia Artificial, y desde hace ocho años han comenzado -aunque no de manera muy efectiva- a coordinar esfuerzos en el contexto de foros intergubernamentales como el G7 o el G20.

Por su parte, determinadas organizaciones internacionales como la Organización de las Naciones Unidas para la Educación, la Ciencia y la Cultura (UNESCO) y la Organización para la Cooperación y el Desarrollo Económico (OCDE) también compiten por imponer estándares regulatorios globales para la Inteligencia Artificial, al igual que numerosas empresas y centros de investigación, organizaciones de la sociedad civil y autoridades locales.

Consejo de Europa

El primer instrumento legislativo a nivel internacional jurídicamente vinculante en materia de protección de datos fue el Convenio N.º 108 del Consejo de Europa para la protección de las personas con respecto al tratamiento automatizado de datos de carácter personal, adoptado en Estrasburgo el 28 de enero de 1981. Habiendo sido renombrado en 2018 como Convenio 108+[2], tiene como principal objetivo garantizar el respeto de los derechos y libertades fundamentales de las personas físicas, especialmente su derecho a la vida privada en relación con el tratamiento automatizado de sus datos personales.

Junto con el Convenio Europeo para la Protección de los Derechos Humanos y de las Libertades Fundamentales[3], el Conve-

---

[2] BOE Núm. 274, de 15 de noviembre de 1985, páginas 36000 a 36004 (5 págs.). El Protocolo de enmienda del Convenio busca ampliar su alcance y aplicación, incrementar el nivel de protección de los datos y aumentar su eficacia.

[3] BOE núm. 243, de 10 de octubre de 1979, páginas 23564 a 23570 (7 págs.)

nio N.º 108+ incorpora como elementos clave los principios de transparencia y proporcionalidad en el procesamiento de datos, y fortalece las garantías necesarias que deben ser adoptadas de la mano de las medidas técnicas y organizativas de salvaguarda. Y en lo que concierne a la Inteligencia Artificial en el ámbito europeo, el Consejo Consultivo del Convenio 108 adoptó dos guías como herramientas de derecho dúctil o *soft law*[4]. La primera de ellas, publicada en el año 2018, tiene como principal objetivo esclarecer cómo pueden utilizarse las más innovadoras tecnologías de la información y de la comunicación para prevenir y combatir el crimen en los Estados. La segunda de ellas, emitida en enero del año 2019, aborda el uso de la IA y sus implicaciones en el ámbito de la protección de datos.

Como novedad, he de destacar además que el Consejo de Europa ha aprobado en Estrasburgo, el 17 de mayo del presente año 2024, el Convenio Marco del Consejo de Europa sobre Inteligencia Artificial y derechos humanos, democracia y Estado de derecho[5], primer tratado internacional legalmente vin-

---

4 Consejo Consultivo del Convenio 108. *New guidelines on artificial intelligence and data protection.* Estrasburgo, 25 de enero de 2019. *Online.* Disponible en: https://rm.coe.int/guidelines-on-artificial-intelligence-and-data-protection/168091f9d8 [Consultado el 7 de junio de 2024].

5 133rd Session of the Committee of Ministers (Strasbourg, 17 May 2024). *Committee on Artificial Intelligence (CAI). Council of Europe Framework Convention on Artificial Intelligence and Human Rights, Democracy and the Rule of Law.* Habiendo sido adoptado en Estrasburgo el 17 de mayo de 2024 durante la reunión ministerial anual del Comité de Ministros del Consejo de Europa, según ha declarado la secretaria general del Consejo de Europa, Marija Pejčinović, "el Convenio Marco sobre Inteligencia Artificial es el primer tratado mundial de este tipo que garantizará que la IA respete los derechos de las personas. Es un respuesta a la necesidad de una norma jurídica internacional, respaldada por Estados de distintos continentes que comparten los mismos valores, para aprovechar los beneficios

culante para salvaguardar los derechos humanos, el Estado de derecho y las normas democráticas en el uso de sistemas de IA.

Este Convenio, abierto a países tanto europeos como no europeos aplicable tanto al sector público como al privado, establece un marco jurídico que abarca todo el ciclo de vida de los sistemas de Inteligencia Artificial, abordando los riesgos que puedan surgir, al tiempo que fomenta una innovación responsable. El enfoque que adopta este Convenio se centra en la gestión de los riesgos asociados con los sistemas de IA, teniendo en cuenta las posibles consecuencias negativas de su utilización.

Su principal objetivo es establecer transparencia y supervisión adaptada a los diferentes contextos y riesgos. Además, incluye disposiciones para garantizar la rendición de cuentas y la responsabilidad cuando se produzcan impactos negativos, y para garantizar que los sistemas de IA respeten la igualdad, la no discriminación y el derecho a la intimidad y la privacidad. El Convenio no se aplicará a asuntos relacionadas con la seguridad nacional, ni tampoco a actividades de investigación y desarrollo, excepto cuando las mismas puedan inferir de forma potencial con los derechos humanos, la democracia o el Estado de derecho, pero sí exige que estas actividades respeten el derecho internacional y las normas democráticas. También establece un mecanismo de seguimiento a través de una Conferencia de las Partes para asegurar su aplicación efectiva.

---

de la Inteligencia Artificial, a la vez que se mitigan sus riesgos. Con este nuevo tratado, pretendemos garantizar un uso responsable de la IA que respete los derechos humanos, el Estado de derecho y la democracia". El Convenio marco firmó el 5 de Septiembre de 2024 en Vilna, Lituania, coincidiendo con una conferencia de ministros de Justicia. *Online*. Disponible en: Convenio Marco del Consejo de Europa sobre Inteligencia Artificial y derechos humanos, democracia y Estado de derecho [Consultado el 18 de junio de 2024].

2. Unión Europea. Nuevas perspectivas sobre las tecnologías inteligentes emergentes

Focalizando nuestra atención en el marco legal europeo, actualmente existen numerosos instrumentos legales en la Unión Europea aplicables directa o indirectamente en relación con la Inteligencia Artificial. Este hecho de contar con un marco jurídico complejo atomizado en distintas directivas, reglamentos y normativas de referencia, ha incrementado la dificultad para establecer criterios comunes para la aplicación de sistemas expertos de IA en el ámbito de la justicia. Más allá del reconocimiento de los derechos establecidos en el Tratado de Lisboa[6] y en la Carta de Derechos Fundamentales de la Unión Europea[7], la regulación más importantes en este campo proviene:

- Por un lado, del Reglamento (UE) N.º 2019/881 del Parlamento Europeo y del Consejo, de 17 de abril de 2019[8], relativo a ENISA (Agencia de la Unión Europea para la Ciberseguridad) y a la certificación de la ciberseguridad de las tecnologías de la información y la comunicación y por el que se deroga el Reglamento (UE) N.º 526/2013 ("Reglamento sobre la Ciberseguridad")[9],

---

6 Tratado de Lisboa por el que se modifican el Tratado de la Unión Europea y el Tratado constitutivo de la Comunidad Europea, firmado en Lisboa el 13 de diciembre de 2007, n.º de documento C2007/306/01.

7 N.º de documento 2010/C83/02. Se trata de un documento que recogió por primera vez en la historia de la Unión Europea el conjunto de los derechos sociales, civiles, políticos y económicos de todos los ciudadanos europeos, así como de todas las personas que viven en territorio de la Unión Europea.

8 DOUE Núm. 151, de 7 de junio de 2019, páginas 15 a 69 (55 págs.)

9 DOUE Núm. 165, de 18 de junio de 2013, páginas 41 a 58 (18 págs.)

aunque no se trata de un reglamento creado específicamente en materia de Inteligencia Artificial.

- Por otro lado, los principios europeos de protección de datos, encabezados por el Reglamento (UE) N.º 2016/679 del Parlamento Europeo y del Consejo, de 27 de abril de 2016[10], relativo a la protección de las personas físicas en lo que respecta al tratamiento de datos personales y a la libre circulación de estos datos y por el que se deroga la Directiva 95/46/CE (Reglamento General de Protección de Datos)[11] y, en particular, su artículo 22, donde se incluye el derecho de todo interesado "a no ser objeto de una decisión basada únicamente en el tratamiento automatizado de datos, incluida la elaboración de perfiles, que produzca efectos jurídicos en él o le afecte significativamente de modo similar". Un derecho que, a su vez, el segundo apartado del mencionado artículo exceptúa en determinadas situaciones, siempre y cuando se implementen las medidas que sean adecuadas para proteger tanto los derechos y las libertades de las personas interesadas, como sus intereses legítimos, como mínimo el derecho a obtener intervención humana por parte del responsable cuando sea necesario, a expresar su propio punto de vista y a impugnar una decisión.

Sin embargo, frente al problema de que el Reglamento General de Protección de Datos no incluía ni proporcionaba una visión unificada para cada situación, nació la creciente necesidad de garantizar que el desarrollo y uso de aplicaciones de Inteligencia Artificial no pusiera en riesgo los derechos fundamentales, lo que acabó desencadenando una carrera glo-

---

[10] DOUE Núm. 119, de 4 de mayo de 2016, páginas 1 a 88 (88 págs.)

[11] DOCE Núm. 281, de 23 de noviembre de 1995, páginas 31 a 50 (20 págs.)

bal por establecer los estándares que debían regir y regular esta tecnología. En este sentido, en diciembre del año 2023 los representantes del Parlamento Europeo y la Comisión alcanzaron un acuerdo provisional en las negociaciones con los Estados miembros sobre la propuesta de un Reglamento de Inteligencia Artificial. Posteriormente, el 13 de marzo del año 2024, la Eurocámara aprobó el que es el primer Reglamento de Inteligencia Artificial[12], una ley histórica que pretende regular esta tecnología emergente cuyo origen lo encontramos en la propuesta de la Comisión Europea de 2021 para crear un primer marco regulatorio de la Unión Europea para la Inteligencia Artificial[13].

Dicha regulación fue publicada el pasado día 12 de Julio de 2024 en el Diario Oficial de la Unión Europea, pues el Reglamento hasta entonces se encontraba sujeto a un proceso de comprobación jurídico-lingüística. Su aprobación definitiva, a través del procedimiento de corrección de errores, tuvo lugar en mayo de ese mismo año, antes del cierre de la legislatura

---

12 Resolución legislativa del Parlamento Europeo, de 13 de marzo de 2024, sobre la propuesta de Reglamento del Parlamento Europeo y del Consejo por el que se establecen normas armonizadas en materia de Inteligencia Artificial (Ley de Inteligencia Artificial) y se modifican determinados actos legislativos de la Unión. Disponible en: Texto Aprobado del Reglamento Europeo de IA.

13 El componente italiano de la comisión de Mercado Interior Brando Benifei, durante el debate que se realizó en el pleno el mes de marzo, declaró: “Finalmente tenemos la primera ley vinculante del mundo sobre Inteligencia Artificial, para reducir riesgos, crear oportunidades, combatir la discriminación y aportar transparencia. Gracias al Parlamento, se prohibirán en Europa prácticas inaceptables de IA y se protegerán los derechos de los trabajadores y los ciudadanos. La nueva Oficina de IA ayudará a las empresas a respetar las normas antes de que entren en vigor. Nos aseguramos de que los seres humanos y los valores europeos estén en el centro mismo del desarrollo de la IA”.

actual. Además, la ley fue formalmente adoptada por el Consejo[14].

Siendo la primera propuesta legislativa en materia de IA en el mundo, y pudiendo establecerse como un referente mundial para regular las nuevas tecnologías en otras jurisdicciones, esta ley sitúa a Europa como líder en innovación a la vez que regula la IA fijando una serie de obligaciones tomando como base sus riesgos potenciales y el nivel de su impacto: cuanto mayor sean sus riesgos, más estrictas serán las normas aplicables[15]. En este sentido, el Reglamento diferencia los Sistemas de IA de Riesgo Inaceptable, como, por ejemplo, la clasificación social; los Sistemas de IA de Alto Riesgo (HRAIS), por ejemplo, la promoción automática de empleados; los Sistemas de IA con obligaciones de transparencia específicas, como, por ejemplo, el uso de *bots*; y los Sistemas de IA de riesgo inexistente o mínimo, como, por ejemplo, el mantenimiento predictivo.

Esta Ley tiene como objetivo principal garantizar la seguridad y los derechos fundamentales de los ciudadanos en relación con los sistemas de Inteligencia Artificial utilizados en la Unión Europea e introducidos en el mercado europeo[16]. Ade-

---

14 Una vez publicado el Reglamento en el DOUE, entrará en vigencia veinte días después, siendo de plena aplicación a partir de veinticuatro meses después de su entrada en vigor, a excepción de ciertos aspectos, pues las normas relacionadas con la Inteligencia Artificial de uso general, incluyendo la gobernanza, se implementarán doce meses después; las obligaciones para los sistemas de alto riesgo se aplicarán treinta y seis meses después; los códigos de buenas prácticas serán aplicables nueve meses después de la entrada en vigor; y las prohibiciones de prácticas entrarán en vigencia 6 meses después de la fecha de entrada en vigor.

15 Estrategia Nacional de Inteligencia Artificial.

16 Parlamento Europeo (2024, 13 de marzo). La Eurocámara aprueba una ley histórica para regular la Inteligencia Artificial. [Comunicado de prensa]. Disponible en: La-eurocamara-aprueba-una-ley-

más, otros objetivos que se persiguen son proteger la democracia, el Estado de derecho y la sostenibilidad medioambiental frente a los riesgos que entraña la Inteligencia Artificial; limitar el uso de sistemas de identificación biométrica por parte de las fuerzas de seguridad; o estimular la inversión y la innovación en el ámbito de este sistema inteligente en Europa.

Por otra parte, el reglamento pretende establecer las normas para la implementación y comercialización de sistemas de Inteligencia Artificial en la UE[17]. Prohíbe diversas prácticas de IA que atenten contra los derechos de la ciudadanía[18], impone requisitos a los sistemas de alto riesgo y establece obligaciones para los operadores de dichos sistemas.

Con todo, la aprobación de esta nueva Ley por la Unión Europea resalta la vanguardia de la UE en la implementación de regulaciones específicas para la Inteligencia Artificial, ofreciendo un modelo potencial para otros. Este hito legislativo demuestra la posibilidad y la necesidad de establecer regulaciones específicas y estructuradas que tengan como objetivo proteger los derechos individuales y fomentar un desarrollo tecnológico seguro y ético, ya que el marco jurídico europeo que ha existido hasta día de hoy no ofrecía necesariamente una protección suficiente

---

historica-para-regular-la-inteligencia-artificial [Consultado el 10 de junio de 2024].

17 Resolución legislativa del Parlamento Europeo, de 13 de marzo de 2024, sobre la propuesta de Reglamento del Parlamento Europeo y del Consejo por el que se establecen normas armonizadas en materia de IA (Ley de Inteligencia Artificial) y se modifican determinados actos legislativos de la Unión.

18 Entre otras aplicaciones prohibidas por esta Ley de Inteligencia Artificial, se encuentra el reconocimiento de emociones en escuelas y lugares de trabajo, los sistemas de puntuación ciudadana, los sistemas inteligentes que manipulen los comportamientos humanos o que exploren las vulnerabilidades de las personas, o la actuación policial que sea predictiva.

para el derecho a la protección de datos y el respeto de la vida privada de las personas a la vista del aumento de la utilización de los sistemas automatizados de datos.

Sin embargo, este actual avance dentro de un solo bloque político y económico provoca el surgimiento de interrogantes sobre la viabilidad de un marco regulador global, dada la disparidad en los enfoques de gobernanza tecnológica y la autonomía de las políticas nacionales en el resto de países del mundo, por lo que debemos preguntarnos:

- *¿Será posible armonizar estas divergentes visiones de la regulación de la IA a un nivel internacional, creando un estándar global que asegure coherencia y justicia en la aplicación de esta tecnología?*

- *¿Podrá la comunidad internacional desarrollar directrices globales que no solo se adhieran a principios éticos universales, sino que también respeten las particularidades culturales y políticas de cada país?*

La respuesta a estas preguntas es esencial para evaluar el futuro de la gobernanza de la Inteligencia Artificial y su impacto en la sociedad global.

IV. BIBLIOGRAFÍA

Becerra, J.; Ortega Ruiz, L.G. (2022). La Inteligencia Artificial en la decisión jurídica y política. Araucaria, Revista Iberoamericana de Filosofía, Política, Humanidades y Relaciones Internacionales. Vol. 24, N.º 49. Págs. 217-238. Disponible en:https://idus.us.es/bitstream/handle/11441/142034/1049 Araucaria.pdf?sequence=1&isAllowed=y

Criado, J.I.; Valle-Cruz, D; Sandoval-Almazán, R.; y, Ruval-Cava Gómez, E.A. (2020a). Assessing the public policy-cycle framework in the age of artificial intelligence: From agenda-setting to policy evaluation. Government Information Quarterly, Volumen 37, N.º 4. Editorial Elsevier. Disponible en: https://www.sciencedirect.com/science/article/

Criado, J.I.; Valero, J.; y, Villodre, J. (2020b). Algorithmic transparency and bureaucratic discretion: The case of SALER early warning system. Information Polity, Volumen 25, N.º 4. Págs. 449-470. DOI: 10.3233/IP-200260.

Dumortier, F. (2010). "*Facebook* and risks of "de-contextualization" of information", en Gutwirth, S.; Poullet, Y.; De Hert, P. (eds.). Data protection in a profiled world. Págs. 119-138. Londres: Springer.

Edwards, L.; Veale, M. (2017). Slave to the algorithm: Why a right to an explanation is probably not the remedy you are looking for. Duke Law & Technology Review, N.º 16, págs. 18-84. Disponible en: https://scholarship.law.duke.edu/dltr/vol16/iss1/2

Galceran-Vercher, M. (2023). "Inteligencia Artificial y ciudades: la carrera global hacia la regulación de los algoritmos". Programa Ciudades Globales, Notas internacionales CIDOB, N.º 286, Págs. 1-6. Disponible en: https://www.cidob.org/es/inteligencia_artificial_y_ciudades_la_carrera_global_hacia_la_regulacion_de_los_algoritmos

Harari, Y.N. (2018). 21 lecciones para el siglo XXI". Madrid: Debate. Disponible en: http://www.pratec.org/wpress/pdfs-pratec/21-lecciones-para-el-siglo-XXI.pdf

Huergo Lora, A. (2020). "Una aproximación a los algoritmos desde el Derecho Administrativo", en Huergo Lora, A. (Dir.) Díaz González, G.M. (coord.), La regulación de los algoritmos. Págs. 23-87. Aranzadi, Cizur Menor.

Introna, L.D. (2015). "Algorithms, governance, and governmentality: On governing academic writing. Science, Technology & Human Values". Volumen 41, N.º 1. Págs. 17–49.

Janssen, M; y, Kuk, G. (2016). The challenges and limits of big data algorithms in technocratic governance. Government Information Quarterly, Volumen 33, N.º 3. Págs. 371–377. Disponible en: https://www.researchgate.net/publication/308750513_The_challenges_and_limits_of_big_data_algorithms_in_technocratic_governance

Kaplan, J. (2017). "Inteligencia Artificial. Lo que todo el mundo debe saber". Zaragoza: Teell Editorial.

Lazer, D. (2015). The rise of the social algorithm. Does content curation by *Facebook* introduce ideological bias? REVISTA SCIENCE, 14 de junio de 2015. Volumen 348, Asunto 6239. Págs. 1090–1091. Online. Disponible en: https://education.biu.ac.il/sites/education/files/shared/science-2015-lazer-1090-1.pdf. [Consultado el 12 de junio de 2024].

Simón Castellano, P. (2021). "Inteligencia Artificial y Administración de Justicia: ¿Quo vadis, justitia?". IDP. Revista Internet, Derecho y Política, 2021, N.º 33. Disponible en: https://doi.org/10.7238/idp.v0i33.373817

WEBGRAFÍA

El Cronista (2024, 11 de abril). El año exacto en el que la Inteligencia Artificial superará al humano: lo confesó Elon Musk ECC. [Revista Digital]. Online. Disponible en: https://www.cronista.com/infotechnology/ElonMusk [Consultado el 6 de junio de 2024].

Consejo Consultivo del Convenio 108. New guidelines on artificial intelligence and data protection. Estrasburgo, 25 de enero de 2019. Online. Disponible en: https://rm.coe.int/guidelines-on-artificial-intelligence-and-data-protection. [Consultado el 7 de junio de 2024].

Parlamento Europeo (2024, 13 de marzo). La Eurocámara aprueba una ley histórica para regular la Inteligencia Artificial. [Comunicado de prensa]. Disponible en: https://www.europarl.europa.eu/news/es/la-eurocamara-aprueba-una-ley-historica-para-regular-la-IA [Consultado el 10 de junio de 2024].